SV

Noam Chomsky
Reflexionen
über die Sprache

Übersetzt von
Georg Meggle und Maria Ulkan

Suhrkamp Verlag

Titel der Originalausgabe:
Reflections on Language. Copyright © 1975 by J. Leonard Schatz,
Trustee of Chomsky's Children's Trust Nr. 2.
Diese Ausgabe erfolgt mit Genehmigung von Pantheon Books,
A Division of Random House, Inc. New York.

Erste Auflage 1977
© der deutschsprachigen Ausgabe Suhrkamp Verlag
Frankfurt am Main 1977
Alle Rechte vorbehalten.
Printed in Germany.

CIP-Kurztitelaufnahme der Deutschen Bibliothek
Chomsky, Noam Reflexionen über die Sprache. –
Frankfurt am Main : Suhrkamp, 1977.
Einheitssacht.: Reflections on language <dt.>
ISBN 3-518-7448-2

Inhalt

Vorwort 7

Erster Teil

I   Kognitive Fähigkeiten 11
II Der Gegenstand der Linguistik 49
III Einige allgemeine Merkmale der Sprache 98

Zweiter Teil

IV Probleme und Rätsel 165

Anmerkungen 269
Bibliographie 300
Namenregister 311

Vorwort

Der *Erste Teil* dieser Arbeit ist eine erweiterte Fassung der von mir Januar 1975 an der McMaster Universität gehaltenen Vorlesungen (Whidden Lectures). Der *Zweite Teil* ist eine revidierte Fassung eines Beitrags zu einer Y. Bar-Hillel gewidmeten Anthologie (hrsg. von Kasher (1976)). In diesem Teil gehe ich auf einige Einwände ein, die gegen den hier entwikkelten allgemeinen Ansatz – so wie dieser bereits in früheren Arbeiten dargelegt worden war – vorgebracht wurden. Um den inneren Zusammenhang der Diskussion des *Zweiten Teils* nicht zu zerstören, behielt ich auch diejenigen Stellen bei, in denen Themen rekapituliert werden, die in etwas anderer Form bereits in den Whidden Lectures entwickelt wurden.

Einen Großteil dieses Materials habe ich bereits in Vorlesungen am MIT und anderswo vorgetragen. Für wertvolle kritische Anmerkungen bin ich zahlreichen Studenten, Kollegen und Freunden zu Dank verpflichtet. Insbesondere die in Kp. III wiedergegebenen Untersuchungen haben den Anregungen und Arbeiten anderer viel zu verdanken, was in den Zitaten und Literaturverweisen jedoch nur recht unvollständig zum Ausdruck kommt. Mir sehr nützliche Kommentare zu einer früheren Fassung dieses Werks stammen von Harry Bracken, Donald Hockney, Ray Jackendoff, Justin Leiber, Julius Moravcsik, Henry Rosemont u. a. Auch von den lebendigen und ausgedehnten Diskussionen mit Mitgliedern der Fakultät der McMaster Universität konnte ich viel profitieren.

Cambridge, Massachusetts　　　　　　　　　　　Noam Chomsky
April 1975

Erster Teil

I Kognitive Fähigkeiten

Die folgenden Reflexionen über die Linguistik sind größtenteils nichttechnischer Art. Zudem haben sie einen etwas spekulativen und persönlichen Charakter. Ich werde hier nicht versuchen, den derzeitigen Wissensstand in den mir geläufigen Bereichen der Linguistik zusammenzufassen, noch werde ich mich auf eine detaillierte Diskussion der neuesten Forschung einlassen. Ich will vielmehr auf den Sinn und Zweck des ganzen Unternehmens eingehen; d. h. ich werde die Frage stellen – und, wie ich hoffe, auch erklären können –, warum die in den linguistischen Spezialdisziplinen erzielten Ergebnisse auch für den von Interesse sein dürften, der nicht schon von vornherein von solchen Problemstellungen fasziniert ist wie z. B.: Welche Beziehung besteht zwischen Fragebildung und Anapher? Wie lauten die Prinzipien der Regelanordnung in der Phonologie? Welche Beziehung besteht zwischen der Intonation und dem Skopus der Negation? etc. Ich möchte ein meiner Meinung nach adäquates System skizzieren, innerhalb dessen deutlich werden dürfte, daß die linguistischen Untersuchungen von einem allgemeineren intellektuellen Interesse sind. Schließlich möchte ich noch darauf eingehen, wie auf der Grundlage eines solchen Modells eine Art Theorie der menschlichen Natur konstruiert werden könnte.
Wozu also Linguistik? Hierauf sind viele Antworten möglich. Ich werde nur auf ein paar näher eingehen können, womit ich natürlich den Wert der übrigen Antworten nicht schmälern, noch auch nur deren Legitimität in Zweifel ziehen will. Es könnte ja zum Beispiel sein, daß man von den Elementen der Sprache ganz einfach fasziniert ist und herausbekommen möchte, wie sich diese Elemente zueinander verhalten, wie sie – geschichtlich oder im einzelnen Individuum – entstanden sind, oder wie sie im Denken, in den Wissenschaften, in der Kunst oder in der normalen sozialen Interaktion verwendet werden. Ein Grund, sich mit der Sprache zu beschäftigen – für mich persönlich sogar der zwingendste –, ist eben der, daß es

naheliegt, die Sprache – um einen traditionellen Ausdruck zu gebrauchen – als einen »Spiegel des Geistes« anzusehen. Das soll aber nicht einfach besagen, daß die im normalen Sprachgebrauch ausgedrückten Begriffe und entwickelten Unterscheidungen uns bereits einen Einblick in die Strukturen des Denkens und die durch den menschlichen Geist konstruierte Welt des Common Sense verschaffen. Faszinierender, für mich zumindest, ist die Möglichkeit, daß wir durch die Untersuchung der Sprache abstrakte Prinzipien entdecken können, die ihre Struktur wie ihre Verwendung regieren, Prinzipien, die aufgrund biologischer Notwendigkeit universale Gültigkeit besitzen und nicht bloß einen historischen Zufall darstellen, Prinzipien, die von mentalen Merkmalen unserer Spezies abhängen. Eine menschliche Sprache ist ein System von bemerkenswerter Komplexität. Eine menschliche Sprache zu erlernen, wäre für ein Wesen, das nicht eigens für diese Aufgabe geschaffen ist, eine außerordentliche geistige Leistung. Von einem normalen Kind dagegen wird diese Aufgabe bereits bei relativ geringem Sprachkontakt auch ohne besonderen Unterricht gemeistert. Mühelos kann es mithilfe einer komplizierten Struktur von spezifischen Regeln und leitenden Prinzipien seine Gedanken und Gefühle anderen mitteilen und bei ihnen neue Ideen und nuancierte Wahrnehmungen und Urteile hervorrufen. Die bewußte Rekonstruktion dessen, was ein Kind intuitiv und mit minimaler Anstrengung tut, ist für uns hingegen lediglich ein Ziel, von dessen Realisierung wir noch weit entfernt sind. Der Geist des Menschen ist nicht speziell für diese Aufgabe gemacht. Die Sprache ist somit ein Spiegel des Geistes in einem tiefen und signifikanten Sinn. Sie ist ein Produkt der menschlichen Intelligenz, in einem jeden Individuum aufs neue durch Operationen erzeugt, die weit außerhalb des Bereichs des Willens und des Bewußtseins liegen.

Durch die Untersuchung der Eigenschaften natürlicher Sprachen, ihrer Struktur, ihrer Organisation und ihrer Verwendung können wir hoffen, ein gewisses Verständnis der spezifischen Merkmale der menschlichen Intelligenz zu erlangen.

Wir können hoffen, etwas über die menschliche Natur zu erfahren – etwas Signifikantes, falls es zutrifft, daß die kognitiven Fähigkeiten des Menschen das wirklich distinktive und bemerkenswerteste Charakteristikum unserer Spezies darstellen. Es ist zudem nicht unvernünftig anzunehmen, daß die Beschäftigung mit dieser speziellen menschlichen Leistung (der Fähigkeit nämlich, eine menschliche Sprache zu sprechen und zu verstehen) als ein Modell fungieren könnte, an dem sich die Erforschung weiterer Bereiche der menschlichen Kompetenz und des menschlichen Handelns orientieren kann, die einer direkten Untersuchung weniger gut zugänglich sind.

Die Fragen, denen ich mich jetzt zuwenden will, wurden bereits von der klassischen Philosophie gestellt. Was die Formulierung von hier einschlägigen klaren Problemstellungen wie auch, was die Beantwortung der sich unmittelbar ergebenden Fragen angeht, sind wir in wesentlichen Punkten über die Antike bisher nicht hinausgekommen. Seit Platon hat die von Russell in einem seiner späteren Werke formulierte Frage für jeden ernsthaften Philosophen sowohl etwas Verwirrendes als auch etwas Faszinierendes an sich: »Wie kommt es, daß wir trotz unseres so kurzen, subjektiven und beschränkten Kontaktes mit der Welt derart viel wissen können?« (Russell (1948)). Wie können wir, wo unsere Erfahrung doch so fragmentarisch und dürftig ist, zu derart reichen Wissenssystemen kommen? Ein dogmatischer Skeptiker könnte an dieser Stelle einwenden, daß wir in Wirklichkeit ein solches Wissen eben gar nicht besitzen. Seine Zweifel sind hier jedoch irrelevant. Das gleiche Problem – nur eben als ein Problem für die Wissenschaften – stellt sich, wenn wir uns fragen, wie es kommt, daß wir mit einer so beschränkten und subjektiven Erfahrung dennoch in reichen und hoch strukturierten Systemen von Annahmen eine derartige Konvergenz erzielen können, in Systemen, die dann unsere Handlungen, unsere Kommunikation und unsere Interpretation der Erfahrung regulieren.

In der klassischen Tradition wurden mehrere Antworten vorgeschlagen. In Anlehnung an Aristoteles könnte man die

These vertreten, daß die Welt auf eine bestimmte Art und Weise strukturiert ist und daß diese Struktur von uns wahrgenommen werden kann, wobei wir von Einzeldingen ausgehen, über Arten und Gattungen zu immer weiteren Generalisierungen gelangen und so aufgrund der Wahrnehmung von Einzeldingen zu einem Wissen über Universalien kommen. Erlernbarkeit setzt eine »Basis des präexistenten Wissens« voraus. Wir müssen eine angeborene Fähigkeit besitzen, aus Wahrnehmungen abgeleitete Zustände des Wissens zu erwerben. Diese Zustände sind jedoch »weder in einer bestimmten Form angeboren, noch aus anderen höheren Wissenszuständen abgeleitet; sie gehen auf Sinneswahrnehmungen zurück.« Wenn man genügend starke metaphysische Annahmen voraussetzt, könnte man sich also vorstellen, daß wir aufgrund unserer »Fähigkeit, diesen Prozeß« der »Induktion« durchzuführen, ein umfassendes Wissenssystem erwerben könnten.[1]

Ein fruchtbarer Ansatz verschiebt die Hauptlast der Erklärung von der Struktur der Welt auf die Struktur des Geistes. Was wir wissen können, wird durch »die Wahrnehmungsmodi unseres Verstandes« bestimmt.[2] Unser Wissen bzw. unsere gewonnenen Überzeugungen hängen also von den spezifischen Erfahrungen ab, die in uns bestimmte Komponenten des in unserem Geist latenten kognitiven Systems evozieren. In der Neuzeit wurde – hauptsächlich durch den Einfluß der Gedanken Descartes' – die Frage, was wir wissen können, wieder zu einem zentralen Thema der Forschung. Für Leibniz und Cudworth war die Lehre Platons, daß wir kein neues Wissen erlangen, sondern nur wiederentdecken, was wir ohnehin schon wußten, durchaus plausibel – sofern diese Lehre nur »vom Irrtum der Präexistenz gereinigt wird«.[3] Cudworth begründete ausführlich, daß der Geist eine »angeborene Erkenntniskraft« besitzt, die uns mit den Prinzipien und Ideen versieht, die, falls sie durch Sinneswahrnehmungen evoziert werden, zum Wissen führen. »Die wahrnehmbaren Dinge selbst (wie z. B. Licht und Farben) werden weder durch Empfindungen noch durch die Phantasie unserer Sinne, durch nichts, was lediglich äußerlich und zufällig ist, erkannt und verstanden, sondern nur durch vernünftige Ideen, die das Werkzeug des Geistes selbst sind, d. h. nur durch etwas, was ihm wesentlich innewohnt.«[4] Wissen besteht also »in der Erregung der inneren aktiven Kräfte des Geistes«, der »seine eigene innere Aktivität« auf die ihm durch die Sinne dargebotenen Gegenstände »ausübt« und dadurch zu »Wissen und Verstehen« gelangt, sowie dazu, »ein Ding aktiv durch abstraktes, freies Denken zu erfassen.« Das Auge nimmt wahr, aber es ist der Geist, der vergleichen, analysieren, Ursache-Wirkungs-Relationen, Symmetrien usw. sehen kann; er ist es, der uns eine umfassende Idee des Ganzen, mit all seinen Teilen, Relationen und Proportionen vermittelt. Das »Buch der Natur«, so Cudworth, »kann nur von einem geistigen Auge gelesen werden«, genauso wie man bei einem gewöhnlichen Buch dem »Gekritzel« nur dann etwas entnehmen kann, wenn man die Sprache versteht, in der das Buch geschrieben ist. »Die primären Gegenstände der Wissenschaft und der Vernunft«, nämlich »die der Vernunft zugänglichen Wesenheiten« »existieren nur im Geist selbst, stellen dessen eigene Ideen dar ... Durch und vermittels dieser inneren Ideen des Geistes selbst, die seine primären Gegenstände sind, erkennt und versteht er alle äußeren einzelnen Dinge, welche nur die sekundären Gegenstände des Wissens sind.«

Zu den »angeborenen Ideen« bzw. »allgemeinen Begriffen«, die in dem reichhaltigen und so vielfältigen Werk der Rationalisten des 17. Jahrhunderts diskutiert werden, gehören z. B. neben geometrischen Begriffen und dergleichen auch »*relationale* Ideen oder Kategorien, die in eine jede Darstellung von Gegenständen eingehen und die die Einheit und die Kohärenz der rationalen Erfahrung erst ermöglichen«.[5] Zu ihnen gehören solche »relativen Begriffe« wie z. B. »Ursache, Wirkung, Ganzheit und Teil, Ähnlichkeit und Unähnlichkeit, Proportion und Analogie, Gleichheit und Ungleichheit, Symmetrie und Asymmetrie«, also alle »*relativen* Begriffe, ... die der Seele nicht durch eine Materie von außen her eingepreßt werden, sondern *durch ihre eigene aktive Vorstellungskraft, die aus ihr selbst wirkt, sobald sie von äußeren Gegenständen*

Kenntnis erhält.«[6] Gehen wir der Entwicklung solcher Ideen weiter nach, so kommen wir schließlich zu dem ziemlich verwandten Kantischen Begriff der »Übereinstimmung der Gegenstände mit unseren Erfahrungsmodi«. Der Geist versieht uns mit den Mitteln, Daten als Erfahrung zu analysieren; und zudem versieht er uns mit einem allgemeinen Schematismus, der die auf der Basis der Erfahrung entwickelten kognitiven Strukturen begrenzt.

Um auf Russells Problem zurückzukommen: daß wir so viel wissen können, kommt daher, daß wir es in einem bestimmten Sinne schon immer wußten – obgleich Wahrnehmungsdaten notwendig waren, um dieses Wissen erst wieder zu evozieren. Oder, weniger paradox ausgedrückt: unsere Systeme des Wissens sind genau die, zu deren Konstruktion unser Geist, als eine biologische Struktur, geschaffen ist. Wir interpretieren unsere Erfahrungen deshalb so und nicht anders, weil unser Geist eben so und nicht anders gebaut ist. Wissen erlangen wir, wenn die »inneren Ideen des Geistes selbst« und die von ihm geschaffenen Strukturen mit der Natur der Dinge übereinstimmen.

Gewisse Elemente der rationalistischen Theorien müssen aufgegeben werden; die allgemeinen Grundzüge dagegen scheinen plausibel genug zu sein. Arbeiten der letzten Jahre haben gezeigt, daß ein Großteil der detaillierten Struktur des visuellen Systems in uns »eingebaut« ist, wenngleich es der auslösenden Erfahrung bedarf, um das System in Gang zu setzen. Es spricht einiges dafür, daß dasselbe auch für die auditiven Strukturen gilt, die zumindest einige phonetisch distinktive Merkmale analysieren. (Vgl. Eimas et al. (1971).) Mit einer Verbesserung der Untersuchungstechniken ging, so behauptet Bower, auch eine Verbesserung der »offenkundigen Feinheit des Wahrnehmungssystems des Kindes« einher. Er berichtet über Untersuchungen, die den Schluß nahelegen, daß »das Wahrnehmungssystem eines Kindes anscheinend in der Lage ist, mit allen traditionellen Problemen der Wahrnehmung des dreidimensionalen Raumes fertigzuwerden« – der Wahrnehmung der Dichte, der Entfernung, der Gestalt-Entfernungs-

Invarianten und der Gestaltkonstanz. »Im Gegensatz zur Berkeleyschen Tradition wäre« also »die Welt des Kindes bereits von sich aus dreidimensional« (Bower (1972)). Es gibt Untersuchungen, denen zufolge Kinder schon vor der Zeit, wo sie selbst etwas greifen können, greifbare von nicht-greifbaren Dingen unterscheiden können, wobei sie von rein visuellen Informationen Gebrauch machen (Bruner/Koslowski (1972)). Gregory bemerkt, daß es »ganz ausgeschlossen wäre, daß Kleinkinder derart früh in der Lage sind, die Eigenschaften von Gegenständen zu assoziieren und latente Eigenschaften und zukünftige Ereignisse vorauszusagen, wenn ihnen nicht ein Teil der Struktur der Welt durch Vererbung vermittelt, bereits vor ihrer Geburt irgendwie ins Nervensystem eingebaut wäre.«[7] Er vermutet ferner, daß es so etwas wie eine »visuelle Grammatik« gibt, die der Grammatik der menschlichen Sprache ziemlich ähnlich ist und mit dieser eventuell über die Evolution unserer Spezies zusammenhängt. Durch den Gebrauch dieser, weitgehend angeborenen, »visuellen Grammatik« sind höher entwickelte Lebewesen imstande, »von den Bildern auf ihrer Retina sogar latente Merkmale von Gegenständen abzulesen, deren unmittelbar darauffolgende Zustände vorauszusagen« und so »die Gegenstände nach einer inneren Grammatik zu klassifizieren, die Wirklichkeit von ihren eigenen Augen abzulesen.« Seit der Pionierarbeit von Hubel/Wiesel (1962) kommen wir neuerdings einem Verständnis der neuralen Basis dieses Systems immer näher. Allgemeiner ausgedrückt: es gibt genug Gründe für die Annahme, daß unser »Lernverhalten durch eine bereits funktionierende strukturelle Organisation modifiziert wird«; »ein Überleben wäre unwahrscheinlich, wenn für die natürlichen Lernprozesse die für die meisten Konditionierungsprozesse charakteristischen Langzeit-Wiederholungen notwendig wären.« Es ist eine wohlbekannte Tatsache, daß Lebewesen komplexe Verhaltenssysteme in anderer Weise erwerben (John (1972)). Obwohl die Grundideen der rationalistischen Tradition größtenteils sehr plausibel sind und in wesentlichen Punkten mit

dem Ansatz der Naturwissenschaften übereinstimmen, blieb diese Tradition in den Verhaltens- und Wahrnehmungstheorien doch weitgehend unbeachtet. Es ist ein merkwürdiges Faktum der Geistesgeschichte der letzten Jahrhunderte, daß man an die Probleme der geistigen Entwicklung mit ganz anderen Methoden heranging als an die der physischen Entwicklung. Niemand würde die These ernst nehmen, daß der menschliche Organismus erst durch Erfahrung lernt, daß er Arme und keine Flügel hat, oder daß die Grundstruktur eines Organs aus zufälligen Erfahrungen resultiert. Man setzt vielmehr bereits voraus, daß die physische Struktur des Organismus genetisch determiniert ist, obwohl natürlich die jeweiligen Variationen bezüglich der Gestalt, der Entwicklungsgeschwindigkeit usw. zum Teil von äußeren Faktoren abhängen. Vom Embryo bis zum ausgewachsenen Organismus ist ein gewisses Entwicklungsmuster prädeterminiert, wobei dieses Muster gewisse Entwicklungsstufen umfaßt, wie z. B. den Beginn der Pubertät oder das um Jahre später liegende Ende der Wachstumsphase. Varianzen innerhalb dieses konstant bleibenden Musters können für das menschliche Leben von großer Bedeutung sein; bei den für die Wissenschaft interessanten Grundfragen geht es jedoch um das fundamentale, genetisch determinierte Entwicklungs- und Wachstumsschema, das für unsere Spezies charakteristisch ist und mitunter Strukturen von faszinierender Komplexität erzeugt.
Die Speziesmerkmale selbst resultieren aus einer langen Entwicklung. Es ist evident, daß die Umgebung Unterschiede in der Reproduktion der Spezies und damit in deren Evolution bedingt. Dies ist jedoch ein ganz anderes Problem. Aber auch hier kann man fragen, von welchen Naturgesetzen diese Evolution gesteuert wird. Wir wissen aber sicher bisher viel zu wenig, als daß sich irgendwelche etwas weiterreichenden Behauptungen hierüber rechtfertigen ließen.
Bei der Untersuchung der Entwicklung der Persönlichkeit, der Verhaltensmuster und der kognitiven Strukturen höherer Organismen wurde meist ganz anders vorgegangen. Man nimmt im allgemeinen an, daß in diesen Bereichen die soziale

Umgebung der dominierende Faktor ist. Die sich entwickelnden Strukturen des Geistes werden für willkürlich und zufällig gehalten. Es gibt keine »menschliche Natur«, die mehr wäre als das Produkt einer spezifisch historischen Entwicklung. Dieser Auffassung zufolge, die für empiristische Spekulationen typisch ist, genügen gewisse allgemeine und in ihrem Kern für alle (bzw. eine große Klasse von) Organismen gültige Lernprinzipien, um die durch den Menschen erworbenen kognitiven Strukturen zu erklären, Strukturen also, die diejenigen Prinzipien inkorporieren, durch die das Verhalten des Menschen geplant, organisiert und kontrolliert wird. Ich möchte über die exotische, wenngleich auch ziemlich einflußreiche Auffassung, wonach »innere Zustände« bei einer Untersuchung des Verhaltens nicht in Betracht gezogen werden sollten, ohne weiteren Kommentar hinweggehen.[8]
Nun sind jedoch die kognitiven Systeme des Menschen, sofern man sie nur ernsthaft untersucht, gewiß nicht weniger faszinierend und kompliziert als die physischen Strukturen, die sich im Leben eines Organismus entwickeln. Warum sollten wir also den Erwerb einer kognitiven Struktur wie der Sprache nicht mit den mehr oder weniger gleichen Methoden untersuchen wie die Struktur von komplexen physischen Organen?
Auf den ersten Blick könnte dieser Vorschlag absurd erscheinen – insbesondere, wenn man an die zahlreichen Unterschiede zwischen den verschiedenen menschlichen Sprachen denkt. Eine nähere Betrachtung wird jedoch diese Zweifel zerstreuen. Auch wenn wir im einzelnen noch ziemlich wenig über sprachliche Universalien wissen, können wir doch ganz sicher sein, daß die mögliche Vielfalt der Sprachen scharf begrenzt ist. Einige offenkundige Beobachtungen reichen hin, um gewisse qualitative Schlußfolgerungen zu rechtfertigen. So ist klar, daß die Sprache, die jeder Mensch erwirbt, eine hoch entwickelte und komplexe Konstruktion darstellt, die durch das verfügbare fragmentarische Datenmaterial hoffnungslos unterbestimmt ist. Aus diesem Grund sind die wissenschaftlichen Untersuchungen zur Natur der Sprache so schwierig und in ihren Ergebnissen so begrenzt. Unser Bewußtsein ist nicht

mit einem präexistenten Wissen ausgestattet (oder, um wieder auf Aristoteles zurückzukommen, nur mit einem ungenügend entwickelten derartigen Wissen). Wir empfinden das verfügbare Datenmaterial als viel zu begrenzt und sehen uns mit viel zu vielen möglichen erklärenden Theorien konfrontiert, mit Theorien, die zwar miteinander inkonsistent, gegenüber den Daten aber jeweils adäquat sind. Oder, was ein ebenso unglücklicher Zustand ist, wir kommen erst gar nicht zu einer vernünftigen Theorie. Trotzdem wird von den einzelnen Individuen in einer Sprachgemeinschaft ein und dieselbe Sprache entwickelt. Diese Tatsache kann man nur unter der Annahme erklären, daß von diesen Individuen stark restriktive Prinzipien verwendet werden, die die Konstruktion der Grammatik regulieren. Des weiteren sind wir nicht darauf festgelegt, eine ganz bestimmte Sprache zu erlernen. Das System der Prinzipien muß ein Speziesmerkmal sein. Es müssen starke Beschränkungen am Werk sein, durch die die Vielfalt der Sprachen eingeschränkt wird. Es ist natürlich, daß wir uns im täglichen Leben nur um die zwischen unseren Mitmenschen bestehenden Unterschiede kümmern und dabei die Gleichförmigkeit der Struktur ignorieren. Mit ganz anderen intellektuellen Anforderungen werden wir aber konfrontiert, wenn wir verstehen wollen, welche Art von Organismus der Mensch eigentlich ist.

Die Idee, die Entwicklung der Sprache in Analogie zur Entwicklung eines Körperorgans zu betrachten, ist somit ganz natürlich und plausibel. Man kann also berechtigterweise fragen, warum die gegenteilige Annahme der Empiristen in der Moderne eine derartige Attraktivität besitzen konnte. Warum wurde ganz einfach die Existenz einer »Lerntheorie« angenommen, die den Erwerb kognitiver Strukturen durch Erfahrung erklären kann? Gibt es irgendeine Klasse von – durch wissenschaftliche Untersuchungen, Beobachtungen oder durch Introspektion bestätigten – Gründen, die uns dazu führen, die geistige und die physische Entwicklung derart verschieden anzugehen? Sicher muß hier die Antwort lauten, daß solche Gründe nicht existieren. Die Wissenschaft liefert

uns keinen Grund, »die allgemeine Maxime zu akzeptieren, daß nichts im Intellekt ist, was nicht zuerst in den Sinnen war«, oder die Negation dieser Maxime durch die rationalistische Philosophie in Frage zu stellen.[9] Die empiristische These kann sich auf keine Untersuchung der intellektuellen Errungenschaften des Menschen stützen, und seien diese noch so banal.
Die empiristischen Spekulationen und die darauf aufbauenden »Verhaltenswissenschaften« haben sich als ziemlich steril erwiesen, was vielleicht an den speziellen Annahmen liegen mag, die die einschlägigen Untersuchungen geleitet und begrenzt haben. Daß sich die empiristische Doktrin in der Moderne auch außerhalb der Naturwissenschaften etablieren konnte, ist durch soziologische bzw. historische Gründe zu erklären.[10] Was die empirischen Daten, die inhärente Plausibilität sowie die Erklärungskraft angeht, spricht für die empiristische Position nur wenig. Ich glaube nicht, daß diese Doktrin für einen Wissenschaftler, der die Fähigkeit besitzt, traditionelle Mythen über Bord zu werfen und an die Probleme ohne die alten Vorurteile heranzugehen, attraktiv sein könnte. Die Doktrin stellt eher ein Hindernis dar, eine unüberwindliche Barriere für eine effektive Forschung, weitgehend den religiösen Dogmen einer früheren Periode vergleichbar, die den Naturwissenschaften im Wege standen.
Es wird manchmal behauptet, daß der moderne Empirismus die Beschränkungen der älteren Tradition überwunden hat. Diese Annahme ist meines Erachtens ein schwerer Irrtum. Hume zum Beispiel hatte eine gehaltvolle Theorie »der geheimen Antriebskräfte und Prinzipien« vorgelegt, »durch die unser Geist in Bewegung gesetzt wird«. In seinen Arbeiten zu den Grundlagen des Wissens verwies er auf spezifische Prinzipien, die »eine Art natürlicher Instinkte« darstellen. Die modernen Empiristen wurden Hume nicht gerecht, indem sie seine Theorie durch inhaltsleere Systeme ersetzten, die zwar die empiristische (bzw., enger gefaßt, die behavioristische) Terminologie beibehielten, die traditionellen Ideen jedoch ihres wesentlichen Gehalts beraubten. Da ich dieses Problem

an anderer Stelle diskutiert habe (vgl. Kp. IV), will ich hier nicht weiter darauf eingehen.

In den letzten Jahren wurden – zum Teil in Verbindung mit linguistischen Arbeiten – zahlreiche dieser lange Zeit brachliegenden Themen zu neuem Leben erweckt. Es gab eine breite Diskussion über die sogenannte »Hypothese der angeborenen Ideen«, wonach eine der für unsere Spezies typischen Fähigkeiten des Geistes in einer Sprachfähigkeit besteht, die die beiden Grundfunktionen der rationalistischen Theorie erfüllt: sie versieht uns mit einem Wahrnehmungssystem für eine erste Analyse sprachlicher Daten und sie liefert einen Schematismus, der eine gewisse Klasse von Grammatiken in einem ganz engen Sinne determiniert. Eine Grammatik ist eine Theorie einer bestimmten Sprache, die die formalen und semantischen Eigenschaften einer unendlichen Folge von Sätzen spezifiziert. Diese Sätze, jeder mit seiner besonderen Struktur, machen die durch die Grammatik erzeugte Sprache aus. Die so erzeugten Sprachen können auf normale Art und Weise »erlernt« werden. Von der Sprachfähigkeit wird, eine entsprechende Stimulierung vorausgesetzt, eine Grammatik konstruiert; der Sprecher »kennt« die durch die konstruierte Grammatik erzeugte Sprache. Von dieser Kenntnis wird dann beim Verstehen einer Äußerung wie bei der Kommunikation von Gedanken innerhalb der Beschränkungen der internalisierten Prinzipien Gebrauch gemacht, und zwar in einer Form, die den jeweiligen Situationen angemessen ist. Dieser ganze Prozeß ist keinerlei Stimuluskontrolle unterworfen.[11] Es sind diese, mit der Sprachfähigkeit und ihrer Ausübung zusammenhängenden Fragen, die, für mich zumindest, den eher technischen Untersuchungen der Sprache ein allgemeineres intellektuelles Interesse verleihen.

Ich möchte mich jetzt der »Hypothese der angeborenen Ideen« zuwenden, einige Elemente in dieser Hypothese herausarbeiten, die kontrovers sind bzw. kontrovers sein sollten, sowie einige Probleme skizzieren, die sich dann ergeben, wenn wir diese Kontroverse beizulegen versuchen. Dann wollen wir uns noch ansehen, was sich über die Natur und Ausübung der erworbenen sprachlichen Kompetenz und einige andere damit zusammenhängende Probleme sagen läßt.

Zunächst muß man einmal feststellen, daß der Ausdruck »Hypothese der Angeborenheit« im allgemeinen eher von den Kritikern als von den Verfechtern der dadurch bezeichneten Position verwendet wird. Ich selbst habe ihn nie gebraucht, da er nur irreführen kann. Jede »Lerntheorie«, die es überhaupt wert ist beachtet zu werden, enthält eine derartige Hypothese. Humes Theorie zum Beispiel plädiert für spezifische angeborene Strukturen des Geistes und sucht das gesamte menschliche Wissen auf der Basis dieser Strukturen zu erklären, wobei von ihr sogar ein unbewußtes und angeborenes Wissen postuliert wird. (Vgl. Kp. IV.) Die Frage ist nicht, ob Lernen eine angeborene Struktur voraussetzt – natürlich tut es das; das ist auch nie bezweifelt worden –, sondern vielmehr, was diese angeborenen Strukturen in den jeweiligen Bereichen sind.

Was ist eine Lerntheorie? Gibt es etwas Derartiges wie *die* Lerntheorie, die es zu entdecken gilt? Wir wollen diese Fragen präzisieren und dabei vielleicht auch ihrer Beantwortung etwas näher kommen.

Sehen wir uns zuerst an, wie ein neutraler Wissenschaftler – jenes so imaginäre Ideal – bei der Untersuchung dieser Frage vorgehen dürfte. Der natürliche erste Schritt bestände in der Auswahl eines Organismus O und eines in vernünftiger Weise wohlbegrenzten kognitiven Bereichs B, sowie in dem Versuch, eine Theorie zu konstruieren, die wir »die Lerntheorie für den Organismus O im Bereich B« nennen könnten. Diese Theorie – nennen wir sie LT(O,B) – kann als ein System von Prinzipien oder als ein Mechanismus mit einem gewissen »Input« und einem gewissen »Output« (bzw. als eine Funktion mit einem gewissen Argumente- und Wertebereich) angesehen werden. Der »Input« für das System LT(O,B) besteht in einer Analyse von Daten in B durch O. Der »Output« (der natürlich intern und nicht offen und äußerlich repräsentiert ist) besteht in einer kognitiven Struktur einer gewissen Art.

Diese kognitive Struktur ist eines der Elemente des durch O erreichten kognitiven Zustands.

Nehmen wir zum Beispiel für O Menschen und für B die Sprache. Dann besteht LT(M,S) – die Lerntheorie für Menschen im Bereich Sprache – in dem System von Prinzipien, durch die die Menschen ihre Sprachbeherrschung erlangen – Spracherfahrung, d. h. eine von ihnen für die sprachlichen Daten entwickelte vorangehende Analyse, bereits vorausgesetzt. Oder nehmen wir für O Ratten und für B das Herausfinden aus einem Experimentallabyrinth. LT(R,H) ist dann das System von Prinzipien, das von Ratten verwendet wird, wenn sie lernen, wie sie aus einem Labyrinth wieder herauskommen. Der Input von LT(R,H) besteht in der von den Ratten zur Erreichung dieses Ziels jeweils verwendeten vorangehenden Datenanalyse; der Output ist die relevante kognitive Struktur, wie auch immer eine adäquate Charakterisierung dieser Struktur als einer Komponente des von den im Experiment erfolgreichen Ratten erreichten kognitiven Zustands aussehen mag. Es gibt keinen Grund, daran zu zweifeln, daß die erreichte kognitive Struktur und der kognitive Zustand, der diese Struktur als eine Konstituente enthält, ziemlich komplex sein dürften.

Um die Diskussion nicht unnötig zu erschweren, machen wir zwei vereinfachende Annahmen. Erstens: Zwischen den Individuen der untersuchten Spezies O soll es bezüglich der Fähigkeit, Wissen über den Bereich B zu erwerben, keine wesentlichen Unterschiede geben. (Zum Beispiel soll die Spracherwerbsfähigkeit bei allen Menschen gleich sein.) Zweitens: Der Lernprozeß soll im folgenden Sinne als ein Ein-Stufen-Prozeß verstanden werden können: Angenommen, LT(O,B) werde mit einer kumulativen Liste aller für O bis zu einem bestimmten Zeitpunkt verfügbaren Daten versehen; auf diesen Daten operierend produziere dann LT(O,B) die zu diesem Zeitpunkt erreichte kognitive Struktur. Keine dieser beiden Annahmen trifft zu. Zwischen den einzelnen Individuen gibt es Unterschiede, und Lernprozesse erstrecken sich über eine gewisse – mitunter recht lange – Zeitspanne. Auf die

Frage, genau »wie falsch« diese Annahmen sind, werde ich später noch zurückkommen. Sie können uns jedoch als eine m. E. nützliche erste Näherung dienen, die für die Formulierung gewisser Probleme von Nutzen ist, womöglich auch für weit mehr.

Um bei der Untersuchung einer gegebenen LT(O,B) rational zu verfahren, gehen wir in den folgenden Schritten vor:

1. Festsetzung des kognitiven Bereichs B.
2. Bestimmung der »vortheoretischen« Charakterisierung der Daten in B durch O und somit Konstruktion dessen, was »die Erfahrung von O in B« genannt werden könnte (vgl. die obige Idealisierung bzgl. des »Ein-Stufen-Lernprozesses«).
3. Bestimmung der Natur der erreichten kognitiven Struktur; d. h. bestmögliche Bestimmung dessen, was O im Bereich B erlernt.
4. Bestimmung von LT(O,B), des Systems also, das Erfahrung mit Erlerntem korreliert.

Schritt 4 stützt sich auf die in den Schritten 2 und 3 erzielten Ergebnisse.

Um Mißverständnisse zu vermeiden, sollte ich vielleicht betonen, daß die Anordnung dieser Schritte eine Art rationaler Rekonstruktion eines rationalen Forschungsprozesses darstellt. In der Praxis gibt es keine derartige strenge Abfolge. So können uns zum Beispiel Arbeiten auf der Stufe 4 davon überzeugen, daß unsere ursprüngliche Eingrenzung von B falsch war, daß wir es nicht geschafft haben, einen kohärenten kognitiven Bereich zu abstrahieren. Oder sie führen uns zu dem Schluß, daß wir auf der Stufe 3 die Natur der kognitiven Struktur falsch bestimmt haben. Dennoch können wir nur insofern erwarten, auf der Ebene von Stufe 4 zu gewissen Erkenntnissen zu kommen, als uns bereits auf Ebene 2 und 3 ein gewisses Verständnis geglückt ist und wir mit der auf Ebene 1 getroffenen Festsetzung einen guten Zug gemacht haben. Zwei Systeme – im vorliegenden Fall Erfahrung und Erlerntes – miteinander zu korrelieren, hat nur dann einen Sinn, wenn man über diese Systeme bereits ziemlich klare Vorstellungen hat.

Nebenbei gesagt: Schritt 3 fehlt in vielen Formulierungen

psychologischer Theorien – nicht gerade zu deren Vorteil. In durchaus bekannten »Lerntheorien« kommt nicht einmal der Begriff des Erlernten selbst vor. Wo dieser Begriff fehlt, können die Grundfragen der »Lerntheorie« nicht einmal formuliert werden.

Welchen Platz nimmt die Verhaltenswissenschaft in diesem Rahmen ein? Daß man eine ungefähre Vorstellung von der Natur des sich verhaltenden Organismus hat, ist sicherlich eine Vorbedingung für eine jede Untersuchung von Verhalten – wobei »Vorbedingung« im eben erkärten Sinne zu verstehen ist. Ein Organismus hat durch Erfahrung und Reifung einen gewissen Zustand erreicht. Er sieht sich gewissen objektiven Bedingungen gegenüber. Dann tut er etwas. Prinzipiell würden wir jetzt gerne den Mechanismus M untersuchen, der das Verhalten des Organismus, von dessen früheren Erfahrungen und von den gerade vorliegenden Stimulusbedingungen ausgehend, vollends oder auch nur probabilistisch determiniert. Ich sage »prinzipiell«, da ich nicht glaube, daß wir über diese Frage recht viel werden sagen können.

Zweifelsohne hängt das Verhalten des Organismus von seiner Erfahrung ab; es scheint mir jedoch völlig hoffnungslos zu sein, die Beziehung zwischen Erfahrung und Handlung direkt zu untersuchen. Wenn uns das Problem der »Verursachung des Verhaltens« wirklich als wissenschaftliches Problem interessiert, dann sollten wir bei einer Analyse der Beziehung zwischen Erfahrung und Verhalten zumindest zwei Teile auseinanderhalten: Erstens, die LT, wobei Erfahrung und kognitiver Zustand korreliert wird,[12] und zweitens, einen Mechanismus M_{CS}, der, den kognitiven Zustand CS vorausgesetzt, Stimulusbedingungen und Verhalten korreliert.

Schematisch ausgedrückt: Anstelle der hoffnungslosen Aufgabe, M wie in (I) zu untersuchen, ist es vernünftiger, die Natur von LT wie in (II) und von M_{CS} wie in (III) zu erforschen:

(I) M: (Erfahrung, Stimulusbedingungen) ⟶ Verhalten
(II) LT: Erfahrung ⟶ kognitiver Zustand CS
(III) M_{CS}: Stimulusbedingungen ⟶ Verhalten (bei gegebenem CS)

Ich glaube, daß unser Verständnis von LT durch ein Vorgehen nach (II) beträchtlich erweitert werden kann, d. h. unser Verständnis einzelner LT(O,B)-s – bei unterschiedlichen Festsetzungen von B bei einem festen O – und deren wechselseitiger Interaktion. Auf dieses Problem möchte ich nun näher eingehen. Ich glaube nicht, daß wir, zumindest als Wissenschaftler, über den zweiten Teil, nämlich über M_{CS}, sehr viel herausbekommen können.[13] Daß wir in dieser Frage überhaupt irgendeinen wissenschaftlichen Fortschritt erzielen werden, erscheint mir jedoch als äußerst unwahrscheinlich, sofern wir das Problem der »Verursachung des Verhaltens« nicht zumindest in die zwei Komponenten LT und M_{CS} und deren Elemente analysieren. Ein Versuch, in Entsprechung zu (I) das Verhältnis von Verhalten zu vergangener und gegenwärtiger Erfahrung direkt zu untersuchen, ist nichts als trivial bzw. zu wissenschaftlicher Unbedeutsamkeit verurteilt.

Kehren wir zum Problem des Lernens zurück. Angenommen, wir haben für einen festen Bereich B und für unterschiedliche Organismen O eine Anzahl von LT(O,B)-s bestimmt. Jetzt können wir uns der Frage zuwenden: Was ist eine »Lerntheorie«? Oder besser: Gibt es etwas Derartiges wie eine Lerntheorie? Diese Frage könnte man auf verschiedene Art und Weise formulieren, wie zum Beispiel:

(1) Ergibt sich bei jeder beliebigen Wahl von O und B dieselbe LT(O,B)?
(2) Gibt es signifikante Merkmale, die allen LT(O,B)-s gemeinsam sind?

Bevor wir uns diesen Fragen zuwenden, wollen wir nochmals auf die erste unserer vereinfachenden Annahmen, wonach die Unterschiede innerhalb der Spezies O zu vernachlässigen sind, zurückkommen. Ich möchte die These vertreten, daß unsere erste Annahme für die interessanten Fragen der »Lerntheorie« im wesentlichen korrekt ist, für die Fragen also, die zu einer wirklich aufschlußreichen Theorie führen und letztlich auch zu den Naturwissenschaften eine allgemeinere Beziehung herstellen dürften. Die interessanten Fragen, aufgrund derer wir auf gewisse Erkenntnisse bezüglich der Natur der Organismen hoffen dürfen, sind demnach diejenigen Fragen, die sich bei der Untersuchung des Lernens in Bereichen stellen, in denen es für die Elemente von O eine einheitliche nicht-triviale Struktur gibt (mit gewissen Parametern für Lerngeschwindigkeit, Umfang des Erlernten, das Ausmaß des wieder Vergessenen und andere derartige Randphänomene, für die natürlich eine bestimmte Varianz zu erwarten ist). Es sind also Fragen, bei denen es um signifikante Merkmale der Spezies, vielleicht des Organismus im allgemeinen geht. Wiederum sehe ich keinen Grund, weshalb sich Untersuchungen kognitiver Strukturen von Untersuchungen von Körperorganen unterscheiden sollten. Der Naturwissenschaftler ist primär an der genetisch determinierten Grundstruktur dieser Organe und ihrem Zusammenwirken interessiert, an einer Struktur, die in den interessantesten Fällen der ganzen Spezies gemeinsam ist, und bei der man von der besonderen Gestalt, den unterschiedlichen Entwicklungsgeschwindigkeiten etc. abstrahieren kann.

Wenn wir dieses Urteil akzeptieren können, dann kann LT(O,B) so charakterisiert werden, daß O nicht für ein Individuum, sondern für eine Spezies steht – und folglich auch für Individuen, sofern diese nicht allzu anomal sind. Frage (1) kann dann folgendermaßen wiedergegeben werden: Ist LT(O,B) mit LT(O′,B′) identisch? – wobei von solchen Dingen wie der Geschwindigkeit, der Leichtigkeit, dem Umfang und der Tiefe des Lernprozesses abstrahiert wird, von Dingen also, die von Spezies zu Spezies verschieden sein können und, in einem geringeren Ausmaß, auch bei den Individuen einer gegebenen Spezies variieren.

Sehen wir uns nun die Frage (1) in der eben charakterisierten Form an. Gewiß muß auch jetzt die Antwort ein eindeutiges Nein sein. Jede auch noch so oberflächliche Betrachtung dürfte zeigen, daß es hoffnungslos ist, auf diese Frage eine positive Antwort finden zu wollen. Nehmen wir für O Menschen (M) und für O′ Ratten (R). B sei die Sprache (S) und B′ das Herausfinden aus einem Experimentallabyrinth (H). Wenn sich Frage (1) auch nur annähernd mit Ja beantworten ließe, dann müßten wir erwarten, daß die Menschen bezüglich der Fähigkeit, die Lösungen von Experimentallabyrinthen zu finden, den Ratten genauso überlegen sind wie bezüglich der Fähigkeit des Spracherwerbs. Aber das ist so offensichtlich falsch, daß man die Frage in dieser Weise gar nicht ernst nehmen kann. Zwischen Menschen und Ratten läßt sich ein grober Vergleich zwar bezüglich des Bereichs H anstellen, aber nicht bezüglich des Bereichs S. Was das Herausfinden aus Experimentallabyrinthen angeht, so scheinen es »bei dieser Art von Lernen weiße Ratten sogar mit den besten Unistudenten aufnehmen zu können« (Munn (1971), S. 118). Der Unterschied zwischen dem Paar (LT(M,S), LT(R,S)) auf der einen Seite und dem Paar (LT(M,H), LT(R,H)) auf der anderen Seite kann nicht irgendwelchen sensorischen Systemen oder dergleichen zugeschrieben werden, wie wir durch eine »Übertragung« von Sprache in eine auch den Ratten zugängliche Modalität sehen können. (Vgl. Kp. IV, Anm. 14.) Soweit bisher bekannt ist – und ich sage dies trotz gegenteiliger Verlautbarungen –, gilt dasselbe auch für andere Organismen (z. B. für Schimpansen). Doch lassen wir diese interessante, hier aber etwas nebensächliche Frage beiseite. Es dürfte sicher jedem unmittelbar einleuchten, daß es sich nicht lohnt, der Frage (1) noch irgendwie weiter nachzugehen.

Wenden wir uns der schon etwas plausibleren Spekulation zu, die in Frage (2) formuliert ist. Zum gegenwärtigen Zeitpunkt läßt sich diese Frage nicht beantworten. Sie ist einfach hoffnungslos voreilig. Es fehlt uns eine interessante Konzeption einer LT(O,B) für unterschiedliche O und B. Auf eine LT(M,S) hin sind, wie ich glaube, einige wesentliche Schritte möglich, aber es gibt nichts Vergleichbares in anderen Bereichen des menschlichen Wissenserwerbs. Was wir über andere Lebewesen wissen, führt, soweit ich weiß, zu keiner interessanten Antwort auf (2). Tiere lernen es, sich um ihre Jungen zu kümmern, Nester zu bauen, sich zu orientieren, sie finden ihren Platz in einer hierarchischen Struktur, können ihre Spezies identifizieren usw. Aber wir dürfen nicht erwarten, daß es signifikante Eigenschaften gibt, die den verschiedenen, in diese Leistungen eingehenden LT(O,B)-s gemeinsam sind.

Bezüglich der Frage (2) ist, gemessen an dem recht wenigen, was wir bisher wissen, Skeptizismus durchaus am Platz. Für einen Biologen, einen vergleichenden Physiologen, wie für den Psychologen dürfte ein solcher Skeptizismus überhaupt nichts Ungewöhnliches sein.

Somit scheint also gegenwärtig nichts für die Annahme zu sprechen, daß es eine Lerntheorie gibt. Mir ist zumindest keine interessante Formulierung der These der Existenz einer solchen Theorie bekannt, die eine gewisse Anfangsplausibilität besäße und zugleich empirisch abgesichert wäre.

Innerhalb der etwas sonderbaren Variante des Empirizismus, die unter dem Namen »Behaviorismus« bekannt ist, wird der Ausdruck »Lerntheorie« gewöhnlich nicht als Bezeichnung für eine Theorie (so es sie gibt) verwendet, die den Erwerb kognitiver Strukturen auf der Basis von Erfahrung erklärt (s. (II) oben), sondern für eine Theorie, bei der es um die Beziehung zwischen Erfahrung und Verhalten (nämlich (I) oben) geht. Da es keinen Grund gibt, an die Existenz einer Lerntheorie zu glauben, gibt es gewiß auch keinen Grund, zu erwarten, daß es eine solche »Verhaltenstheorie« gibt.

Wir können uns aber auch noch plausiblere Behauptungen ansehen als die, die in den Fragen (1) und (2) implizit enthalten sind. Angenommen, wir wählen einen bestimmten Organismus O und lassen B über verschiedene kognitive Bereiche laufen. Dann könnten wir z. B. die Frage stellen, ob es eine interessante Menge von Bereichen $B_1, \ldots, B_n$ gibt, so daß gilt:

(3) $LT(O,B_i) = LT(O,B_j)$; bzw. $LT(O,B_i)$ gleicht in relevanter Hinsicht $LT(O,B_j)$.

Vielleicht gibt es eine Möglichkeit, die Bereiche so zu begrenzen, daß sich eine positive Antwort auf (3) ergibt. Bezüglich der so eingegrenzten kognitiven Bereiche könnte man dann sagen, daß der Organismus sein Wissen auf identische bzw. auf ähnliche Art und Weisen erwirbt. Zum Beispiel wäre es dann interessant, wenn man entdeckte, daß es außer der Sprache einen weiteren kognitiven Bereich B gibt, für den gilt: $LT(O,B)$ und $LT(O,S)$ sind identisch bzw. ähnlich. Ein hier einschlägiger überzeugender Vorschlag liegt bisher nicht vor. Aber daß es einen solchen Bereich gibt, ist zumindest vorstellbar. Spezielle Gründe zugunsten der Existenz eines solchen Bereichs gibt es freilich nicht, und so kann man über die gewöhnlich vertretene dogmatische Auffassung, wonach der Spracherwerb durch Anwendung allgemeiner Wissenserwerb-Fähigkeiten vor sich gehe, nur erstaunt sein. Diese Möglichkeit ist zwar nicht ausgeschlossen, es spricht aber auch nichts für sie, und die Behauptung besitzt nur wenig Plausibilität. Das ist auch schon alles, was wir hier sagen können. Selbst auf der Ebene der sensorischen Prozesse scheint es Anpassungsprozesse zu geben, die, wie bereits bemerkt, direkt mit der Sprache zusammenhängen.[14] Die These, daß der Spracherwerb einfach unter die »verallgemeinerten Fähigkeiten des Wissenserwerbs« falle, diese These ist bei unserem derzeitigen Wissensstand in etwa genauso sinnvoll wie die Behauptung, daß die spezifischen neuralen Strukturen, die unseren visuellen Wahrnehmungsraum organisieren, zu der Klasse von Systemen gehörten, die auch beim Sprachgebrauch involviert sind. Die letztere Behauptung trifft, soweit ich weiß, nur auf einer Ebene zu, die so allgemein ist, daß sie uns so gut wie überhaupt keine Einsicht in die Natur bzw. das Funktionieren der verschiedenen Systeme vermittelt.

Für jeden Organismus O können wir diejenigen kognitiven Bereiche B zu entdecken versuchen, für die der Organismus O eine interessante LT(O,B) besitzt, d. h. eine LT(O,B), die nicht nur von der Struktur eines trial-and-error Lernens ist, einer Generalisierung entlang physikalisch gegebener Dimensionen, eine Induktion (in einem wohldefinierten Sinne dieses Begriffs) usw. Wir können die »kognitive Fähigkeit« von O als das System der Bereiche B definieren, für die es eine in diesem Sinne interessante Lerntheorie LT(O,B) gibt.[15] Es ist vernünftig anzunehmen, daß es für ein B innerhalb der kognitiven Fähigkeit von O einen Schematismus gibt, der die Klasse der erreichbaren kognitiven Strukturen begrenzt. Es wird daher möglich sein, für ein solches B eine reiche, komplexe, höchst artikulierte kognitive Struktur auf der Basis vereinzelter und beschränkter Daten zu erreichen, die (von Entwicklungsgeschwindigkeit, Umfang und Konstanz des Erlernten abgesehen) bei allen Individuen von bemerkenswerter Einheitlichkeit ist.

Bei einer Untersuchung der kognitiven Fähigkeit des Menschen könnte man sich etwa seine Fähigkeit ansehen, Gesichter bereits nach wenigen Begegnungen wiederzuerkennen und zu identifizieren, die Persönlichkeitsstruktur einer anderen Person schon aufgrund eines kurzen Kontaktes zu bestimmen (z. B. recht treffend zu erraten, wie diese Person unter verschiedenen Bedingungen reagieren wird), eine Melodie auch dann wiederzuerkennen, wenn sie transponiert oder sonstwie geändert worden ist, diejenigen Gebiete der Mathematik zu beherrschen, die auf numerischer oder räumlicher Intuition aufbauen, Kunstformen zu schaffen, die auf gewissen Struktur- und Organisationsprinzipien beruhen, usw. Der Mensch scheint in diesen Bereichen charakteristische und bemerkenswerte Eigenschaften zu besitzen: Jeder Mensch kann in kürzester Zeit auf der Grundlage eines noch so dürftigen Datenmaterials ein komplexes und höchstartikuliertes intellektuelles System konstruieren. Die innerhalb dieser Beschränkungen von besonders talentierten Individuen entwickelten Systeme sind für alle verständlich, anziehend und faszinierend – auch für die, die nicht mit ungewöhnlichen kreativen Fähigkeiten ausgestattet sind. Für einen so gewählten Bereich B kann die Forschung also zu durchaus nicht-trivialen LT(O,B)-s führen. Die einschlägigen Untersuchungen können dabei Experimente oder sogar historische Forschungen beinhalten – wie z. B. die Untersuchung der Entwicklung von künstlerischen Gestaltungsformen oder der Entwicklung der Mathematik, von Entwicklungen, die in bestimmten historischen Augenblicken als »natürlich« empfunden wurden und die sich als fruchtbar herausstellten, von Entwicklungen, die zur Bildung einer »Hauptströmung« der intellektuellen Evolution beigetragen und eine Verschwendung der Energie auf unproduktive Seitenkanäle verhindert haben.[16]

Nehmen wir einmal an, wir könnten für verschiedene Bereiche B ein System von LT(O,B)-s entwickeln, das die oben skizzierten groben Eigenschaften besitzt, und dadurch etwas über die kognitive Fähigkeit eines bestimmten Organismus O herausbekommen. Wir würden dann, in einem gewissen Sinne, über eine Theorie des Geistes von O verfügen. Wir können uns, um eine Formulierung von A. Kenny[17] aufzugreifen, »den Geist von O« als die O angeborene Fähigkeit zur Konstruktion kognitiver Strukturen vorstellen, d. h. als seine Fähigkeit, Wissen zu erwerben.

Ich weiche hier von Kennys Formulierung in zwei Punkten ab, die vielleicht der Erwähnung bedürfen. Der »Geist« wird von ihm als eine Fähigkeit zweiter Stufe definiert, nämlich als die Fähigkeit, »intellektuelle Fähigkeiten« zu erwerben, wie z. B. die Beherrschung des Englischen – wobei letzteres »selbst eine Fähigkeit darstellt: eine Fähigkeit nämlich, die sich darin zeigt, daß man Englisch sprechen, verstehen und lesen kann.« »Unser Geist besteht« des weiteren »in unserer Fähigkeit, die Fähigkeit zu erwerben, mit Symbolen so umzugehen, daß es unser eigenes Tun ist, was sie zu Symbolen macht und ihnen Bedeutung verleiht«, woraus folgt, daß Automaten, die mit formalen Elementen operieren, die zwar für uns, nicht aber für sie selbst Symbole sind, eben keinen Geist besitzen. Ich habe hier für die vorliegende Diskussion den Begriff »Fähigkeit« so verallgemeinert, daß nicht nur solche Fähigkeiten erster Stufe, bei denen das Operieren mit Symbolen involviert ist, erfaßt werden, und verstehe also die Fähigkeiten zweiter Stufe in einem weiteren Sinne, als sich in Kennys ganz natürlichem Verständnis von »Geist« ausdrückt. Bis hierher geht es also lediglich um terminologische Fragen. Zweitens: Ich möchte den Geist (im engeren oder weiteren Sinne) als eine angeborene Fähigkeit zur Bildung kognitiver Strukturen verstanden wissen, nicht als eine Fähigkeit zur Bildung von Handlungsfähigkeiten erster Ordnung. Die entwickelten kognitiven Strukturen gehen zwar in unsere Handlungsfähigkeiten erster Ordnung ein, sollten mit diesen aber nicht identifiziert werden. So scheint es mir nicht ganz korrekt zu sein, wenn man die »Kenntnis des Englischen« als eine

Fähigkeit ansieht, wenngleich diese Kenntnis in die im Sprachgebrauch ausgeübte Fähigkeit eingeht. Es wäre im Prinzip möglich, daß man zwar die von uns als »Kenntnis des Englischen« bezeichnete kognitive Struktur in voll entwickelter Form besitzt, aber nicht die Fähigkeit besitzt, von dieser Struktur Gebrauch zu machen.[18] Und es kann sein, daß gewisse Fähigkeiten zur Ausübung »intellektueller Tätigkeiten« überhaupt keine kognitiven Strukturen involvieren, sondern lediglich ein Netz von Dispositionen und Gewohnheiten, was etwas ganz anderes ist.[19] Unsere Kenntnisse, unser Verstehen und unsere Überzeugungen gehören einer weitaus abstrakteren Ebene an als unsere Fähigkeiten.

Es gibt in der modernen analytischen Philosophie eine Tendenz, die Begriffe »Disposition« und »Fähigkeit« auch dort zu verwenden, wo, wie ich glaube, der abstraktere Begriff der »kognitiven Struktur« eher am Platz wäre. (Vgl. Kp. IV; ebenso Chomsky (1975a).) Meines Erachtens können wir hierin ein unglückliches Überbleibsel des Empirismus sehen. Die Begriffe »Fähigkeit« und »Familie von Dispositionen« beziehen sich eher auf das Verhalten und auf den »Sprachgebrauch«; sie leiten uns nicht dazu an, durch die Untersuchung kognitiver Strukturen und ihrer Organisation auch die Natur des »Gespensts in der Maschine« zu erforschen, wie dies die normale wissenschaftliche Praxis und intellektuelle Neugierde erfordern würde. Für das Gespenst in der Maschine gibt es nur einen Exorzismus – die Bestimmung der Struktur des Geistes und seiner Produkte.[20] An dem Begriff einer abstrakten kognitiven Struktur, von einer angeborenen Fähigkeit des Geistes geschaffen, in bis heute noch unbekannten Formen im Gehirn repräsentiert und das System unserer Handlungs- und Interpretationsfähigkeiten und Dispositionen mitbestimmend – an einem solchen Begriff ist nichts prinzipiell Rätselhaftes. Im Gegenteil, eine derartige Konzeption, die von der begrifflichen Kompetenz-Performanz Unterscheidung (vgl. Chomsky (1965/dtsch. 1969), Kp. 1) Gebrauch macht, scheint geradezu eine Vorbedingung für eine ernstzunehmende Untersuchung des Verhaltens zu sein. Menschliches Handeln kann nur unter der Annahme verstanden werden, daß Verhaltensfähigkeiten erster Ordnung bzw. Familien von Verhaltensdispositionen den Gebrauch kognitiver Strukturen beinhalten, die Systeme von (unbewußtem) Wissen, von Überzeugungen, Erwartungen, Bewertungen, Urteilen u. dgl. ausdrücken. Das ist zumindest meine Meinung.

Kehren wir zum Hauptthema zurück. Angenommen, wir wählen ein Problem in einem Bereich B aus, das außerhalb der kognitiven Kompetenz von O liegt. Der Organismus O wird dann nicht wissen, wie er vorzugehen hat. O wird keine kognitive Struktur besitzen, die für eine Behandlung dieses Problems zur Verfügung steht. Es gibt auch keine LT(O, B), die O befähigen könnte, eine solche Struktur zu entwickeln. O wird daher nach dem »trial and error«-Verfahren vorgehen müssen, assoziierend, einfach induktiv, in gewissen bereits verfügbaren Dimensionen verallgemeinernd (dabei tauchen einige Fragen auf, auf die ich hier nicht näher eingehen werde). Nehmen wir für O Menschen. Wir werden dann nicht erwarten, daß die betreffende Person für das anstehende Problem eine umfassende und erhellende Lösungsmethode genauso intuitiv und unbewußt finden bzw. konstruieren kann, wie dies für den Spracherwerb und die anderen Leistungen der menschlichen Intelligenz charakteristisch ist.

Vielleicht ist der Mensch imstande, bewußt eine wissenschaftliche Theorie zu konstruieren, die mit den Problemen in dem fraglichen Bereich fertig wird, aber das ist eine andere Sache – oder besser gesagt, zum Teil eine andere Sache, da es selbst hier wesentliche Beschränkungen gibt. Eine intellektuell signifikante Wissenschaft, eine intelligible explanative Theorie kann vom Menschen entwickelt werden, falls so etwas wie eine annähernd wahre Theorie in einem gewissen Bereich zufällig zu den »wissenschaftsbildenden« Fähigkeiten des Menschen gehört. Die in den Wissenschaften involvierten LT(M,B)-s, ganz gleich um welche es sich handelt, müssen speziell und restriktiv sein, sonst könnten die Wissenschaftler unmöglich zu einem übereinstimmenden Urteil über die einzelnen explanativen Theorien kommen, über Theorien, die über das verfügbare Datenmaterial weit hinausgehen. Und in den wenigen Gebieten, in denen ein echter Fortschritt zu verzeichnen ist, ist eine derartige Übereinstimmung in der Beurteilung von Theorien durchaus nicht ungewöhnlich – wobei ein Großteil des Datenmaterials zumindest für den Augenblick als irrelevant verworfen wird. Dieselben LT(M,B)-s, die dem Menschen ein derart umfassendes und faszinierendes wissenschaftliches Begreifen erst ermöglichen, stellen notwendigerweise auch eine strenge Beschränkung der Klasse der für den Menschen überhaupt möglichen Wissenschaften dar. Daß der menschliche Geist imstande ist, in spezifischen Forschungsbereichen signifikante explanative Theorien zu entdecken, geht sicher nicht auf irgendwelche Kräfte der Evolution des Menschen zurück. Hält man sich den Menschen als einen biologischen Organismus in der natürlichen Welt vor Augen, so erscheint es nur als ein glücklicher Zufall, wenn die kognitive Fähigkeit des Menschen gelegentlich mit der wissenschaftlichen Wahrheit in einem bestimmten Gebiet übereinstimmt. Es braucht uns also nicht zu überraschen, daß es so wenige Wissenschaften gibt und daß dem Forschen des Menschen in derart vielen Bereichen jegliche intellektuelle Tiefe fehlt. Eine Untersuchung der kognitiven Fähigkeit des Menschen könnte vielleicht die Klasse der dem Menschen zugänglichen Wissenschaften etwas verdeutlichen, eine eventuell kleine Teilmenge der potentiellen Wissenschaften, bei denen es um Fragen geht, bezüglich derer wir uns (vergeblich) etwas Wissen und Klarheit erhoffen.

Nehmen wir als einen hier relevanten Fall unsere nahezu totale Unfähigkeit, eine wissenschaftliche Theorie zu finden, die eine Analyse des auf S. 26 unter (III) erwähnten Mechanismus M_{CS} liefert – d. h. den recht begrenzten Fortschritt in der Entwicklung einer auch nur irgendwie tiefergehenden wissenschaftlichen Theorie, die die normale Verwendung von Sprache (oder andere Aspekte unseres Verhaltens) erklärt. Wir verfügen anscheinend nicht einmal über die relevanten Begriffe; es gibt gewiß keinen Vorschlag, der intellektuell befriedigende Prinzipien mit explanativer Kraft formuliert, obwohl die Fragen schon sehr alt sind. Es ist nicht ausgeschlossen, daß die wissenschaftsbildenden Fähigkeiten des Menschen auf diesen Bereich, oder auf jeden Bereich, bei dem die Ausübung unseres Willens involviert ist, einfach nicht anwendbar sind, so daß diese Fragen für den Menschen für immer rätselhaft bleiben werden.

Man beachte, nebenbei bemerkt, wie irreführend es wäre, einfach von »Begrenzungen« in der wissenschaftsbildenden Fähigkeit des Menschen zu reden. Grenzen gibt es zweifelsohne, aber sie leiten sich von derselben Quelle ab wie unsere Fähigkeiten, reichhaltige kognitive Systeme zunächst einmal auf der Basis eines begrenzten Datenmaterials zu konstruieren. Daß es eine wissenschaftliche Erkenntnis überhaupt gibt, verdanken wir nur den Faktoren, die eben diese Erkenntnis beschränken.[21]

Nehmen wir einmal an, wir faßten den etwas perversen Entschluß, uns bei der Untersuchung von Organismen auf die Aufgaben und Probleme zu beschränken, die außerhalb ihrer kognitiven Fähigkeit liegen. Wir könnten dann erwarten, daß sich einfache und ziemlich allgemeine »Gesetze des Lernens« finden lassen. Nehmen wir des weiteren an, wir definierten ein »gutes Experiment« als ein solches, das glatt verlaufende Lernkurven liefert, die regulär ansteigen und wieder abfallen usw. Dann wird es »gute Experimente« nur in Bereichen geben, die außerhalb der kognitiven Fähigkeit von O liegen. Es wird zum Beispiel keine »guten Experimente« bei Untersuchungen des menschlichen Spracherwerbs geben, es sei denn, wir richten unsere Aufmerksamkeit nur darauf, wie wir uns Nonsense-Verse einprägen, wie wir verbal assoziieren oder auf andere Aufgaben, für die der Mensch keine speziellen Fähigkeiten besitzt.

Nehmen wir nun an, ein bestimmter Zweig einer prinzipiell auf derartige »gute Experimente« begrenzten Forschung würde sich weiterentwickeln. Es kann durchaus sein, daß diese Disziplin Gesetze des Lernens entwickelt, die bezüglich der unterschiedlichen Bereiche für einen gegebenen Organismus keine allzu große Varianz aufweisen und die zudem für mehr als nur eine Spezies Gültigkeit besitzen. Natürlich müssen dabei die Bereiche außer acht gelassen werden, in denen ein Organismus seiner speziellen Anlage nach reiche kognitive Strukturen entwickelt, die in seinem Leben eine zentrale Rolle spielen. Diese Disziplin dürfte praktisch von keinerlei intellektuellem Interesse sein, da sie sich selbst prinzipiell auf diejenigen Fragen beschränkt, die uns garantiert so gut wie nichts über die Natur des Organismus sagen. Über diese Natur läßt sich etwas Signifikantes nur durch eine Untersuchung der kognitiven Fähigkeit des Organismus herausbekommen, durch eine Untersuchung also, die »gute Experimente« in dem eben charakterisierten seltsamen Sinne gar nicht zuläßt. Eine solche Untersuchung dürfte vielmehr zur Entdeckung (vermittels Experimenten und Beobachtungen) von komplizierten und zweifelsohne stark spezifischen LT(O,B)-s führen. Die Resultate und Errungenschaften der geradezu pervers begrenzten und schon beinahe selbstmörderischen Disziplin hingegen sind nichts anderes als ein Artefakt. Sie wird prinzipiell zur Untersuchung von so peripheren Dingen verdammt sein, wie der Geschwindigkeit und des Umfangs des Erwerbs von Information, der Beziehung zwischen der Anordnung von Verstärkern und der Stärke der Reaktion auf bestimmte Stimuli, der Kontrolle des Verhaltens und dergleichen. Die betreffende Disziplin kann natürlich endlos damit beschäftigt sein, immer neue Informationen über diese Dinge anzusammeln, aber es dürfte fraglich sein, welchen Witz bzw. Sinn diese ganzen Bemühungen überhaupt haben.

Detailliertere Untersuchungen der kognitiven Fähigkeit führen noch zu weiteren Fragen. So fallen gewisse intellektuelle Leistungen, wie z. B. der Spracherwerb, strenggenommen in den Bereich der biologisch determinierten kognitiven Fähigkeit. Wir besitzen für diese Aufgaben eine »spezielle Anlage«, so daß sich interessante kognitive Strukturen von großer Komplexität in kürzester Zeit entwickeln können, ohne daß es dazu einer bewußten Anstrengung bedarf. Es gibt andere Aufgaben, die, an einer absoluten Skala (sofern dieser Begriff hier überhaupt sinnvoll ist) gemessen, bestimmt nicht »komplexer« sind, denen wir aber äußerst ratlos gegenüber stehen, da sie außerhalb unserer kognitiven Fähigkeit liegen. Nehmen wir z. B. Probleme, die im Grenzbereich der kognitiven Fähigkeit liegen. Sie eröffnen die Möglichkeit eines faszinierenden intellektuellen Spiels. Das Schachspiel etwa liegt noch nicht so weit außerhalb der kognitiven Fähigkeit, daß es lediglich zu unlösbaren Rätseln führte, aber es liegt zugleich doch hinreichend außerhalb unserer natürlichen Fähigkeiten, so daß es auf unseren Geist eine starke Faszination ausübt. Mögen die Unterschiede zwischen den einzelnen Individuen sonst gering erscheinen, hier jedenfalls zeigt sich die ganze Vielfalt unserer individuellen Begabungen.

Die Untersuchung von unseren Intellekt provozierenden Aufgaben könnte uns – gleichsam an den Grenzen der kognitiven Fähigkeit – einen gewissen Einblick in die Intelligenz des Menschen verschaffen, gerade wie uns auch die Untersuchung der Fähigkeit, eine Meile in vier Minuten zu laufen, wertvolle Informationen über die Physiologie der Menschen liefern könnte. Es wäre aber witzlos, würde man die letztere Leistung bereits auf einer sehr frühen Stufe unseres Verstehens der menschlichen Fortbewegungsmöglichkeit untersuchen – z. B. wenn wir lediglich wüßten, daß sich der Mensch durch Gehen und nicht durch Fliegen fortbewegt. Entsprechend scheint mir angesichts dessen, was wir zur Zeit über die geistigen Fähigkeiten der Menschen wissen, eine Untersuchung von Schachspielprogrammen zwar einiges für die Theorie des Schachs herzugeben, für eine Untersuchung der menschlichen Intelligenz dürfte das aber wahrscheinlich nicht recht ergiebig sein. Es empfiehlt sich, zuerst die wichtigeren Faktoren anzusehen und sich erst dann den Wirkungen zehnter Ordnung zuzuwenden, sich zuerst die Grundstruktur eines komplexen Systems vorzunehmen, ehe man dessen Grenzen erforscht – obwohl man natürlich nie im voraus wissen kann, gerade aufgrund welchen Vorgehens uns die Dinge plötzlich klar werden.[22]

Im Fall der menschlichen Erkenntnis sollte meines Erachtens

die Untersuchung der kognitiven Grundstrukturen innerhalb der kognitiven Fähigkeit, sowie ihrer Entwicklung und ihres Gebrauchs Priorität erhalten, wenn wir zu einem echten Verständnis des Geistes und seiner Arbeitsweise kommen wollen.

Die vorangehende Diskussion ist nicht recht präzise. Ich hoffe aber, daß sie zumindest andeutungsweise klar macht, wie eine rationale Untersuchung des menschlichen Wissenserwerbs vor sich gehen könnte. Ich will mich jetzt den speziellen Fragen der ›Lerntheorie‹ zuwenden, die die Sprache betreffen.

Nehmen wir für den Organismus O Menschen (M) und für den Bereich B die Sprache (S). Was ist LT(M,S)? Von den beiden oben erwähnten vereinfachenden Annahmen ist, soweit wir wissen, die erste – Invarianz innerhalb der Spezies – realistisch genug. Sie scheint uns mit einer starken Annäherung an die Tatsachen zu versehen. Wir wollen sie daher ohne weitere Diskussion akzeptieren, dabei aber die zweite Annahme, wonach das Erlernen einen Ein-Stufen-Prozeß darstellt, weiterhin mit der gebührenden Vorsicht und Skepsis behandeln. Auf diese zweite Annahme komme ich in Kp. III zurück.

LT(M,S) ist das System der Mechanismen und Prinzipien, das beim Erwerb sprachlichen Wissens in Gang gesetzt wird – beim Erwerb der spezifischen kognitiven Struktur, die wir »Grammatik« nennen – falls wir über Daten verfügen, die eine faire und adäquate Stichprobe aus dieser Sprache darstellen.[23]

Die Grammatik ist ein System von Regeln und Prinzipien, die die formalen und semantischen Eigenschaften von Sätzen determinieren. Die Grammatik kommt – in Interaktion mit anderen Mechanismen des Geistes – beim Interpretieren bzw. Verstehen einer Sprache zur Anwendung. In dieser Theorie mögen vielleicht empirische Annahmen und begriffliche Unterscheidungen stecken, die richtig oder falsch sein können; ich glaube jedoch, daß es bei unserem gegenwärtigen Wissen zumindest nicht unvernünftig ist, von diesen Annahmen und Unterscheidungen auszugehen.

Um an die obige Diskussion wieder anzuknüpfen, möchte ich

nochmals hervorheben, daß m. E. die Beziehung zwischen Erfahrung und Handeln in zwei Systeme unterteilt werden muß: LT(M,S), wodurch die Erfahrung mit dem erreichten kognitiven Zustand in Beziehung gesetzt wird, und M_{CS}, wodurch, den erreichten kognitiven Zustand vorausgesetzt, die jeweils vorliegenden Bedingungen mit dem Handeln in Beziehung gebracht werden (vgl. (ii)-(III), S. 26). Eine der in den erreichten kognitiven Zustand CS eingehenden und durch M_{CS} zur Anwendung gebrachten Strukturen ist die Grammatik. Wiederum sehe ich derzeit nur wenig Möglichkeiten für eine wissenschaftliche Untersuchung von M_{CS}, obwohl eine Untersuchung von LT(M,S), so scheint mir, mit Aussicht auf Erfolg angegangen werden kann.

Wir wollen die »Universale Grammatik« (UG) als das System von Prinzipien, Bedingungen und Regeln definieren, die Elemente bzw. Eigenschaften aller menschlichen Sprachen sind, und zwar nicht nur zufälligerweise, sondern eben aus Notwendigkeit – wobei ich natürlich an eine biologische, nicht an eine logische Notwendigkeit denke. Die UG kann man somit als Ausdruck des ›Wesens der menschlichen Sprache‹ verstehen. Die UG ist bezüglich aller Menschen invariant. Die UG spezifiziert, was beim Spracherwerb erlangt werden muß, damit dieser erfolgreich ist. Die UG ist somit eine signifikante Komponente von LT(M,S). Was erlernt wird, die erworbene kognitive Struktur, muß die Eigenschaften der UG besitzen, auch wenn noch weitere, zufällige Eigenschaften vorhanden sein werden. Jede menschliche Sprache stimmt mit UG überein; Sprachen unterscheiden sich in anderen, zufälligen Eigenschaften. Würden wir eine Sprache konstruieren, die UG verletzt, so würden wir sehen, daß sie nicht durch LT(M,S) erlernt werden kann. D. h. sie könnte nicht unter normalen Bedingungen eines Kontakts mit Daten erlernt werden. Möglicherweise könnte sie jedoch durch Anwendung anderer Fähigkeiten des Geistes erlernt werden; LT(M,S) erschöpft die Fähigkeiten des menschlichen Geistes nicht. Vielleicht könnte diese erfundene Sprache wie ein Puzzle erlernt werden; oder ihre Grammatik könnte erst nach langwierigem mühsamen

Forschen, vermittels eines genialen Einfalls bzw. durch explizite Formulierung von Prinzipien und durch sorgfältiges Experimentieren entdeckt werden. Diese Möglichkeit bestünde zumindest, wenn die Sprache noch innerhalb der Grenzen der ›wissenschaftsbildenden‹ Komponente der menschlichen kognitiven Fähigkeit liegt. Die Entdeckung der Grammatik dieser Sprache wäre aber mit dem Spracherwerb nicht vergleichbar, genauso wie zwischen physikalischen Untersuchungen und dem Spracherwerb ein qualitativer Unterschied besteht.

Die UG spezifiziert Eigenschaften der phonetischen, semantischen und strukturellen Organisation. Es ist zu erwarten, daß die UG in all diesen Bereichen Beschränkungen auferlegt, die die mögliche Vielfalt von Sprachen stark einschränkt. Aus naheliegenden Gründen kann man jedoch aus dem stark restriktiven Charakter der UG nicht schließen, daß es auch nur im Prinzip ein beliebig allgemeines bzw. signifikantes Übersetzungsverfahren gibt (vgl. Chomsky (1965/dtsch. 1969)). Und ganz offensichtlich folgt daraus auch nichts bezüglich der Möglichkeit einer Übersetzung tatsächlich vorliegender Texte, da von einem Sprecher bzw. Autor natürlich ein breiter Hintergrund von nicht näher bestimmten Annahmen, Überzeugungen, Einstellungen und Konventionen vorausgesetzt wird. Dieser Punkt ist vielleicht der Erwähnung wert, da es in dieser Angelegenheit zu großen Konfusionen gekommen ist. Für eine Diskussion siehe Keyser (1975).

Wir können einiges über UG, und folglich auch über LT(M,S) herausbekommen, wann immer wir auf sprachliche Eigenschaften treffen, bezüglich derer die Annahme vernünftig ist, daß sie nicht erlernt worden sind. Sehen wir uns, um die Diskussion konkreter zu machen, ein vertrautes Beispiel an – vielleicht das einfachste, das nicht gänzlich trivial ist. Erinnern wir uns an den Prozeß der Fragebildung im Englischen. Stellen wir uns einen neutralen Wissenschaftler vor, wie er ein Kind beobachtet, das gerade Englisch lernt. Nehmen wir an, er entdeckt, daß es das Kind gelernt hat, nach den entsprechenden Deklarativsätzen solche Fragen zu bilden wie z. B. (A):

(A) the man is tall – is the man tall?
the book is on the table – is the book on the table?

Aufgrund dieser Fakten könnte der Wissenschaftler etwa zu den folgenden tentativen Hypothesen darüber, was das Kind tut, gelangen, wobei er von der Annahme ausgeht, daß Sätze in einzelne Wörter zu analysieren sind:

Hypothese 1: Das Kind geht den Deklarativsatz vom ersten Wort an durch (d. h. von »links nach rechts«), bis es zum ersten Vorkommnis des Wortes »is« (oder solchen Wörtern wie: »may«, »will« etc.) kommt; es stellt dann dieses Vorkommnis von »is« an die Spitze und bildet somit die entsprechende Frage (wobei uns einige begleitende Modifikationen der Form hier nicht zu interessieren brauchen).

Mit dieser Hypothese läßt sich recht gut arbeiten. Sie ist zudem extrem einfach. Der Wissenschaftler hat jedes Recht, zufrieden zu sein, und wird eine ganze Menge Daten finden können, die seine tentative Hypothese bestätigen. Natürlich ist die Hypothese aber falsch, wie wir aus solchen Beispielen wie (B) und (C) ersehen können:

(B) the man who is tall is in the room – is the man who is tall in the room?
(C) the man who is tall is in the room – is the man who tall is in the room?

Der Wissenschaftler würde sicher entdecken, daß das Kind bereits bei seiner ersten Konfrontation mit einem Beispiel wie »the man who is tall is in the room« völlig richtig die Frage (B) und nicht (C) bildet (sofern es mit dem Beispiel überhaupt etwas anfangen kann). Kinder machen beim Erlernen der Sprache viele Fehler, aber niemals solche Fehler wie (C). Ist der Wissenschaftler vernünftig, so wird ihn diese Entdeckung sehr überraschen, zeigt sie doch, daß seine Hypothese 1 falsch ist, und daß er eine weitaus komplexere Hypothese konstruieren muß, um den Fakten gerecht zu werden. Die korrekte Hypothese lautet wie folgt, wobei hier irrelevante Komplikationen außer acht gelassen werden:

Hypothese 2: Das Kind analysiert den Deklarativsatz in abstrakte Phrasen; es lokalisiert dann das erste Vorkommnis von »is« (etc.), welches auf die erste Nominalphrase folgt; dann stellt es dieses Vorkommnis an die Spitze und bildet somit die entsprechende Frage.

Hypothese 1 besagt, daß das Kind eine »strukturunabhängige Regel« anwendet – d. h. eine Regel, die nur eine Analyse in Wörter und die über Wortfolgen definierte Eigenschaft »kommt zuerst vor« (»am weitesten links«) involviert. Hypothese 2 besagt, daß das Kind eine »strukturabhängige Regel« anwendet, eine Regel, die eine Analyse in Wörter und Phrasen involviert, sowie die Eigenschaft »kommt zuerst vor«, die über Folgen von in abstrakte Phrasen analysierten Wörtern definiert ist. Die Phrasen sind in dem Sinne »abstrakt«, als weder ihre Grenzen noch ihre Kategorien (Nominalphrase, Verbalphrase etc.) an der Oberfläche markiert zu sein brauchen. In Sätzen kommen keine Klammern vor, Intonationsgrenzen markieren in der Regel keine Phrasen, der jeweilige Phrasentyp wird nicht durch Indizes gekennzeichnet, usw.

Einem jeden vernünftigen Standard zufolge ist Hypothese 2 weitaus komplexer und »unwahrscheinlicher« als Hypothese 1. Der Wissenschaftler mußte schon durch solche Daten wie (B) und (C) dazu gezwungen werden, Hypothese 2 anstelle der einfacheren und elementareren Hypothese 1 zu postulieren. Daher muß sich der Wissenschaftler fragen, warum das Kind so völlig richtig die in Hypothese 2 postulierte strukturabhängige Regel verwendet und nicht die einfachere strukturunabhängige Regel von Hypothese 1. Eine Erklärung mithilfe der »kommunikativen Effizienz« oder ähnlichen Betrachtungen scheint hier nicht möglich zu sein. Es wäre in diesem Fall gewiß absurd, wenn man behaupten wollte, daß Kindern die Verwendung der strukturabhängigen Regel beigebracht wird. Dieses Problem taucht beim Spracherwerb einfach nicht auf. Auch wenn jemand in seinem ganzen bisherigen Leben noch nie mit relevanten Daten konfrontiert worden ist, so wird er doch ohne jedes Zögern die strukturabhängige Regel verwenden – selbst dann, wenn seine ganze Erfahrung mit der Hypothese 1 konsistent ist. Der einzig vernünftige Schluß kann hier nur lauten, daß die UG das Prinzip enthält, daß alle derartigen Regeln strukturabhängig sein müssen. D. h. der Geist des Kindes (insbesondere dessen Komponente LT(M,S)) enthält die Instruktion: Konstruiere eine strukturabhängige Regel, ignoriere alle strukturunabhängigen Regeln! Das Prinzip der Strukturabhängigkeit wird nicht erlernt; es bildet vielmehr einen Teil der Bedingungen für den Spracherwerb.

Um diesen Schluß über UG (und daher auch über LT(M,S)) noch weiter zu bestätigen, wird sich der Wissenschaftler der Frage zuwenden, ob es auch noch andere Regeln des Englischen gibt, die ebenso strukturabhängig sind. Soweit wir wissen, ist die Antwort hier positiv. Wird eine Regel gefunden, die nicht strukturabhängig ist, so sieht sich der Wissenschaftler mit einem Problem konfrontiert. Er wird weitere Untersuchungen über die UG anzustellen haben, um herauszufinden, in welchen zusätzlichen Prinzipien der Unterschied zwischen diesen beiden Kategorien von Regeln begründet ist, so daß das Kind auch ohne Instruktion wissen kann, daß die eine Kategorie strukturabhängig ist, die andere nicht. Ist er erst einmal so weit gekommen, wird der Wissenschaftler daraus den Schluß ziehen, daß die gleiche Eigenschaft auch den anderen Sprachen zukommen muß, wobei er von der Annahme ausgehen wird, daß der Mensch nicht speziell für das Erlernen einer ganz bestimmten Sprache (etwa Englisch im Gegensatz zu Japanisch) konstruiert ist. Aufgrund dieser vernünftigen Annahme muß das Prinzip der Strukturabhängigkeit (falls nötig, eventuell mit den oben angedeuteten Modifikationen) universelle Gültigkeit besitzen, falls es für das Englische gilt. Geht der Wissenschaftler den Konsequenzen seiner Überlegungen weiter nach, so würde er (soweit wir wissen) die Korrektheit seiner Schlußfolgerung entdecken.

Komplexere Beispiele lassen sich vorbringen; aber dieses einfache Beispiel macht den generellen Tatbestand schon recht deutlich. Geht der Wissenschaftler auf die geschilderte Weise vor, so kann er zu reichen und interessanten Hypothesen über UG und folglich über LT(M,S) kommen. Für Menschen schließt die Lerntheorie im Bereich der Sprache daher neben anderen komplizierteren (und, wie ich hinzufügen sollte, umstritteneren) Prinzipien auch das Prinzip der Strukturabhängigkeit ein. Auf einige dieser Prinzipien werde ich in Kp. III zurückkommen.

Behalten wir nur dieses eine Beispiel eines Prinzips der UG im Auge und kehren wir zu der »Hypothese der Angeborenheit« zurück. Erinnern wir uns, daß es keinen Streit darüber gibt, ob eine solche Hypothese notwendig ist, sondern nur darüber, wie diese Hypothese des näheren zu lauten hat.

Gehen wir weiterhin davon aus, daß die vereinfachende Annahme über den Ein-Stufen-Prozeß des Lernens legitim ist, so besteht die »Hypothese der Angeborenheit« aus mehreren Elementen: Aus Prinzipien für eine vorläufige, vortheoretische Analyse von Daten als Erfahrung, die als Input in LT(M,S) fungiert; aus Eigenschaften der UG, die den Charakter des Erlernten determinieren; und aus anderen Prinzipien von einer in der vorangehenden Skizze nicht diskutierten Art.

Wir könnten, was durchaus vernünftig wäre, die *Sprachtheorie* so formulieren, daß sie diese Betrachtungsweise der LT(M,S) widerspiegelt. Eine Theorie ist ein System von mit Hilfe gewisser Begriffe ausgedrückten Prinzipien. Dabei wird davon ausgegangen, daß die Prinzipien bezüglich des Gegenstands der Theorie zutreffen. Eine Formulierung einer Theorie nimmt gewisse Begriffe als nicht weiter definierte Grundbegriffe und einige von den Prinzipien als Axiome. Die Auswahl der Grundbegriffe und Axiome muß dabei der Bedingung genügen, daß alle Begriffe mit Hilfe der Grundbegriffe definiert und alle Prinzipien aus den Axiomen abgeleitet werden. Wir könnten uns entscheiden, die Sprachtheorie so zu formulieren, daß wir als Grundbegriffe diejenigen Begriffe nehmen, die in die vorläufige Analyse von Daten als Erfahrung eingehen, und dabei diejenigen Prinzipien zu den Axiomen rechnen, die die Relationen ausdrücken, die zwischen den in diese vorläufige Analyse eingehenden Grundbegriffen bestehen. (Somit wären die Grundbegriffe auch in einem epistemologischen Sinne fundamental; sie würden nicht nur für die weiteren Definitionen hinreichend sein, sondern genügten auch einer äußeren empirischen Bedingung.) Die definierten Ausdrücke gehören zur UG, und die Prinzipien der UG sind Theoreme dieser Theorie. Eine derart konstruierte Sprachtheorie ist eine in der angegebenen Weise in die LT(M,S) inkorporierte Theorie der UG.

Somit kann die »Hypothese der Angeborenheit« wie folgt formuliert werden: Die in der skizzierten Weise konstruierte Sprachtheorie, die Theorie der UG, ist eine angeborene Eigenschaft des menschlichen Geistes. Wir sollten also im Prinzip in der Lage sein, sie mithilfe der Humanbiologie zu erklären.

In dem Maße, wie wir unsere vereinfachende Annahme über den Ein-Stufen-Prozeß des Lernens revidieren müssen – wie, darauf werde ich noch zurückkommen –, in dem Maße werden wir auch die »Hypothese der Angeborenheit« mit den entsprechenden Modifikationen versehen müssen.

Eine entwickeltere Version der auf den Menschen angewandten »Hypothese der Angeborenheit« wird die unterschiedlichen Bereiche der kognitiven Kompetenz spezifizieren, die Fähigkeit des Geistes LT(M,S) für jeden derartigen Bereich B, die Relationen zwischen diesen Fähigkeiten, ihre Entwicklungsmodi und ihre zeitliche Interaktion. Parallel zu der Sprachfähigkeit und in einer höchst komplexen Form mit dieser interagierend existiert ferner jene Fähigkeit des Geistes, die das Common Sense Verständnis, wie man es nennen könnte, konstruiert, d. h. ein System von Annahmen, Erwartungen und Kenntnissen über die Natur und das Verhalten von Objekten, ihre Stellung innerhalb eines Systems »natürlicher Arten«, die Organisation dieser Kategorien, und die Eigenschaften, die die Kategorisierung von Objekten und die Analyse von Ereignissen determinieren. Eine allgemeine »Hypothese der Angeborenheit« wird auch Prinzipien einschließen, die für die Stellung und die Rolle des Menschen in der sozialen Welt relevant sind wie auch für die Natur und die Bedingungen der menschlichen Arbeit, die Struktur unseres Handelns, unseres Wollens und unserer Entscheidungen usw. Diese Systeme sind möglicherweise größtenteils unbewußt und einer bewußten Introspektion vielleicht gar nicht zugänglich. Für spezielle Untersuchungen wird man eventuell auch diejenigen Fähigkeiten isolieren wollen, die beim Lösen von Problemen eine Rolle spielen, bei der Konstruktion wissenschaftlicher Theorien, bei künstlerischen Schöpfungen, bei Spielen, eben bei all den Kategorien, die sich für eine Untersuchung unserer kognitiven Kompetenz und – in der Folge davon – auch unseres Handelns als angemessen herausstellen.

In den beiden nächsten Kapiteln möchte ich auf einige dieser mentalen Fähigkeiten und deren Interaktion etwas näher eingehen.

II Der Gegenstand der Linguistik

Ich hoffe, mich nicht allzu sehr zu wiederholen, wenn ich dieses Kapitel mit einer kurzen Zusammenfassung meiner bisherigen Ausführungen beginne und dabei gelegentlich etwas weiter aushole.
Die Sprachtheorie ist einfach derjenige Teil der Psychologie des Menschen, in dem es um ein ganz besonderes »mentales Organ«, eben die menschliche Sprache, geht. Durch entsprechende und sich über einen gewissen Zeitraum erstreckende Erfahrungen stimuliert, führt die Sprachfähigkeit zu einer Grammatik, die Sätze mit formalen und semantischen Eigenschaften generiert. Wir sagen, daß ein Mensch die durch diese Grammatik generierte Sprache beherrscht. Indem er von anderen damit zusammenhängenden Fähigkeiten des Geistes und den durch sie hervorgebrachten Strukturen Gebrauch macht, kann er dann die von ihm nun beherrschte Sprache verwenden.[1]
Bei einem weiteren Fortschritt der Wissenschaften können wir vielleicht einmal etwas über die physikalische Repräsentation der Grammatik und dementsprechend auch der Sprachfähigkeit selbst herausbekommen, sowohl etwas über den durch den Spracherwerb erlangten kognitiven Zustand als auch über den Anfangszustand, in dem es zwar eine Repräsentation der UG (der Universalen Grammatik), aber keine Repräsentation einer mit der UG übereinstimmenden speziellen Grammatik gibt. Gegenwärtig können wir die Eigenschaften von Grammatiken und der Sprachfähigkeit nur abstrakt charakterisieren.
Es wird manchmal behauptet, daß diese zum gegenwärtigen Zeitpunkt unvermeidliche Kontingenz die Sprachtheorie ihres empirischen Gehaltes beraubt. Dieser Schluß ist jedoch nicht korrekt. So kann z. B. das einzige Beispiel, das ich bisher vorgelegt habe, das Prinzip der Strukturabhängigkeit, sollte es falsch sein, auch mit Sicherheit falsifiziert werden. Dasselbe gilt von anderen Vorschlägen innerhalb der UG oder speziel-

ler Grammatiken. Genauso könnte man sich Entdeckungen in der Neurophysiologie vorstellen, die uns zu einer Revision bzw. Aufgabe einer gegebenen Sprachtheorie oder einer speziellen Grammatik, mitsamt ihren Hypothesen über die Komponenten des Systems und ihrer Interaktion, zwingen könnten. Die abstrakte Natur dieser Theorien läßt eine gewisse Breite in der Interpretation bestimmter Resultate zu, insbesondere insofern, als wir keine klare Vorstellung davon besitzen, wie kognitive Strukturen in die Theorie der Performanz eingebettet sind. Eine derartige Interpretationsbreite läuft jedoch nicht auf totale Willkürlichkeit hinaus. Der theoretische Psychologe (in diesem Fall der Linguist), der Experimentalpsychologe und der Neurophysiologe sind an einem gemeinsamen Unternehmen engagiert, und jeder von ihnen sollte sich, so gut es nur geht, die Einsichten zunutze machen, die von all jenen Ansätzen herrühren, die den Anfangszustand des Organismus, die erworbenen kognitiven Strukturen sowie die Verwendungsweisen dieser kognitiven Strukturen zu bestimmen versuchen. Sorgfalt ist hier jedoch am Platz. Nicht selten finden wir in der psycholinguistischen Literatur die Feststellung, daß bestimmte Schlußfolgerungen über die Natur der Grammatik, über die UG, oder über die Rolle der Grammatik bei der Sprachverwendung deshalb verworfen werden müssen, weil sie mit dem inkonsistent sind, was wir über die Organisation des Gedächtnisses, des Verhaltens usw. wissen. Unsere Kenntnisse bzw. unsere auch nur einigermaßen plausiblen Vermutungen über diese Dinge sind jedoch begrenzt und haben im allgemeinen mit den Fragen, die in theoretischen Sprachuntersuchungen auftauchen, bisher noch nicht allzu viel zu tun. Es gibt z. B. gewisse naheliegende Beziehungen zwischen Satzkomplexität und Erlernbarkeitsschwierigkeiten, und dergleichen mehr. Solche Daten sollten ernsthaft bezüglich ihrer möglichen Relevanz für die Natur des erworbenen kognitiven Zustands und der entsprechenden Erwerbsmechanismen überprüft werden.[2] Die verfügbaren Daten stützen jedoch keine Schlußfolgerungen, die in der Literatur einfach so, als würde es sich um bereits irgendwie etablierte

Fakten handeln, ohne jeden Widerspruch akzeptiert werden.³ Körperorgane, etwa das Herz, können, was ihre Gestalt und Stärke angeht, eine gewisse Variabilität aufweisen; ihre Grundstruktur und ihre Funktion in der Physiologie des Menschen ist jedoch ein allgemeines Merkmal der Spezies. Analog ist es möglich, daß zwei Individuen in derselben Sprachgemeinschaft Grammatiken erwerben, die bezüglich ihres Umfangs und ihrer Komplexität leicht differieren.⁴ Bedeutsamer ist jedoch, daß die Produkte der Sprachfähigkeit je nach der speziellen Auslöseerfahrung variieren, wobei sich diese Varianz (im Prinzip) über die ganze Klasse möglicher menschlicher Sprachen erstreckt. Diese Variationen in der Struktur sind jedoch durch die UG zweifelsohne stark begrenzt; ebenso sind die Funktionen der Sprache im Leben der Menschen engen Beschränkungen unterworfen, obgleich man bei der Behandlung dieses Problems über eine rein deskriptive Taxonomie bisher nicht wesentlich hinausgekommen ist.⁵
Beschränken wir uns nun auf den Menschen und nehmen wir an, wir verstünden unter der Psychologie die im obigen Sinne skizzierte Theorie des Geistes. Die Psychologie ist somit jener Teil der Humanbiologie, auf deren fundamentalster Ebene es um die Fähigkeit zweiter Ordnung geht, kognitive Strukturen zu konstruieren, die in unsere Fähigkeiten erster Ordnung, eben in die Fähigkeiten zu handeln und Erfahrungen zu interpretieren, eingehen. Eine jede derartige Fähigkeit des Geistes ist durch eine LT(M, B) im oben charakterisierten Sinne repräsentiert. Diese Fähigkeiten ermöglichen uns den Erwerb komplexer einheitlicher kognitiver Strukturen, die durch die jeweiligen Auslöseerfahrungen weitgehend unterbestimmt sind und mit derartigen Erfahrungen auch keineswegs in einer einfachen Beziehung zu stehen brauchen (etwa als Generalisierungen, Generalisierungen höherer Ordnung, etc.). Die Beziehung zwischen einer kognitiven Struktur und der Erfahrung könnte vielmehr genauso indirekt und kompliziert sein, wie die Beziehung zwischen einer nicht-trivialen wissenschaftlichen Theorie und ihren Daten. Je nachdem wie die »Hypothese der Angeborenheit« des näheren formuliert

ist, könnte diese Beziehung sogar noch partieller und indirekter sein.
Derartige kognitive Strukturen bilden einen Teil des kognitiven Zustands, den ein Mensch auf einer bestimmten Entwicklungsstufe erlangt hat. Dieser Zustand inkorporiert zudem Gewohnheitsstrukturen, Dispositionen, sowie die Fähigkeiten, kognitive Strukturen verwenden zu können. Die primäre Aufgabe einer Untersuchung des Wissenserwerbs besteht in der Identifizierung der innerhalb der kognitiven Kompetenz liegenden Bereiche und in der Entdeckung einer LT(M,B) für einen jeden derartigen Bereich B. Des weiteren wird sich diese Untersuchung darum bemühen, das ganze System der kognitiven Fähigkeiten durchsichtig zu machen, die zwischen den verschiedenen Bereichen bestehenden Beziehungen zu durchleuchten, die Interaktion zwischen den LT(M, B)-s beim Wissenserwerb zu untersuchen, die gemeinsamen Eigenschaften bzw. die Ähnlichkeiten (so vorhanden) zwischen ihnen herauszubekommen und die kognitiven Strukturen bezüglich ihrer Zugänglichkeit in eine Ordnung zu bringen bzw. ihre Zugänglichkeit auf bereits erlangte Strukturen zu relativieren usw.
Des weiteren wird es in der Psychologie um die Erforschung der Organisation des Verhaltens in gegebenen Situationen gehen, wie diese eben durch die verfügbaren kognitiven Strukturen analysiert werden (dies ist die Untersuchung von M_{CS}, vgl. (III), S. 26). Wir könnten den Versuch unternehmen, das klassische Problem anzugehen, eine Erklärung für Handlungen zu suchen, die zwar den jeweiligen Situationen angemessen, aber nicht durch entsprechende Stimuli kontrolliert sind. Ein partiell strukturiertes System vorausgesetzt, das eine Bewertung von Ergebnissen liefert, können Entscheidungen, die, von einer Maximierung des »Wertes« abgesehen, zufällig sind, durchaus den Anschein eines freien, zielgerichteten und intelligenten Verhaltens haben – man muß jedoch bezüglich dieses Ansatzes skeptisch bleiben, obschon es der einzige Ansatz ist, der sich innerhalb eines uns verständlichen begrifflichen Rahmens bewegt.

Innerhalb der kognitiven Fähigkeit besitzt die Theorie des Geistes einen ausgesprochen rationalistischen Anstrich. Beim Erwerb von Wissen geht es primär darum, eine angeborene Struktur mit Details auszufüllen. Dabei weichen wir von der Tradition in mehrfacher Hinsicht ab; insbesondere darin, daß wir das »*a priori* System« als biologisch determiniert betrachten.[6] Außerhalb der Grenzen der kognitiven Kompetenz besitzt infolge einer unglücklichen Notwendigkeit eine empiristische Lerntheorie Gültigkeit. Daher ist nur ein geringer Wissenserwerb möglich, der Bereich dessen, was wir entdecken können, ist minimal, und bei allen Bereichen und bei jeder Spezies werden sich Einförmigkeiten finden.

Die Sprachfähigkeit ist ein besonders interessantes Element der kognitiven Fähigkeit. Wir können ihre Natur (speziell die UG), ihre Beziehung zu anderen Bereichen, und ihre Einzigartigkeit untersuchen. Wir können uns fragen, ob die Cartesianische Theorie mit ihrer Behauptung recht hat, daß diese Fähigkeit für die menschliche Spezies, für das einzige denkende Geschöpf, spezifisch ist. Leitet sich, wie Descartes glaubte, die Unfähigkeit jeder anderen Spezies, eine Sprache vom menschlichen Typ zu entwickeln, aus einem Fehlen einer spezifischen Eigenschaft der Intelligenz ab, oder eher aus bloßen Beschränkungen einer ansonsten gemeinsamen Intelligenz? Diese Streitfrage hat eine lange Tradition. Antoine Le Grand z. B., ein führender Interpret Cartesianischer Ideen im England des siebzehnten Jahrhunderts, sprach voller Verachtung von der Überzeugung »eines gewissen Stammes in Ost-Indien, der da glaubt, daß die in ihrer Umgebung ungemein häufig vorkommenden Affen zwar eine Sprache *verstehen* und *sprechen* können, von dieser Fähigkeit aber nicht Gebrauch machen wollen, da sie fürchten, sonst nur zum Arbeiten eingespannt zu werden.«[7] In einigen etwas unbedachten Popularisierungen neuerer und recht interessanter Forschungen wird praktisch die These vertreten, daß höher entwickelte Affen zwar über eine Sprachfähigkeit verfügen, diese aber nie zur Anwendung gebracht haben – ein recht merkwürdiges biologisches Wunder, wenn man sich den enormen Selek-

tionswert auch nur der minimalsten sprachlichen Leistungen vor Augen hält; es ist, als würde man entdecken, daß bestimmte Lebewesen zwar Flügel haben, aber noch nie auf die Idee gekommen sind, auch zu fliegen.
Mir scheint es vernünftig anzunehmen, daß es in nichtmenschlichen Organismen keine der UG ähnliche Struktur gibt und daß die Fähigkeit, in der Sprache seine Gedanken frei, angemessen und kreativ mithilfe der durch die Sprachfähigkeit vorgesehenen Mittel ausdrücken zu können, ein weiteres distinktives Merkmal der menschlichen Spezies ist, zu dem es bei keiner anderen Spezies eine signifikante Analogie gibt. Die neurale Basis der Sprache ist für uns zwar immer noch weitgehend ein ungelöstes Rätsel; es dürfte aber kaum einen Zweifel geben, daß spezifische neurale Strukturen und selbst ziemlich grobe Organisationsmodi, die bei anderen Primaten nicht zu finden sind (z. B. Lateralität), eine fundamentale Rolle spielen.[8]
Vielleicht besteht die Erwartung, daß die Verfahren, mit denen Affen bestimmte Formen des symbolischen Verhaltens antrainiert werden, auch beim Menschen einen Erfolg erzielen, wenngleich auch auf Kosten einer schwerwiegenden Schädigung der bei der Sprache direkt involvierten neuralen Strukturen. Es gibt einige Belege dafür, daß dem so ist.[9] Bemühungen, bei einer anderen Spezies symbolisches Verhalten zu induzieren, dürften die spezifischen Eigenschaften der menschlichen Sprache in etwa genauso erhellen, wie eine Untersuchung des Flugvorgangs bei Vögeln im Prinzip durch die Erforschung der Schwimmbewegungen von Fischen oder die Weitsprungversuche eines Sportlers erhellt werden dürfte. Vielleicht behaupten einige, daß im letzteren Fall mehr zu erwarten ist: Schließlich ist ja sowohl das Fliegen wie das Weitspringen eine Art der Fortbewegung; beidemal verläßt man den Boden und kehrt dann wieder auf ihn zurück. Und mit einem speziellen Training schaffen wir es ja auch, wenn wir uns nur genügend anstrengen, etwas höher und weiter zu springen. Davon ausgehend könnte nun ein Beobachter – wobei er allerdings schon hoffnungslos verworren sein muß

– vielleicht die These vertreten wollen, daß die Unterscheidung zwischen Springen und Fliegen ganz willkürlich und der Übergang zwischen beiden fließend sei. Auch die Menschen könnten fliegen, genau wie die Vögel, nur eben etwas weniger gut. Analoge Thesen im Fall der Sprache dürften meines Erachtens kein größeres Gewicht bzw. keine größere Signifikanz besitzen.

Kehren wir zur Humanpsychologie zurück und wenden wir uns der Frage zu, wie die Sprachfähigkeit in das System der kognitiven Fähigkeit paßt. Ich ging von der Annahme aus, daß die UG zur Determinierung einzelner Grammatiken hinreicht (wobei, um es nochmals zu sagen, eine Grammatik ein System von Regeln und Prinzipien ist, welches eine infinite Klasse von Sätzen mit ihren formalen und semantischen Eigenschaften generiert). Aber diese Annahme braucht nicht zuzutreffen. Es wäre eine kohärente und vielleicht auch korrekte These, wenn man behauptete, daß die Sprachfähigkeit nur in Verbindung mit anderen Fähigkeiten des Geistes eine Grammatik konstruiert. Wenn dem so ist, dann liefert die Sprachfähigkeit selbst nur einen abstrakten Rahmen, eine Idealisierung, die für die Determinierung einer Grammatik nicht hinreicht.

Angenommen, es gibt keine scharfe Grenze zwischen den semantischen Eigenschaften, die »sprachlich« sind, und denen, die einen Teil des Common Sense Verständnisses bilden, d. h. des kognitiven Systems, das die Natur der benannten, beschriebenen oder diskutierten Dinge betrifft. Es könnte also sein, daß lexikalische Einheiten durch Prinzipien verknüpft sind, die für ein System von Common Sense Annahmen eine Art zentralen Kern bilden[10], ohne scharfe Unterscheidung zwischen analytischen und synthetischen Sätzen. Oder stellen wir uns vor, daß Ausdrücke für »natürliche Arten« zum Teil durch »Stereotype« im Sinne H. Putnams charakterisiert werden.[11] Ein Tiger ist dann etwas, was gegebenen Exemplaren nicht zu unähnlich ist und dieselbe interne (vielleicht unbekannte) Struktur besitzt wie das Stereotyp. Dieser Annahme zufolge sind lexikalische Einheiten in einem »semantischen Raum« lokalisiert, der durch die Interaktion der Sprachfähigkeit mit anderen Fähigkeiten des Geistes erzeugt wird. Wenn überhaupt, so besitzen strenggenommen nur wenige Wörter so etwas wie einen Fregeschen »Sinn«. Das »geistige Kriterium«, das die Anwendbarkeit des Ausdrucks »Tiger« bestimmt, involviert wirklich vorkommende Exemplare. Die wesentliche Rolle der möglicherweise unbekannten inneren Struktur läßt Veränderungen der vermeintlichen Referenz zu, ohne den Begriff selbst zu verändern (ohne eine Veränderung des »Sinns«). Die Referenz des Ausdrucks ist eine Funktion der Rolle, die der assoziierte Begriff innerhalb des nichtsprachlichen Systems des Common Sense Verständnisses ausübt. Der Ausdruck »Tiger« erwirbt nur durch seine Assoziation mit dem letzteren System so etwas vom Rang eines Fregeschen »Sinnes«, obwohl das Sprachsystem selbst durchaus abstrakteren semantischen Eigenschaften Raum geben kann (etwa »semantischen Markern«, wie sie von Katz diskutiert werden[12]).

Nehmen wir des weiteren an, daß die Arbeitsweise der Regeln der Grammatik zum Teil durch semantische Eigenschaften lexikalischer Einheiten bestimmt wird. Um Passivsätze zu bilden, müssen wir z. B. semantische Eigenschaften und ihre »thematischen Beziehungen« zu den umgehenden Nominalphrasen in Rechnung stellen.

Diese Ideen sind keineswegs unplausibel. Sind sie korrekt, so legt die Sprachfähigkeit nicht isoliert eine Grammatik fest – nicht einmal im Prinzip. Die Theorie der UG ist weiterhin eine Komponente der Theorie des Geistes, aber nur als eine Abstraktion. Zu beachten ist, daß aus dieser Konklusion, sollte sie korrekt sein, nicht folgt, daß sie Sprachfähigkeit nicht als eine autonome Komponente der mentalen Struktur existiert. Die von uns gerade betrachtete Position postuliert vielmehr, daß diese Fähigkeit existiert, wobei ihre physikalische Realisierung erst noch zu entdecken ist. Diese Fähigkeit wird innerhalb des Systems mentaler Fähigkeiten in einer ganz genau bestimmten Weise lokalisiert. Es kann sein, daß dieses Bild von einigen als allzu komplex angesehen wird; aber die Idee, daß das System der kognitiven Strukturen bei weitem

einfacher sein müsse als die Physiologie des kleinen Fingers, diese Idee dürfte wohl nicht allzu viel für sich haben.
Welchen Platz die Sprachfähigkeit innerhalb der kognitiven Fähigkeit innehat, ist eine empirische Frage, keine Sache bloßer Festsetzung. Dasselbe gilt für den Platz, den die Grammatik innerhalb des Systems der erworbenen kognitiven Strukturen innehat. Meine eigene, noch recht tentative, Annahme ist, daß es ein autonomes System einer formalen Grammatik gibt, das im Prinzip[13] durch die Sprachfähigkeit und ihre Komponente UG bestimmt ist. Diese formale Grammatik generiert abstrakte Strukturen, die mit »logischen Formen« (in einem noch näher zu erläuternden Sinne dieses Ausdrucks) durch weitere Prinzipien der Grammatik assoziiert sind. Über diesen Bereich hinaus könnte es aber durchaus sein, daß eine scharfe Unterscheidung zwischen sprachlichen und nichtsprachlichen Komponenten des Wissens und Glaubens unmöglich ist. Es könnte also sein, daß eine reale Sprache nur aus der Interaktion mehrerer geistiger Fähigkeiten resultiert, wobei lediglich eine davon die Sprachfähigkeit ist. Möglicherweise gibt es keine konkreten Objekte, von denen wir sagen können: Diese Objekte sind allein das Resultat der Sprachfähigkeit; möglicherweise auch keine spezifischen Akte, die allein aus der Ausübung sprachlicher Funktionen resultieren.[14]
Mit derartigen Fragen sehen wir uns konfrontiert, ganz gleich, welche Ecke der Sprache wir untersuchen wollen. Es gibt keine »Subsprache«, die so primitiv ist, daß sie diesen Komplexitäten entgehen könnte. Für jemanden, der von der wesentlichen Korrektheit des oben skizzierten rationalistischen Grundansatzes überzeugt ist, ist dies aber auch gar nicht verwunderlich. In Übereinstimmung mit diesem Ansatz wird nämlich eine Grammatik nicht als eine Struktur von Begriffen und Prinzipien höherer Ordnung betrachtet, die aus einfacheren Elementen durch »Abstraktion«, »Generalisierung« oder »Induktion« konstruiert werden. Sie wird vielmehr als eine reiche Struktur von prädeterminierter Form angesehen, die mit den Auslöseerfahrungen verträglich ist und mithilfe eines der UG inhärenten Maßstabs höher bewertet wird als andere

kognitive Strukturen, die den beiden Bedingungen der Verträglichkeit mit den strukturellen Prinzipien der UG und mit relevanten Erfahrungen genügen.[15] Es braucht innerhalb eines solchen Systems keine isolierbaren »einfachen« oder »elementaren« Komponenten zu geben.

Sehen wir uns zum Beispiel die Kategorie der Namen und den Akt des Benennens an, den man irgendwie als fundamental und isolierbar betrachten kann. Nehmen wir an, ein Name werde mit einem Gegenstand durch eine ursprüngliche Festsetzung in Verbindung gebracht, und diese Verbindung werde dann irgendwie auf andere Dinge übertragen. Betrachten wir die ursprüngliche Festsetzung. Der Name wird dem System der Sprache entnommen; der Gegenstand wird mithilfe der Kategorien des ›Common Sense Verstandes‹ ausgewählt. Somit erlegen mindestens zwei bedeutsame Fähigkeiten des Geistes dieser Festsetzung Beschränkungen auf. Es gibt komplexe Bedingungen – noch kaum verstandene, obwohl illustrative Beispiele nicht schwer zu finden sind –, die eine Entität erfüllen muß, um als ein »auf natürliche Weise benennbarer« Gegenstand zu gelten. Diese Bedingungen involvieren raumzeitliche Kontiguität, Gestalt – Eigenschaften, Funktionen innerhalb des Bereichs menschlicher Handlungen (vgl. Kp. IV, S. 238 f.). Eine Ansammlung von Blättern auf einem Baum ist z. B. kein benennbares Ding; sie würde aber in diese Kategorie fallen, wenn eine neue Kunstform von »Blätter-Arrangements« entworfen und ein Künstler die Blätterzusammenstellung als ein Kunstwerk kreieren würde. Er könnte dann festsetzen, daß seine Schöpfung den Namen »Heiterkeit« erhalten soll. Es hat somit den Anschein, als würde selbst in der Bestimmung dessen, was als ein benennbarer Gegenstand gilt, ein wesentlicher Bezug auf Willensakte enthalten sein.

Mit der Entscheidung, daß eine Entität ein benennbarer Gegenstand ist, weisen wir sie zudem einer »natürlichen Art« zu, die durch einen Gattungsnamen, ein »Artprädikat« bezeichnet werden könnte. Ansonsten (Kontinuativa ausgenommen) ist sie eben nicht benennbar. Diese Zuweisung involviert Annah-

men über die Natur der benannten Gegenstände, wobei einige dieser Annahmen begrifflicher, einige empirischer Art sind. In unserem System des Common Sense Verständnisses sind natürliche Arten durch interne Strukturen definiert, durch ihren Aufbau, ihren Ursprung, ihre (sofern es sich um Artefakte handelt) Funktionen und durch andere Eigenschaften. Dies heißt jedoch nicht, daß wir notwendigerweise die definierende Struktur usw. zu kennen brauchen, sondern nur, daß wir deren Existenz annehmen und glauben, daß neue Entitäten der betreffenden »Art« eben genau dann korrekt zugewiesen und durch das Artprädikat bezeichnet werden, wenn auch sie die »wesentlichen Eigenschaften« aufweisen, welche das auch immer sein mögen. Wir wissen vielleicht nicht, genau durch welche interne Struktur determiniert wird, daß der-und-der Gegenstand ein Tiger ist; aber wenn etwas genau wie ein Tiger aussieht und sich auch so verhält, dann wird er dieser Kategorie nur dann korrekterweise zugewiesen, wenn er sich von »stereotypen« Tigern in der internen Struktur nicht unterscheidet. Dies ist ein begriffliches Erfordernis, das sich aus der Struktur des Common Sense Verständnisses ergibt. Faktische Überzeugungen und Common Sense Erwartungen spielen jedoch auch eine Rolle bei der Entscheidung, ob ein Gegenstand überhaupt kategorisierbar und daher benennbar ist. Denken wir an Wittgensteins Sessel, der plötzlich verschwindet und dann genauso plötzlich wieder auftaucht. Wir verfügen hier, um ihn selbst zu Wort kommen zu lassen, über keine Regeln, »die sagen, ob man so etwas noch ›Sessel‹ nennen darf« (Wittgenstein (1967), § 80). Anders ausgedrückt: Wir halten an gewissen empirischen Annahmen über das Verhalten von Gegenständen fest, wenn wir sie kategorisieren und sie somit für eine Benennung bzw. Beschreibung überhaupt in Betracht ziehen.[16]
Zumindest so viel von dem System des Common Sense Verständnisses scheint also involviert zu sein, wenn wir festsetzen, daß ein Gegenstand so und so benannt werden soll. Des weiteren erlegt die kognitive Struktur der Sprache ihre eigenen Bedingungen auf. Sprachen scheinen keine Kategorie reiner

Namen im Sinne des Logikers zu besitzen. Es gibt vielmehr Eigennamen für Personen, Ortsbezeichnungen, Farbnamen usw. Anläßlich einer Diskussion der Aristotelischen Sprachtheorie hat J. Moravcsik (1975a) die These vertreten, daß es in ihr »keine Ausdrücke gibt, denen allein die Aufgabe zukommt, auf etwas zu referieren. Individuen werden mit Hilfe gewisser privilegierter Terme angegeben, die den jeweiligen *universe of discourse* spezifizieren«. Diese Behauptung trifft meines Erachtens auf die natürliche Sprache zu. Der jeweilige *universe of discourse* muß mit den Kategorien des Common Sense Verständnisses zusammenhängen, aber wie eng, das ist eine durchaus berechtigte Frage. Es braucht hier wohl nicht eigens gesagt zu werden, daß die Struktur der beiden interagierenden Systeme, die in den Akt des Benennens eingehen, unserem Bewußtsein nicht offenzustehen (ja nicht einmal zugänglich zu sein) brauchen. Es ist wiederum ein empirisches Problem, den Charakter der kognitiven Strukturen zu bestimmen, die in dem anscheinend doch so einfachen Akt des Benennens involviert sind.

Namen stehen mit Gegenständen in keinerlei willkürlicher Verbindung. Es scheint auch nicht recht erhellend zu sein, wenn man sie als »Knotenbegriffe« im Sinne Wittgensteins betrachtet.[17] Jeder Name gehört zu einer sprachlichen Kategorie, die in einer bestimmten Weise in das System der Grammatik eingeht; die benannten Gegenstände sind in einer ziemlich komplexen kognitiven Struktur situiert. Diese Strukturen sind auch dann operativ, wenn die Namen anderen Sprachteilnehmern »übermittelt« werden.[18] Sobald ein Hörer bemerkt, daß eine Entität so und so benannt wird, wird von ihm ein System der sprachlichen Struktur aktiviert, das diesen Namen einordnet, ebenso ein System von begrifflichen Relationen und Bedingungen, die in Verbindung mit empirischen Annahmen den benannten Gegenstand einordnen. Um das »Benennen« zu verstehen, müßten wir diese Systeme und die sie hervorrufenden Fähigkeiten des Geistes verstehen.

Ich erwähnte den Begriff »wesentliche Eigenschaften«, bezog ihn jedoch auf die Systeme der Sprache und das Common

Sense Verständnis. Mitunter wird jedoch die These vertreten, daß Dinge auch unabhängig von einer derartigen Bezeichnung und Kategorisierung »wesentliche Eigenschaften« haben. Sehen wir uns folgende Sätze an:
(1) Nixon gewann die Wahl von 1968
(2) Nixon ist ein belebter Gegenstand[19]
Gewiß stellt Behauptung (1) in keinem Sinne eine notwendige Wahrheit dar. Es gibt einen möglichen Zustand der Welt bzw. eine »mögliche Welt«, in der diese Behauptung falsch ist, nämlich wenn Humphrey gewonnen hätte. Wie steht es mit Behauptung (2)? Sie ist nicht *a priori* wahr; d. h. wir könnten entdecken, daß die Entität mit dem Namen »Nixon« in Wirklichkeit ein Automat ist. Aber angenommen, Nixon ist tatsächlich ein Mensch. Dann gibt es, so könnte behauptet werden, keine mögliche Welt, in der (2) falsch ist; die Wahrheit von (2) ist eine »metaphysische Notwendigkeit«. Es ist eine notwendige Eigenschaft von Nixon, daß er die Eigenschaft besitzt, belebt zu sein. Entitäten können also auch unabhängig davon, wie sie bezeichnet werden, notwendige Eigenschaften besitzen.

Diese Schlußfolgerungen scheinen unnötig paradox zu klingen. Der Satz (2) stellt, so wollen wir sagen, eine notwendige Wahrheit dar (natürlich vorausgesetzt, daß »Nixon« einen Menschen bezeichnet). Nun ist jedoch der Ausdruck »Nixon« in unserem Sprachsystem nicht einfach ein Name; es ist vielmehr ein Personenname. Somit hat also (2) in etwa dieselbe Bedeutung wie (3):
(3) Die Person Nixon ist ein belebter Gegenstand
Behauptung (3) gilt mit Notwendigkeit; aber nur, weil dem Individuum zuerst ein Name verliehen wird, aufgrund dessen ihm dann notwendige Eigenschaften zugewiesen werden können. Es handelt sich um eine Modalität *de dicto*, nicht um eine Modalität *de re*, etwa wie bei der Behauptung, daß der Mann, der oben wohnt, oben wohnt. Die notwendige Wahrheit von (3) (und daher auch von (2), die sprachliche Kategorie des Namens »Nixon« vorausgesetzt), ist eine Folge der notwendigen Wahrheit der Behauptung, daß Personen belebt sind.

Diese notwendige Wahrheit kann in einer notwendigen Verknüpfung zwischen Kategorien des Common Sense Verständnisses oder in einer analytischen Verknüpfung zwischen den sprachlichen Ausdrücken »Person« und »belebt« begründet sein. Bei einer jeden dieser Annahmen brauchen wir nicht davon auszugehen, daß einem Individuum, hier Nixon, auch unabhängig von seiner Benennung bzw. der ihm im Common Sense Verständnis zugewiesenen Kategorie eine wesentliche Eigenschaft zugeschrieben wird.

Nehmen wir andererseits einmal an, wir würden der natürlichen Sprache eine neue Kategorie von »reinen Namen« hinzufügen, die den Namen »N« (für Nixon) einschließt. Dann gäbe es keine intuitiven Gründe mehr für eine Unterscheidung zwischen (1) und (2) – mit »N« anstelle von »Nixon«. Wenn wir uns selbst von dem allgemeinen Rahmen unserer Sprache und dem Common Sense Verständnis freimachen können, in dem »Nixon« ein Personenname ist, und der benannte Gegenstand der natürlichen Art ›Person‹ (und daher auch ›belebt‹) zugewiesen wird, dann sind (1) und (2) wahre Behauptungen von demselben logischen Status. Dieses Argument liefert keine Gründe für die These, daß Gegenstände als solche wesentliche Eigenschaften besitzen, unabhängig von ihrer Bezeichnung oder der begrifflichen Kategorie, zu der sie gehören. Innerhalb dieses neuen, erfundenen Systems, von der Sprache und dem Common Sense Verständnis abgetrennt, dürften wir uns an keinen relevanten Intuitionen mehr orientieren können. So könnten wir etwa sagen wollen, daß das Ding N gar nicht anders sein kann, als es eben ist, sonst wäre es eben ein ganz anderes Ding. In einem uninteressanten Sinne sind demnach alle Eigenschaften des Gegenstandes »wesentliche« Eigenschaften. Oder wir könnten etwa sagen wollen, daß eine jede Eigenschaft anders sein könnte. Der Rekurs auf Unterschiede zwischen (1) und (2) z. B., auf Unterschiede zwischen dem, was anders und dem, was nicht anders hätte sein können, steht uns in dem neuen System, das wir uns gerade vorstellen, nicht mehr zur Verfügung. Denn dieser Rekurs setzt das Gedanken- und Sprachsystem bereits voraus,

welches durch die Sprachfähigkeit und das Common Sense Verständnis konstruiert wird.[20]
Kehren wir zu den uns vertrauten kognitiven Strukturen des Denkens und der Sprache zurück und nehmen wir an, wir entdeckten, daß die Entität mit dem Namen »Nixon« in Wirklichkeit ein Automat ist, so daß (2) falsch ist. Wir könnten dann daraus den Schluß ziehen, daß der Personenname »Nixon« falsch verwendet worden war (wie sich jetzt herausstellt); wir könnten uns aber auch entscheiden, Sätze, die diesen Namen enthalten, innerhalb des Rahmens personifizierender Metaphorisierung zu interpretieren, eine natürliche, wenngleich auch abgeleitete Verwendungsweise von Sprache. Auch hier führt uns jedoch nichts zu dem Begriff der wesentlichen Eigenschaften, in diesem Fall also zu der Idee, daß gewisse Eigenschaften eines Gegenstands ihm eventuell wesentlich sind, insofern er eben gar nicht umhin kann, diese Eigenschaften zu haben (Kripke, »Naming and Necessity«, 1972, S. 273).
Ähnliche Bemerkungen gelten im Fall von anderen Beispielen, die in Verbindung mit dem Problem der *de re* Modalität diskutiert worden sind. Kripke (1972) vertritt die These, daß es keine Situation geben könnte, in der Königin Elisabeth II. von England andere Eltern gehabt haben könnte. Es sei eine notwendige Wahrheit, daß sie genau die Eltern hatte, die sie eben tatsächlich hatte (wenngleich wir dies wiederum nicht *a priori* wissen). Er zieht daraus den Schluß, daß »eine Person mit einer anderen Abstammung eben nicht dieselbe Person wäre« (S. 384). Eine bestimmte Abstammung zu besitzen, in diesem Fall zwei ganz bestimmte Eltern, ist eine weitere »wesentliche Eigenschaft« der Person.
Meine eigene Intuition führt mich in diesem Beispiel zu einem anderen Resultat. So scheint sich mir kein logisches Problem zu ergeben, wenn Elisabeth II. eine fiktive Autobiographie verfassen würde, in der sie, als eben dieselbe Person, andere Eltern hat. Wir könnten dies meines Erachtens als eine Beschreibung der Geschichte dieser Person in einer anderen »möglichen Welt« auffassen, als eine Beschreibung eines mög-

lichen Zustands dieser Welt, mit denselben in ihr vorkommenden Gegenständen.
Aber angenommen, dem sei nicht so, und die Tatsache einer bestimmten Abstammung sei eine »wesentliche Eigenschaft«. Handelt es sich dann um eine wesentliche Eigenschaft des Gegenstands selbst, unabhängig von seiner Bezeichnung bzw. Kategorisierung im Common Sense Verständnis? Ich glaube nicht. Wir benennen die Entität mit einem Personennamen, eben mit »Königin Elisabeth II.«. Wir weisen sie einer Kategorie des Common Sense Verständnisses zu, nämlich der Kategorie der Person. Es könnte durchaus sein (obwohl ich, wie bereits bemerkt, daran zweifle), daß man von einer anderen Person sprechen würde, falls jemand andere Eltern hätte als die, die er eben tatsächlich hat. Aber wenn, dann ist das eine Eigenschaft des Begriffssystems, des Common Sense Verstandes, vielleicht auch des damit zusammenhängenden Systems der Sprache. Es ist eine Eigenschaft des Begriffs der Person. Die kognitiven Strukturen vorausgesetzt, können wir zwischen notwendigen und kontingenten Eigenschaften unterscheiden. Wir können unterscheiden zwischen dem, was über einen innerhalb dieser Systeme kategorisierten und bezeichneten Gegenstand eventuell zutreffen könnte und dem, was gar nicht anders möglich wäre. Das intuitive Gewicht des Arguments für wesentliche Eigenschaften scheint mir sowohl von dem System der Sprache herzurühren, zu dem der Name gehört, als auch von dem System des Common Sense und dessen Struktur, worin der betreffende Gegenstand lokalisiert ist. Läßt man diesen Rahmen und seine *de dictu* Modalitäten und begrifflichen Verknüpfungen fallen, so scheint die These, daß Gegenständen als solchen wesentliche Eigenschaften zukommen, kein intuitives Gewicht mehr zu besitzen.
Nehmen wir ein weiteres Beispiel. Kripke ist der Ansicht, daß »die Eigenschaft *ein Tisch zu sein,* grob gesprochen eine wesentliche Eigenschaft des Tisches ist« (Kripke (1972), S. 351), d. h. eines konkreten Gegenstandes, welcher ein Tisch ist. Welches Gewicht der Modifikation »grob gesprochen«

genau zukommt, bleibt unklar. Wenn die Modifikation fallengelassen wird, dürfte der Vorschlag kaum stichhaltig sein. Angenommen, wir finden heraus, daß ein Designer einen bestimmten Gegenstand als ein hartes Bett geplant hatte und daß es auch als ein solches verwendet wird. Sicher würden wir dann sagen, daß der Gegenstand kein Tisch, sondern ein hartes Bett ist, welches wie ein Tisch aussieht. Der Gegenstand ist, was er ist. Weder eine spontane Idee seines Erfinders noch eine allgemeine Gebrauchsweise kann seine wesentlichen Eigenschaften bestimmen, auch wenn Intention und Funktion für eine Bestimmung dessen, wofür wir einen Kunstgegenstand halten, relevant sind. Nehmen wir ferner an, der fragliche Gegenstand sei ein auf den Fußboden festgenagelter Tisch. Wir würden dann zu der Behauptung neigen, daß es sich immer noch um denselben Gegenstand handeln würde, wenn er nur nicht auf den Fußboden festgenagelt worden wäre; aber auch jetzt könne es sich immer noch um nichts anderes handeln als eben um einen Tisch. Somit ist der Gegenstand notwendigerweise ein Tisch, zufällig aber einer, den man nicht bewegen kann. Stellen wir uns ein anderes Wesen mit einer anderen Sprache und einem anderen System des Common Sense Verstehens vor, für welches solche Kategorien wie *beweglich/unbeweglich* fundamental sind, nicht dagegen die Kategorien der Funktion und des Gebrauchs. Diese Wesen würden sagen, daß dieser unbewegliche Gegenstand ein anderer Gegenstand gewesen wäre, wenn er nicht am Boden festgenagelt worden wäre, auch wenn es der Fall hätte sein können, daß es dann eben kein Tisch mehr ist. Diesen Wesen würde die Unbeweglichkeit als eine wesentliche Eigenschaft des Gegenstandes erscheinen, nicht aber die Eigenschaft »ein Tisch zu sein«. Daraus folgt: Eine Eigenschaft kann wesentlich sein oder auch nicht – je nachdem, welchen Urteilen das stärkste Gewicht zukommt.

Möglicherweise wird man entdecken, daß vom Menschen, der mit der kognitiven Kompetenz operiert, keine »natürlichen« Systeme von der Art entwickelt werden, wie sie für diese hypothetischen Wesen postuliert wurden. Sollte dies zutreffen, so käme dies einer humanbiologischen Entdeckung gleich; aber ich sehe nicht, wie derartige biologische Eigenschaften des Menschen das »Wesen« der Dinge beeinflussen könnten.

Intuitive Argumente, bei denen es um wesentliche Eigenschaften geht, müssen den ganzen Bereich unserer Intuitionen erklären können, einschließlich derer, die eben vorgebracht wurden – falls sie tatsächlich korrekt sein sollten. Eine Erklärung des vollständigen Bereichs unserer Intuitionen scheint einfach genug, wenn wir das intuitive Gewicht des Arguments, daß das-und-das eine wesentliche Eigenschaft eines Dinges sei, auf der Grundlage des Systems der Sprache und des Common Sense Verstehens erklären, auf das wir bei derartigen Urteilen zurückgreifen. Die von Kripke angeführten intuitiven Unterschiede sind oft ganz klar; mir scheint jedoch, daß sie es mit der Struktur der Systeme des Common Sense Verständnisses und der Sprache zu tun haben, nicht mit wesentlichen Eigenschaften von Dingen, die in Abstraktion davon betrachtet werden, wie wir sie mit Hilfe dieser Kategorisierung – und Repräsentationssysteme charakterisieren. Eine Untersuchung unserer Urteile bezüglich wesentlicher und akzidenteller Eigenschaften könnte uns vielleicht einen beträchtlichen Einblick in die verwendeten kognitiven Strukturen verschaffen, und vielleicht darüber hinaus sogar in die Natur der kognitiven Kompetenz des Menschen und in den Bereich der Strukturen, die vom Geist in einer natürlichen Weise konstruiert werden. Aber mehr kann eine solche Untersuchung auch nicht erbringen.

Es ist durchaus möglich, daß uns im Fall natürlicher Arten (etwa der Art *Tiger*) die Lexikondefinition mit ihren definierenden Eigenschaften nicht mit Bedingungen versieht, die Kriterien dafür liefern, wann etwas ein Tiger ist und wann nicht.[21] Somit würden wir, falls wir »ein Tier entdeckten, das genau die äußere Erscheinungsform eines Tigers hat, wie er hier beschrieben wurde, das aber trotzdem eine innere Struktur besitzt, die von der von Tigern völlig abweicht«, eben nicht schließen, daß wir es mit einem Tiger zu tun haben;

nicht weil sich der Begriff des Tigers geändert hat oder weil der Term »Tiger« einen »Knotenbegriff« darstellt, sondern eben deshalb, weil wir, falls »Tiger eine gewisse Spezies oder natürliche Art bilden« die Annahme machen, daß eine bestimmte fixierte interne Struktur – selbst wenn diese noch unbekannt ist – notwendig ist, damit etwas ein Tiger ist (Kripke (1972), S. 317-318). Auch wenn man all dies akzeptiert, so folgt daraus nicht, daß dann, wenn etwas tatsächlich ein Tiger ist und Tiger tatsächlich eine natürliche Art bilden, das Vorkommen dieser internen Struktur auch unabhängig von seiner Bezeichnung bzw. Kategorisierung als Tiger eine wesentliche Eigenschaft darstellt, obwohl es aufgrund der Eigenschaften des Systems des Common Sense Verständnisses und des Sprachsystems eine notwendige Wahrheit ist, daß ein Tiger diese interne Struktur besitzt.

Im Aristotelischen Begriffssystem[22] gibt es gewisse »generative Faktoren«, die in die wesentliche Konstituierung von Dingen eingehen; wir erlangen insofern ein Verständnis der Natur eines Dinges, als wir die generativen Faktoren erfassen, die es befähigen, das zu sein, was es ist – eine Person, ein Tiger, ein Haus, oder was sonst auch immer. Konstitution und Struktur, ein für die Generierung innerhalb eines Systems von Naturgesetzen verantwortlich Handelnder, distinktive Faktoren für die jeweilige Spezies, all dies gehört zu den generativen Faktoren. Diese generativen Faktoren kommen, so scheint es, Kripkes »wesentlichen Eigenschaften« recht nahe.[23] Nach dieser Formulierung gibt es deshalb wesentliche Eigenschaften von Dingen, weil die Welt eben so und nicht anders konstituiert ist. Wir können jedoch die metaphysischen Annahmen ohne weiteres fallen lassen und sagen, daß x ein generativer Faktor von y unter der Beschreibung B ist[24] (bzw. eventuell auch wenn y innerhalb des Systems des Common Sense Verständnisses als ein C kategorisiert wird). Mir scheint, daß diese Formulierung dem geringen Umfang dessen, was wir durch Introspektion und Intuition über unsere Urteile und die logischen Kategorien unserer Behauptung ausmachen können, am ehesten gerecht werden dürfte.

Ich habe nichts gegen die Konstruktion formaler Theorien, die Sprachen mit bestimmte Entitäten bezeichnenden reinen Namen involvieren und wesentliche Eigenschaften auch unabhängig davon individuieren, wie sie bezeichnet und kategorisiert werden. Man wird sich jedoch die Frage stellen dürfen, ob uns die Untersuchung solcher Systeme, was auch immer das jeweilige Interesse sein mag, recht viel über die Arbeitsweisen der menschlichen Sprache und des menschlichen Denkens sagen kann.

Was für Namen gilt, gilt ebenso für andere sprachliche Kategorien. Es gibt keinen einfachen »Einstiegspunkt« in das System der Sprache. Farbbezeichnungen wurden in der empiristischen Spekulation oft als besonders einfach angesehen. Es wurde angenommen, daß sie durch Konditionierung, Hinweisdefinitionen bzw. Assoziation völlig isoliert gelernt werden könnten. In Wirklichkeit scheinen diese Bezeichnungen jedoch als Teil eines Systems von Farbausdrücken auf einer bereits ziemlich entwickelten Stufe des Spracherwerbs erlernt zu werden.[25] Es gibt keinen allgemeinen Grund für die Annahme, daß eine menschliche Sprache »primitive Teilsysteme« in irgendeinem interessanten Sinne besitzt. Für eine derartige Annahme fehlen zudem überzeugende Belege.

Die Beobachtung früher Stufen des Spracherwerbs kann in dieser Hinsicht völlig irreführend sein. Es ist möglich, daß auf einer frühen Stufe tatsächlich sprachähnliche Ausdrücke verwendet werden, dieses Verhalten aber außerhalb des Rahmens liegt, der dem Kind auf einer späteren Stufe der geistigen Entwicklung durch die Sprachfähigkeit auferlegt wird – etwa so, wie man einen Hund dazu abrichten kann, auf gewisse Befehle zu reagieren, woraus wir freilich nicht schließen würden, daß er eine Sprache verwendet. Mit einigem Anspruch auf Plausibilität läßt sich hier nicht mehr sagen, als daß es zwischen der auf einer gegebenen Stufe der geistigen Entwicklung konstruierten Grammatik einerseits und der auf dieser Stufe durch die geistigen Mechanismen analysierten sprachlichen Erfahrungen andererseits eine Relation der »Verträglichkeit« gibt. Die Idealisierung des oben diskutierten Ein-Stufen-

Modells des Spracherwerbs vorausgesetzt, läßt sich sagen, daß die durch das Kriterium der epistemologischen Priorität ausgewählten Grundbegriffe eine Analyse der sprachlichen Erfahrung liefern, die als *ein* Term in dieser Verträglichkeitsrelation fungiert. Darüber hinaus läßt sich im Augenblick wenig sagen, und selbst hierin sind vielleicht schon ernstzunehmende verfälschende Annahmen enthalten. Auf diese Frage muß ich jedoch an späterer Stelle noch eingehen. Aber auch wenn sie als eine erste Annäherung legitim sein sollten, so können diese Annahmen doch nicht die ganze Beweislast tragen, die ihnen von zahlreichen philosophischen Spekulationen aufgebürdet wird, wenn es darum geht, wie die Sprache erlernt wird bzw. erlernt werden muß. Was die weitere Behauptung angeht, daß Sprache ja nicht nur gelernt, sondern auch gelehrt wird, und daß dieses »Lehren« für die Etablierung der Bedeutung sprachlicher Ausdrücke wesentlich sei, so muß hier einfach gesagt werden: Diese Ansicht kann sich weder auf empirische noch auf begriffliche Gründe stützen.[26]

John R. Searle hat auf einen Unterschied zwischen »natürlichen Tatsachen« und »institutionellen Tatsachen« hingewiesen (vgl. Searle (1969/dtsch. 1971), Abschn. 2.7). Zu den ersteren gehören unter anderem Tatsachen, die durch die in der Wissenschaftstheorie so genannten Beobachtungssätze beschrieben werden. Beispiele: »Dieses Lakmuspapier ist rot«, »Dieser Zeiger steht auf 23,6« und dergleichen. »Institutionelle Tatsachen« sind nicht weniger objektiv; ihre Existenz setzt jedoch »bestimmte menschliche Institutionen voraus«. So stellt z. B. die Heirat zwischen Herrn Smith und Fräulein Jones eine objektive Tatsache dar, aber »nur auf Grund der Institution des Heiratens bedeuten bestimmte Verhaltensformen Herrn Smiths Heirat mit Fräulein Jones.« Menschliche Institutionen sind »Systeme konstitutiver Regeln« von der Form »X gilt als Y im Kontext C«. Searle zufolge bedeutet eine Sprache zu sprechen »in Übereinstimmung mit konstitutiven Regeln«, die institutionelle Tatsachen bestimmen, gewisse »Akte zu vollziehen«. Er vertritt des weiteren die These, daß institutionelle Tatsachen nicht mihilfe natürlicher Tatsa-

chen erklärt werden können, sondern nur »mit Hilfe der ihnen zugrunde liegenden konstitutiven Regeln«.
Nach der von uns betrachteten Auffassung wird die Feststellung »natürlicher Tatsachen« innerhalb eines (mindestens) zweifachen Rahmens vorgenommen; d. h. derartige Feststellungen involvieren die Interaktion des Sprachsystems und des Systems unserer Common Sense Annahmen. Ebenso setzt die Feststellung institutioneller Tatsachen eine Theorie menschlicher Institutionen und ein damit zusammenhängendes sprachliches System voraus. Nun bezweifle ich jedoch, daß die Prinzipien, die in die Theorie der vom Menschen (weitgehend unbewußt) entwickelten Institutionen eingehen, einfach auf die von Searle vorgeschlagene Form »X gilt als Y im Kontext C« reduziert werden können. Eine Analyse institutioneller Strukturen scheint weitaus abstraktere Prinzipien zu erfordern. Wer nicht von empiristischen Vorurteilen ausgeht, braucht vor dieser Schlußfolgerung wohl kaum zurückzuschrecken. Wiederum handelt es sich jedoch um eine Frage der empirischen Untersuchung, nicht um eine Frage der bloßen Festsetzung; in diesem Fall um eine Frage der Untersuchung einer weiteren Fähigkeit des Geistes und deren Wirkungsweise.
Im Verlauf der Entwicklung eines Menschen werden im allgemeinen kognitive Strukturen der unterschiedlichsten Art entwickelt, wobei diese Strukturen mit der Grammatik interagieren und uns mit Bedingungen für den Gebrauch der Sprache versehen. Eine umfassende Erforschung unserer Erkenntnisleistungen sollte diese Verknüpfungen zu präzisieren suchen – und würde uns somit vermutlich zu weiteren angeborenen Eigenschaften des Geistes führen.
Beachten wir wiederum, daß diese Auffassung mit der These von der Autonomie der formalen Grammatik nicht unverträglich ist, mit der These also, daß die Sprachfähigkeit ein abstraktes, formales und durch Interpretationsregeln mit Bedeutung versehenes Gerüst konstruiert, eine umfassende Struktur, die in einer genau bestimmten Weise in ein System des Sprachgebrauchs paßt.

An anderer Stelle (Searle (1972/dtsch. 1974)) wurde von Searle behauptet, daß die letztere These zwar nicht in sich inkonsistent ist, daß sie aber aus einem Ansatz resultiert, der unseren »ganz normalen, plausiblen und dem Common Sense entsprechenden Annahmen über Sprache zuwiderläuft.« Dabei sieht für ihn »das common-sense Bild von menschlicher Sprache« ungefähr so aus:

> Sprache ist dazu da, um Kommunikation zu ermöglichen und zwar in weitgehend demselben Sinn, in dem das Herz dazu da ist, Blut in den Körper zu pumpen. In beiden Fällen kann man zwar die Struktur unabhängig von der Funktion untersuchen, doch ist dies witzlos und unnatürlich, da Struktur und Funktion so offensichtlich miteinander zusammenhängen. Wir kommunizieren primär mit anderen, doch ebenso mit uns selbst, etwa wenn wir in Worten denken oder zu uns selbst sprechen. (a.a.O., dtsch. S. 420)

Sprache ist das kommunikative System *par excellence*, und es wäre »eigentümlich und exzentrisch«, auf einer Untersuchung der Struktur der Sprache zu bestehen, die von deren kommunikativer Funktion absieht.

Das von mir gezeichnete alternative Bild wird von Searle wie folgt wiedergegeben:

> Mit Ausnahme der allgemeinen Funktion, die Gedanken des Menschen auszudrücken, hat Sprache keine wesentliche Funktion, oder wenn sie eine hat, so gibt es keinen interessanten Zusammenhang zwischen ihrer Funktion und ihrer Struktur. Die syntaktischen Strukturen menschlicher Sprachen sind die Produkte angeborener Merkmale des menschlichen Geistes, und sie besitzen keinen signifikanten Zusammenhang mit Kommunikation, obwohl man sie natürlich u. a. zur Kommunikation verwendet. Das Wesentliche an Sprachen, ihr definierendes Merkmal, ist ihre Struktur. (a.a.O., dtsch. S. 420 f.)

Searle behauptet, ich hätte »willkürlich« angenommen, daß »Gebrauch und Struktur sich gegenseitig [nicht] beeinflussen«. Er behauptet des weiteren, daß eben durch diesen abwegigen Ansatz die Konstruktion einer Theorie der Bedeutung verhindert werde, ja sogar, daß ich »Rückzugsgefechte« gegen »die Untersuchung von Sprechakten« führen würde, gegen eine Untersuchung, die einen Ausweg aus den traditionellen Problemen der Semantik ermögliche. »Daß die wesentliche Verknüpfung zwischen Sprache und Kommunikation, zwischen Bedeutung und Sprechakten nicht gesehen wird«, dies macht nach Searle die größte »Schwäche der Chomskyschen Theorie« aus.[27]

Sehen wir uns diese Einwände etwas näher an und fragen wir uns, ob das von Searle zurückgewiesene Bild der Sprache tatsächlich so witzlos und abwegig ist, wie er meint.

Zuerst sollte ich vielleicht klarstellen, daß ich zu keiner Zeit irgendeine der mir von Searle zugeschriebenen Positionen vertreten habe. So habe ich zum Beispiel niemals die These aufgestellt, daß es zwischen Struktur und Funktion der Sprache »keinen interessanten Zusammenhang« gibt, noch habe ich »willkürlich« angenommen, daß sich Gebrauch und Struktur gegenseitig nicht beeinflussen, auch wenn ich – korrekterweise, wie ich glaube – behauptet habe, daß bestimmte Hypothesen über diesen Zusammenhang falsch sind.[28] Sicherlich gibt es zwischen Struktur und Funktion signifikante Verknüpfungen; dies wurde auch nie bezweifelt.[29] Des weiteren vertrete ich nicht die These, daß »das Wesentliche an Sprachen ... ihre Struktur« ist. Neben den distinktiven strukturellen Eigenschaften der Sprache wurde von mir wiederholt die sogenannte »kreative Verwendung von Sprache« als wesentliches Merkmal beschrieben. Untersuchungen der Struktur, der Verwendung und des Erwerbs von Sprache dürften uns gleichermaßen die wesentlichen Merkmale der Sprache erkennen lassen.

Nun zu den anderen Searleschen Behauptungen. Er ist der Ansicht, daß Kommunikation eine wesentliche Funktion von Sprache ist. Meine dem widersprechende Auffassung ist seiner Meinung nach unplausibel und verstößt gegen Annahmen des Common Sense. Nun läßt sich aber über den Common Sense schwer argumentieren. Gewiß, es gibt eine recht angesehene Tradition (auf die ich an anderer Stelle bereits eingegangen bin[30]), in der die »instrumentelle Auffassung« von Sprache als einem »wesentlichen« Mittel der Kommunikation bzw. als einem Mittel zur Erreichung bestimmter Zwecke lediglich als eine allgemein verbreitete Entstellung angesehen wird. Sprache ist, so wird demgegenüber behauptet, »wesentlich« ein System für den Ausdruck von Gedanken. Mit dieser Ansicht stimme ich grundsätzlich überein. Nun steht jedoch, wie ich glaube, in der vorliegenden Kontroverse nicht viel auf dem Spiel – sofern der Searlesche Begriff der »Kommunikation« vorausgesetzt wird, der die Kommunikation mit sich selbst, d. h. das Denken in Worten, einschließt. Wir denken, dessen bin ich mir sicher, auch ohne Worte. Zumindest scheint dies die Introspektion zu zeigen. Insoweit wir jedoch die Sprache zur »Kommunikation mit uns selbst« verwenden, drücken wir einfach unsere Gedanken aus, wodurch der Unterschied zwischen den beiden Searleschen Bildern von der Sprache hinfällig wird. Ich stimme somit mit Searle darin überein, daß zwischen Sprache und Kommunikation eine wesentliche Verknüpfung besteht, sofern dabei »Kommunikation« in diesem weiteren Sinne verstanden wird – ein m. E. etwas unglücklicher Zug, da dem Begriff der Kommunikation dadurch sein wesentlicher und interessanter Charakter genommen wird. Nicht überzeugen kann mich hingegen seine These, daß es zwischen Bedeutung und Sprechakten eine wesentliche Verknüpfung der von ihm behaupteten Art gibt.

Bevor wir auf diesen kontroversen Punkt zurückkommen – auf den m. E. einzigen kontroversen, falls man die Probleme nur richtig formuliert –, wollen wir uns die Searlesche Behauptung ansehen, daß es »witzlos und abwegig« ist, die Struktur der Sprache »unabhängig von ihrer Funktion« zu untersuchen, und dabei die eben angeführten Modifikationen im Auge behalten. Es steht, um seine Analogie weiter zu verfolgen, außer Frage, daß ein Physiologe bei seinen Untersuchungen des Herzens auch die Tatsache berücksichtigen wird, daß es Blut in den Körper pumpt. Er wird aber auch die Struktur des Herzens und die Entstehung dieser Struktur im Individuum wie in der Spezies untersuchen, ohne dabei von dogmatischen Annahmen hinsichtlich der Möglichkeit einer funktionalen »Erklärung« dieser Struktur auszugehen.

Ähnlich steht es im Fall der Sprache. Betrachten wir nochmals das bereits früher diskutierte Prinzip der Strukturabhängigkeit. Dieses Prinzip scheint eine allgemeine Eigenschaft einer interessanten Klasse von sprachlichen Regeln zu sein, dem Geist gleichsam angeboren. Versuchen wir doch einmal in Anlehnung an die Searlesche These, dieses Prinzip durch Rekurs auf die Kommunikation zu erklären. Ich sehe nicht, wie das möglich sein sollte. Sicher geht dieses Prinzip in die Funktion der Sprache ein; wie dies vor sich geht, könnte durchaus untersucht werden. Anscheinend könnte eine Sprache für die Kommunikation (oder andere Zwecke) genausogut auch mit strukturunabhängigen Regeln funktionieren. Wäre unser Geist anders konstituiert, könnten strukturunabhängige Regeln insofern weitaus besser sein, als sie keine abstrakte, über die einzelnen Wörter hinausgehende Analyse von Sätzen notwendig machten. Ich glaube, daß das Beispiel typisch ist. Wenn gezeigt werden kann, daß von einer Struktur eine ganz bestimmte Funktion erfüllt wird, so stellt dies eine wertvolle Entdeckung dar. Die Struktur der UG oder die Struktur einzelner Grammatiken auf der Basis funktionaler Überlegungen erklären zu wollen, wäre jedoch m. E. nahezu hoffnungslos; jede gegenteilige Annahme wäre eben einfach »abwegig«. Vielleicht hatte Searle etwas anderes im Sinn; ich kann hier aber beim besten Willen kein strittiges Problem sehen, keinen auch nur irgendwie plausiblen Gegenvorschlag, der das von Searle zurückgewiesene Bild ersetzen könnte.

Searle zufolge »ist es durchaus vernünftig anzunehmen, daß die Erfordernisse der Kommunikation Einfluß auf die Struktur« der Sprache hatten, als sich diese in der Vorgeschichte des Menschen entwickelte. Dem stimme ich zu. Die Frage ist: Was können wir aus dieser Tatsache schließen? Die Antwort ist: Recht wenig. Die Erfordernisse der Bewegung hatten Einfluß auf die Tatsache, daß der Mensch Beine, die Vögel hingegen Flügel entwickelten. Diese Beobachtung ist jedoch für einen Physiologen, der sich mit der Natur des menschlichen Körpers beschäftigt, nicht sehr hilfreich. Wie die physischen Strukturen haben sich ohne Zweifel auch die kognitiven Strukturen auf gewisse Weisen entwickelt; von beiden können wir aber nicht ernsthaft behaupten, daß wir bereits wüßten, welche Faktoren in einem bestimmten Stadium der Evolution eine Rolle spielten und deren Ergebnis determinierten bzw. auch nur signifikant beeinflußten. Klar, wenn genetisch verankerte Systeme stark dysfunktional gewesen wären, so hätte es für sie eventuell keine evolutionäre Weiterentwicklung gegeben, und insofern sie die Reproduktion unterschiedlicher Merkmale erleichterten, haben sie auch zur Evolution selbst beigetragen. Beobachtungen auf einer derartigen Stufe der Allgemeinheit sind jedoch nicht von großem Interesse. Zu den vom Menschen im Verlauf der Evolution entwickelten Systemen gehören unter anderem die Fähigkeit, Wissenschaft zu betreiben, sowie die Fähigkeit, intuitiv mit ziemlich fundamentalen Eigenschaften des Zahlensystems arbeiten zu können. Soweit wir wissen, besitzen diese Fähigkeiten keinen Selektionswert, wenngleich es natürlich durchaus möglich ist, daß sie sich als ein Teil von anderen Systemen entwickelten, denen ein solcher Wert zukommt.[31] Wir wissen recht wenig darüber, was passiert, wenn 10^{10} Neuronen unter speziellen Bedingungen zu einer Basketball-ähnlichen Form zusammengepreßt werden, unter Bedingungen, die durch die besondere Art der zeitlichen Entwicklung dieses Systems festgelegt werden. Es wäre ein schwerwiegender Fehler anzunehmen, daß alle bzw. auch nur die interessanten strukturellen Eigenschaften, die sich im Verlauf der Evolution entwickelt haben, durch natürliche Selektion »erklärt« werden können. Für eine derartige Annahme liegen im Fall von physischen Strukturen sicher keine Gründe vor.

Wenn Searle behauptet, daß »im allgemeinen ... ein Verstehen syntaktischer Tatsachen ein Verstehen ihrer kommunikativen Funktion« verlangt, »da es sich bei Sprache eben um Kommunikation handelt«, kann ich ihm nur teilweise zustimmen. Verstehen wir »Kommunikation« in seinem Sinne so, daß auch das Ausdrücken von Gedanken darunter fällt, so stellt diese Behauptung zumindest eine Halbwahrheit dar. Wir besitzen demnach nur ein partielles Verständnis der Syntax, solange wir nicht deren Rolle beim Ausdruck von Gedanken und bei anderen Verwendungsweisen von Sprache berücksichtigen. Bis hierher sollte noch nicht viel kontrovers sein. Nun folgt jedoch aus dieser ausnahmslos geltenden Feststellung nicht, daß die These von der Autonomie der Syntax »eigentümlich und exzentrisch« ist. Wenn man sich die Sprache in Analogie zu einem Organ des Körpers wie z. B. dem Herzen vorzustellen hat, dann dürften uns funktionale Erklärungen wahrscheinlich nicht sehr weit bringen, und wir sollten uns statt dessen um die Struktur des Organs kümmern, das diese Funktionen erfüllt.[32] Es ist, um es nochmals zu sagen, eine Tatsachenfrage und nicht eine Sache bloßer Festsetzung, ob die Organisation der Sprache eine im vorgeschlagenen Sinne autonome Syntax involviert oder nicht. Man kann bei dieser Frage auf keinerlei *a priori* Einsichten zurückgreifen, genausowenig wie man aus rein intuitiven Gründen vernünftig die These verfechten kann, daß eine gewisse Theorie über die Struktur des Herzens »abwegig« ist.

Wenden wir uns jetzt dem einzigen ernsthaft kontroversen Punkt zu, der nach Meinung Searles zwischen Sprache und Kommunikation, zwischen Bedeutung und Sprechakten bestehenden »wesentlichen Verknüpfung«. Searle argumentiert gegen die Theorie, daß »Sätze abstrakte Objekte [sind], die unabhängig von ihrer kommunikativen Rolle produziert und verstanden werden.« Zur Begründung wird von ihm angeführt, »daß jeder Versuch, die Bedeutung von Sätzen innerhalb dieser Annahmen zu erklären, entweder zirkulär oder inadäquat ist.« Er behauptet ferner, daß der durch die von ihm zitierten Philosophen (Wittgenstein, Austin, Grice, Searle, Strawson) vorgelegte Ansatz »uns einen Ausweg aus diesem Dilemma gezeigt« hat, indem »Bedeutung« durch Rekurs darauf erklärt wird, *was der Hörer dem Sprecher zufolge glauben oder tun soll*. Diese Behauptung wurde auch noch von anderen gemacht; auch diese vertraten dabei die Ansicht, daß in einem Ansatz, der die Bedeutung sprachlicher Ausdrücke durch Rekurs auf Sprecherintentionen erklärt, insofern ein gewisser Fortschritt zu erblicken sei, als uns dadurch die Möglichkeit eröffnet wird, »dem Umkreis des begrifflichen

Raumes« zu entkommen, der die Begriffe »Idee«, »semantischer Marker«, Freges Sinn, usw. enthält.³³ Dieser Ansatz vermeide jene »Zirkularität«, gegen die sich Searle in seiner Kritik der klassischen Semantik und insbesondere meiner Version davon wendet.

Die Theorie, auf die Searle anspielt, würde, wenn sie korrekt wäre, die seiner Meinung nach existierende »Zirkularität« tatsächlich vermeiden.³⁴ Diese Theorie ist aber in mehrfacher Hinsicht defizient. Insbesondere bietet sie uns keine Möglichkeit, auch den zahlreichen Fällen gerecht zu werden, in denen Sprache nicht zur Kommunikation (im engeren Sinne) verwendet wird, normalen Fällen, bei denen uns die Intention des Sprechers bezüglich eines bestimmten Hörers keine besonderen Erkenntnisse über die wörtliche Bedeutung seiner Äußerung vermittelt. Zudem zeigt eine Analyse der bisher vorgelegten Vorschläge, daß »wörtliche Bedeutung« als ein unerklärter Begriff wieder eingeführt wird. Der Ansatz bleibt daher weiterhin innerhalb des Umkreises »des begrifflichen Raumes«, dem man zu entkommen suchte.

Wir wollen zuerst auf die angebliche »wesentliche« Verknüpfung zwischen Sprache und Kommunikation eingehen. Searle wendet sich gegen meine These, daß Bedeutung »Kommunikation oder auch nur den Versuch zu kommunizieren, nicht einschließen muß« – wie z. B. dann, »wenn ich die Sprache gebrauche, um meine Gedanken auszudrücken oder zu klären, in der Absicht zu täuschen, um ein peinliches Schweigen zu vermeiden oder auf ein Dutzend andere Arten.« In diesen Fällen, so vermutete ich, »haben meine Wörter eine strikte Bedeutung, und ich kann sehr wohl meinen, was ich sage; doch auch das vollkommenste Verstehen dessen, was meine Zuhörer (wenn es überhaupt welche gibt) meiner Intention nach glauben oder tun sollen, gäbe nur wenige oder gar keine Hinweise auf die Bedeutung meiner Rede.« (Chomsky (1971/dtsch. 1973), S. 19/S. 27)

Trotz Searles Bedenken scheint mir dies alles trivial und offenkundig zu sein. Ich kann Sprache im striktesten Sinne verwenden, ohne Kommunikation zu beabsichtigen. Obwohl

meine Äußerungen eine ganz bestimmte Bedeutung, eben ihre normale Bedeutung besitzen, kann es doch sein, daß meine Intentionen bezüglich des Hörers kein Licht auf diese Bedeutung werfen. Nehmen wir einige konkrete Beispiele. Als graduierter Student arbeitete ich zwei Jahre lang an einem etwas längeren Manuskript. Ich ging dabei nicht davon aus, daß es veröffentlicht[35] oder auch nur von jemandem gelesen werden würde. Alles was ich hinschrieb, meinte ich, hatte dabei aber keinerlei Intentionen hinsichtlich dessen, was irgend jemand über meine Ansichten denken sollte. Ich ging eben tatsächlich davon aus, daß es gar keinen Leser geben würde. Einmal im Jahr schreibe ich, etwa zur gleichen Zeit wie viele andere auch, an das Finanzamt und erkläre dabei mit der für mich größtmöglichen Beredsamkeit, warum ich einen bestimmten Teil meiner Einkommenssteuer nicht zahlen werde. Dabei meine ich, was ich sage. Ich intendiere jedoch nicht, mit dem Leser zu kommunizieren, noch, ihn zu gewissen Annahmen oder Handlungen zu bringen – und zwar aus dem einfachen Grund, weil ich mir sogut wie absolut sicher bin, daß dem »Leser« (vermutlich einem Computer) nichts gleichgültiger sein dürfte. Was meine Feststellungen in dem Brief bedeuten, was ich – in einem gewissen Sinne – mit diesen Feststellungen meine, kann nicht mit Hilfe dessen expliziert werden, was ich beim Schreiben des Briefes intendiere, nämlich, auf eine etwas sinnvollere Art und Weise meine Unterstützung derjenigen auszudrücken, die der kriminellen Gewalt des Staates Widerstand leisten. Einmal mußte ich eine recht prekäre Erfahrung machen: Ich hielt eine Rede gegen den Vietnamkrieg, und zwar ausgerechnet in Anwesenheit einer Gruppe von Soldaten, die in voller Ausrüstung, die Gewehre im Anschlag, die Versammlung, vor der ich sprach, auflöste. Ich meinte, was ich sagte – meine Bemerkungen besaßen ihre strikte und wörtliche Bedeutung –, aber dies hatte mit meinen damaligen Intentionen nur wenig zu tun.[36]
Diese Beispiele sind irreführend, da sie vielleicht ungewöhnlich sind. Die von ihnen verdeutlichte Situation ist jedoch durchaus geläufig. Unter unzähligen ganz normalen Bedin-

gungen – bei Forschungsarbeiten, einer gelegentlichen Unterhaltung etc. – wird Sprache ganz korrekt verwendet, haben Sätze ihre strikte Bedeutung, meinen wir, was wir sagen bzw. schreiben, und doch liegt keine Absicht vor, einen Zuhörer dazu zu bringen, gewisse Dinge zu glauben bzw. zu tun – es ist eben so, daß man in bestimmten Fällen gar nicht daran denkt, daß es einen Zuhörer gibt, bzw. eben davon ausgeht, daß es keinen gibt. Solche alltäglichen Beispiele stellen für eine Bedeutungsanalyse, die auf eine hörerorientierte Sprecherabsicht rekurriert, selbst dann eine Schwierigkeit dar, wenn sie prinzipiell möglich wäre, d. h. wenn eine Kommunikationsabsicht tatsächlich vorhanden ist: Kann mit Hilfe der Sprecherabsicht erklärt werden, was ein Satz bedeutet? Auch dies bezweifle ich aus Gründen, auf die ich noch zurückkommen werde.

Searle behauptet in Searle (im Erscheinen) folgendes:

(A) Die einfachsten Fälle von Bedeutung sind die, wo ein Sprecher einen Satz äußert und genau und im wörtlichen Sinne meint, was er sagt. In solchen Fällen intendiert der Sprecher, beim Hörer eine bestimmte illokutionäre Wirkung hervorzurufen; er intendiert, diese Wirkung dadurch hervorzurufen, daß er den Hörer erkennen läßt, daß er eben diese Intention hat; und er intendiert, den Hörer vermittels dessen Kenntnis der die Äußerung des Satzes regierenden Regeln zur Erkenntnis dieser Intention zu bringen.

Daran anschließend findet sich bei Searle eine interessante Diskussion anderer, weniger einfacher »Fälle von Bedeutung«, wie z. B. von »Andeutungen, versteckten Anspielungen, Ironie und Metapher«. Das Problem, daß (A) selbst für die einfachsten Fälle oft falsch ist, bleibt jedoch bestehen. Auch wenn der Sprecher genau und im wörtlichen Sinne meint, was er sagt, braucht doch keine Intention der von Searle als notwendig postulierten Art vorzuliegen. Die tatsächlichen Intentionen des Sprechers können selbst in diesen »einfachsten Fällen« ganz unterschiedlich und für eine Erhellung der Bedeutung des Gesagten eventuell völlig irrelevant sein.

Diese Probleme wurden von Searle nicht gänzlich übersehen.

Er diskutiert Grices Theorie, nach der gilt: »Daß ein Sprecher S mit X etwas meinte, besagt dasselbe wie, daß S mit der Äußerung von X intendierte, bei einem Hörer H vermittels der Erkenntnis dieser Intention eine bestimmte Wirkung hervorzurufen.« Wie Searle bemerkt, ist diese Theorie deshalb defizient, weil von ihr »nicht die Beziehung« erfaßt wird, »die zwischen dem besteht, was jemand mit dem von ihm Gesagten meint, und dem, was das von ihm Gesagte innerhalb der betreffenden Sprache bedeutet«. Um diese Schwierigkeit zu überwinden, wird die Gricesche Definition von Searle in mehreren Punkten revidiert. Er führt den Begriff einer Regel für die Verwendung von Ausdrücken ein und entwickelt einen umfassenderen Begriff »der beim Hörer hervorgerufenen Wirkungen«. Für Searle ist in diesen Wirkungen »das Verstehen des Gesagten« enthalten. In seiner revidierten Darstellung (Searle (1969/dtsch. 1971), S. 48/S. 76) wird die Bedeutung eines Satzes durch Regeln bestimmt, und es gilt für ihn: Einen Satz äußern und ihn meinen stellt einen Sachverhalt dar, der bestimmt ist (a) durch die Intention (I-1), den Zuhörer dazu zu bringen zu erkennen, daß bestimmte Sachlagen bestehen, die durch bestimmte Regeln spezifiziert sind, (b) durch die Intention, den Zuhörer dazu zu bringen, diese Dinge dadurch zu erkennen, daß man ihn dazu bringt, I-1 zu erkennen, und (c) durch die Intention, ihn dazu zu bringen, I-1 vermöge seiner Kenntnis der für den geäußerten Satz geltenden Regeln zu erkennen – im wesentlichen also (A) oben.

Ich will später noch auf die Frage eingehen, ob durch diesen Rekurs auf Regeln und dergleichen nicht in wesentlichen Fragen bereits eine petitio principii begangen wird. Ich bin der Meinung, daß dem tatsächlich so ist. Fragen wir uns jedoch, wie die Searleschen Modifikationen mit einem allgemeinen Problem fertigwerden, das Searle gegen die Theorie von Grice ins Feld geführt hat: Ich kann »zum Beispiel eine Aussage deshalb machen, weil ich das für meine Pflicht halte, ohne mich darum zu kümmern, ob meine Zuhörer mir glauben oder nicht«. Oder wie er mit den eben erwähnten Beispielen fertig wird, die in einem gewissen Sinne noch viel stärkere Einwände darstellen, da bei ihnen angenommen wird, daß es gar keinen Hörer gibt (vgl. Anm. 36). Unglücklicherweise wird die von Searle gegen Grice angeführte Schwierigkeit durch die vorgenommenen Modifikationen nicht behoben. In dem zitierten Beispiel habe ich, der Sprecher, nicht die Absicht, den Hörer etwas wissen oder erkennen zu lassen, und doch besitzt das Gesagte seine strenge Bedeutung; und ich meine auch, was ich sage. Schon allein aus diesem Grund ist auch Searles revidierte Fassung nicht imstande, den intendierten Bedeutungsbegriff zu erfassen. Als eine Tatsachenbehauptung ist sie einfach falsch. Dasselbe gilt von allen anderen mir bekannten Versuchen, »Bedeutung« durch Rekurs auf »die kommunikative Intention des Sprechers« zu erklären.

Bei der weiteren Betrachtung des von ihm gegen Grice angeführten Problems geht Searle dann ohne jeden Kommentar von einer Diskussion der Bedeutung zu einer Diskussion der Kommunikation über. Dieser Übergang hat bedeutende Konsequenzen. Es ist durchaus möglich, daß die Theorie der Sprecherintention einen Beitrag zu einer Theorie der erfolgreichen Kommunikation darstellt. Searle hat jedoch keinen Weg gezeigt, wie man den von ihm den alternativen Ansätzen gegenüber vorgebrachten Problemen entkommen könnte. Wie wir noch sehen werden, ergeben sich weitere Probleme, wenn wir auf die Natur der in den Grice-Searleschen Theorien involvierten Regeln zu sprechen kommen.

Eine ähnliche Argumentation findet sich auch bei anderen Philosophen. So spricht z. B. P. F. Strawson (1970/dtsch. 1974) von einem »homerischen Streit« um ein zentrales philosophisches Problem zwischen »Theoretikern der Kommunikationsintention« und »Theoretikern der formalen Semantik«. Wie Grice und Searle plädiert Strawson für eine Theorie der Kommunikationsintention. Bevor wir uns die von ihm angeführten Gründe näher ansehen, wollen wir zu klären versuchen, worum es hier überhaupt geht.

Bei eingehenderer Betrachtung stellt sich heraus, daß es zwischen den an diesem »Streit um ein so zentrales philosophisches Problem« beteiligten Parteien eine weitgehende Übereinstimmung gibt. Insbesondere stimmen, wie Strawson vermerkt, »beide Seiten ... darin überein, daß die Bedeutungen der Sätze einer Sprache großenteils durch die semantischen und syntaktischen Regeln oder Konventionen dieser Sprache bestimmt werden«. Es gibt also ein von beiden Parteien verfolgtes Ziel – und gerade dieses interessiert mich besonders –, nämlich, diese semantischen und syntaktischen Regeln und Konventionen zu entdecken und, etwas spezifischer, das in ihnen enthaltene universale Element herauszuarbeiten.

Wenn der Kommunikationstheoretiker zwischen einem Versprechen, zum Einkaufen zu gehen, und einem Versprechen, den Tisch sauber zu machen, unterscheiden will, so wird er sich auf die Ergebnisse dieses gemeinsamen Unternehmens beziehen, was sich in seiner Theorie in dem Prinzip niederschlägt, daß »die Bedeutung eines Satzes ... durch Regeln festgelegt« ist, und daß diese Regeln »sowohl die Bedingungen der Äußerung des Satzes wie auch, als was die Äußerung gilt« bestimmen (Searle (1969/dtsch. 1971) S. 48/76). Im einen Fall zählt die Äußerung als ein Versprechen, zum Einkaufen zu gehen, im andern als ein Versprechen, den Tisch sauber zu machen. Über diesen Teil der Theorie haben die Theoretiker der Kommunikationsintention wenig zu sagen. Genau dieser Teil ist es aber, der mich interessiert – und, wie ich annehme, auch andere von Strawson so genannte »Theoretiker der formalen Semantik« (ich werde als einer davon zitiert).

Nehmen wir analog an, Searle und Strawson könnten ein Versprechen von einer Warnung, einer Voraussage oder einer Drohung unterscheiden. In diesem Fall werden ihre Ergebnisse auch für den engstirnigsten Exponenten abstrakter »Bedeutungen« von unmittelbarem Interesse sein; er will ja irgendwie die Tatsache ausdrücken können, daß eine gegebene sprachliche Form – z. B. »Getränke werden ab 5 Uhr serviert« – als ein Versprechen, eine Voraussage, eine Warnung, eine Drohung, eine Feststellung oder eine Einladung verwendet werden kann.

Damit soll nicht bestritten werden, daß es zwischen Strawson und seinen Opponenten kontroverse Punkte gibt – weniger klar ist aber, worin diese bestehen. Strawson zufolge stimmen die beiden Parteien »hinsichtlich der Beziehungen zwischen den bedeutungsdeterminierenden Regeln der Sprache einerseits und der Funktion der Kommunikation andererseits nicht überein. Die eine Partei behauptet, daß man die allgemeine Natur dieser Regeln nur verstehen könne, indem man sich auf diese Funktion bezieht, während die andere Partei dies (anscheinend) ablehnt«.

Im weiteren Verlauf seiner Arbeit untersucht Strawson, welche Relevanz diese Ablehnung hat. Seine Diskussion ist jedoch schon von der ersten Formulierung an irreführend. Es wäre angemessener gewesen, die implizite Beweislast zu verschieben und die Sache so darzustellen, daß die eine Seite behauptet, daß die allgemeine Natur der bedeutungsdeterminierenden Regeln durch Rekurs auf (und nur durch Rekurs auf) die kommunikative Funktion verstanden werden kann, während die andere Seite nach einer Begründung für diese Behauptung verlangt – und von den darauffolgenden Bemerkungen nicht allzu beeindruckt ist. Strawsons irreführende Formulierung wird von ihm an keiner Stelle modifiziert. So wird das »zentrale Problem« von ihm folgendermaßen wiedergegeben: »Es besteht in nichts anderem als der scheinbar einfachen Frage, ob der Begriff der Wahrheitsbedingung selbst ohne Bezug auf die Kommunikationsfunktion erklärt oder verstanden werden kann.« Um das Problem korrekter zu formulieren: Es besteht in der Frage, ob der Bezug auf die Kommunikationsfunktion für eine Analyse der Bedeutung oder eine Erklärung des »Begriffs der Wahrheitsbedingung«, wie Strawson vermutet, wesentlich ist bzw. ob er für eine Beschäftigung mit den zentralen Problemen überhaupt etwas hergibt. Der »Theoretiker der formalen Semantik« ist davon jedenfalls nicht überzeugt.

Verschieben wir also die Beweislast dorthin, wo sie hingehört, und sehen wir uns Strawsons Verteidigung seiner Thesen an. Er schlägt vor, daß wir den Begriff des »Hörer-gerichteten-Annahme-Ausdrucks (HGAA)« als Grundbegriff nehmen.

Um dies zu verdeutlichen: »Ein Äußernder hat bei der Ausführung seiner Äußerung vielleicht unter anderem die Absicht, seine Hörer davon zu überzeugen, daß er, der Äußernde, eine Aussage, etwa die Aussage, daß *p*, glaubt, und er beabsichtigt vielleicht, daß diese Intention völlig offenkundig ist und von dem Hörer deutlich als solche erkannt wird.« Nun gut, vielleicht hat er diese Absicht – und vielleicht hat er auch die Absicht, den Sachverhalt ehrlich auszudrücken, vielleicht zur Klärung seiner eigenen Gedanken, vielleicht einfach aufgrund persönlicher Integrität, und kümmert sich dabei nur wenig darum, ob seine Hörer glauben, daß er den Sachverhalt selbst glaubt, oder auch nur darum, ob es überhaupt einen Hörer gibt. Solche Fälle sind sicher ganz alltäglich. Oder vielleicht hat er die Absicht, seine Zuhörer zu erheitern, das Gespräch nicht abbrechen zu lassen, oder unzählige andere mögliche Dinge.

Der Kommunikationstheoretiker muß irgendwie zeigen können, daß HGAA zentral ist und daß Kommunikation, wie behauptet, die »wesentliche Funktion« von Sprache ist. Er muß zeigen, daß der Bezug auf HGAA, der Bezug auf die Absicht des Sprechers hinsichtlich dessen, was sein Hörer glauben oder tun soll, etwas erklärt – zum Beispiel, warum die Feststellung, daß *p*, Bedeutung besitzt, wenn sie mit keiner anderen Intention gemacht wird als mit der, sich selbst ehrlich auszudrücken. Dies kann der Kommunikationstheoretiker aber nicht zeigen. Um seine Thesen zu begründen, müßte er jedoch noch mehr tun. Er muß zeigen, wie sich mit Hilfe von HGAA eine Theorie entwickeln läßt, die die Bedeutung von Sätzen erklärt. Hier sind seine Aussichten noch zweifelhafter. Wenn wir eine Analyse des Begriffs »der Äußernde glaubt, daß *p*« (der in dem oben zitierten Beispiel Strawsons ohne Erklärung vorkommt) angeben können und erklären können, wie sich dieser von dem Begriff »glauben, daß *q*« unterscheidet, dann sind die zentralen Probleme anscheinend bereits gelöst und ein weiterer Bezug auf HGAA nicht mehr sehr interessant. Der kritische Begriff »der Äußernde glaubt, daß *p* (nicht *q*)« wird jedoch von allen Kombattanten in Strawsons

»homerischem Streit« verwendet; durch den Bezug auf HGAA wird er, entgegen der Annahme Strawsons, in keiner Weise geklärt. Diesen Begriff vorausgesetzt, kann »sprachliche Bedeutung« tatsächlich (wenngleich das dann nicht mehr interessant ist) in Anlehnung an das von Strawson dargelegte Vorgehen erläutert werden; ohne ihn, so scheint es, hingegen nicht.

Strawson vertritt die Ansicht, daß Grice mit seiner Analyse »Gründe für die Möglichkeit genannt« hat, »einen solchen Begriff der Kommunikationsintention oder, wie er es nennt, der Sprecher-Bedeutung *[utterer's meaning]* zu erklären, der Einwänden standhält und den Begriff der sprachlichen Bedeutung nicht voraussetzt«, und der somit die von Searle erwähnte »Zirkularität« vermeidet. Grices Analyse ist jedoch in den kritischen Fällen nicht richtig. Sieht man sich die Gründe dafür etwas näher an, so wird man entdecken, daß sich die Unterschiede zwischen den verschiedenen Parteien dieses vielleicht nicht ganz so »Homerischen Streits« um ein weiteres Stück zu verringern scheinen.

Grice diskutiert den kritischen Begriff »Situations-Bedeutung in Abwesenheit eines Hörers« – zum Beispiel, daß eine Äußerung einfach zur Klärung eigener Gedanken, zum Ausdruck seiner selbst etc. verwendet wird (Grice (1969)). Seine These lautet: Daß der Sprecher mit dem Äußern von x das-und-das meint, bedeutet dasselbe wie, daß es eine Eigenschaft P gibt derart, daß x mit der Intention geäußert wird, daß jeder mit der Eigenschaft P glaubt, was ein entsprechender Hörer im »Normalfall« einer Kommunikation glauben würde – wobei wir hier noch verschiedene weitergehende Details außer acht lassen können.

Ich sehe jedoch keinen Grund anzunehmen, daß der Sprecher derartige Intentionen, wie sie in Grices Definiens angeführt werden, haben muß. In Fällen wie den oben erwähnten, hat der Sprecher keine relevanten Intentionen bezüglich dessen, was ein Hörer mit der Eigenschaft P, wie immer diese auch gewählt sein mag, denken soll. Im Fall eines spontanen Gefühlsausdrucks kümmert sich der Sprecher gar nicht darum.

Im Fall einer gelegentlichen Unterhaltung brauchen die Sprecherintentionen bezüglich hypothetischer Zuhörer nicht über seine Intentionen bezüglich der tatsächlich anwesenden Hörer hinausgehen, und es ist ganz offenkundig, daß nicht intendiert zu werden braucht, daß die vorhandenen Hörer glauben, daß der Sprecher die-und-die Annahmen macht. Sehen wir uns ferner die in Grices Definition vorkommende Eigenschaft P an. Diese Eigenschaft könnte Grice zufolge zum Beispiel darin bestehen, Deutsch zu können. Doch dies würde nicht genügen. Angenommen, der Sprecher glaubt, daß es kompetente Sprecher des Deutschen gibt, die alles, was sie lesen oder hören, gewöhnlich falsch verstehen – die Rezensenten seiner Bücher zum Beispiel. Selbst wenn dann dieser Sprecher die von Grice für notwendig erachtete Intention haben sollte, selbst dann wäre es notwendig, für P so etwas anzusetzen wie »ist kompetenter Sprecher des Deutschen und wird, wenn er x hört, annehmen, daß der Sprecher glaubt, daß Q«, wobei Q die wörtliche Bedeutung von x wiedergibt. Nur für solche »Hörer« intendiert der Sprecher, daß die kognitive Reaktion auf seiten der Hörer der Sprecher-Bedeutung in der erforderlichen Weise entspricht. Aber damit liegt eine durchgängige petitio principii vor. Der Begriff »wörtliche Bedeutung« oder ein Äquivalent davon drängt sich wieder auf, und es bietet sich kein Weg an, dem »Umkreis des begrifflichen Raumes« zu entkommen, der die suspekten abstrakten Begriffe »sprachliche Bedeutung« und dergleichen einschließt. Und dies gilt selbst dann, wenn der Sprecher die postulierten Intentionen bezüglich hypothetischer Zuhörer tatsächlich haben sollte, was bei der normalen Verwendung von Sprache keineswegs notwendig ist.[37]

Man kann sich Modifikationen der vorgeschlagenen Definition vorstellen, die keine inkorrekten Behauptungen über Intentionen involvieren; eine jede derartige Modifikation erfordert jedoch, soweit ich sehe, die Einführung eines Begriffs wie »sprachliche Bedeutung« oder dergleichen. Aus diesem Grund ist, wie man unmittelbar sehen kann, auch Grices explizitere und umfassendere Theorie defizient. Kurz und gut:

Die »Kommunikationstheoretiker« analysieren gar nicht »Bedeutung«, sondern etwas anderes – »erfolgreiche Kommunikation« vielleicht. Dieser Begriff involviert vielleicht tatsächlich einen wesentlichen Bezug auf Grices Begriff des »M-Intendierens«, nämlich auf die Intention des Sprechers, im Zuhörer eine Wirkung vermittels der Erkenntnis seiner Intentionen hervorzurufen – mitsamt den durch Searle, Grice und anderen vorgeschlagenen Ergänzungen. Kommunikation ist jedoch nur *eine* Funktion von Sprache, und keineswegs eine wesentliche. Die »instrumentelle« Analyse der Sprache als einem Mittel zur Erreichung bestimmter Zwecke ist strikt inadäquat; entsprechend irreführend sind auch die zur Verdeutlichung dieser Funktion entwickelten »Sprachspiele«.[38]
Beim Nachdenken, bei Untersuchungen, in der normalen sozialen Interaktion, beim Planen der eigenen Handlungen, bei dichterischen Versuchen, bei einem spontanen Gefühlsausdruck und bei zahlreichen anderen mit Sprache verbundenen Tätigkeiten werden Äußerungen in ihrer strengen wörtlichen Bedeutung verwendet, ohne daß dabei die Intentionen des »Äußernden« bezüglich irgendwelcher Hörer eine Rolle spielen; und selbst in den Fällen, die vom Kommunikationstheoretiker als zentral angesehen werden, führt der implizite Bezug auf »Regeln« und »Konventionen« in wesentlichen Fragen zu einer petitio principii, worauf ich gleich noch zurückkommen werde.
Auf jeden Fall scheint es auch auf der Ebene, die den zwei von Strawson einander entgegengestellten Theorien gemeinsam ist, eine ganze Menge interessanter Probleme zu geben: Die Probleme nämlich, wie die Bedeutungen der Sätze einer Sprache durch die Regeln der Sprache, d. h. die Grammatik, determiniert werden – möglicherweise in Interaktion mit anderen kognitiven Strukturen (vgl. Kp. I.).
Es ist Strawson nicht gelungen, die Behauptungen der »Kommunikationstheoretiker« zu begründen; um die Quellen, auf die er sich bezieht, steht es nicht besser. Sehen wir uns jetzt sein Argument gegen die Theoretiker der formalen Semantik an. Zu beachten ist dabei, daß dieses Argument korrekt sein

könnte, ohne daß sich daraus die Richtigkeit seiner primären These ergibt. Ist das Argument richtig?

Strawson hält die Gegentheorie deshalb für inadäquat, weil sie auf dem unanalysierten und nicht-explizierten Begriff des »eine Annahme Ausdrückens« beruht. Die »bedeutungsbestimmenden Regeln für einen Satz der Sprache« sind dieser Auffassung zufolge »die Regeln ..., die festlegen, *welche* Annahme von jemandem ... durch Äußerung des Satzes unter gegebenen Bedingungen« ausgedrückt wird; »festlegen, welche Annahme von jemandem ausgedrückt wird, ist dasselbe wie festlegen, welche Behauptung er macht«. Der Begriff eines »wesentlich unabhängigen Begriffs des Ausdrucks einer Annahme«, der sich auf keine kommunikative Intention bezieht, ist jedoch, so behauptet Strawson, einer weiteren Erklärung bedürftig; dies deshalb, weil wir der Gegentheorie zufolge »daran gehindert [sind], uns auf den Zweck oder das Ziel der Kommunikation als einen wesentlichen Teil der Geschichte zu beziehen«. Die Beschreibung sagt uns nicht, welches Bedürfnis des Sprechers dadurch erfüllt wird, daß er seine Annahmen ausdrückt. Des weiteren erscheint es nach dieser Theorie »als ganz kontingente Wahrheit über die Sprache ..., daß die Regeln oder Konventionen, die die Bedeutungen der Sätze einer Sprache festlegen, öffentliche oder soziale Regeln oder Konventionen sind. Dies wäre gleichsam eine Naturtatsache, die für den Begriff der Sprache keineswegs wesentlich ist ...«. Nach dieser Theorie erlernen wir zwar alle eine Sprache, in der wir unsere Annahmen ausdrücken können[35], und wir erwerben auch die »*sekundäre* Fähigkeit«, unsere Annahmen mitzuteilen, letzteres ist jedoch »einfach etwas Zusätzliches, ein zusätzlicher und begrifflich ungesicherter Vorteil, der der Beschreibung des Vorgangs der Beherrschung sprachlicher Bedeutungsregeln akzidentell ist«. Wenn man Äußerungen, deren wesentliche Funktion das Ausdrücken von Annahmen ist, an einen anderen richtet, so glaubt dieser vermutlich, daß man die betreffenden Annahmen vertritt und daß es vom Sprecher intendiert ist, daß er dies glaubt; aber auch dies ist eine bloß kontingente Tatsache. Soweit es »den

Kern betrifft, bleibt die Kommunikationsfunktion sekundär, abgeleitet und begrifflich unwesentlich«.

Ohne weitere Argumente vorzubringen[40], verwirft Strawson diese Theorie als »zu pervers und willkürlich, als daß sie die Erfordernisse einer akzeptablen Theorie erfüllen könnte«. Somit »muß man dem Kommunikationstheoretiker ... den Sieg zugestehen«.

Beachten wir, daß bezüglich der Frage, ob Kommunikation tatsächlich »primär« und »begrifflich wesentlich« ist, in Strawsons Gegenargument durchweg eine petitio principii begangen wird. Ferner scheint das von Strawson als pervers und willkürlich zurückgewiesene Bild durchaus vernünftig und vermutlich auch korrekt, wenngleich auch nicht sehr aufschlußreich zu sein. Der Organismus ist so konstituiert, daß er ein System der Sprache erwirbt, das »bedeutungsbestimmende Regeln« einschließt (wiederum vielleicht in Interaktion mit anderen Fähigkeiten des Geistes). Diese Regeln werden dann vom Sprecher (inter alia) dazu verwendet, seine Gedanken auszudrücken. Der Lernende hat keinen »Grund«, die Sprache zu erlernen; er hat sich nicht dazu entschieden, kann unter normalen Umständen um die Erlernung der Sprache aber auch nicht umhin, genausowenig, wie er sich dazu entscheidet (bzw. umhin kann), das Gesichtsfeld in einer bestimmten Weise zu organisieren – bzw. genausowenig, wie gewisse Zellen im Embryo die Wahl haben (umhin können), sich unter den entsprechenden Umweltbedingungen zu einem Arm oder den visuellen Zentren des Gehirns zu entwickeln. Haben wir das System der Sprache erst einmal erworben, so können wir uns (prinzipiell wenigstens) entscheiden, ob wir es verwenden wollen oder nicht, wie wir uns auch entscheiden können, ob wir uns an unsere Urteile über die räumliche Position von Gegenständen halten wollen oder nicht. Wir haben jedoch nicht die Wahl, Sätze etwas anderes bedeuten zu lassen als was sie eben tatsächlich bedeuten, genausowenig wie wir die Wahl haben, Gegenstände in unserem Wahrnehmungsfeld einfach anders einzuordnen. Kommunikation ist *eine* Funktion, die vom System der Sprache erfüllt wird; sie ist jedoch, wie bereits mehrfach vermerkt wurde, keineswegs die einzige Funktion. Bei Strawson findet sich kein einziges plausibles Argument dafür, daß sie die »wesentliche Funktion« sein soll (es sei denn, wir trivialisieren das Problem, indem wir »Kommunikation mit sich selbst« als einen Spezialfall von »Kommunikation« einführen), ja er legt nicht einmal klar, was es heißen soll, daß ein bestimmter Gebrauch von Sprache deren »wesentliche Funktion« ausmachen soll. Was die Frage angeht, »welches Bedürfnis des Sprechers dadurch erfüllt wird, daß er seine Annahmen ausdrückt«, so gibt es hierauf möglicherweise eine ganze Reihe von Antworten: vielleicht das Bedürfnis, ehrlich und geradeheraus zu sein, oder anderen zu imponieren und dadurch der eigenen Karriere zu nutzen, sich selbst ins Spiel zu bringen, in einer Gruppe gewisse soziale Beziehungen aufrechtzuerhalten und viele andere Möglichkeiten.

Was die Tatsache betrifft, daß die Regeln der Sprache »öffentliche Regeln« sind, so haben wir es tatsächlich mit einer kontingenten Tatsache zu tun. Es ist eine Tatsache der Natur, daß die von den einzelnen Individuen in ähnlichen Umständen innerhalb ihrer kognitiven Fähigkeit entwickelten kognitiven Strukturen einander gleichen. Dies geht auf die Ähnlichkeit ihrer angeborenen Konstitution zurück. Wir teilen also die Regeln der Sprache mit den anderen, wie wir mit ihnen eine Organisation des Gesichtsfeldes teilen. Beide uns gemeinsamen Systeme spielen eine Rolle in der erfolgreichen Kommunikation. Manchmal glauben unsere Zuhörer, daß wir Annahmen ausdrücken, von denen wir selbst überzeugt sind, manchmal nicht – das hängt ganz von den Umständen ab. An keinem dieser Dinge ist etwas Überraschendes, auch wenn wir immer noch recht wenig von den entwickelten kognitiven Strukturen und ihrer Grundlage in den Fähigkeiten des Geistes verstehen. Gewisse Probleme sind beiden Ansätzen gemeinsam, so zum Beispiel das Problem, wie die Begriffe »eine sprachliche Regel verwenden«, »die Annahme ausdrücken, daß p« usw. geklärt werden können.

Strawsons Annahme, daß dieses Bild »pervers und willkürlich« sei, resultiert vielleicht aus seiner unbegründeten Prämisse, daß die Sprache bewußt durch Konditionierung und Abrichtung gelehrt wird und sich somit völlig von den kognitiven und physischen Strukturen unterscheidet, die sich im Organismus kraft dessen Natur unter angemessenen Umweltbedingungen entwickeln. Sicher gibt es zwischen der individuellen Entwicklung der Sprache, der Konstruktion des Wahrnehmungsraumes, der Entwicklung der Organe im Embryo und anderen Prozessen der physischen und kognitiven Entwicklung wichtige Unterschiede. Diese Unterschiede sind jedoch meines Erachtens nicht von der Art, wie Strawson anscheinend annimmt. Bezüglich der von ihm aufgeworfenen Fragen sind sich diese Prozesse in wesentlichen Aspekten gleich. In keinem dieser Fälle spielen bei der Erklärung der Entwicklung der sich im einzelnen Individuum entwickelnden Strukturen solche Dinge wie »Wahl«, »Gründe« oder »Ziele und Zwecke« eine Rolle. Wir haben es hier mit Systemen zu tun, die sich auf eine natürliche Weise als eine Spezies des, um Humes Ausdruck zu verwenden, animalischen Instinkts entwickeln, gänzlich ohne bewußte Wahl, ohne Gründe (für den Organismus), und gewiß ohne jede Notwendigkeit einer Konditionierung oder Abrichtung. Die Natur der sich entwickelnden Strukturen ist durch die biologisch gegebene Organisation des Geistes weitgehend prädeterminiert. Wenn, wie ich glaube, diese Vermutungen im allgemeinen richtig sind, dann sind es die von Strawson aufgeworfenen Fragen, die »pervers« sind, und nicht die vom »Theoretiker der formalen Semantik« eventuell darauf gegebenen (hier skizzierten) Antworten.

Ich möchte jedoch nochmals betonen, daß selbst dann, wenn die Vorschläge des »Theoretikers der formalen Semantik« tatsächlich so »pervers und willkürlich« wären, wie Strawson glaubt, dies keinerlei Rechtfertigung der Thesen des »Kommunikationstheoretikers« darstellen würde. Die Behauptungen des »Kommunikationstheoretikers« bedürfen schon einer eigenen positiven Begründung, und eine derartige ist eben nicht vorhanden.

Searle stellt die etwas gewagte Behauptung auf, daß ich (vermutlich) deshalb »Rückzugsgefechte gegen [die Untersuchung von Sprechakten]« führe, weil ich in dieser Theorie eine Rückkehr zum Behaviorismus sehen würde (Searle (1972/dtsch. 1974)). Dieser Schluß ist falsch. Meine Einwände gegen die Sprechakttheorie, so wie sie bisher vorliegt, sind im wesentlichen die eben erwähnten: Sie sind vielleicht für eine Analyse der erfolgreichen Kommunikation von Nutzen und sie hat auch zu interessanten Entdeckungen über die semantischen Eigenschaften von Äußerungen geführt; es wird von ihr aber nicht gezeigt, wie man dem Umkreis des begrifflichen Raumes entkommen könnte, der solche Begriffe wie »sprachliche Bedeutung« einschließt. Ohne die implizite Verwendung solcher Begriffe sind die in seiner Bedeutungstheorie aufgestellten Behauptungen einfach falsch.

Was die Rückkehr zum Behaviorismus angeht, so trifft dies für die am sorgfältigsten durchgeführten Arbeiten innerhalb dieser Theorie zu. In dem meines Wissens sorgfältigsten und umfassendsten Versuch, die Bedeutung sprachlicher Ausdrücke innerhalb dieses Rahmens zu erklären[41], legt Grice ein System von Definitionen vor, die nicht nur auf Intentionen, sondern auch auf die »Praxis«, »Gewohnheit« bzw. »Politik« des Sprechers rekurrieren, auf die Idee eines »Repertoires von Verfahren«. Ein Verfahren in seinem Repertoire zu besitzen heißt, »in einem gewissen Maße eine ständige Bereitschaft (Geneigtheit, Bereitwilligkeit) zu besitzen, ...«, wobei »eine Bereitschaft (etc.), etwas zu tun, ein Element derselben Familie ist ... wie eine Intention, es zu tun«. Grice erkennt die Inadäquatheit dieser Analyse, versieht uns jedoch nur mit einigen »informellen Bemerkungen« darüber, wie eine korrekte Definition konstruiert werden könnte. Er erwähnt »drei Hauptfälle, in denen man legitimerweise von einem etablierten Verfahren bezüglich eines Äußerungstyps X sprechen könnte«. Bei dem einen, den wir hier vernachlässigen können, geht es um ein Kommunikationssystem, das künstlich konstruiert, aber nie in die Praxis umgesetzt wird. Eine Analyse der anderen beiden Fälle zeigt ganz klar, wie der ganze Ansatz

in eine völlig verkehrte (wenngleich uns inzwischen geläufige) Richtung führt.
Die beiden relevanten Fälle rekurrieren auf die »Praxis«, d. h. auf Üblichkeit bzw. Gewohnheit. In dem einen Fall ist es »Praxis« des Sprechers, »X in den-und-den Umständen« zu äußern, weshalb er auch »die Bereitschaft besitzen *wird, X* in den-und-den Umständen zu äußern«. Dies ist jedoch inadäquat, da nicht zu gelten braucht, daß ein Sprecher auch nur »*irgendeine* Bereitschaft besitzt, den Ausdruck in irgendwelchen Umständen zu äußern«. Das Problem besteht, wie Grice bemerkt, eben darin, daß anscheinend die »Idee« benötigt wird, daß der Sprecher »*mit der Fähigkeit ausgestattet* ist, den Ausdruck zu verwenden«, d. h. wir benötigen den Begriff der »Kompetenz« im geläufigen linguistischen Sinne. Diesen Begriff hält Grice jedoch für »problematisch«, wenngleich er nicht erklärt, weshalb. Für einen Behavioristen wäre er in der Tat problematisch, aber nicht für einen Wissenschaftler, der den Menschen als einen Organismus innerhalb der natürlichen Welt ansieht. Gewiß, es gibt viele Dinge, die wir noch nicht richtig verstehen; in einer Untersuchung der Natur, der Verwendung und des Erwerbs kognitiver Strukturen scheint jedoch prinzipiell kein Problem zu liegen – man muß nur bereit sein, die völlig unbegründeten *a priori* Beschränkungen für eine legitime Theorienkonstruktion aufzugeben, die einen Teil des behavioristischen Programms ausmachen.
Grices dritter Fall soll das Problem betreffen, daß ein Sprecher zwar »mit der Fähigkeit ausgestattet ist«, Ausdrücke korrekt zu verwenden, aber die entsprechende Bereitschaft nicht besitzt. Grice schlägt vor, daß ein Sprecher ein »Verfahren für X« im erforderlichen Sinne besitzt, wenn »X in den-und-den Umständen zu äußern zur Praxis zahlreicher Angehöriger derjenigen Gruppe gehört«, der der Sprecher selbst angehört. D. h., andere Angehörige der Gruppe »*besitzen* die Bereitschaft, X in den-und-den Umständen zu äußern.« Aus uns bereits bekannten Gründen ist diese Analyse jedoch wertlos. Es gibt keine Praktiken, Gewohnheiten, übliche Verhaltensweisen, keine Bereitschaft, Geneigtheit oder Bereitwilligkeit,

die uns bei einer Erklärung der normalen kreativen Verwendung von Sprache viel weiter bringen könnten, ob wir uns nun die Praktiken eines Einzelnen oder einer Gruppe ansehen. So ist zum Beispiel ein jeder Sprecher des Deutschen in dem von Grice geforderten Sinne »mit der Fähigkeit ausgestattet«, irgendeinen beliebigen Satz auf dieser Seite zu äußern bzw. zu verstehen, und doch besitzt weder ein gegebener Sprecher noch irgendeine Gruppe die Bereitschaft bzw. die Praxis, diese Sätze unter irgendwelchen Umständen zu äußern. Dasselbe gilt sogar für einzelne Wörter, wenn wir die Begriffe »Praxis« und »Bereitschaft« ernst nehmen.

All diese Bemühungen führen in die falsche Richtung; sie enden in einem Holzweg, den bereits die Proponenten des empiristischen Mythos wie auch, etwas später, die Vertreter jener etwas seltsamen Abweichung von der normalen wissenschaftlichen Praxis eingeschlagen hatten, die unter dem Namen »Behaviorismus« läuft.

Eine damit zusammenhängende Schwierigkeit betrifft den Übergang von unstrukturierten Signalen zu strukturierten Äußerungen. Der Übergang wird mithilfe des Begriffs des »resultierenden Verfahrens« vollzogen, der, wie Grice anmerkt, »ziemlich ungeklärt« belassen wurde. Sein Versuch einer Klärung beinhaltet einen Übergang von »Verfahren« im Sinne von »übliche Praxis« zu »Verfahren« im Sinne von »Regel«, einem ganz anderen Begriff also, der zu einem völlig anderen »begrifflichen Raum« gehört. Der Kern des ganzen Problems besteht, wie Grice bemerkt, darin, daß wir in einem gewissen Sinne implizit bestimmte sprachliche Regeln zu akzeptieren und zu befolgen scheinen – »ein bisher«, wie er sagt, »ungelöstes Problem«, das zentrale Problem freilich, kein bloßes Randproblem. Grice stellt fest, daß »die korrekte Interpretation der Idee, daß wir diese Regeln tatsächlich akzeptieren, zu etwas Rätselhaftem wird, wenn man das ›Akzeptieren‹ dieser Regeln von der Existenz der entsprechenden Praktiken zu trennen hat; es scheint aber wie ein Rätsel zu sein, das wir, im Augenblick zumindest, einfach hinnehmen müssen.«

Da die zentralen Probleme ungelöst bleiben, und zudem nicht einmal nur die Spur eines Ansatzes zu ihrer Lösung in Sicht ist, scheinen Searle, Strawson und andere in ihren Behauptungen über die Leistungsfähigkeit der Theorie der Kommunikationsintention und der Sprechakte wohl etwas zu weit gegangen zu sein. Wer diesem Ansatz folgt, sieht sich auch weiterhin mit den alten Rätseln konfrontiert: In welchem Sinne »akzeptieren« wir die Regeln der Sprache und wie folgen wir ihnen, um unsere Gedanken, Annahmen, Wünsche usw. auszudrücken? Der Bezug auf Üblichkeit und Praktiken ist hier einfach irrelevant, führt uns keine Spur weiter. Wir stehen nur vor neuen Problemen, wie z. B. dem, für die oben angeführten normalen Verwendungsweisen von Sprache eine Erklärung zu finden. Die Theorie der Kommunikationsintention ist, so scheint es, ein blinder Verbündeter.[42]

Wir müssen unterscheiden zwischen der wörtlichen Bedeutung des von S geäußerten sprachlichen Ausdrucks und dem, was S mit dem Äußern dieses Ausdrucks (bzw. mit seinem Sagen, daß so-und-so, egal, welchen Ausdruck er verwendete) meinte. Nur der erste Begriff ist in der Sprachtheorie zu erklären. Der zweite hat mit Sprache nichts Besonderes zu tun; ich kann genausogut fragen, was S mit seinem Türenzuschlagen meinte. Innerhalb der Theorie der erfolgreichen Kommunikation können wir zwischen diesen Begriffen vielleicht eine Verbindung herstellen. Für eine Theorie der Bedeutung scheint dieser Versuch jedoch nichts herzugeben.

Das von Grice zitierte Rätsel kann einer Lösung etwas nähergebracht werden, wenn wir zwischen zwei Begriffen des »Akzeptierens« von Regeln unterscheiden: Nämlich dem Akzeptieren von Regeln beim Erwerb der Sprache und bei der Verwendung von Sprache. In beiden Fällen muß das »Akzeptieren« der Regeln »von der Existenz der entsprechenden Praktiken« unterschieden werden. Es gibt im allgemeinen keine entsprechenden Praktiken. Im ersten Fall sollten wir jedoch den Begriff des »Akzeptierens« von Regeln überhaupt aufgeben, zusammen mit der damit verbundenen Idee, daß Regeln »gewählt« werden und daß wir für eine derartige Wahl jeweils »Gründe« haben – wie in Strawsons Diskussion. Die Regeln der Sprache werden nicht um bestimmter Gründe wegen akzeptiert; sie werden vielmehr durch den Geist entwickelt, wenn dieser gewissen objektiven Bedingungen unterliegt, wie sich eben auch die Organe des Körpers unter angemessenen Bedingungen auf prädeterminierte Weise entwickeln. Daran ist nichts Rätselhaftes. Ein Rätsel ergäbe sich jedoch, wenn wir versuchten, die Entwicklung von Regeln durch Rekurs auf Üblichkeit und Praktiken zu erklären. Genauso käme es zu einem Rätsel, wenn wir versuchten, das »Akzeptieren« der Prinzipien unserer Organisation des Gesichtsfeldes durch Rekurs auf unsere Gewohnheiten und Praktiken zu erklären. Insoweit zumindest kann das Rätsel dadurch beseitigt werden, daß wir die Überreste des Empirismus aufgeben und die Analyse der kognitiven Fähigkeit dem oben skizzierten Ansatz entsprechend angeben.

Einige Rätsel bleiben jedoch weiterhin bestehen, wenn wir uns dem »Akzeptieren« von Regeln im Sprachgebrauch zuwenden. Sind das Sprachsystem und andere kognitive Strukturen erst einmal durch unseren Geist entwickelt, dann können wir zwischen bestimmten alternativen Verwendungsweisen dieser Systeme wählen. Was heißt es in diesem Kontext, daß wir die Regeln »akzeptieren«? Vielleicht, daß er sich entscheidet, den Regeln zu folgen, die Teil seines derzeitigen kognitiven Zustands sind, die zu den von seinem Geist hervorgebrachten kognitiven Strukturen gehören. Ich sehe nicht, was es sonst heißen könnte. An dieser Stelle sehen wir uns aber mit einigen echten Rätseln konfrontiert, mit denen nämlich, die mit der Theorie des menschlichen Handelns (der Theorie des M_{CS}; vgl. S. 26) zusammenhängen. Die von uns »akzeptierten« Regeln sagen uns nicht, was wir sagen sollen. Wir könnten fragen, wie bzw. warum wir das von unserem Geist entwickelte Regelsystem zur Anwendung bringen. Unter welchen Umständen entscheiden wir uns dazu, diese Regeln zu verletzen? Welche Arten von Überlegungen sind bei diesen Entscheidungen im Spiel, und wie sind diese begrifflich begrenzt? usw. Eine Berufung auf Gewohnheiten und Praktiken ist hier einfach witzlos; die Berufung auf andere Erklärungsmodi führt hier aber auch nicht recht weiter.

Die Untersuchung der Entwicklung kognitiver Strukturen (des »Akzeptierens von Regeln« – im ersten Sinne) stellt uns vor Probleme, die es zu lösen gilt, aber wohl nicht vor unlösbare Rätsel. Die Fähigkeit des Gebrauchs dieser Strukturen sowie die Ausübung dieser Fähigkeit scheinen sich jedoch immer noch unserem Verständnis zu entziehen.

III Einige allgemeine Merkmale der Sprache

Bisher war unsere Diskussion ziemlich abstrakt. Ich habe nur ein einziges allgemeines Merkmal erwähnt, das man meines Erachtens der Sprachfähigkeit mit einiger Plausibilität zuschreiben kann, nämlich das Prinzip der Strukturabhängigkeit grammatikalischer Regeln; sollten sich freilich die Spekulationen über die Semantik und über die Interaktion von Sprachfähigkeit und Common Sense Verständnis konkretisieren und nicht mehr nur anhand einiger weniger Beispiele verdeutlichen lassen, so haben wir es auch bei ihnen mit Hypothesen zu tun, die für die angeborene Struktur des menschlichen Geistes relevant sind.

Ich möchte diesen Reflexionen weiter nachgehen, und im folgenden drei Themen aufgreifen. Erstens will ich die Theorie der Sprachfähigkeit mit einer gewissen Struktur versehen. Dann möchte ich auf die vereinfachende und oben bereits tentativ akzeptierte Annahme zurückkommen, wonach das Erlernen der Sprache einen Ein-Stufen-Prozeß darstellt. Schließlich will ich nochmals auf einige der zu Beginn aufgeworfenen Fragen eingehen, auf die Fragen also, bei denen es um die Möglichkeiten für eine umfassendere Theorie der menschlichen Natur und die Implikationen einer solchen Theorie geht.

Bei meiner Diskussion der unterschiedlichen Ansätze zu einer Semantik natürlicher Sprache bemerkte ich bereits, daß sie alle ein gemeinsames Ziel verfolgen, nämlich »die semantischen und syntaktischen Regeln oder Konventionen« zu entdecken, durch die »die Bedeutungen der Sätze einer Sprache [...] bestimmt werden« (Strawson (1970/dtsch. 1974)) und, was noch wichtiger ist, die Prinzipien der Universalen Grammatik (UG) zu entdecken, die über die Regeln bzw. Konventionen einzelner Sprachen hinausgehen. Einige sind nun der Ansicht, daß man »die allgemeine Natur solcher Regeln und Konventionen ... letzten Endes nur verstehen [kann], indem man sich auf den Begriff der Kommunikationsintention bezieht«

(Strawson (1970/dtsch. 1974)). Aus den bereits diskutierten Gründen glaube ich nicht, daß diese Behauptung bisher bewiesen werden konnte, und ich bezweifle auch, ob dies jemals möglich sein wird. Sie scheint mir eine falsche Auffassung vom allgemeinen Charakter des Gebrauchs von Sprache zu beinhalten; zudem dürfte sie ein intellektuelles Element ignorieren, das aus keiner adäquaten Theorie des Sprachgebrauchs eliminiert werden kann. Doch was auch immer die Zukunft in diesem Punkt ergeben wird, wir können uns immer noch mit Nutzen dem gemeinsamen Projekt zuwenden. Was läßt sich also Plausibles über die Regeln sagen, die die formalen und semantischen Eigenschaften der Sätze einer Sprache, d. h. deren Grammatik bestimmen?

In den letzten Jahren wurden hierzu eine ganze Reihe von Ansätzen entwickelt und auch mit Erfolg angewandt. Ich kann an dieser Stelle weder einen Überblick über sie geben noch kann ich hier die Ansätze, die mir am vielversprechendsten zu sein scheinen, zwingend begründen. Ich kann auch nicht auf die Einwände eingehen, die gegen die von mir im folgenden dargestellte Auffassung vorgebracht wurden.[1] Diese Mängel sind jedoch im Kontext der vorliegenden Arbeit weniger schwerwiegend als es vielleicht scheinen könnte. Mein primäres Ziel besteht hier darin, dem Leser eine gewisse Vorstellung von den verschiedenen Prinzipien und von der Komplexität der Struktur zu vermitteln, die der Sprachfähigkeit als einer Spezies-spezifischen, genetisch determinierten Eigenschaft mit einiger Plausibilität zugeschrieben werden dürfte. Alternative Ansätze unterscheiden sich davon zwar in einer Reihe von Punkten[2], sind jedoch, was ihre Implikationen für die mir vorschwebenden allgemeineren Fragen betrifft, mit der im folgenden dargelegten Auffassung durchaus vergleichbar.

Beginnen wir mit einer Betrachtung einiger Implikationen des Prinzips der Strukturabhängigkeit. Ist dieses Prinzip korrekt, dann beziehen sich die Regeln der Grammatik auf in abstrakte Phrasen analysierte Ketten von Wörtern, d. h. auf Strukturen, die in der einschlägigen, etwas technischer gehaltenen Literatur als »Phrase Marker« bzw. kurz »P-Marker« bezeichnet werden. So könnte z. B. dem Satz (1) ein P-Marker zugewiesen werden, der neben anderen hier nicht berücksichtigten Strukturen die durch Klammerung deutlich gemachte Struktur wiedergibt:

(1) [$_S$[$_{NP}$[$_{DET}$the] [$_N$man] [$_S$who[$_{VP}$ is tall]]] [$_{VP}$ *is* here]]
(S = Satz; NP = Nominalphrase; DET = bestimmter Artikel (determiner); N = Nomen; VP = Verbalphrase)

Das auf die erste Nominalphrase folgende Vorkommnis von »is« ist schräggedruckt. Dieses Vorkommnis ergibt, sofern es mit dem zugehörigen P-Marker vorangestellt wird, die entsprechende Ja-oder-Nein Frage.
Die Regel, die diese Operation ausführt, wird eine »(grammatische) Transformation« genannt. Transformationen bilden also P-Marker auf P-Marker ab. Solche Transformationen bilden, ganz gleich, welche Struktur (bzw. Ordnung) dieser Menge auferlegt wird, eine Komponente der Syntax einer Sprache. Nennen wir sie die »Transformations-Komponente.«
Damit die Transformations-Komponente in der Erzeugung strukturierter Sätze funktioniert, ist es notwendig, daß eine bestimmte Klasse von P-Markern als Anfangs-P-Marker ausgezeichnet ist. Nehmen wir also an, daß die Syntax auch eine »Basis-Komponente« enthält, die eine Klasse von »Anfangs-P-Markern« erzeugt. Wir wählen diese Klasse als unendlich und weisen somit der Basis-Komponente die Eigenschaft der Rekursivität zu, eine Eigenschaft, die eine jede Grammatik besitzen muß.
Die Basis wiederum besteht aus zwei Teilkomponenten: Einer »Kategorial-Komponente« und einem Lexikon. Die Kategorial-Komponente liefert die abstrakten Basis-Strukturen mit Hilfe von »Ersetzungsregeln«, welche angeben, wie eine syntaktische Kategorie in eine Folge solcher Kategorien analysiert werden kann. Eine dieser Regeln würde zum Beispiel angeben, daß die Kategorie Satz aus einer Nominalphrase und einer daraufauffolgenden Verbalphrase besteht (mit Hilfe von

Symbolen ausgedrückt: S→NP VP). Zu den Kategorien, die in der Kategorial-Komponente eine Rolle spielen, gehören u. a. die »lexikalischen Kategorien« wie Nomen (N), Verb (V), Adjektiv (A) und andere. Es ist nun ein Leichtes, ein Verfahren zu entwerfen, durch welches Regeln der Kategorial-Komponente P-Marker des entsprechenden Typs erzeugen können, wobei lexikalische Kategorien an die Stelle der lexikalischen Einheiten treten, die in diesen Positionen letztlich vorkommen müssen.

Das Lexikon besteht aus den lexikalischen Einheiten, die – mitsamt ihren jeweiligen phonologischen, semantischen und syntaktischen Eigenschaften – zu den lexikalischen Kategorien gehören. Es enthält des weiteren Regeln der »Wortbildung«, die die Klasse der lexikalischen Einheiten eingrenzen und deren allgemeine Eigenschaften ausdrücken.[3] »Lexikalische Transformationen« führen Lexikoneinheiten in die durch die Kategorial-Komponente erzeugten abstrakten P-Marker ein und ergeben somit die Anfangs-P-Marker.[4] Auch diese Anfangs-P-Marker sind insofern abstrakt, als sich aus ihnen nur durch die Anwendung grammatikalischer Transformationen und anderer Regeln solche Folgen von Wörtern gewinnen lassen, die als phonologisch repräsentierte Sätze der Sprache zählen.[5]

Die unterschiedlichen Komponenten der Basis erzeugen also durch eine derartige Kooperation Anfangs-P-Marker, und die Transformations-Komponente führt einen Anfangs-P-Marker Schritt für Schritt in einen phonologisch repräsentierten Satz mit dessen P-Marker über. Die letztere komplexe Struktur nennen wir »Oberflächenstruktur«. Die derart erzeugte Folge von P-Markern nennen wir eine »transformationelle Derivation.«

Über die Struktur der Kategorial-Komponente der Basis und das Lexikon wäre noch erheblich mehr zu sagen; ich will diesem Thema hier jedoch nicht weiter nachgehen.[6]

In der sogenannten »Standardtheorie«[7] wurden die Anfangs-P-Marker als »Tiefenstrukturen« bezeichnet. Ich will diesen Ausdruck hier jedoch aus mehreren Gründen vermeiden. In der Standardtheorie wurden Tiefenstrukturen mit Hilfe von zwei Eigenschaften charakterisiert: Mit Hilfe ihrer Rolle in der Syntax (als Ausgangspunkte der transformationellen Derivationen) und mit Hilfe ihrer Rolle in der semantischen Interpretation. Bezüglich der letzteren wurde postuliert, daß in den Tiefenstrukturen all die Information enthalten ist, die man zur Bestimmung der Bedeutung von Sätzen braucht.[8] Es ist klar, daß diese Charakterisierungen voneinander unabhängig sind; es könnte sich herausstellen, daß diejenigen Strukturen, die am Anfang von transformationellen Derivationen stehen, nicht mit den Strukturen identisch sind, die die semantische Interpretation bestimmen. Dies ist meines Erachtens auch der Fall.[9] Die »erweiterte Standardtheorie« postuliert, daß Oberflächenstrukturen in einer genau bestimmten Weise zur semantischen Interpretation beitragen. In der Fassung, die ich im folgenden skizzieren werde, möchte ich die These vertreten, daß vielleicht die gesamte semantische Information durch einen etwas erweiterten Begriff der Oberflächenstruktur bestimmt wird. In dieser Theorie werden also die syntaktischen und die semantischen Eigenschaften der früheren »Tiefenstrukturen« voneinander getrennt. Jede der beiden Eigenschaftsklassen könnte daher als definierend für den technischen Begriff »Tiefenstruktur« angesehen werden. Um dieses Problem, mit den entsprechenden möglichen Konfusionen, zu vermeiden, will ich diesen Ausdruck einfach fallen lassen und spreche daher nur von »Anfangs-P-Markern« und »Oberflächenstrukturen«.

Es gibt auch noch einen weiteren Grund für diese terminologische Änderung. Der Ausdruck »Tiefenstruktur« hat sich unglücklicherweise als sehr irreführend erwiesen. Er führte eine Reihe von Leuten zu der Annahme, daß eben nur die Tiefenstrukturen und deren Eigenschaften wirklich »tief« (im nichttechnischen Sinne des Wortes) sind und daß der Rest oberflächlich, unwichtig, in jeder Sprache anders sei usw. Dies war jedoch nie beabsichtigt. Die phonologische Theorie enthält Prinzipien der Sprache, die tief, universell, unerwartet, aufschlußreich etc. sind. Dasselbe gilt, wie ich glaube, auch für die Theorie der Oberflächenstrukturen und andere Elemente der Grammatik. Gelegentlich wurde der Ausdruck »Tiefenstruktur« sogar im Sinne von »Grammatik«, »Universalgrammatik« »abstrakte Eigenschaften von Regeln« oder sonstwie irreführend verwendet. Dagegen wird sich hoffentlich niemand zu der Annahme verleiten lassen, daß sich die wirklich »tiefen« Eigenschaften der Sprache notwendigerweise in den Eigenschaften abstrakter Anfangs-P-Marker erschöpfen, und wohl auch nicht zu der Annahme, daß unsere Hypothesen über solche Strukturen die Grundthese der Transformationsgrammatik, ohne die sie zusammenbrechen würde, ausmachen.

Die Annahme, daß allein die »Tiefenstrukturen« von einzigartiger Bedeutung sind, dürfte zum Teil darauf zurückzuführen sein, daß diesen Strukturen in der semantischen Interpretation eine bestimmte Rolle zugewiesen wird. Die Ansicht ist weit verbreitet, wonach die Semantik der Teil der Sprache ist, der wirklich von tiefer Bedeutung sei, und wonach eine Untersuchung der Sprache eben primär insofern interessant ist, als sie zu einem gewissen Verständnis dieser wirklich profunden Fragen beiträgt. Nun ist diese Auffassung durchaus nicht unbegründet. So sind die Fragen, die es mit dem zu tun haben, was und warum wir etwas sagen, die Fragen also, die sich auf den »kreativen Aspekt des Sprachgebrauchs« beziehen, sicher schon an sich sehr interessant; zudem haben sie etwas Rätselhaftes an sich, wie das bei den Prinzipien der Regelanordnung in der Phonologie nicht der Fall ist. Analog könnten wir behaupten, daß Fragen, bei denen es um das menschliche Verhalten geht, schon von sich aus für uns in einer Weise interessant sind, wie dies beim Verhalten unbelebter Objekte nicht der Fall ist – aber wir würden deshalb nicht daraus den Schluß ziehen, daß es die Physik insofern nur mit oberflächlichen Fragen zu tun hat, als sie sich auf die unbelebte Materie beschränkt und vom menschlichen Handeln abstrahiert (etwa von der Tatsache, daß bei physikalischen Experimenten die jeweiligen Prognosen durch einen Eingriff des Menschen falsifiziert werden können, eine Tatsache, die, soweit wir wissen, nicht in die physikalischen Theorien selbst einbezogen werden kann). Die Relevanz der Physik resultiert nicht daraus, daß ihr Gegenstand schon an sich interessant ist. Es ist uns gleichgültig, was unter den exotischen Bedingungen physikalischer Experimente alles passiert – es sei denn, sie geben etwas für die physikalischen Theorien selbst her. Die Physik ist, von ihren Anwendungen einmal ganz abgesehen, bereits aufgrund ihrer intellektuellen Tiefe relevant; und wenn sich herausstellen sollte, daß die Prinzipien der Phonologie beträchtlich komplexer und unzugänglicher sind als die der Semantik, daß sich mit ihrer Hilfe bestimmte erstaunliche Fakten auf eine nichttriviale Art und Weise erklären lassen, daß sie uns die Natur des menschlichen Organismus bei weitem verständlicher erscheinen lassen, dann wird man die Phonologie als eine Theorie anzusehen haben, die viel tiefer ist als die Semantik, auch wenn die Phänomene, mit denen sie sich beschäftigt, von sich allein aus von einem begrenzteren Interesse sind.[10]

Angenommen, es sei eine Tatsache – eine Annahme, zu der ich jetzt neige –, daß ein entsprechend erweiterter Begriff der Oberflächenstruktur hinreicht, um die Bedeutung von Sätzen unter interpretativen Regeln zu bestimmen (insofern die Grammatik bei der Bestimmung semantischer Eigenschaften eine Rolle spielt; vgl. Kp. II). Dann kann es, wie ich annehme, immer noch sein, daß die durch die Basis erzeugten Anfangs-P-Marker signifikante und erhellende Eigenschaften besitzen. Des weiteren gilt auch jetzt noch, daß sie, wenngleich nun auf einem indirekten Wege, in die Bestimmung derjenigen Strukturen eingehen, die semantisch interpretiert werden, und daß sie in der Theorie der Performanz eine Rolle spielen. Die These der Oberflächenstruktur-Interpretation würde im Falle ihrer Wahrheit eine signifikante empirische Entdeckung darstellen, die die allgemeine Relevanz der Resultate linguistischer Untersuchungen keineswegs mindern würde. Nach dieser These spielen die in der Standardtheorie sogenannten »Tiefenstrukturen« nicht mehr die ihnen früher zugewiesene Rolle. Wir können aber immer noch mit Strawson der Meinung sein, daß »die zentrale These der Transformationsgrammatik, der Schritt, der den gesamten Charakter ihrer Theorien bestimmt«, in der Insistenz darauf besteht, »daß jede adäquate grammatische Theorie einem Unterschied zwischen der offen zutage liegenden syntaktischen Struktur eines Satzes und seiner zugrunde liegenden Struktur gerecht werden muß, einem Unterschied zwischen seiner Tiefen- und seiner Oberflächengrammatik«. Dabei müssen wir aber nun die Ausdrücke »zugrunde liegende Struktur« und »Tiefengrammatik«, so verstehen, daß sie sich auf nicht offen zutage liegende Aspekte der Oberflächenstruktur beziehen, auf die Regeln, die Oberflächenstrukturen erzeugen, auf die abstrakte Ebene der Anfangs-P-Marker, die Prinzipien, die die Organisation der Grammatik bestimmen und die die Oberflächenstruktur mit semantischen Interpretationen korrelieren, usw.

Ich habe bisher kurz die Basis-Komponente der Syntax und die von ihr erzeugten Anfangs-P-Marker diskutiert, wobei ich eine ganze Reihe wichtiger Fragen einfach weggelassen habe. Sehen wir uns nun die Transformations-Komponente und die durch sie gebildeten Oberflächenstrukturen an. Ich habe bisher nur eine einzige Transformationsregel erwähnt, nämlich die Regel, die im Englischen solche Ja-oder-Nein Fragen bildet wie z. B. »is the man who is tall here?« aus (1). Diese Regel hat die interessante Eigenschaft, daß sie nicht auf eingebettete Sätze, sondern nur auf die ganze Satzstruktur anwendbar ist. In Anlehnung an Emonds bezeichnen wir sie als eine »Wurzeltransformation« (root transformation); die Struktur, auf die die Regel angewandt wird, nennen wir einen »Wurzelsatz« (root sentence); vgl. Emonds (im Erscheinen). Indirekte Fragen kommen in eingebetteten Konstruktionen vor. Beispiele: »I wonder *who John is visiting*« und »the question *whether deep structures exist* is much debated.« In diesem Fall ist jedoch die Wurzeltransformation nicht anwendbar. Im Englischen sagt man eben nicht »I wonder *who is John visiting*«, mit einer Inversion von »is«.

Transformationen, die keine Wurzeltransformationen sind (i. f. kurz: Nicht-Wurzeltransformationen), können auf jeder beliebigen Stufe der Eingebettetheit angewandt werden. Sehen wir uns zum Beispiel die Regel an, die »*wh*-Wörter«, wie »who« und »where«, voranstellt. Der Anfangs-P-Marker von »who is John visiting?« ist, wenn wir auf Klammerungen verzichten, in etwa: »John is visiting *wh*-someone.«[11] Wenden wir die Regel der *wh*-Umstellung an, können wir daraus »who John is visiting« ableiten.[12] Ist der Satz eingebettet, so ist keine weitere Regel anwendbar und wir erhalten somit z. B. »I wonder who John is visiting«. Ist der Satz nicht eingebettet, so wenden wir die zusätzliche Inversionsregel an und leiten somit die direkte Frage ab »who is John visiting?«

Wurzel- und Nicht-Wurzel-Transformationen haben ganz verschiedene Eigenschaften, ein Thema, das von Emonds und anderen eingehend untersucht worden ist. Der Bereich einer Nicht-Wurzeltransformation braucht kein Satz zu sein. So wird etwa die Extrapositionsregel, die (2) ergibt, auf die zugrunde liegende Subjekt-NP von (3) angewandt:

(2) the only one of Tolstoy's novels that I like is out of print
(3) [$_{NP}$ the only one that I like of Tolstoy's novels] is out of print

Wir wollen eine Kategorie, die als der Bereich einer Transformation fungieren kann, eine »zyklische Kategorie« nennen.[13] Es gibt nach meinem Dafürhalten gute Gründe dafür, daß die Transformations-Komponente bei einem Anfangs-P-Marker mit mehr als einer zyklischen Kategorie auf eine ganz bestimmte reguläre Weise zur Anwendung kommt, nämlich zyklisch (von daher der Name). Die Transformationen kommen zuerst bei den am tiefsten eingebetteten zyklischen Kategorien zur Anwendung, dann bei den zyklischen Kategorien, die diese unmittelbar enthalten, usw., bis die gesamte Struktur erreicht ist, bei welcher dann auch Wurzeltransformationen angewandt werden können.

Man nehme ferner an, daß Transformationen eine Bedingung der »Subjazienz *(subjacency)*« erfüllen, eine Bedingung, die erfordert, daß Transformationen auf Positionen auf derselben Zyklusebene bzw. auf danebenliegenden Ebenen anzuwenden sind (vgl. Chomsky (1973a)). Eine Transformation darf also z. B. eine Einheit innerhalb der zyklischen Kategorie A nicht

auf eine Position innerhalb der zyklischen Kategorie C, die
A einschließt, bewegen, wenn es eine zyklische Kategorie
B gibt, die A einschließt und in C enthalten ist. In der Struktur
(4) z. B., wo A, B und C zyklisch sind, darf eine Regel eine
Einheit nicht von der Position X zu einer der beiden Positionen Y, wobei [$_A$ ... X ...] von [$_A$X] verschieden ist, bewegen:

(4) [$_C$ ... Y ... [$_B$ ... [$_A$ ... X ...] ...] ... Y ...]

In dem oben erwähnten Fall dürfen wir auf der zugrunde
liegenden Struktur (3) die Struktur (2) ableiten; aber es kann
keine Regel (bzw. Regelanwendung) geben, die von (3) zu (5)
führt:

(5) [$_{NP}$[$_{NP}$ the only one t] of Tolstoy's novels] is out of print that I like

Der Grund dafür ist folgender: Um (5) zu erhalten, muß der
Satz »that I like« von der Position X in (4) (die in (5) durch
t markiert ist; der NP »the only one that I like« entspricht in
(4) also A) auf die rechtsstehende Position Y in (4) bewegt
werden, auf die Position also, auf der »that I like« in (5)
vorkommt.[14] In der Repräsentation (5) fügte ich das Symbol
t (in Anlehnung an das engl. »trace«; i. f. durch »Spur«
wiedergegeben) ein, um die Position anzuzeigen, von der das
Subjekt durch Extraposition wegbewegt worden war (wobei
unerlaubterweise die Subjazienz-Bedingung verletzt wurde).
Wie wir noch sehen werden, steht dahinter mehr als nur eine
bestimmte Eigentümlichkeit unserer Notation.

Es gibt Beispiele, die die Subjazienz-Bedingung *prima facie* zu
verletzen scheinen, etwa (6):

(6) John seems to be a nice fellow

Es spricht einiges dafür, daß sich (6) aus der zugrunde liegenden Struktur (6') ableitet:

(6') Y seems [$_S$ John to be a nice fellow][15]

Die fragliche Regel – nennen wir sie »NP-Voranstellung«
– hebt »John« von seiner Position als Subjekt im eingebetteten
Satz auf die durch Y markierte Subjektposition im Hauptsatz.

Dieselbe Regel führt von (7') zu (7), wobei die Spur t wiederum die Position in (7) markiert, aus welcher »John« durch Anhebung entfernt worden war.

(7) John is certain [$_S$ t to win]
(7') [$_S$ Y is certain [$_S$ John to win]]

Sehen wir uns aber nun Satz (8) an, der sich aus dem Anfangs-P-Marker (8') ableitet:

(8) John seems to be certain to win
(8') Y_2 seems [$_S$ Y_1 to be certain [$_S$ John to win]]

Hier scheint es so, als hätte die Regel den Ausdruck »John« von der Position, in der er in (8') vorkommt, auf die durch Y_2 markierte Position in (8') verschoben. Wenn wir die Anfangsposition von »John« als unser X von (4) nehmen und Y_2 als Y von (4), so haben wir eine Verletzung des Subjazienz-Prinzips. Die Lösung liegt hier natürlich auf der Hand. (8) leitet sich nicht direkt von (8'), sondern von (8'') ab:

(8'') Y_2 seems [$_S$ John to be certain [$_S$ t to win]],

wobei (8'') mit Hilfe der Regel der NP-Voranstellung aus (8') abgeleitet ist, genauso, wie (7) aus (7') abgeleitet ist. Die Regel der NP-Voranstellung kommt zyklisch zur Anwendung, zuerst auf (8'), woraus sich dann (8'') ergibt, dann auf (8''), was dann (8) ergibt, wobei jede Anwendung dieser Regel durch das Subjazienz-Prinzip geleitet wird. Würden wir »certain« in (8) durch ein Wort ersetzen, das keine NP-Voranstellung beim ersten Zyklus zuläßt, etwa durch das Wort »probable«[16], dann könnten wir den entsprechenden Satz, nämlich »John seems to be probable to win« nicht in Analogie zu (8) ableiten. Ebensowenig wäre, falls wir »seems« durch ein Wort ersetzen, das keine NP-Voranstellung zuläßt, der entsprechende Satz in Analogie zu (8) ableitbar.[17]

Dieselben Überlegungen gelten auch für gewisse andere Beispiele, die ebenfalls den Anschein erwecken könnten, als verletzten sie die Subjazienz-Bedingung. Sehen wir uns z. B. die etwas seltsamen Sätze (9) und (10) an, in denen die Spur *t* die Position im Anfangs-P-Marker wiedergibt, aus der *who* wegbewegt wurde:[18]

(9) who do the police think [$_S$ that the FBI discovered [$_S$ that Bill shot *t*]]
(10) who did John believe [$_S$ that Mary said [$_S$ that Tom saw *t*]]

Die *wh*-Umstellung scheint in diesen Fällen die Subjazienz-Bedingung zu verletzen. Wie wir jedoch bereits wissen, ist die Regel der *wh*-Umstellung zyklisch, sie ist keine Wurzeltransformation. Indem wir die Regel zyklisch auf die (9) zugrunde liegende Form anwenden, leiten wir die dazwischenliegenden Formen (9') und (9'') und schließlich (9) ab, genau wie die zyklische Anwendung der NP-Voranstellung (8) ergab:

(9') the police think [$_S$ that the FBI discovered [$_S$ who Bill shot *t*]]
(9'') the police think [$_S$ who the FBI discovered [$_S$ *t* that Bill shot *t*]]

Auf dieselbe Art und Weise leiten wir (10) ab.

Wir haben somit drei Anwendungen der *wh*-Umstellung der Ableitung von (9). Die erste Anwendung ergibt den grammatischen Satz (9') und die dritte ergibt den grammatischen Satz (9), die aus (9') abgeleitete Struktur (9'') ist hingegen kein grammatischer Satz. Wir hätten auch bei der zweiten Anwendung einen grammatischen Satz erhalten können, wenn wir in der zugrunde liegenden Anfangsstruktur statt »think« das Verb »know« gewählt hätten; also (11):

(11) the police know who the FBI discovered that Bill shot

Der Unterschied zwischen (9'') und (11) liegt in den Eigenschaften der Verben »think« und »know«; das Verb »know« besitzt ein indirektes-Frage-Komplement, aber nicht das Verb »think«.

Sehen wir uns jetzt ein etwas komplexeres Beispiel der Subjazienz an. In den bisherigen Beispielen bin ich ziemlich locker mit der Einheit »that« umgesprungen; ohne weitere Erklärung verschwand es mehrmals und tauchte dann wieder auf.[19] Nennen wir dieses Wort einen »komplettierenden Ausdruck« (complementizer; i. f. symbolisch mit COMP wiedergegeben). Die Satzstruktur »that Bill shot someone«, die als der am tiefsten eingebetteten Satz innerhalb der (9) und (11) zugrunde liegenden Strukturen angesehen werden kann, besteht also aus einem komplettierenden Ausdruck, gefolgt von einer Struktur, die all die anderen Elemente eines Satzes enthält. Wir wollen in Anlehnung an Bresnan (1972) annehmen, daß durch die Anfangsregel der Kategorial-Komponente der Basis festgelegt wird, daß der Satz S aus einem komplettierenden Ausdruck und einem »reduzierten Satz« besteht. Die Anfangsregel ist also (12):

(12) S $\longrightarrow$ COMP S_{red}

Nun habe ich bisher nicht zwischen S und S_{red} unterschieden; sofern sie nicht relevant ist, will ich diese Unterscheidung auch in der folgenden Diskussion ignorieren. Wir wollen des weiteren annehmen, daß die *wh*-Umstellung nicht nur einfach das *wh*-Wort voranstellt, sondern daß sie es in die COMP-Position einsetzt. Die Gründe hierfür würden uns ziemlich weit vom Thema wegführen; ich bin aber der Ansicht, daß dieser Vorschlag wohl motiviert ist.[20] Es gibt Regeln (die ich hier nicht diskutieren will), die unter gewissen Bedingungen den Ausdruck »that« in die COMP-Position einführen, falls diese Position nicht bereits durch ein *wh*-Wort besetzt ist. Nach dieser Theorie folgt, daß es keine *wh*-Umstellung innerhalb von Phrasen geben kann, die keine komplettierenden Ausdrücke enthalten, z. B. bei Nominal-Phrasen. Man vergleiche die zwei Strukturen (13) und (14):

(13) COMP John discovered [$_S$ COMP Bill had seen who]
(14) COMP John discovered [$_{NP}$ pictures of who]

Aus (13) können wir (13') ableiten und dann durch wiederholte zyklische *wh*-Umstellung (13''):

(13') COMP John discovered who Bill had seen
(13'') who did John discover that Bill had seen?[21]

Aus (14) können wir aber nur (14'') ableiten, nicht (14'):

(14') COMP John discovered who pictures of
(14'') who did John discover pictures of?

Im Fall von (14'') hängt die Akzeptabilität des Satzes zum Teil vom Hauptverb ab; so finden einige Sprecher (14'') natürlicher, wenn es »find« anstelle von »discover« enthält.[22] Bei (14′) wird es aber nicht mit einer Änderung des Verbs getan sein; Satz (14′) hat einen ganz anderen Status. Er ist einfach ungrammatisch; irgendwelche Veränderungen der lexikalischen Einheiten ändern daran nichts. Was hier unmöglich ist, ist die *Struktur*. Der grundlegende Unterschied zwischen (13′) und (14′) resultiert aus der Tatsache, daß NP's keine komplettierenden Ausdrücke enthalten. Man beachte, daß in der Ableitung von (14″) aus (14) mit Hilfe einer einfachen Anwendung der *wh*-Umstellung keine Verletzung der Subjazienz-Bedingung vorliegt. (Vgl. Anm. 21)

Man vergleiche nun die Anfangs-P-Marker (15) und (16):

(15) COMP John believed [$_S$ COMP Mary said [$_S$ COMP Tom saw *wh*-someone]]

(16) COMP John believed [$_{NP}$ the claim [$_S$ COMP Tom saw *wh*-someone]]

Von (15) können wir den Satz (10), der hier nochmals unter (15′) aufgeführt wird, mit Hilfe wiederholter *wh*-Umstellung und unter Beachtung des Subjazienz-Prinzips ableiten:

(15′) who did John believe that Mary said that Tom saw?

Aus (16) können wir aber nicht in Analogie dazu (16′) ableiten:

(16′) who did John believe the claim that Tom saw?

Die Sätze sind in ihrer Struktur analog, mit Ausnahme der Tatsache, daß (15) einen Satz mit COMP enthält, während (16) eine NP ohne COMP enthält. Wie wir wissen, setzt eine *wh*-Umstellung ein *wh*-Wort an eine COMP-Position, so daß (15′) Schritt für Schritt abgeleitet werden kann, genau wie (9) abgeleitet worden war (vgl. (9′), (9″)). Es ist aber unmöglich, (16′) in einer parallelen Weise zyklisch abzuleiten, da es keine COMP-Position in der dazwischenliegenden Struktur NP gibt, die das *wh*-Wort aufnehmen könnte. Ferner kann nach dem Subjazienz-Prinzip (16′) nicht direkt aus (16) abgeleitet werden. Folglich kann es überhaupt nicht abgeleitet werden. Es gibt keinen grammatischen Satz, der dem Anfangs-P-Marker (16) entspricht[23], obwohl wir aus solchen Strukturen wie (15) drei wohlgeformte Oberflächenstrukturen ableiten können, je nachdem, welche lexikalischen Einheiten wir wählen.

Offensichtlich gibt es also im Fall von (16′) keine semantischen Probleme. Wäre der Satz syntaktisch wohlgeformt, so hätte er eine ganz bestimmte, nicht-ambige Bedeutung; es ist bei ihm nicht möglich, eine Verbesserung durch eine andere Wahl von lexikalischen Einheiten zu erreichen, wie dies bei (9)-(11) der Fall war.[24] Das Subjazienz-Prinzip liefert, zusammen mit weiteren Annahmen, die in die obige Argumentation eingegangen sind, eine Erklärung dafür, daß (16′) ungrammatisch ist. Andererseits stellen solche Beispiele wie (16′) auch eine empirische Bestätigung des Subjazienz-Prinzips dar.

Im ersten Kapital habe ich die These vertreten, daß das Prinzip der Strukturabhängigkeit der Universalen Grammatik zugewiesen werden muß, da es in den dort vorgebrachten Fällen selbst dann korrekt verwendet wird, wenn auf keine relevante Erfahrung zurückgegriffen werden kann. Dasselbe gilt im vorliegenden Fall. Man kann sich nur schwer vorstellen, daß jeder Sprecher des Englischen, der zu den Unterscheidungen fähig ist, von denen die vorliegende Argumentation ausgeht, zu diesen Unterscheidungen erst durch eine bestimmte Ausbildung bzw. durch die Konfrontation mit relevantem Datenmaterial gebracht werden mußte. Eine weitaus vernünftigere Annahme ist, daß die allgemeinen Prinzipien, die (16′) ausschließen (u. a. also das Subjazienz-Prinzip, falls die eben skizzierte Argumentation korrekt ist), der Sprachfähigkeit einfach angeboren sind, und zwar als Teil des Schematismus, der die zulässigen Grammatiken wie auch die Anwendungsmöglichkeiten von deren Regeln determiniert und der damit auch die Klasse der Sprachen determiniert, die dem Menschen durch Anwendung der Sprachfähigkeit überhaupt zugänglich sind.

Gegen eine solche Schlußfolgerung könnten zwei Argumente vorgebracht werden (und wurden es auch oft in vergleichbaren Fällen). Erstens: Uns sind keine genetischen Mechanismen bekannt, mit deren Hilfe sich die postulierten angeborenen Strukturen adäquat erklären lassen. Zweitens: Es ist nicht korrekt (bzw. es stellt vielleicht eine petitio principii dar), dem Geist eine solche Komplexität als eine angeborene Eigenschaft zuzuschreiben. Zum ersten Argument: Es ist zwar korrekt, aber irrelevant. Die genetischen Mechanismen sind uns unbekannt, aber das gilt auch für die Mechanismen, die für die tatsächlich stattfindenden Lernprozesse oder für die Entwicklung der Körperorgane verantwortlich sind. Das eben dargelegte Argument ist im wesentlichen ein Argument der theoretischen Psychologie. Bei der Untersuchung des Gebrauchs und des Verstehens der Sprache kommen wir zu gewissen Schlußfolgerungen über die dabei verwendete kognitive Struktur (Grammatik). Damit werfen wir ein gewisses Problem für den Neurologen auf, dessen Aufgabe in der Entdeckung derjenigen Mechanismen besteht, die in der sprachlichen Kompetenz und Performanz involviert sind. Wir bemerken, daß die Mechanismen auch bei fehlender relevanter Erfahrung zu funktionieren scheinen und zwar so, daß auch große Unterschiede in den Erfahrungen der einzelnen Individuen keine Rolle spielen. Daraus ziehen wir dann die natürliche Schlußfolgerung, daß diese Mechanismen nicht erlernt werden, sondern Teil des Systems sind, das ein Lernen erst ermöglicht. Diese Schlußfolgerung stellt die Humanbiologie vor eine weitere Aufgabe. Sie wird den Versuch unternehmen müssen, diejenigen genetischen Mechanismen herauszufinden, die garantieren, daß das mentale Organ, die Sprache, den erforderlichen Aufbau besitzt. Zu diesem Punkt gibt es nichts weiter zu sagen.

Für das zweite Argument spricht noch weniger. Es ist lediglich eine dogmatische und nicht einmal eine besonders plausible Annahme, daß sich die fraglichen Prinzipien durch im Laufe weniger Jahre gemachte Erfahrungen entwickelt haben müssen und nicht durch eine sich über Jahrtausende hinweg erstreckende Evolution oder durch die Wirkung von noch unbekannten physikalischen Gesetzen. Es liegt keine petitio principii vor, wenn wir zu der natürlichen Schlußfolgerung kommen, daß der Geist an Komplexität mit solchen Organen des Körpers vergleichbar ist, die bei höheren geistigen Funktionen nicht direkt involviert sind. Das Argument ist lediglich eine Wiederholung empiristischer Vorurteile. Es ist nicht interessanter als die Behauptung, daß der Mensch eine unsterbliche Seele besitzen muß.

Wenden wir uns wieder der technischen Diskussion zu. Ich bin der Ansicht, daß das Subjazienz-Prinzip durch vernünftige Gründe motiviert ist und somit als ein Prinzip der Universalen Grammatik vorgeschlagen werden kann – in Verbindung mit anderen von uns betrachteten Annahmen, die es weiter zu untersuchen gilt. Durch den Rekurs auf dieses und andere Prinzipien von vergleichbarer Allgemeinheit können wir eine ganze Reihe von Phänomenen erklären, auf die Ross in seiner sehr erhellenden Untersuchung der »Insel-Beschränkungen« (»island constraints«) aufmerksam gemacht hat.[25]

Ross vertrat in seiner Arbeit die These, daß rechtsgerichtete Umstellungsregeln »gebunden« sind – in unserer Terminologie: durch das Subjazienz-Prinzip beschränkt –, während es linksgerichtete Umstellungsregeln nicht zu sein brauchen. Linksgerichtete Umstellungsregeln fallen somit in zwei Kategorien, in die Kategorie der Regeln, die der Subjazienz-Bedingung unterworfen sind, und in die, die ungebunden sind. Diese Unterscheidung hat sich auch in späteren Arbeiten durchgehalten, wobei solche Regeln wie die *wh*-Umstellung als Beispiele für ungebundene Regeln vorgebracht wurden, aber nicht die NP-Voranstellung, die als gebunden und zyklisch angesehen wurde. Nach der hier vorgelegten Analyse ist auch die *wh*-Umstellung gebunden und zyklisch. Die offenkundige Asymmetrie zwischen links- und rechtsgerichteten Umstellungsregeln reduziert sich auf eine unabhängige links-rechts Asymmetrie in der Position von komplettierenden Ausdrücken. Mehrere interessante Beschränkungen für Regeln fallen als Spezialfälle aus. Wenn alle Beispiele von vermeintlich ungebundenen Regeln einer ähnlichen Analyse unterzogen werden, dann können wir die allgemeine Theorie der Transformationen durch eine Eliminierung der Kategorie der

ungebundenen Regeln beträchtlich verbessern. Auch wenn derzeit noch nicht alle Probleme, die sich bei diesem Ansatz ergeben, gelöst werden konnten, so habe ich doch das Gefühl, daß dieser Ansatz wahrscheinlich richtig ist.
Nach allgemeiner Auffassung gibt es neben den durch das Subjazienz-Prinzip und durch ungebundene Regeln regierten Regeln auch noch Regeln, die durch eine ›clause-mate‹-Beschränkung regiert werden, welche erfordert, daß die betreffenden Regeln keine Einheit in einem eingebetteten Satz auf irgendeine Einheit außerhalb des Satzes beziehen. Mithilfe der abstrakten Formel (4), die hier zur Vermeidung des Problems der Subjazienz zu (4′) modifiziert wurde, läßt sich dies so ausdrücken: Eine durch die ›clause-mate‹-Beschränkung regierte Regel kann keine Einheit etwa von Position X auf Position Y bewegen oder umgekehrt; und sie kann, falls B = S, keine Einheit in Position X durch einen Bezug auf eine Einheit in Position Y modifizieren;

(4′) [$_C$ ... Y ... [$_B$ ... [$_A$X] ...] ... Y ...]

An anderer Stelle habe ich bereits gezeigt, daß sich eine solche Beschränkung auf keine empirischen Daten stützen kann. Die Beispiele, die zu ihrer Motivation vorgebracht wurden, lassen sich durch unabhängig motivierte allgemeine Prinzipien erklären.[26] Wenn dies richtig ist, so gibt es nur eine einzige Kategorie von Transformationsregeln: Alle derartigen Regeln werden durch das Subjazienz-Prinzip regiert. Es ist nun eine interessante Frage, ob (bzw. inwieweit) auch Regeln der semantischen Interpretation durch dieses oder durch irgendein ähnliches Prinzip regiert werden.[27]
Ich will jedoch diesen Fragen hier nicht weiter nachgehen; kehren wir statt dessen zu den i. f. nochmals aufgeführten Beispielen (9″) und (11) zurück:

(9″) the police think who the FBI discovered that Bill shot
(11) the police know who the FBI discovered that Bill shot

Wir können uns das fragliche (direkte oder indirekte) *wh*-Wort als eine Art Quantor vorstellen. Als die »logische

Form« von (9'') und (11) können somit (17) bzw. (18) angesetzt werden:

(17) the police think for which person x, the FBI discovered that Bill shot x
(18) the police know for which person x, the FBI discovered that Bill shot x

In diesen logischen Formen gibt es eine Variable x und einen Quantor, nämlich »for which x«, der diese Variable bindet. Angenommen wir identifizieren die Variable x mit der durch die Umstellungsregel hinterlassenen Spur t. Halten wir uns vor Augen, daß die Oberflächenstruktur von (11) der hier vertretenen Theorie zufolge in etwa (19) ist:

(19) [$_S$ the police know [$_S$ who the FBI discovered [$_S$ that Bill shot t]]]

Um (19) in die entsprechende logische Form überzuführen, braucht es nur die Information, daß »who« ein Quantor ist, der t bindet und soviel bedeutet wie »for which person t«.[28] Mithilfe von lediglich die Notation betreffenden Modifikationen der Theorie der Transformationen ist dann garantiert, daß die Einheit »who« in der Oberflächenstruktur als diejenige Einheit identifiziert wird, die t bindet. Mit einem weiteren Prinzip, welches »who« im Sinne von »for which person x« interpretiert, leiten wir dann die logische Form (18) aus der Oberflächenstruktur (19) ab.

Wir haben noch nicht die Frage beantwortet, was die Grundlage für die Unterscheidung in der Grammatikalität zwischen (9'') und (11) ist. Ist es ein Unterschied der Syntax oder der Semantik? Eine mögliche Antwort wäre: Der komplettierende Ausdruck von (direkten und indirekten) Fragen ist nicht mit dem komplettierenden Ausdruck identisch, der bei deklarativen Strukturen auftaucht; des weiteren werden Verben im Lexikon danach markiert, ob sie zusammen mit Satzkomplementen, die diesen komplettierenden Ausdruck enthalten, vorkommen können oder nicht. Bei der semantischen Interpretation geht es dann unter anderem darum, welche Position dieser komplettierende Ausdruck relativ zu anderen Einheiten in der Oberflächenstruktur einnimmt. Eine bestimmte Varian-

te dieser Auffassung habe ich an anderer Stelle herausgearbeitet, wo ich auch zeigte, wie sich von diesem Ansatz her auch ziemlich komplexe Beispiele auf eine anscheinend durchaus natürliche Weise handhaben lassen. (Für eine Diskussion dieser Fragen siehe Chomsky (1973a).)
Dieser Vorschlag läßt noch offen, welchen Status die Syntax-Semantik-Distinktion hat. Ich bin nun weder davon überzeugt, daß die Frage »Syntaktisch oder semantisch?« sehr sinnvoll ist, noch davon, daß es zu ihrer Entscheidung irgendwelche vernünftige, klare Kriterien gibt. Angenommen, es behauptet jemand, er verfüge über eine sehr differenzierte Art von »grammatikalischer Intuition«, aufgrund derer er sagen könne, ob die Abweichung von (9'') »syntaktisch« oder »semantisch« ist. Er wird dann auf die hier offen gelassene Frage eine Antwort haben. Ich selbst verfüge über solche Intuitionen jedoch nicht. Ich kann zwar zu dem Urteil kommen, daß gewisse Sätze o.k. sind und andere abweichend (etwa (11) bzw. (9'')); ich verfüge aber über keine weiteren Intuitionen, die mir in derartigen Fällen auch noch die Grundlage für mein jeweiliges Urteil liefern. Aus diesem Grunde bin ich auch skeptisch, wenn andere behaupten, sie hätten derartige Intuitionen. Ich vermute, daß sie lediglich gewissen traditionellen Erklärungen anhängen, die richtig sein mögen oder auch nicht. (Siehe Chomsky (1965/dtsch. 1969) Kp. IV.) Es ist, wie ich meine, auch weiterhin eine offene und vielleicht auch interessante Frage, ob sich hier schärfere Kriterien nachweisen lassen, mithilfe derer sich dann der Frage »Syntaktisch oder semantisch?« in solchen Fällen ein präziserer Sinn verleihen läßt.
Wie auch immer diese Fragen entschieden werden, wir können die »logische Form« der fraglichen Sätze auf eine ganz einfache Weise aus Oberflächenstrukturen, die eine Spur t enthalten, ableiten. Wir wollen jetzt explizit festsetzen, was bisher von uns stillschweigend vorausgesetzt wurde: Wenn eine Transformation eine Phrase P von der Position X auf die Position Y bewegt, so läßt sie an der Position X eine durch P gebundene Spur zurück. Wie wir gleich noch sehen werden, läßt sich diese »Spurentheorie der Umstellungsregeln« von

mehreren, voneinander unabhängigen Gesichtspunkten her außerordentlich gut rechtfertigen.

Man beachte, daß es bei der hier entwickelten Theorie um eine Theorie der semantischen Interpretation von Oberflächenstrukturen geht. Die Position des »Quantors« in der Oberflächenstruktur relativ zu den Verben bestimmt, ob der Satz eine Bedeutung hat und wenn ja, welche. Nun ergibt sich aber ein Problem. So müssen wir, um die von mir diskutierten Sätze zu verstehen, sicherlich auch wissen, welche Position die durch die Umstellung bewegte Phrase im Anfangs-P-Marker einnimmt. Sehen wir uns nochmals den Satz (6) an, der durch NP-Voranstellung aus (6') abgeleitet ist:

(6) John seems [$_S$ t to be a nice fellow]
(6') y seems [$_S$ John to be a nice fellow]

Um den Satz (6) zu verstehen, müssen wir wissen, daß »John« das Subjekt des eingebetteten Satzes ist. Nun liefert zwar der Anfangs-P-Marker diese Information, die Oberflächenstruktur aber (anscheinend) nicht. Dasselbe gilt von den anderen von uns diskutierten Beispielen. Es waren genau solche Überlegungen wie diese, wodurch das Prinzip der Standardtheorie, wonach die semantische Interpretation durch die Tiefenstrukturen (unsere »Anfangs-P-Marker«) bestimmt wird, motiviert worden war.

Nach der Spurentheorie der Umstellungsregeln – das ist zu beachten – verschwindet diese Motivation. Die Position der gebundenen Spur in der Oberflächenstruktur ermöglicht uns eine Bestimmung der grammatischen Relation von »John« in (6) als Subjekt des eingebetteten Satzes. Ähnliches gilt in den anderen Fällen. Die Spurentheorie der Umstellungsregeln vorausgesetzt, liefern uns solche Beispiele also keine Entscheidung zwischen der Standardtheorie und der Theorie, nach der die semantische Interpretation durch die Oberflächenstruktur bestimmt wird. Wir verfügen jedoch jetzt über einige Gründe für die Annahme, daß die Oberflächenstruktur in der semantischen Interpretation eine Rolle spielt; die Position des Quantors »who« in der Oberflächenstruktur ist für die Interpretation solcher Sätze wie (9)-(11) relevant. Noch weitaus mehr Belege gibt es freilich für die These, daß die in der Oberflächenstruktur enthaltene Information zur Bestimmung der Bedeutung beiträgt. Es scheint also vernünftig, zu postulieren, daß *nur* die Oberflächenstrukturen der semantischen Interpretation unterliegen, wenngleich nun unsere »Oberflächenstrukturen« aufgrund der Spurentheorie der Umstellungsregeln nicht mehr mit denen der Standardtheorie identisch sind.

Ganz natürlich kommen einem hier gewisse Einwände in den Sinn; auf einige davon will ich etwas später noch zurückkommen. Im Moment wollen wir sie jedoch beiseite lassen. Kümmern wir uns also weiterhin darum, ob es möglich ist, mithilfe der Spurentheorie der Umstellungsregeln zu einer Vereinheitlichung der Theorie der semantischen Interpretation zu kommen, indem wir diese auf Oberflächenstrukturen beschränken.

Die ursprüngliche Motivation für die Spurentheorie bestand zum Teil darin, daß sie in der eben angezeigten Weise die semantische Interpretation erleichtert. Es gab aber auch davon unabhängige Überlegungen, die zu derselben Theorie führten. (Vgl. Chomsky (1973a)). Ehe wir uns diesen zuwenden, wollen wir uns einige weitere Anwendungen der Spurentheorie in der semantischen Interpretation ansehen.

Man betrachte solche Aktiv-Passiv Paare wie (20)-(21):

(20) beavers build dams
(21) dams are built by beavers

Es gibt verschiedene Probleme im Zusammenhang damit, wie die Passivkonstruktion analysiert werden sollte; alle Ansätze innerhalb des Rahmens der Transformationsgrammatik stimmen jedoch darin überein, daß eine bestimmte Komponente des Passivs in einer Regel besteht, die die NP »dams« von der zugrunde liegenden Position als Objekt, wie in (20), auf die Subjekt-Position, auf der es in (21) vorkommt, bewegt. So ist der Spurentheorie zufolge die Oberflächenstruktur von (21) in etwa (22):

(22) dams are [~VP~ built *t* by beavers]

Die Sätze (20) und (21) haben ganz klar einen unterschiedlichen Bedeutungsbereich. In seiner natürlichsten Interpretation behauptet Satz (21), daß es eine Eigenschaft von Dämmen ist, daß sie von Bibern gebaut werden. Nach dieser Interpretation ist der Satz falsch; einige Dämme werden nicht von Bibern gebaut. Es gibt jedoch keine Interpretation von Satz (20) (zumindest nicht bei normaler Betonung), bei welcher dieser Satz behauptet, daß Dämme die Eigenschaft haben, von Bibern gebaut zu werden. Man kann den Satz (20) nicht so verstehen, daß er sich auf alle Dämme bezieht. Satz (20) behauptet, daß Biber eine gewisse Eigenschaft haben, nämlich daß sie Dammbauer sind, aber daraus folgt nicht (und zwar bei keiner Interpretation), daß ihre Tätigkeit des Dämme-Bauens eine Erklärung für alle Dämme liefert; (20) könnte sogar dann wahr sein, wenn die Biber ihr Spezies-Merkmal nie manifestieren können, etwa weil alle Biber im Zoo untergebracht sind.

Somit spielt die Position des Wortes »dams« in der Oberflächenstruktur eine Rolle bei der Bestimmung der Bedeutung der Sätze (20) und (21). Insbesondere ist es für ein Verständnis von (21) wichtig, daß man weiß, daß die NP »dams« das Subjekt des Satzes ist.

Um (21) zu verstehen, ist es aber auch wichtig, daß man weiß, daß die NP »dams« zu dem Verb »build« (wie im Anfangs-P-Marker) in der grammatischen Relation des direkten Objekts steht. Wir müssen also wissen, daß »dams« in der einen Bedeutung das Subjekt von (21) ist, zugleich aber das Objekt des Verbs von (21), und damit, in der anderen Bedeutung von »Subjekt«, nicht auch das Subjekt sein kann. Die notwendige Information ist in der Oberflächenstruktur (22) enthalten. Wir können davon ausgehen, daß die Subjekt-Prädikat Relation auf der Oberflächenstruktur definiert ist, so daß »dams« das Subjekt von (21) ist. Die Position der durch »dams« gebundenen Spur zeigt uns jedoch an, daß es zu dem Verb »build« in der entsprechenden semantischen Relation steht. Wir werden hieraufs für eine weitere Diskussion noch zurückkommen. Im Augenblick will ich nur darauf aufmerksam machen, daß bei der Interpretation von Sätzen wie (20) und (21) zwei Arten von »grammatischen Relationen« im Spiel zu sein scheinen: Die eine, die Verb-Objekt-Relation des Anfangs-P-Markers, liefert die Erklärung für die Bedeutungsähnlichkeit dieser Sätze; die andere, die Subjekt-Prädikat-Relation der Oberflächenstruktur, erklärt den Bedeutungsunterschied. Beide Relationen sind jeweils entsprechend in der Oberflächenstruktur repräsentiert.

Es ist zu beachten, daß bei diesen Beispielen ein Quantifikationsproblem im Spiel zu sein scheint. Wir haben bereits festgestellt, daß in einigen Fällen eine etwas unkonventionelle Art von »Quantifikation« durch die Oberflächenstruktur bestimmt wird. Es spricht einiges dafür, daß dies ganz allgemein gilt und daß dasselbe auch für den Bereich der logischen Partikel und andere Aspekte dessen zutrifft, was man die »logische Form« nennen könnte.[29]

Wenden wir uns nun einigen jener Beziehungen zu, die zwischen der *wh*-Umstellung und der Interpretation von Pronomina bestehen. (Diese Beziehungen wurden zunächst von Paul Postal (1971) bemerkt.) Ich verwende hier eine neuere Analyse dieses Materials durch Th. Wasow (im Erscheinen). Man vergleiche die Sätze (23) und (24):

(23) *who* said Mary kissed *him*?
(24) *who* did *he* say Mary kissed?

Im Fall von Satz (23) können wir das Pronomen (»him«) so verstehen, daß es sich auf die Person bezieht, nach deren Name die Frage »who?« fragt. Im Fall von (24) ist diese Interpretation jedoch unangemessen. Um es sehr irreführend auszudrücken: Zwischen den schräggedruckten Ausdrücken von (23) kann es eine Relation der Anapher bzw. der Koreferenz geben, aber nicht zwischen denen von (24). Die Struktur von (24) ist jedoch eine mögliche Anapher-Struktur; vgl. Satz (25), welcher in der Kategorial-Struktur zu (24) analog ist, obwohl das Pronomen »he« in (25) so verstanden werden kann, daß es sich auf John bezieht:

(25) *John* said *he* thought Mary left

Wie läßt sich diese etwas seltsame Tatsache erklären?
Wenn wir die jeweilige Spur in die Oberflächenstrukturen einführen, so erhalten wir in Entsprechung zu (23) und (24) die Strukturen (23') bzw. (24'):[30]

(23') who [s'_{red} said Mary kissed him]
(24') who [s_{red} he said Mary kissed t]

In beiden Fällen hob die *wh*-Umstellung das *wh*-Wort »who« auf die COMP-Position an, wobei die Spur an der Position hinterlassen wurde, in der das *wh*-Wort im Anfangs-P-Marker vorkam. Durch Anwendung der oben skizzierten Methode der semantischen Interpretationen erhalten wir die »logischen Formen« (23'') und (24''):

(23'') for which person x, x said Mary kissed him?
(24'') for which person x, he said Mary kissed x?

Die gebundene Variable x fungiert grob als ein Name. So würden wir also erwarten, daß (23'') und (24'') Interpretationen besitzen, die (26) und (27) analog sind:

(26) *John* said Mary kissed *him*
(27) *he* said Mary kissed *John*

Im Satz (26) kann sich das Pronomen auf John beziehen, in (27) nicht. Das relevante Prinzip involviert wiederum die Oberflächenstruktur. (Vgl. Wasow (1972) (im Erscheinen); Lasnik (1974).) Wir wollen es hier einfach ohne weitere Diskussion akzeptieren. Wenn wir das (26) und (27) regierende Prinzip auf die analogen Beispiele (23'') und (24'') anwenden, so sehen wir, daß in (23'') das Pronomen »him« in einer anaphorischen Relation zu der gebundenen Variablen x stehen kann (wie in (26)), während in (24'') das Pronomen »he« nicht in einer anaphorischen Relation zu x stehen kann (wie in (27)). Wir können also (23'') genau in dem durch (28) repräsentierten Sinne verstehen:

(28) for which person x, x said Mary kissed x?

Im Fall von (24'') ist keine derartige Interpretation möglich, genausowenig wie in der analogen Konstruktion (27). Das Pronomen »he« muß daher so verstanden werden, daß es sich auf jemanden bezieht, dessen Identität an einer anderen Stelle des Diskurses bzw. des Äußerungskontextes festgestellt wird. Der Unterschied zwischen (23) und (24) läßt sich also leicht mit Hilfe bereits verfügbarer Mechanismen erklären, falls die Spurentheorie und die oben vorgeschlagenen Prinzipien der Interpretation der Oberflächenstruktur vorausgesetzt werden können. Zudem können wir jetzt auf solche Begriffe wie »Koreferenz zwischen *he* und *who*« oder »anaphorische Relationen« zwischen diesen Ausdrücken verzichten – auf Begriffe, die strenggenommen sinnlos sind, da »who« in diesen Fällen kein referentieller Ausdruck ist, sondern eher eine Art Quantor und folglich nicht in anaphorische Relationen eingehen kann.

Diese Darstellung muß noch, damit sie auf eine umfassendere Klasse von Fällen erweitert werden kann, mit gewissen Modifikationen versehen werden. Wie bei den oben bereits diskutierten Fällen, bleiben auch dabei einige Probleme ungelöst. Das Wesentliche der Sache dürfte damit aber getroffen sein. Ich will diesen Ansatz weiter ausbauen und die Theorie der anaphorischen Relation so entwickeln, daß sie auf die von den Oberflächenstrukturen abgeleiteten »logischen Formen« angewandt werden kann, wobei ich von der Spur als einem Analogon einer gebundenen Variable wesentlich Gebrauch machen werde.[31]

Wenden wir uns nun einigen weiteren, von der bisherigen Diskussion unabhängigen Argumenten zugunsten der Spurentheorie der Umstellungsregeln zu. Betrachten wir die Sätze (29)-(32):

(29) it seems to us that Bill likes each other
(30) we expected Bill to like each other
(31) we were shocked by Bill's hatred of each other
(32) Tom seems to us to like each other

Keiner dieser Sätze ist grammatisch. Sie haben etwas vom Charakter solcher Verletzungen der Subjazienz-Bedingung wie (16') an sich, d. h. die Sätze sind nicht sinnlos. Es gibt keine semantischen Gründe, weshalb sie nicht dieselbe Bedeutung haben sollten wie (29')-(32'), genau wie (33) und (33') einander nahezu synonym sind:

(29') it seems to each of us that Bill likes the other(s)
(30') each of us expected Bill to like the other(s)
(31') each of us was shocked by Bill's hatred of the other(s)
(32') Tom seems to each of us to like the other(s)
(33) we seem to like each other
(33') each of us seems to like the other(s)

Im allgemeinen haben die Strukturen *each of us . . . the other(s), we each . . . the other(s)* und *we . . . each other* eine sehr ähnliche, wenn nicht gar dieselbe Bedeutung. Es gibt somit keinen Grund, die Sätze (29)-(32) wegen Sinnlosigkeit auszuschließen.

Diese und viele andere Bedingungen exemplifizieren die »Bedingung des spezifizierten Subjekts« (specified subject condition), eine weitere allgemeine Bedingung für Regeln. Die Bedingung, die ich hier gar nicht erst lange präzise zu formulieren versuche[32], impliziert, daß in einer Struktur wie (34), wo α eine X unterliegende zyklische Kategorie und Z Subjekt ist, X und Y durch keine Regel aufeinander bezogen werden können:

(34) . . . X . . . [$_\alpha$Z- . . . Y . . .]

Betrachten wir nun die reziproke Regel, die »each other« zur vorangehenden NP in Beziehung setzt. Wir können hier die interessante Frage beiseite lassen, ob es neben der interpretativen Regel, die die vorangehende und die reziproke Phrase verbindet, noch eine Regel gibt, die »each« von der vorangehenden NP wegbewegt, um die Phrase »each other« zu bilden. Wenn wir für X von (34) »we« (bzw. »us«), für Z »Bill« und für Y »each other« ansetzen, so wird die reziproke Regel durch die Bedingung des spezifizierten Subjekts in (29), (30) (mit α=S)[33] und in (31) (mit α=NP)[34] blockiert.

Immer noch unerklärt ist jedoch das Beispiel (32). In ihm gibt es, anders als in den übrigen drei Fällen, kein eingebettetes

Subjekt Z. Es gibt keine Phrase, die der Subjekt-NP »Bill« von (29)-(31) entspricht. Diese Bemerkung bedarf jedoch der Modifikation. Es gibt keine *materiell realisierte* Subjekt-NP in der Position, die der Position von »Bill« in (29)-(31) entspricht, nämlich vor »to like each other«. Es gibt in dieser Position jedoch eine »geistig realisierte« Subjekt-NP, nämlich den Namen »Tom«, den wir als das Subjekt von »like« verstehen, genau wie der (materiell realisierte) Name »Bill« das Subjekt von »like« in (30) ist. Bei der Interpretation dieser Sätze geht es uns ganz offensichtlich nicht um die materiell realisierte Position von Subjekten in Sätzen, sondern um ihre »geistige Position«, d. h. um ihre Position in den abstrakten Strukturen, die von uns in dem erst noch zu entwickelnden Teilbereich der theoretischen Psychologie (»Linguistik« genannt) postuliert werden. Unsere Theorie muß die Tatsache erklären können, daß ein kompetenter Sprecher des Englischen mit abstrakten geistigen Strukturen adäquat umgehen kann, ganz gleich, wie die materiell realisierte Form des Satzes auch aussehen mag. Auf einer tiefergehenden Ebene muß unsere allgemeine Theorie zudem die Tatsache erklären können, daß ein solcher Sprecher das Wissen erwirbt, daß für die Interpretation von (29)-(32) diese abstrakten und eben nicht die materiell realisierten Strukturen relevant sind.

Man beachte wiederum, daß man sich, genau wie im Fall des Prinzips der Strukturabhängigkeit, nur schwer vorstellen kann, daß der Sprecher, dessen Kenntnis des Englischen sich als ein »geistiges Organ« entwickelt, die relevanten Prinzipien *beigebracht* bekommt. Man bringt es uns nicht bei bzw. wir werden nicht dazu konditioniert, (32) »in Analogie« zu (29)-(31) zu behandeln. Wir wissen es einfach, daß wir (32) so behandeln müssen – auch ohne jede Unterrichtung, ja sogar ohne daß wir mit den relevanten Daten konfrontiert worden wären, die diesen Schluß bestimmten. Die von uns zu entwickelnde theoretische Psychologie muß diesen Fakten gerecht werden.

Erinnern wir uns daran, daß (32) aus einer abstrakten Struktur

(35) durch NP-Voranstellung abgeleitet ist, genau wie (6) aus (6') gebildet wurde:

(35) Y seems to us [$_S$ Tom to like each other]

Der Spurentheorie zufolge ist also (36) die der Struktur (32) entsprechende Oberflächenstruktur:

(36) Tom seems to us [$_S$ t to like each other]

Nach der Spurentheorie *gibt* es im eingebetteten Satz in der Oberflächenstruktur ein Subjekt Z in genau der Position, die in den eingebetteten zyklischen Kategorien von (29)-(31) durch »Bill« ausgefüllt ist. Wenn wir wie bisher annehmen, daß die Bedingung des spezifizierten Subjekts für Oberflächenstrukturen gilt, und die Relation zwischen der reziproken Phrase »each other« und deren vorangehender Phrase bestimmt, dann können wir damit den ungrammatischen Status von (32) erklären. Dieser Satz wird nämlich durch die Bedingung des spezifizierten Subjekts als ungrammatisch ausgezeichnet, genau wie im Fall von (29)-(31). Ein Sprecher, der Sätze mit Hilfe der postulierten Mittel (insbesondere mit Hilfe der Bedingung des spezifizierten Subjekts und der Spurentheorie) bildet und interpretiert, ein solcher Sprecher wird also (32) als in den relevanten Aspekten zu (29)-(31) analog ansehen. Sind ferner die Bedingung des spezifizierten Subjekts und die Spurentheorie Teil der Universalen Grammatik, Teil des biologisch notwendigen Schematismus, der das »Wesen der menschlichen Sprache« determiniert, so verfügt der Sprecher über dieses Wissen, auch ohne daß es ihm beigebracht bzw. er mit relevantem Datenmaterial konfrontiert worden wäre.

Somit verfügen wir also über eine völlig unabhängige Motivation für die Spurentheorie.

Fassen wir zusammen, so scheint sich für die Grammatik die folgende allgemeine Struktur nahezulegen. Die Regeln der Kategorial-Komponente und des Lexikons liefern Anfangs-P-Marker. Auf diese wenden wir Transformationen an und leiten dadurch Oberflächenstrukturen (die Spuren enthalten) ab; diese wiederum werden semantisch interpretiert. Die Regeln der semantischen Interpretation legen den Bereich der logischen Operatoren (»not«, »each«, »who« etc.) fest, bestimmen deren Bedeutung und legen die Antezedens-Phrasen für solche anaphorischen Ausdrücke wie reziproke Phrasen (»each other«) und die notwendigerweise gebundenen Anaphern fest (z. B. »his« in »John lost his way«, wo sich »his« auf John beziehen muß – im Gegensatz zu der ungebundenen Anapher »his« in dem Satz »John found his book«, in dem sich »his« auf jede beliebige männliche Person, einschließlich John selbst, beziehen kann).[35] Das Ergebnis einer Anwendung dieser Regeln können wir eine »logische Form« nennen.

Es wäre nun vernünftig, wenn man sagte, daß die Theorie der Grammatik – präziser, der »Satzgrammatik« – an dieser Stelle abgeschlossen ist. Die bisher diskutierten grammatischen Bedingungen – die Bedingung des spezifizierten Subjekts, die Subjazienz-Bedingung usw. – betreffen die Regeln der Satzgrammatik. Die Satzgrammatik beinhaltet solche Regeln wie NP-Voranstellung, *wh*-Umstellung, Skopus-Zuschreibung, Zuweisung der Antezedens-Phrasen zu gebundenen Anaphern, zudem Regeln zur Bestimmung thematischer Relationen und anderer Aspekte der semantischen Struktur, Regeln, die man durchaus dem abstrakten System der Sprache zuschreiben kann, je nachdem eben, wie die im vorigen Kapitel aufgeworfenen Fragen beantwortet werden.

Was wir in der obigen Diskussion als »Grammatik« bezeichneten, ist in Wirklichkeit nichts anderes als die eben erwähnte Satzgrammatik. Sind die durch die Satzgrammatik erzeugten logischen Formen gegeben, können weitere Regeln zur Anwendung kommen. Pronomina, die noch keine Antezedens-Phrasen zugewiesen bekommen haben, können so verstanden werden, daß sie sich auf an anderer Stelle im Satz bezeichnete Entitäten beziehen. Dies ist aber niemals notwendig und unter bestimmten Bedingungen, zum Beispiel in (27), auch gar nicht erlaubt. Diese weiteren Regeln zur Bestimmung der Referenz können genausogut auch irgendwie Diskurseigenschaften involvieren; sie interagieren mit Situationseinschätzungen,

Kommunikationsabsichten und ähnlichem. Und obwohl dem reziproken »each other« in (29)-(31) durch eine Regel der Satzgrammatik eine Antezedens-Phrase zugewiesen werden muß, so braucht die entsprechende Phrase »the others« in (29')-(31') doch nicht so verstanden werden, daß sie sich auf eine bereits an anderer Stelle innerhalb desselben Satzes bezeichnete (nämlich durch »each of us«) Klasse bezieht. Wie schon bemerkt, gehorchen die Regeln der Satzgrammatik ganz anderen Bedingungen als die Regeln, die über den einzelnen Satz hinausgehen. Erstere werden zum Beispiel durch die Bedingung des spezifizierten Subjekts regiert, letztere nicht (siehe auch Anm. 27). Andere semantische Regeln fungieren – in Interaktion mit Regeln, die andere kognitive Strukturen betreffen – bei der Bildung umfassenderer Repräsentationen der »Bedeutung«.

Als Schema verstanden scheint mir dies ein vernünftiges Bild der allgemeinen Natur der Grammatik und deren Stellung innerhalb des Systems der kognitiven Strukturen zu sein. Um es in einem Diagramm zusammenzufassen, können wir ein System von etwa der folgenden Struktur ansetzen:

$$(37)\ \text{Satzgrammatik:} \xrightarrow{B} APM \xrightarrow{T} OS \xrightarrow{SR\text{-}1} LF$$

$$\left\{ \begin{array}{c} SR\text{-}2 \\ \\ \text{andere Systeme} \end{array} \right\} : LF \longrightarrow \text{»Bedeutung«}$$

Die Regeln der Basis (B), die die Regeln der Kategorial-Komponente und das Lexikon enthält, bilden also Anfangs-P-Marker (APM). Die Regeln der Transformations-Komponente (T) führen diese in Oberflächenstrukturen (OS) über. Diese wiederum werden durch gewisse Regeln der semantischen Interpretation (SR-1: nämlich die Regeln, bei denen es um gebundene Anaphern, Skopus, thematische Relationen etc. geht) in logische Formen übergeführt. Dies ist die Satzgrammatik. Gewisse allgemeine Regelbeschränkungen scheinen innerhalb

dieses ganzen Systems Geltung zu besitzen. Die so erzeugten logischen Formen werden durch zusätzliche semantische Regeln (SR-2) in Interaktion mit anderen kognitiven Strukturen einer weiteren Interpretation unterworfen, woraus umfassendere Repräsentationen der Bedeutung resultieren.
Beispiele der eben diskutierten Art liefern durch den Rekurs auf das Funktionieren grammatischer (syntaktischer wie semantischer) Regeln eine empirische Bestätigung der Spurentheorie. Eine weitere selbständige Argumentationslinie ist etwas abstrakter. Wenden wir uns der Wirkung der Regel der NP-Voranstellung auf P-Marker zu. Im Fall solcher Beispiele wie (6) und (36) erfaßt diese Regel das Subjekt eines eingebetteten Satzes und hebt es in die Subjekt-Position in einem »höherliegenden Satz«. Die Wirkung ist in (38) verdeutlicht:

(38) Y...[$_S$NP...] $\longrightarrow$ NP...[$_S$ t...]

Im Gegensatz hieraus gibt es jedoch keine Regeln, die eine NP auf die Subjekt-Position (bzw., wie ich glaube, auf irgendeine Position) im eingebetteten Satz »nach unten setzen«. Wir könnten diese Asymmetrie als eine neue Bedingung für Transformationen einführen.
Kehren wir nun zur Passivkonstruktion zurück, insbesondere zu der Regel, die die auf das Verb folgende NP auf die Subjekt-Position setzt und solche Formen wie (22) ergibt:

(22) dams are [$_{VP}$ built t by beavers]

Auch dies ist eine Regel der NP-Voranstellung. Ich glaube sogar, obgleich dies kontrovers sein mag, daß es sich um dieselbe Regel der NP-Voranstellung handelt wie bei der Subjekt-zu-Subjekt Regel von (38). Im Fall von (22) und vielen anderen Passivsätzen ist die Wirkung folgendermaßen:

(39) Y [$_{VP}$ V NP] $\longrightarrow$ NP [$_{VP}$ V t]

Auch hier gibt es eine Asymmetrie. Es gibt zwar Regeln, die Objekte auf die Subjekt-Position anheben, aber anscheinend keine Regeln, die Subjekte auf die Objekt-Position setzen.

Auch diese Asymmetrie könnten wir als eine weitere Bedingung für Regeln einführen.

Nun dürfte klar sein, daß es zwischen diesen zwei Asymmetrien, bei denen es beidemal um die Regel der NP-Anhebung geht, eine gewisse Ähnlichkeit gibt. Wie können wir diese in den Griff bekommen? Wir könnten die Festsetzung treffen, daß es eine Hierarchie von Positionen gibt, so daß Subjekte gegenüber Objekten Vorrang haben[36] und Subjekte höherliegender Sätze Vorrang gegenüber Subjekten eingebetteter Sätze. Regeln dürfen Elemente nur auf solche Positionen setzen, die in der Hierarchie vorrangig sind. Dies wäre jedoch keine echte Verbesserung. Es wäre lediglich eine konventionelle Regelung unserer Notation. Wir könnten etwa fragen, weshalb wir gerade diese Hierarchie aufgestellt haben und keine andere, etwa eine, bei der Subjekte gegenüber Objekten vorrangig sind und es keine Relation (bzw. die Umkehrrelation) zwischen Elementen gibt, die nicht in demselben Satz vorkommen. Zwischen den in (38) und (39) verdeutlichten Prinzipien gibt es keine logische Verknüpfung, durch die die Struktur der Hierarchie festgelegt wird.

Ein beträchtlich besserer Ansatz bestünde darin, sich die Tatsache zunutze zu machen, daß es sich bei den zulässigen Regeln in beiden Fällen um Regeln der »Höherstufung« handelt, um Regeln also, die eine NP näher an die »Wurzel des Satzes«, d. h. an die weniger eingebettete Position, heranrücken; die unzulässigen Regeln hingegen sind Regeln der »Herabstufung«, Regeln also, die die Eingebettetheit der NP vergrößern. Wir könnten also festlegen, daß höherstufende Regeln zulässig sind, herabstufende Regeln hingegen nicht. Somit fallen die zwei Prinzipien in ein einziges zusammen.

Dies stellt eine Verbesserung dar. Dennoch gibt es hier zwei Probleme. Erstens gibt es gegen den Vorschlag, so wie er dasteht, Gegenbeispiele. Zweitens könnten wir auch jetzt noch für das Höherstufungs-Prinzip, insoweit es korrekt ist, eine Erklärung haben wollen, d. h. wir könnten auch jetzt noch auf eine Erklärung mit Hilfe eines weiteren, unabhängigen Prinzips hoffen.

Um zu verdeutlichen, daß die Höherstufungs-Hypothese falsch ist, sehe man sich die Sätze (40)-(42) an:

(40) there is a book on the table
(41) the city was destroyed by the enemy
(42) the candidates have each indicated their willingness to debate

In einigen geläufigen Analysen – die zwar nicht ohne Konkurrenten, aber zumindest doch ganz plausibel sind – wird nun postuliert, daß in diesen Fällen eine Herabstufungs-Regel zur Anwendung kommt. Im Fall von (40) könnten wir z. B. die These vertreten, daß die Ausgangsstruktur (43) ist und daß eine Transformationsregel die Struktur (43') ergibt, welche durch eine Regel der *there*-Einfügung, die die Spur tilgt (ersetzt), wiederum zu (40) wird:

(43) a book [$_{VP}$ is on the table]
(43') t [$_{VP}$ is a book on the table]

Im Fall von (41) könnten wir die Ableitung (44) ansetzen:

(44) (i)   the enemy [$_{VP}$ destroyed the city]
            (Anfangs-P-Marker)
     (ii) t [$_{VP}$ destroyed the city by the enemy]
            (durch NP-Nachstellung)
     (iii) the city [$_{VP}$ was destroyed t by the enemy]
            (durch NP-Voranstellung)

Wir übergehen hier einige interessante Fragen hinsichtlich des Status der agentiven *by*-Phrase, des Hilfsverbs und der Flexion des Verbs; siehe S. 137 f. und Anm. 46. Die Regel der NP-Voranstellung tilgt die durch die NP-Nachstellung hinterlassene Spur.

Der Satz (42) könnte mithilfe einer Regel der *each*-Umstellung aus (45) gebildet sein:

(45) the candidates each [$_{VP}$ have indicated their willingness to debate]

Diese Analysen sind durchwegs plausibel. In jedem einzelnen Fall kommt eine Herabstufungs-Regel zur Anwendung.

Von R. Fiengo wurde die Beobachtung gemacht, daß wir mithilfe der Spurentheorie der Umstellungsregeln unsere Hypothese bezüglich der zwei Asymmetrien (38) und (39) so formulieren können, daß sich Gegenbeispiele vermeiden lassen und zugleich unsere Hypothese auf ein unabhängiges Prinzip zurückgeführt werden kann, wodurch sich die beiden aufgetauchten Probleme erledigen.[37] Sehen wir uns nochmals die zulässige Regel der NP-Voranstellung wie in (38) sowie die unzulässige Regel der NP-Herabstufung an, welche die Richtung der Pfeile in (38) und (39) umkehrt. Die zulässige Regel ergibt die Strukturen (46), die unzulässige Regel die Strukturen (47):

(46) (i) NP ... [$_S$ t ...]   (rechte Seite von (38))
    (ii) NP [$_{VP}$ V t]   (rechte Seite von (39))
(47) (i) t ... [$_S$ NP ...]
    (ii) t [$_{VP}$ V NP]

Wir verstehen t wie bisher als eine durch NP als Antezedens-Phrase gebundene Variable. Man beachte nun, daß die zulässigen Fälle Realisierungen von zulässigen Relationen zwischen einer Antezedens-NP und einem von dieser NP kontrollierten »anaphorischen« Element sind, während die unzulässigen Fälle Realisierungen unzulässiger anaphorischer Relationen sind.[38] So sind die Beispiele (46') von der Form (46) und sind grammatisch, während die Beispiele (47') von der Form (47) und ungrammatisch sind:

(46') (i) *the candidates* expected [$_S$ *each other* to win][39]
     (ii) *the candidates* [$_{VP}$ hated *each other*]
(47') (i) *each other* expected [$_S$ *the candidates* to win]
     (ii) *each other* [$_{VP}$ hated *the candidates*]

In derartigen Fällen muß eine Antezedens-Phrase im P-Marker »höher« liegen als die von ihr kontrollierte Anapher. Wenn wir, was ganz natürlich ist, die Relation zwischen NP und Spur als analog zu der Relation zwischen Antezedens-Phrase und Anapher ansehen, dann können wir das Höherstufungs-Prinzip auf eine unabhängig motivierte Bedingung für die Antezedens-Anapher-Relation zurückführen.

Dies ist ein wesentlicher Schritt vorwärts. Wir haben nun eine Erklärung für die Höherstufungs-Konvention, insoweit diese

Gültigkeit besitzt, vorgelegt. Die Spurentheorie vorausgesetzt, folgt diese Konvention aus einem unabhängigen Prinzip der Sprache. Das Problem mit den unzulässigen Beispielen vom Typ (47) läuft nun dieser Analyse zufolge im Endeffekt darauf hinaus, daß in ihrer semantischen Interpretation eine freie Variable vorkommt, die nicht innerhalb des Bereichs eines bindenden Quantors bzw. einer NP liegt, und daß sie somit gar keine Sätze sind.

Mithilfe derselben Analyse können wir aber auch mit der Schwierigkeit fertigwerden, daß das Höherstufungs-Prinzip durch die Gegenbeispiele (40)-(42) falsifiziert worden war. In den Fällen (40) und (41) wurde die abweichende Spur durch eine spätere Regel getilgt; somit verletzt die Oberflächenstruktur nicht das Antezedens-Anapher-Prinzip. In (42) gibt es keine Antezedenz-Anapher-Relation zwischen der umgestellten Phrase und ihrer Spur; es hat in diesem Fall keinen Sinn, die Spur als eine gebundene Variable anzusehen, obwohl dies durchaus sinnvoll wäre, wenn es sich bei der umgestellten Phrase um eine NP handelte. Somit können wir (6) im Sinne unserer oben dargelegten Vorschläge so interpretieren, daß die logische Form (48) anzusetzen ist:

(6) John seems [$_S$ t to be a nice fellow]
(48) for x = John, x seems [$_S$ x to be a nice fellow]

Bei der *each*-Umstellung ist jedoch eine derartige Analyse nicht möglich. »Each« ist nämlich kein referentieller Ausdruck und er bindet auch keine Variable als Quantor, es sei denn, er kommt in Verbindung mit einer NP vor, die den Typ der Variable angibt, wie z. B. in »the candidates each«, was als »for each x, x a candidate« interpretiert werden kann. Im letzteren Fall wird jedoch die Variable nicht durch das Wort »each«, sondern durch die ganze NP »the candidates each« gebunden. Hierin liegt also ein wesentlicher Unterschied zu der durch die *each*-Umstellung hinterlassenen Spur.

Das Höherstufungs-Prinzip hätte, damit sich die erwähnten Gegenbeispiele vermeiden ließen, mithilfe von (49) formuliert werden müssen:

(49) Umstellungsregeln können höherstufen; herabstufen können sie nur dann, wenn die durch sie frei gewordene Position durch eine spätere Regel wieder besetzt wird oder wenn die herabgestufte Einheit keine NP ist.

Bei dieser Formulierung der Konvention lassen sich zwar die Gegenbeispiele vermeiden; sie ist aber immer noch zu *ad hoc*, als daß sie wirklich plausibel wäre. Zudem fehlt ihr eine Erklärung oder eine signifikante Analogie zu einer anderen Stelle der Theorie. Nach der Spurentheorie folgt (49) jedoch als eine unmittelbare Konsequenz unabhängiger Anaphern-Prinzipien.

Das sich aus dieser Diskussion ergebende allgemeine Prinzip besagt also, wie bereits betont, folgendes: Da die Spur im Endeffekt als eine Variable zu interpretieren ist, müssen Oberflächenstrukturen mit Spuren die allgemeinen Bedingungen für Ausdrücke mit Variablen-ähnlichen Ausdrücken (wie z. B. der reziproken Phrase »each other«) erfüllen. Es bedarf, zumindest in diesen Fällen, keiner weiteren Ausführungen, damit zwischen zulässigen und unzulässigen Regelanwendungen unterschieden werden kann.

Auch diese Überlegungen machen von der Spurentheorie wesentlich Gebrauch und liefern uns somit auf einer völlig anderen und abstrakteren Diskussionsebene eine unabhängige Motivation für diese Theorie.

Prinzipien der eben diskutierten Art sind von beträchtlicher Relevanz. Sie beschränken die Klasse möglicher Regeln wie auch die mögliche Anwendung von bereits etablierten Regeln. Sie tragen daher zur Lösung des Grundproblems der Sprachtheorie bei, und damit auch der »Lerntheorie«, so wie diese im ersten Kapitel charakterisiert worden war. Sie helfen also das Problem lösen, wie sich die Klasse »erlernbarer Systeme« so beschränken läßt, daß es möglich wird, die Geschwindigkeit, die Einheitlichkeit und den umfassenden Charakter unserer Lernprozesse im Rahmen der kognitiven Kompetenz zu erklären. Dasselbe gilt von dem oben angeführten Argument, daß wir die Begriffe »ungebunden« und »clause-mate« aus der Theorie der Transformationen eliminieren können. Dasselbe gilt im allgemeinen für alle von uns beschriebenen Bedingungen für den Aufbau der Grammatik und die Anwendung von Regeln. Bei alledem geht es darum, sich der sogenannten »explanativen Adäquatheit« anzunähern.[40] Von einem bestimmten Standpunkt aus kann man durchaus sagen, daß diese Prinzipien eine Erklärung für die Tatsache liefern, daß die Daten eben so-und-so sind und nicht anders, und daß diese Prinzipien somit über die bloße Beschreibung solcher Fakten in den grammatischen einzelnen Sprachen hinausgehen. Von einem anderen Standpunkt her betrachtet, fungieren dieselben Prinzipien als Erklärung für einen wichtigen Aspekt des menschlichen Wissenserwerbs, d. h. für die Konstruktion gewisser kognitiver Strukturen, die in unserem Denken wie auch beim Ausdruck unserer Gedanken (und in der Folge davon bei der Kommunikation) eine wesentliche Rolle spielen.

Wenn diese Prinzipien konkretisiert und verbessert werden können, so bedeutet dies eine erhebliche Reduzierung der Klasse potentieller Grammatiken. Viele potentielle Regeln werden schlicht eliminiert. Zudem ist es infolge der Begrenzung der möglichen Anwendungen von Regeln durch Prinzipien der diskutierten Art nicht mehr nötig, in der Theorie der Transformationen einen derart reichen Apparat zur Verfügung zu halten, wie er zur Beschränkung der Anwendung spezieller Regeln sonst notwendig wäre. Somit beschränken die Prinzipien die Vielfalt von Grammatiken durch eine Reduktion der »expressiven Kraft« grammatischer Regeln.

Wir könnten uns sogar das Ziel setzen – ein weit entferntes zwar, aber vielleicht eines, das sich dennoch erreichen läßt –, den Apparat der Theorie der Transformationen so zu beschränken, daß die Regeln nur noch von der Form »Stelle NP um« sind, wobei die weiteren Bedingungen für die Anwendung dieser Regeln entweder als allgemeine Bedingungen für Regeln, als Eigenschaften der Anfangs-P-Marker oder als Eigenschaften der Oberflächenstrukturen ausgedrückt werden. In allen drei Fällen werden wir natürlich versuchen, aus den speziellen Bedingungen für Regeln, den Anfangs-P-Markern und den Oberflächenstrukturen Eigenschaften der Universalen Grammatik zu abstrahieren. Als einen hier einschlägigen Fall erinnere man sich an die Bedingungen für Anaphern in Oberflächenstrukturen, auf die wir uns bei der Analyse der Höherstufungs-Konvention bereits berufen haben.

Wenn dieses Ziel erreicht werden kann, so werden sich nicht nur die verschiedenen Fälle der NP-Voranstellung gleich behandeln lassen, eben diese Fälle werden auch mit der Regel der NP-Nachstellung, welche (44 ii) ergab, zusammenfallen. Selbst wenn die Beschränkungen für die »expressive Kraft« von Regeln nicht so dramatisch sein sollten, wie es durch diese Spekulationen nahegelegt wird, so dienen sie doch dem zweifachen Ziel, explanative Adäquatheit zu erreichen und den Erwerb kognitiver Strukturen, d. h. den menschlichen Wissenserwerb, zu erklären.

Solche Prinzipien wie das der Subjazienz, die Spurentheorie und die Bedingung des spezifizierten Subjekts tragen zusammen mit anderen Prinzipien zu diesem Ziel bei. Zu diesen anderen Prinzipien gehören u. a. das Prinzip der Strukturabhängigkeit, die Bedingungen für den Aufbau der Grammatik und die Typen von Regeln, die in den verschiedenen Komponenten der Grammatik vorkommen können. Insofern diese Vorschläge korrekt sind, handelt es sich bei ihnen um einen Beitrag zur Universalen Grammatik und daher auch zur Charakterisierung der Sprachfähigkeit, die eine der wesentlichen Komponenten der angeborenen Struktur des Geistes ist.

Gehen wir der Diskussion möglicher Regeln einen Schritt weiter nach und sehen wir uns nochmals die für Passivsätze vorgeschlagene Ableitung (44) an. Eine analoge Ableitung (50) könnte für die »Passiva« von Nominalkonstruktionen vorgeschlagen werden:

(50) (i) the enemy-destruction of the city
(Anfangs-P-Marker)
(ii) t-destruction of the city by the enemy
(durch NP-Nachstellung)
(iii) the city's-destruction t by the enemy
(durch NP-Voranstellung)

Zwischen den Ableitungen (44) und (50) gibt es jedoch einen auffallenden Unterschied.[41] Beim Passiv des Satzes, d. h. bei (44), muß zuerst die Regel der NP-Nachstellung angewandt werden und dann die Regel der NP-Voranstellung. Es gibt nun keinen solchen Satz wie (51), der (41 ii) entspricht:

(51) *t* destroyed the city by the enemy

Beim »Passiv« der Nominalkonstruktion, d. h. bei (50), kann jedoch die NP-Nachstellung auch ohne eine daraufolgende Anwendung der NP-Voranstellung angewandt werden, wodurch sich solche Sätze wie (52) ergeben, die (50 ii) entsprechen:

(52) the destruction of the city by the enemy

Dieser Unterschied ist jedoch im Rahmen unserer Vorschläge erklärbar. Im Fall von (51) liegt eine abweichende Spur vor, die die Anaphern-Bedingungen verletzt und als eine freie Variable in der von der Oberflächenstruktur abgeleiteten logischen Form vorkommt. In (52) wurde diese Spur jedoch durch eine Regel getilgt, die den bestimmten Artikel ›ausbuchstabiert‹.[42] Es könnte also sein, daß dieselben Regeln involviert sind, wobei es lediglich Unterschiede in der Anwendbarkeit gibt, die sich aber auf andere Eigenschaften der involvierten Konstruktionen zurückführen lassen.

Wir bemerkten, daß eine Reihe von Fällen auf eine einzige Regel der NP-Voranstellung hinauszulaufen scheint, ohne uns jedoch um eine ganze Anzahl von Schwierigkeiten zu kümmern, die sich bei einer Vereinheitlichung dieser Phänomene ergeben. Wir sind auch nicht auf die möglichen Lösungen dieser Schwierigkeiten eingegangen. Wir diskutierten solche Fälle wie:

(53) John seems [$_S$ *t* to be a nice fellow]
(54) John is certain [$_S$ *t* to win the election]
(55) the city [$_{VP}$ was destroyed *t* by the enemy]
(56) the city's [$_{NP}$ destruction *t* by the enemy]

Andere Beispiele fallen unter dieselbe Rubrik, z. B.:

(57) John [$_{VP}$ was believed [$_S$ t to be a suitable candidate]]
(58) the bed [$_{VP}$ was slept in t]⁴³

Andere Beispiele der unterschiedlichsten Typen bieten sich als weitere mögliche Kandidaten für eine ähnliche Analyse an.⁴⁴ Die Regel der NP-Voranstellung deckt ein ganzes Bündel möglicher Konstruktionen ab; genau dies wäre auch zu erwarten, wenn sich die spekulativen Schlußfolgerungen der obigen Diskussion als gerechtfertigt herausstellen sollten.
Gäbe es keine solchen Passivkonstruktionen wie (57), (58) und die von Anm. 43, so würde man wohl nicht so ohne weiteres zuerst eine Regel der Passivbildung postulieren. Es gibt viele Sprachen, in denen es keine solchen Konstruktionen gibt; in ihnen wird das »Passiv« auf solche reduzierten Passivkonstruktionen wie (59) beschränkt, die keine Agentiv-Phrase enthalten und in denen das Subjekt als das direkte Objekt in den entsprechenden transitiven Konstruktionen fungiert, wobei »pass« irgendeine Passiv-Flektion anzeigt:

(59) John kill-pass   (analog zu »John was killed«)

In solchen Fällen gibt es keine Motivation, eine Regel zu postulieren, die aus Aktiv-Konstruktionen Passiva bildet; die Fakten lassen sich nicht weniger leicht (meines Erachtens sogar leichter) mithilfe von Wortbildungsregeln innerhalb des Lexikons beschreiben.⁴⁵
Die Theorie der Grammatik stellt eine ganze Reihe unterschiedlicher Konstruktionsmöglichkeiten bereit. Sprachen können sich dadurch unterscheiden, daß unterschiedliche derartige Möglichkeiten gewählt werden. Es ist zu erwarten, daß jede solche Wahl gewisse Konsequenzen sowohl in der Syntax als auch in der Semantik mit sich bringt. So kann es z. B. kaum zufällig sein, daß das englische Passiv von der Kopula Gebrauch macht und daß die Verbmorphologie gewissen Adjektivkonstruktionen derart eindeutig analog ist, so daß die das Passiv bildenden Regeln Anfangs-P-Marker auf unabhängig existierende Strukturen von der Subjekt-Prädikat-Form abbilden.⁴⁶ Diese Tatsache könnte durchaus einer Theorie der semantischen Oberflächenstruktur-Interpretation zugeschla-

gen werden, in der von der Subjekt-Prädikat-Konstruktion in der Oberflächenstruktur, der Spurentheorie und anderen verwandten Ideen ein wesentlicher Gebrauch gemacht wird. Eine weitere Diskussion würde uns hier jedoch zu weit vom Thema wegführen, in Bereiche, die innerhalb der Theorie der generativen Grammatik in einer systematischen Weise bisher kaum in Angriff genommen sind.

Wir gingen bisher von der Annahme aus, daß allein die Oberflächenstrukturen semantisch interpretiert werden. Gegen diese Hypothese gibt es jedoch einige offenkundige Einwände. So lernten wir z. B. bereits mehrere Regeln kennen, die die durch frühere Umstellungsregeln hinterlassene Spur tilgen. In solchen Fällen ist die Position einer Phrase im Anfangs-P-Marker nicht mehr in der Oberflächenstruktur markiert. Nun schien aber diese Position zumindest in einigen Fällen für die semantische Interpretation wesentlich zu sein. Sehen wir uns z. B. die Passivkonstruktionen (44 iii) und (50 iii) an:

(44) (iii) the city was destroyed t by the enemy
(50) (iii) the city's destruction t by the enemy

In den Oberflächenformen kommt die der Phrase »the enemy« entsprechende Spur nicht mehr vor. Um die Sätze verstehen zu können, müssen wir aber wissen, daß diese Phrase zu dem Verb »destroy« in der »agent«-Relation steht, was in den Anfangs-P-Markern (44 i) und (50 i) angezeigt wird. Es scheint also, daß entgegen unserer Hypothese auch die Anfangs-P-Marker in die semantische Interpretation eingehen müssen. Eben aus derartigen Gründen wurde in den Formulierungen der erweiterten Standardtheorie früher postuliert, daß die semantische Interpretation jeweils geordnete Paare von Tiefen- und Oberflächenstrukturen (Anfangs- und Oberflächen-P-Marker) betrifft.

J. Goldsmith machte die Beobachtung, daß es in den abgeleiteten Formen (44 iii) und (50 iii) eine formale Struktur gibt, die anzeigt, in welcher semantischen Relation die Phrase »the enemy« zum Verb steht, nämlich die *by*-Phrase. Ebenso genügt in den »there is«-Konstruktionen (vgl. (40)), obwohl dort die Spur getilgt ist, die Oberflächenstruktur zur Bestimmung der zwischen umgestelter NP und Verb bestehende Relationen. Er schlägt dann vor, daß eine Regel eine Spur nur dann tilgen darf, wenn dasjenige Element, welches die Spur bindet, in der Oberflächenstruktur in einer Position vorkommt, die die entsprechende semantische Relation der Spur identifiziert. Somit darf also die Regel der NP-Voranstellung zur Bildung des Passivs angewandt werden, wobei eine Spur getilgt wird; es könnte aber keine Regel geben, die die Spur z. B. in (53) (= »John seems t to be a nice fellow«) tilgt; ebenso keine Ableitung wie (60), nach welcher sich (62) aus dem Anfangs-P-Marker (61) ergibt:

(60) (i) NP$_1$ V NP$_2$[$_S$ X VP] (Anfangs-P-Marker)
(ii) t V NP$_2$[$_S$ NP$_1$ VP] (durch NP-Voranstellung)
(iii) NP$_2$ V t [$_S$ NP$_1$ VP] (durch NP-Nachstellung)
(61) John persuaded Bill [$_S$ X to stay awhile]
(62) Bill persuaded t [$_S$ John to stay awhile]

Die Struktur (60 iii) stellt keine Verletzung der Anaphern-Bedingungen dar, so daß die Ableitung (60) nicht in Entsprechung zur obigen Diskussion der Herabstufungs-Regel ausgeschlossen werden kann. Die Ableitung verletzt jedoch das Goldsmith-Prinzip.

Dieses Prinzip scheint in zahlreichen wohlbekannten Fällen ausreichend zu sein. Auch dieses Prinzip besitzt die wichtige Eigenschaft, daß es eine wesentliche Beschränkung möglicher Regelanwendungen darstellt – ein (aus den bereits dargelegten Gründen) wichtiges Desiderat.

Akzeptieren wir Goldsmiths Prinzip der Wiederentdeckbarkeit semantischer Prinzipien (principle of recoverability), so scheinen wir das tentative Postulat aufstellen zu können, daß nur die Oberflächenstrukturen semantisch interpretiert werden können. Mit diesem Schritt können wir einen beträchtlichen Teil der äußerst fruchtbaren Forschungen der letzten paar Jahre vereinheitlichen, von Forschungen, die gezeigt haben, daß zahlreiche Aspekte der semantischen Interpretation am besten mit Hilfe von Eigenschaften der Oberflächenstruktur ausgedrückt werden. Im allgemeinen gilt dies für die sogenannten »logischen Eigenschaften« von Sätzen, Eigenschaften, die den Bereich von Quantoren und logischen Partikeln, Anaphern, Präsuppositionen und dergleichen involvieren. In früheren Fassungen der erweiterten Standardtheorie war vorgeschlagen worden, daß die Oberflächenstruktur alle semantischen Eigenschaften bestimmt, nur nicht die »thematischen Relationen« wie Agens, Ziel und Instrument, die durch die Interaktion von lexikalischen Eigenschaften und den grammatischen Relationen der Anfangs-P-Marker (Tiefenstrukturen) bestimmt werden.[47] Wenn die hier vorgelegte Argumentation korrekt ist, können wir dieses Bild verbessern, indem wir die Oberflächenstrukturen (jetzt um die Spurentheorie bereichert) als die einzigen Elemente ansehen, die semantisch interpretiert werden.

Mit Hilfe der Spurentheorie können wir im Endeffekt gewisse Eigenschaften von Anfangs-P-Markern bzw. von P-Markern auf einer Ableitungs-Zwischenstufe auf die Oberflächenstrukturen übertragen.[48] Nun könnte die These vertreten werden, daß dies eine ziemlich weitreichende und unerwünschte Modifikation der früheren Theorie darstellt, in etwa der Einführung »globaler Regeln« vergleichbar. (Globale Regeln sind solche, die nicht auf den letzten P-Marker einer bis zu ihm hin konstruierten Ableitung angewandt werden, sondern auf eine Menge von bereits abgeleiteten P-Markern, den letzten davon eingeschlossen.) Dieser Einwand beruht jedoch auf einem Mißverständnis. Gewiß, es gibt gegenüber globalen Regeln einen ernsten Einwand. Sie führen zu einer enormen Erweiterung der Klasse zulässiger Grammatiken und führen uns somit einen Schritt weg von unserem Ziel, in der linguistischen Theorie explanative Adäquatheit zu erreichen und die Möglichkeit des Spracherwerbs zu erklären.[49] Man würde globale Regeln also nur unter dem Druck eines beweiskräftigen Datenmaterials akzeptieren; ein solches ist aber bisher, soweit ich weiß, nicht vorgelegt worden. Die Spurentheorie hingegen führt zu keiner Erweiterung der Klasse zulässiger Grammatiken. Sie schränkt diese Klasse aber auch nicht ein. Sie verändert diese Klasse vielmehr und ist somit gegenüber den methodologischen Einwänden immun, die mit Recht gegen die Einführung globaler Regeln vorgebracht werden. Die erzeugten Strukturen werden angereichert, aber nicht die Klasse der Grammatiken.

Es ist nun völlig richtig, daß es die Spurentheorie zuläßt, daß Eigenschaften früherer Ableitungsstufen in der Oberflächenstruktur erscheinen; dies ist aber an sich nichts Neues. Wir könnten uns eine Theorie der Transformationen vorstellen, die Operationen postuliert, die die Kategorien der Anfangs-P-Marker (die Klammerindizes in der von uns hier verwendeten Notation) nicht berücksichtigen. Die konventionelle Theorie dagegen überträgt Kategorieninformationen auf abgeleitete Strukturen. Man würde aber deshalb nicht behaupten, daß die konventionelle Theorie bereits globale Regeln enthält, nur weil Eigenschaften der Anfangs-P-Marker (nämlich die in ihnen vorkommenden Kategorien) auf Oberflächenstrukturen übertragen werden. Die konventionelle Theorie erzeugt reichere Oberflächenstrukturen als eine alternative Theorie, die bei transformationellen Ableitungen keine Kategorien berücksichtigt; und in genau demselben Sinne erweitert die Spurentheorie (im Vergleich zur konventionellen Theorie) die Klasse abgeleiteter Strukturen, indem in ihr gefordert wird, daß zusätzliche Eigenschaften früherer Ableitungsstufen auch auf späteren Stufen (einschließlich der Oberflächenstrukturen) vorkommen und zwar mit allen Konsequenzen, die sich daraus für eine Regelanwendung ergeben. Das Problem der Globalität taucht hier aber gar nicht auf.

Diese Diskussion erfaßt keineswegs alle möglichen Argumente dafür und dagegen. Des weiteren vermeidet sie wichtige Fragen, die sich bei einer sorgfältigeren Formulierung und bei einer umfassenderen Anwendung ergeben. Ich hoffe, daß diese Diskussion aber dennoch für eine erste Verdeutlichung der Art derjenigen Prinzipien hinreicht, deren Postulierung als allgemeine Merkmale der menschlichen Sprache mir vernünftig zu sein scheint.

Die obige Diskussion beschränkte sich ganz auf das Englische.

Dies stellt natürlich eine schwerwiegende Einschränkung dar. Dennoch hatte ich keine Bedenken gegen die Annahme, daß es sich bei den Prinzipien, die für das Englische explanative Kraft zu besitzen scheinen, um Prinzipien der Universalen Grammatik handelt. Unter der Voraussetzung, daß die Sprachfähigkeit eine Eigenschaft darstellt, die allen Menschen gemeinsam ist, ist dieser Schluß plausibel (wenngleich offensichtlich nicht zwingend). Die Logik dieser Argumentation wurde bereits skizziert. Unter der Voraussetzung, daß die Sprachfähigkeit eine Spezies-invariante Eigenschaft darstellt, gilt: Wenn ein allgemeines Prinzip für eine gegebene Sprache empirisch bestätigt ist, und wenn zudem Grund zu der Annahme besteht, daß dieses Prinzip nicht erlernt (und mit Sicherheit auch nicht erst beigebracht) werden muß, dann ist es durchaus in Ordnung, wenn das Postulat aufgestellt wird, daß das fragliche Prinzip als ein Teil des Systems des »präexistenten Wissens«, welches ein Erlernen erst möglich macht, zur Universalen Grammatik gehört.

Unter den in Kp. I gemachten vereinfachenden Annahmen dürfte folgender Vorschlag vernünftig sein: Die Prinzipien der hier skizzierten Art sind derjenigen Komponente der angeborenen Sprachfähigkeit zuzuweisen, durch die festgelegt wird, welche Art von System überhaupt erlernt werden kann. Erinnern wir uns daran, daß wir oben zwei vereinfachende Hauptannahmen gemacht haben: Erstens, daß Unterschiede zwischen den verschiedenen Individuen ignoriert werden können. Zweitens, daß Lernen einen Ein-Stufen-Prozeß darstellt. Wie bereits bemerkt, trifft, soweit wir wissen, die erste Annahme als eine recht gute Approximation zu. Von groben Anomalien abgesehen, ist uns kein Grund für die Annahme bekannt, daß es zwischen den einzelnen Individuen Unterschiede gibt, die für die vorliegende Diskussion relevant wären, obwohl es zweifellos Unterschiede in den Talenten, im jeweiligen Wissensstand und in der Verfügbarkeit des Erlernten gibt, die auf einer detaillierteren Ebene zu berücksichtigen wären.

Hingegen ist die Annahme, daß Lernen einen Ein-Stufen-Prozeß darstellt, offensichtlich falsch. Schon etwas realistischer wäre die Behauptung, daß das Kind eine Folge von kognitiven Zuständen Z_0, Z_1, ..., Z_E durchläuft, wobei Z_0 der jeglichem Spracherwerb vorausgehende »Anfangszustand« und Z_E der »Endzustand« ist, ein »stabiler Zustand«, der im Leben ziemlich früh erreicht wird und sich daraufhin in den signifikanten Aspekten nicht mehr ändert. Hat das Kind diesen stabilen Zustand erreicht, so sagen wir, daß es die Sprache erlernt hat. Daß ein stabiler Zustand auf einer nicht allzu späten Stufe der geistigen Entwicklung erreicht wird, dürfte vermutlich für ein »Lernen« innerhalb des Bereichs der kognitiven Kompetenz charakteristisch sein.

Sehen wir uns nun den Übergang von einem Zustand zum nächsten an, etwa vom Zustand Z_5 zum Zustand Z_6.

Wir können bezüglich dieses Übergangs mehrere Fragen stellen. Erstens: Wie sieht der Input für die dem Kind auf dieser Stufe verfügbare Lerntheorie (nennen wir sie LT_5) aus? Er besteht, um realistisch zu sein, sicher nicht aus allen Daten, die bis zur Stufe Z_5 hin jemals verfügbar waren, wobei wir uns die Daten in Form einer kumulativen Liste vorzustellen hätten. Keiner von uns kann sich daran erinnern, welche Sätze er in der Vergangenheit gehört hat. Der Input für LT_5 besteht vielmehr aus zwei Teilen: (i) der in dem Zustand Z_5 bereits erlangten Grammatik; und (ii) in den in Z_5 verfügbaren neuen Daten. LT_5 operiert somit auf der durch das Kind bislang konstruierten tentativen Theorie, der Theorie also, die seine vergangenen Erfahrungen organisiert, nicht auf einer Liste aller bislang benutzten Daten.[50] Des weiteren können wir die Frage stellen, ob (und wenn ja, inwiefern) eine Erklärung des Lernens ernsthaft durch die Annahme falsifiziert werden könnte, daß der Input von LT_5 in den bislang benutzten Daten besteht und nicht in der Grammatik, die die von dem Kind auf dieser Stufe erlangte Theorie (im Zusammenhang mit anderen neuen Daten) repräsentiert.

Wir können aber auch eine etwas subtilere Frage stellen. Die Grammatik erzeugt ein System »potentieller Erfahrungen«, worin auch diejenigen tatsächlich gemachten Erfahrungen, die zu der Konstruktion der Grammatik geführt haben, enthalten sind (aber nicht diejenigen Teile der tatsächlichen Erfahrungen, die während des Lernprozesses als verkehrt oder irrelevant ausgeschlossen wurden), worin aber auch noch weit mehr, ja sogar unendlich mehr, enthalten ist. Des weiteren kann sich, wie bereits bemerkt, niemand daran erinnern, welche Sätze er gehört hat (unbedeutende Ausnahmen einmal außer acht gelassen). Der Begriff der »Vertrautheit« läßt sich auf Sätze gar nicht relevant anwenden. Vielleicht sind uns bestimmte Ideen, wenn sie uns gegenüber ausgedrückt werden, nicht vertraut; dasselbe ließe sich vielleicht von gewissen Redewendungen sagen. Sätze jedoch sind uns weitgehend »vertraut«, wenn sie zu einer durch unsere Grammatik erzeugten Sprache gehören, wobei man jetzt noch eine Reihe von näheren Bestimmungen hinsichtlich ihrer Länge, Komplexität, Absurdität, Durchsichtigkeit etc. anfügen müßte, die im vorliegenden Kontext aber ganz irrelevant sind. Nun können wir fragen, ob sich die Erklärung des Lernens nicht durch die Annahme falsifizieren läßt, daß der Input von LT_s in der Sprache besteht, die durch die in Z_s verfügbare Grammatik erzeugt wird, und nicht in dieser Grammatik selbst. Diese zwei Möglichkeiten sind deshalb verschieden, weil unterschiedliche Grammatiken ein und dieselbe Sprache erzeugen können.

Ohne mich auf derartige Komplikationen weiter einzulassen, wollen wir bezüglich der Frage des Inputs von LT_s zwischen zwei Ansätzen unterscheiden: einem *extensionalen* Ansatz, der als Input die »Erfahrung« (etwa Sätze mit formalen und semantischen Eigenschaften) ansetzt, und zwar entweder die endliche Liste der bislang gemachten Erfahrungen oder die durch die im Zustand Z_s verfügbare Grammatik erzeugte unendliche Menge; und einen *intensionalen* Ansatz, der als Input für LT_s die Grammatik selbst wählt. In beiden Fällen besteht ein zweiter Input aus den verfügbaren neuen Daten.

Es ließen sich noch weitere Fragen stellen: Unterscheidet sich LT_5^T von LT_6^T? Allgemeiner, unterscheiden sich LT_i und LT_j, wobei i≠j? Sind die Lernfähigkeiten des Kindes auf verschiedenen Entwicklungsstufen verschieden? Geht es mit den Daten auf diesen verschiedenen Stufen unterschiedlich um? Gibt es durch verschiedene Lernmodi markierte wohldefinierte Stufen, entwickeln sich die »Lernstrategien« mehr oder weniger kontinuierlich, bleiben sie konstant (wobei es nur in anderen Systemen, wie dem Erinnerungsvermögen oder der Aufmerksamkeitsspanne, zu Veränderungen kommt) oder degenerieren sie? Gibt es in den verschiedenen Phasen des Spracherwerbs »kritische Perioden«? Hängt die LT_i zum Teil von bereits konstruierten Theorien ab oder ist sie mit einer bestimmten Entwicklungsstufe gegeben? All dies sind wichtige Fragen; um diese Art von Fragen geht es in der Entwicklungspsychologie.[51] Soweit ich weiß, gibt es auf sie keine Antworten, die einerseits informativ genug wären, um eine Untersuchung des Spracherwerbs über die ersten Stufen hinauszuführen, andererseits aber nicht allzusehr auf die spezifische Struktur der Sprache rekurrieren.

Wenn sich solche Fragen wie diese beantworten ließen, so könnten wir vielleicht eine realistischere Theorie des Spracherwerbs entwickeln. Diese könnte ergeben, daß wir mit unserer vereinfachenden Annahme (nämlich daß der Mechanismus für den Spracherwerb extensional ist und einen Ein-Stufen-Prozeß darstellt) völlig falsch lagen. Daraus würde dann folgen, daß auch die bezüglich der Universalen Grammatik gemachten Schlußfolgerungen modifiziert werden müßten.

Um es gleich offen zu sagen: Ich gebe zu, daß unsere vereinfachende Annahme offenkundig falsch ist, bezweifle aber, daß sich daraus für die Gültigkeit der auf dieser Annahme aufbauenden Analyse signifikante Konsequenzen ergeben. Wenn unsere ursprüngliche Annahme die Situation wirklich schwer verfälscht, wenn es wesentlich verschiedene Stufen mit fundamental verschiedenen LT_i's gibt, wenn diese in einer relevanten Weise intensional sind, und wenn zudem der Charakter von LT_i signifikant von bereits erlangten Grammatiken (oder anderen kognitiven Strukturen) abhängt, dann würden wir erwarten, daß sich im Resultat des Spracherwerbs wesentliche Unterschiede finden lassen, die von solchen Faktoren wie der Anordnung der Daten, dem Zeitpunkt ihres Auftretens usw.

abhängen. Wir finden aber nichts dergleichen – zumindest nicht auf der Präzisionsebene, die mit Hilfe des derzeit verfügbaren analytischen Instrumentariums erreichbar ist. Auch unsere alltägliche Erfahrung legt keine derartigen Unterschiede nahe. Trotz beträchtlicher Verschiedenheiten in unseren jeweiligen Lernerfahrungen können wir ohne Schwierigkeiten (auf der für diese Diskussion relevanten Kommunikationsebene) miteinander kommunizieren; nichts deutet darauf hin, daß wir fundamental verschiedene Sprachen sprechen. Es scheint, daß die erlangte kognitive Struktur (die Grammatik), bezüglich derjenigen Faktoren, die bei einer Realisierung der eben skizzierten Möglichkeiten zu enormen Unterschieden führen würden, keine große (wenn überhaupt irgendeine signifikante) Varianz aufweist. Dies scheint innerhalb ziemlich weitgefaßter Grenzen zu gelten. Solche Prinzipien der Universalen Grammatik wie das der Strukturabhängigkeit und andere kompliziertere Prinzipien scheinen gegenüber einer Variabilität in diesen Faktoren immun zu sein.

Bei den erlangten stabilen Zuständen gibt es also anscheinend eine auffallende Einheitlichkeit, obwohl die jeweiligen Lernbedingungen stark variieren. Diese Tatsachen lassen vermuten, daß unsere ursprüngliche Idealisierung mit ihrer falschen Annahme über einen extensionalen Ein-Stufen-Prozeß des Lernens dennoch legitim war und für eine ernsthafte Untersuchung der menschlichen kognitiven Kompetenz durchaus eine angemessene Basis abgeben kann. Zweifellos wird diese Idealisierung auf einer bestimmten Stufe der Untersuchungen zu modifizieren sein; es dürfte jedoch ernsthaft zu bezweifeln sein, daß diese Stufe bei der Erforschung der sprachlichen Kompetenz und der Universalen Grammatik bereits erreicht ist. Diese, lediglich mit Hilfe von qualitativen Begriffen formulierten Schlußfolgerungen sind nicht sehr präzise; zudem dürfte das Datenmaterial, auf dem sie beruhen, kaum zwingend sein. Dennoch scheinen sie mir beim jetzigen Wissensstand ganz vernünftig zu sein. Je nachdem, wie stark die vereinfachende Annahme über den extensionalen Ein-Stufen-Prozeß des Lernens revidiert werden muß, müssen wir auch die oben formulierte »Hypothese der Angeborenheit« entsprechend komplizieren, die Hypothese nämlich, nach der die Theorie der Universalen Grammatik eine angeborene Eigenschaft des Geistes darstellt. Mit diesen keineswegs zwingenden Schlußfolgerungen will ich dieses Thema verlassen. Weitere konkrete Vorschläge sind leider ziemlich begrenzt, obwohl sie nicht völlig fehlen (s. Anm. 50).

Ich habe hier den Versuch unternommen, die Sprache (zumindest begrifflich) innerhalb eines allgemeinen, durch die angeborenen Fähigkeiten des Geistes determinierten Systems der kognitiven Fähigkeit anzusiedeln und zu zeigen, wie ein ganz bestimmter empirischer Untersuchungsansatz zu einem besseren Verständnis der angeborenen Sprachfähigkeit führen könnte. Ob sich nun die hier skizzierten Vorschläge bei einer präziseren Formulierung auch in Zukunft vertreten lassen und durch weitere Untersuchungen bestätigt werden können oder nicht, die aufgeworfenen Fragen scheinen mir jedenfalls auf die relevanteren Probleme in dem Untersuchungsbereich hinzuweisen, der gelegentlich mit dem irreführenden Namen »Lerntheorie« belegt wird.

Untersuchungen der Sprache gehören ganz natürlich zur Humanbiologie. Die Sprachfähigkeit, die sich in der menschlichen Vorgeschichte irgendwie entwickelt hat, ermöglicht das erstaunliche Phänomen des Spracherwerbs, setzt aber auch unausweichlich bestimmte Grenzen für die Arten von Sprache, die auf normale Art und Weise erworben werden können. In Interaktion mit anderen Fähigkeiten des Geistes ermöglicht sie den kohärenten und kreativen Gebrauch der Sprache in einer Weise, die wir zwar gelegentlich beschreiben können, die zu verstehen wir aber bisher kaum auch nur angefangen haben.

Wenn wir bei unseren Untersuchungen davon ausgehen, daß der Mensch ein in der Welt der Natur lebender Organismus ist, so dürfte der hier skizzierte Ansatz völlig vernünftig sein. Angesichts der Rolle, die die Sprache im menschlichen Leben und vermutlich auch in der Evolution der Menschen spielt, und in Anbetracht der engen Beziehungen zwischen Sprache und sogenanntem Common Sense Verständnis, wäre es nicht sehr überraschend, wenn wir entdeckten, daß auch anderen Systemen innerhalb der kognitiven Fähigkeit etwas vom Charakter der Sprachfähigkeit und deren Produkten anhaftet. Wir sollten vorwegnehmend sagen, daß auch diese anderen kognitiven Systeme den geistigen Errungenschaften des Menschen bestimmte Grenzen setzen, und zwar vermittels eben der Struktur, durch die uns die Erlangung reicher und umfassender Systeme von Überzeugungen und Wissen, von Einsichten und Erkennen zuallererst ermöglicht wird. Ich habe dieses Thema im Zusammenhang mit der »wissenschaftsbildenden Fähigkeit« (was immer das auch sein mag) bereits kurz angeschnitten.

Ich möchte nochmals betonen, daß ein Naturwissenschaftler diese Vermutungen überhaupt nicht überraschend finden dürfte. Sie stimmen vielmehr voll mit dem überein, was über die Arbeitsweise des Gehirns in anderen Bereichen bekannt ist, etwa bei der Konstruktion des visuellen Raumes, oder allgemeiner, unserem Begriff des physikalischen Raumes und der in ihm befindlichen Gegenstände. Zudem ist etwas Derartiges, wie von einer Reihe von Biologen hervorgehoben wurde, aufgrund einfacher Merkmale der Evolution zu erwarten. Den Verhaltensforscher Lorenz[52] zitierend, weist G. Stent darauf hin, daß darwinistische Überlegungen eine »biologische Fundierung« für eine Art kantianischer Erkenntnistheorie liefern, betont des weiteren aber auch, daß diese Überlegungen zum evolutionären Ursprung des Gehirns nicht nur erklären, »warum unsere angeborenen Begriffe ein Bild der Wirklichkeit liefern, sondern auch [erklären], warum diese Begriffe nicht mehr so gut funktionieren, wenn wir die Wirklichkeit in ihren tiefsten wissenschaftlichen Aspekten zu begreifen versuchen«, womit diese Begriffe vielleicht »einem unbegrenzten wissenschaftlichen Fortschritt eine Grenze setzen«[53]. Der Grund dafür ist nun einfach der, daß es eben keinen Grund für die Annahme gibt, daß uns die durch die Evolution erworbenen Fähigkeiten in die Lage versetzen, »die Wirklichkeit in ihren tiefsten wissenschaftlichen Aspekten zu begreifen«. Stent weist zudem warnend darauf hin, wie wichtig es sei, »dieser grundsätzlichen epistemologischen Begrenzung der menschlichen Wissenschaften die gebührende Beachtung zu schenken, und sei es auch nur, um sich gegenüber den psychologischen oder soziologischen Vorschriften derer abzusichern, die so tun, als verfügten sie bereits über ein wissenschaftlich fundiertes Verständnis des Menschen.« Eine Warnung, über die wir nicht hinweggehen sollten – zumal in einer Zeit, in der das ganze pseudowissenschaftliche Gehabe den Bedürfnissen der herrschenden Zwangsideologien weitgehend entgegenkommt.[54]

Man beachte, daß diese mir ganz natürlich erscheinenden Ansichten über den Bereich und die Grenzen unseres Wissens dem menschlichen Fortschritt keine endlichen Grenzen setzen. Die ganzen Zahlen bilden eine unendliche Menge, sie erschöpfen aber nicht die reellen Zahlen. Ebenso sind auch der Entwicklung der menschlichen Fähigkeiten keine Grenzen gesetzt; gewissen durch unsere biologische Natur auferlegten Grenzen können wir jedoch nicht entkommen. Es gibt vermutlich keinen kognitiven Bereich, auf den derartige Feststellungen nicht zutreffen.

Angenommen, die gesellschaftlichen und materiellen Bedingungen, die eine freie Entwicklung des Geistes verhindern, werden zumindest für eine hinreichend große Bevölkerungsgruppe aufgehoben. Die Naturwissenschaften, die Mathematik und die Künste würden dann in Blüte stehen; sie würden die Grenzen der kognitiven Fähigkeit zu erreichen suchen. An diesen Grenzen finden sich, wie bereits bemerkt, unterschiedliche Formen des intellektuellen Spiels; unter den Individuen, die innerhalb des Bereichs der kognitiven Fähigkeit kaum variieren, kommt es zu signifikanten Differenzierungen. Nähert sich der kreative Geist den Grenzen der kognitiven Fähigkeit an, so dürften nur noch ganz wenige zu den entsprechenden wissenschaftlichen und künstlerischen Schöpfungsakten fähig sein. Aber nicht nur dies – die wissenschaftlichen und künstlerischen Produkte selbst würden wohl nur noch von ganz wenigen richtig wahrgenommen und verstanden werden können. Wenn kognitive Bereiche in ihrer Komplexität und ihrem potentiellen Bereich auch nur grob vergleichbar sind, könnte es in unterschiedlichen Bereichen mehr oder weniger gleichzeitig zu einer Annäherung an derartige Grenzen und damit zu einer »Krise des Modernismus« kommen. Eine solche Krise wäre gekennzeichnet durch erheblich reduzierte Rezeptionsmöglichkeiten für die Schöpfungen des kreativen Geistes, eine Vermischung des Unterschieds zwischen Kunst und reinem Spiel, sowie durch eine erhebliche »Professionalisierung« des intellektuellen Lebens, eine »Professionalisierung«, die nicht nur die betrifft, die selbst kreative Arbeit produzieren, sondern auch ihre potentiellen Adressaten. Es dürfte zu erwarten sein, daß sich das spielerische Brechen von Konventionen, die letztlich in der menschlichen kognitiven Fähigkeit selbst begründet sind, auf dieser Stufe der kulturellen Evolution praktisch zu einer eigenen Kunstform entwickelt. Möglicherweise hat sich etwas Derartiges in der jüngsten Zeit abgespielt. Auch wenn solche Spekulationen korrekt sein sollten, sie würden uns doch nicht soweit führen zu bestreiten, daß es sicherlich noch ein enorm großes kreatives Potential gibt, das bislang nicht erforscht worden ist; des weiteren dürften uns derartige Spekulationen auch nicht die Tatsache übersehen lassen, daß materielle Entbehrungen und repressive Gesellschaftsstrukturen diese Fragen für den größten Teil der Menschheit akademisch, wenn nicht gar obszön erscheinen lassen. Wie Marx in seinen frühen Manuskripten in Anlehnung an Humboldt schrieb: »Tiere produzieren nur unter dem Zwang unmittelbarer körperlicher Bedürfnisse; der Mensch dagegen produziert auch dann, wenn er frei von solchen Bedürfnissen ist, ja eigentlich nur dann, wenn er von ihnen frei ist.« Nach diesem Kriterium hat für den größten Teil der Menschheit die Humangeschichte noch kaum begonnen.

Wenn der oben skizzierte Ansatz zu einer Untersuchung der kognitiven Fähigkeit adäquat ist, so können wir hoffen, eine Theorie der menschlichen Natur in ihren psychologischen Aspekten entwickeln zu können. Daß eine solche Theorie überhaupt möglich ist, wurde oft negiert. Eine solche Negation steckt z. B. indirekt in der scholastischen Lehre, wonach der Geist nichts enthält, was über die ihm von den Sinnen gelieferten Dinge hinausgeht. Eine ähnliche Schlußfolgerung kann man in die verschiedenen Versuche der Neuzeit hineinlesen, die menschliche Vernunft und den Bereich der menschlichen Intelligenz auf die Schwäche unserer Instinkte zurückzuführen, eine Idee, die mindestens bis auf Herder zurückverfolgt werden kann. (Vgl. Chomsky (1966/dtsch. 1971), S. 13 ff./18 ff.) Die empiristische und die spätere behavioristische Psychologie basieren durchwegs auf der Lehre, daß es eine nicht-triviale Theorie der menschlichen Natur gar nicht gibt, genauer gesagt, daß sich eine solche Theorie auf die Organe unseres Körpers beschränkt – ausgenommen allein diejenigen Teile des Gehirns, die bei den höheren geistigen Funktionen involviert sind. Auf einige Konsequenzen dieser Theorie werde ich gleich noch zurückkommen.

Es dürfte nicht unfair sein, wenn ich behaupte, daß diese empiristischen Ansichten dort am plausibelsten sind, wo wir am wenigsten wissen. Je mehr wir über einige Aspekte des menschlichen Erkennens herausfinden, desto weniger vernünftig scheinen diese Ansichten zu sein. Zum Beispiel würde heute wohl niemand mehr behaupten wollen, daß sich die Konstruktion unseres Wahrnehmungsraumes nach empiristischen Maximen richtet. Dasselbe gilt meines Erachtens auch für die Sprachfähigkeit, die mit der wesentlichen Natur der menschlichen Spezies noch enger verknüpft ist. Ich vermute, daß sich die empiristische Position bezüglich der höheren geistigen Funktionen mit einem weiteren Fortschreiten der Wissenschaften, was das Verstehen der kognitiven Fähigkeit und deren Beziehungen zu physischen Strukturen angeht, letztlich in Nichts auflösen wird.[55]

Die Thesen des Empirismus sind oft so vorgetragen worden, als würde es sich nicht um Spekulationen, sondern um bewiesene Tatsachen handeln, so als müßten sie einfach wahr sein bzw. als wäre ihre Wahrheit bereits erwiesen. Solche Thesen sind nach ihrem jeweiligen Wert zu beurteilen; stellt sich aber heraus, daß sie sich durch nichts begründen lassen, sie ganz einfach falsch sind oder schwerwiegende Übertreibungen darstellen – und eben dies trifft bei ihnen allen, wie ich glaube, nachweislich zu –, dann ist es angebracht, anderswo nach einer Erklärung dafür zu suchen, wie sie derart suggestiv sein konnten.

Das Festhalten der Humanwissenschaften an der empiristischen Doktrin ist zum Teil eine Reaktion auf den spekulativen Charakter früherer Ansätze, eine Reaktion auf deren Mangel an einer starken empirischen Fundierung. Sicher galt dies für die Erforschung der Sprache. Dennoch liegt hier ein offenkundiger Fehlschluß vor. Wir können durchaus zugeben, daß die klassischen rationalistischen als auch die klassischen empiristischen Lehren so umformuliert (bzw. vielleicht so ergänzt) werden sollten, daß sie empirischen Tests direkter unterworfen werden können, und daß die Gültigkeit dieser Lehren soweit wie möglich durch Heranziehung empirischer Daten bestimmt werden sollte. Die Begründer dieser traditionellen Theorien hätten mit diesem Prinzip wohl keine Schwierigkeiten gehabt. Descartes, Hume und Kant mühten sich mit Problemen an den Grenzen der wissenschaftlichen Erkenntnis ab, mit Problemen, die sowohl begrifflicher als auch empirischer Natur waren; ihre theoretischen Spekulationen suchten sie dabei durch ein Arsenal von Fakten zu rechtfertigen, das so umfassend gehalten war, wie nur irgendwie möglich. (Vgl. Kp. IV, S. 264 ff.) Nun dürfen wir aber aus einem berechtigten Streben nach empirischer Bestätigung nicht auf eine Bindung an die empiristische Doktrin schließen. Vielmehr müssen die empiristischen wie die rationalistischen Theorien in eine Form gebracht werden, die sie einer empirischen Bestätigung zugänglich macht. Diese Aufgabe scheint in beiden Fällen gleichermaßen schwer zu sein. Ich wollte mit meinem Versuch zeigen, wie diese Theorien tatsächlich so umformuliert werden können, ohne daß dadurch gewisse fundamentale Leitideen verletzt werden (obgleich andere aufgegeben werden müssen); des weiteren vertrat ich die These, daß wir, wo wir auch nur über einen Schimmer von Erkenntnis verfügen, zu

Theorien geführt werden, die ihrer Art nach entschieden rationalistisch sind.

Nun kann jedoch der Konflikt zwischen rationalistischen und empiristischen Theorien sowie der Einfluß der letzteren auf den Geist der Moderne nicht allein durch Rekurs auf die eben erwähnten »immanenten« Gründe erklärt werden. Wie H. Bracken (1973a) hervorhob:

> Sowohl die Empirismus/Rationalismus-Debatten des siebzehnten Jahrhunderts *als auch* die von heute sind Auseinandersetzungen zwischen verschiedenen Wertsystemen oder Ideologien. Von daher die Heftigkeit, die für diese Diskussionen so charakteristisch ist.

Die strittigen Themen haben sich seit dem siebzehnten Jahrhundert geändert, obwohl sich durchaus einige Linien durchgehalten haben mögen. Diese Themen, wie die Konflikte selbst, können – und das kompliziert die Sache weiterhin – unter ganz verschiedenen Aspekten gesehen werden; es lassen sich bei ihnen zahlreiche Dimensionen unterscheiden. Der gesellschaftliche und ideologische Hintergrund war jedoch, wie schon oft vermerkt wurde, stets kritisch. Wie J. Yolton zeigen konnte, entwickelte Locke seine Erkenntnistheorie primär für die religiösen und moralischen Debatten seiner Zeit; »der Streit zwischen Locke und seinen Kritikern (bezüglich des Problems der angeborenen Ideen) ging im wesentlichen um die Gründe bzw. Fundamente der Moral und der Religion« (Yolton (1956), S. 68). Die ganze Neuzeit hindurch, um von früheren Epochen gar nicht zu reden, bilden solche Fragen den Hintergrund für sonst völlig unzugänglich erscheinende philosophische Kontroversen. Worum es in diesen Kontroversen geht, läßt sich oft eben mit Hilfe derartiger Fragen erklären.

Der klassische Britische Empirismus stand am Anfang in einer oft recht heilsamen Opposition zu religiösem Obskurantismus und zu reaktionären Ideologien. Seine damalige wie heutige Attraktivität beruht vielleicht zum Teil auf der Annahme, daß er eine Vision des unbegrenzten Fortschritts zu bieten hat und damit in Gegensatz zu der pessimistischen

Doktrin steht, wonach der Mensch Sklave einer unveränderbaren Natur ist, die ihn zu geistiger Knechtschaft, materiellem Mangel, und für ewige Zeiten zu festgefügten repressiven Institutionen verdammt. Somit könnte der Empirismus als eine Lehre des Fortschritts und der Aufklärung verstanden werden.

Dies ist vielleicht auch der Grund dafür, weshalb die empiristische Ideologie das marxistische Denken derart beeinflussen konnte, ein Einfluß, der oft in den extremsten Formen Ausdruck gefunden hat. Gramsci ging sogar so weit zu behaupten, daß »die durch den Marxismus in die Politik und die Geschichtswissenschaften eingebrachte fundamentale Innovation in dem Beweis besteht, daß es keine abstrakte, festgelegte und unveränderbare »menschliche Natur« gibt – sondern daß die menschliche Natur nichts anderes ist als die »Totalität der geschichtlich determinierten gesellschaftlichen Beziehungen« (Gramsci (1957)) –, eine Behauptung, die sicherlich insofern falsch ist, als es keinen derartigen Beweis gibt. Zudem stellt sie eine fragwürdige Interpretation von Marx dar. L. Malson behauptet in seiner Einleitung zu J. Itards Arbeit über den Wolfsjungen von Aveyron kategorisch, daß »die Vorstellung, daß der Mensch keine eigene Natur hat, heutzutage außer Frage steht«; die These, daß der Mensch »eine Geschichte hat bzw. vielmehr Geschichte ist« und nichts weiter, »ist jetzt die explizite Annahme aller zeitgenössischen Hauptströmungen des Geisteslebens«, nicht nur des Marxismus, sondern auch des Existentialismus, des Behaviorismus und der Psychoanalyse. Auch Malson ist der Ansicht, daß »bewiesen« worden sei, daß der Ausdruck »menschliche Natur« »völlig sinnlos« ist. Seine eigene Kritik der »psychologischen Vererbung« zielt darauf ab, »den Begriff der menschlichen Natur ... zu zerstören«; er will daher zeigen, daß es keine »(im Embryo vorhandenen) mentalen Prädispositionen gibt, die der Spezies oder dem Menschen im allgemeinen gemeinsam sind«. Sicher, es gibt vererbte biologische Merkmale, aber nicht in dem Bereich, in dem der Mensch »seine spezifisch menschlichen Eigenschaften aufweist.« »Das Natürliche im Menschen stammt von angeborenem Erbe, das Kulturelle von seinem erworbenen Erbe« – ein »psychologisches Erbe« gibt es nicht (Malson (1972), S. 9-12, 35).

Derartige Behauptungen sind für die Ansichten von Vertretern der Linken nicht untypisch, eine Tatsache, die nach einer Erklärung verlangt, da es ganz offensichtlich kein zwingendes Argument zu ihrer Begründung gibt. Die Erklärung ist, wie ich glaube, die, die eben gegeben wurde: Man nimmt einfach an, daß die empiristische Doktrin von Grund auf »progressiv« ist, wie sie es in einer früheren Zeit unter gewissen Aspekten ja auch tatsächlich gewesen ist.

Es gibt eine Reihe voneinander ganz unabhängiger Fragestellungen, die man klar auseinanderhalten muß, wenn man sich eine Doktrin ansieht, die als eine Theorie der menschlichen Natur bzw. des Fehlens einer jeden derartigen distinktiven Natur vorgebracht wird. Ist sie korrekt oder zumindest plausibel? Welche gesellschaftlichen und politischen Implikationen hatte sie in gewissen historischen Zusammenhängen? Wie wurden diese Implikationen verstanden? Inwiefern trugen diese Implikationen (sofern sie überhaupt verstanden wurden) durch ihre jeweilige Aufnahme zur Rezeption der Doktrin selbst bei? Was erfahren wir dadurch über die Ansichten derer, die diese Doktrin verfechten? All diese Fragen stellen sich, wenn man sich die Verteidigung empiristischer Prinzipien durch die revolutionäre Linke ansieht, insbesondere die Verteidigung der Doktrin, wonach die menschliche Natur nichts weiter als nur ein geschichtliches Produkt ist und einer gesellschaftlichen Veränderung somit weder irgendwelche Grenzen auferlegt noch auch nur eine bevorzugte Richtung weist.

Ich habe bisher lediglich die Frage der Wahrheit und der Plausibilität der empiristischen Lehre diskutiert; von beidem besitzt sie meines Erachtens nur wenig. Als ein Problem der Geistes- und der Sozialgeschichte gesehen, ist die Sachlage sehr komplex. Der Empirismus fungierte in der Tat als eine Doktrin des Fortschritts und der Aufklärung. Er ist eng mit dem Gedankengut des klassischen Liberalismus verknüpft, der unfähig war, das Zeitalter des Industriekapitalismus zu überleben.⁵⁶ Was an der klassischen Lehre des Liberalismus noch von Wert ist, findet sich heute in seiner signifikantesten Form in den liberalistisch-sozialistischen Vorstellungen von den Menschenrechten und der Organisation der Gesellschaft. Der Empirismus gewann seinen Einfluß in Verbindung mit einer Theorie des »Besitzindividualismus«, der ein wesentlicher Bestandteil des Frühkapitalismus war;⁵⁷ er entstand in der Zeit des Imperialismus, begleitet von (man könnte beinahe sagen »resultierend in«) einer rassistischen Ideologie. Von Bracken wird die These vertreten, daß

sich der Rassismus ohne allzu große Schwierigkeiten formulieren läßt, wenn man sich den Menschen in Übereinstimmung mit den empiristischen Lehren vorstellt. Das Wesen des Menschen kann man dann nämlich in seiner Hautfarbe, seiner Sprache, seiner Religion etc. sehen; das dualistische Cartesianische Modell hingegen blockte die Artikulierung der Rassendiskriminierung und der Sklaverei ... zum Teil bereits auf der begrifflichen Ebene ab. [1973b] ... Der Empirismus versieht uns mit einem Modell des Menschen, bei dem Hautfarbe, Geschlecht, Sprache, Religion etc. als wesentlich angesehen werden können, ohne daß, wie beim Cartesianismus, solche Annahmen wie die, daß der Geist des Menschen farbig sei, als logisch unsinnig ausgeschlossen werden. [(1974), S. 158]

Bracken zeigt des weiteren, daß »die Beziehung zwischen Empirismus und Rassismus eine historische ist«, nicht in dem Sinne, daß es zwischen beiden eine logische Verknüpfung gibt, sondern insofern, als der Empirismus die Ausdrückbarkeit rassistischer Ideologien erleichterte, von Ideologien, die sich den von Berufs wegen am Aufbau des Kolonialsystems mitwirkenden Philosophen als ganz natürlich aufdrängen mußten (Bracken, 1973 b). Bracken entwickelte auch die These, daß

der Anti-Induktionismus und Anti-Empirismus des Cartesianismus mit dem Streben nach menschlicher Freiheit verknüpft sind. Allgemeiner, das rationalistische Modell des Menschen plädiert für einen aktiven und kreativen Geist, der dem »Inneren« weder von »außen her« eingegeben wird noch auch nur als formbar betrachtet wird. ... Das Cartesianische Denken ist ein ganz dezidierter Versuch einer Verteidigung der Menschenwürde. ... [Im Gegensatz hierzu] ist die empiristische Theorie der unbeschriebenen Tafel ein Modell der Manipulation. ... [(1974), S. 16, 156; (1973 b)]

Ich glaube, daß diese Beobachtung sowohl aus begrifflichen wie aus historischen Gründen korrekt ist. Was die letzteren betrifft, so habe ich bereits an anderer Stelle einiges über die Cartesianischen Wurzeln der Rousseauschen Opposition gegen Tyrannei, Unterdrückung und etablierte Autoritätsstrukturen gesagt; denselben Wurzeln entstammt, aus einem größeren Abstand betrachtet, auch Kants Verteidigung der Freiheit, Humboldts vorkapitalistischer Liberalismus mit seiner Betonung des menschlichen Grundbedürfnisses nach freier Entfaltung unter Bedingungen freiwilliger Zusammenschlüsse, und Marxens Kritik an der entfremdeten Arbeitsteilung, die aus dem Menschen eine Maschine macht und ihn seines »Artmerkmals« der »freien und bewußten Betätigung« und des in Kooperation mit seinen Artgenossen gelebten »produktiven Lebens« beraubt (vgl. Chomsky (1973 b), Kp. 8, 9).

Eine ähnliche Argumentation wurde von E. Wood entwickelt. Sie ist der Ansicht, daß Kants Angriff auf gewisse Aspekte der Erkenntnistheorie »nicht einfach eine erkenntnistheoretische Haarspalterei darstellt, sondern vielmehr eine folgenreiche Diskussion der Natur der menschlichen Freiheit beinhaltet«, und daß sich die Arbeiten von Marx zum Teil als ein Versuch verstehen lassen, »dem Kantischen Begriff von Freiheit als Tätigkeit des Selbst einen konkreten Ausdruck zu verleihen.« »Bei der Kontroverse um die Natur des Geistes«, so bemerkt sie richtig, »geht es weitgehend um die Frage, welchen Platz der Mensch in der natürlichen Ordnung einnimmt.« Die Frage, ob »der Geist des Menschen einfach als ein Rad im Mechanismus der Natur anzusehen« ist, wie der Empirismus behauptet, oder als »eine kreative, bestimmende Kraft«, diese wesentliche Frage stellt sich im Kontext der Auseinandersetzung über die verschiedenen Modelle des Geistes immer wieder (Wood (1972), S. 29, 28, 174).

Kant beschrieb »den Hang und Beruf zum *freien Denken*« als »den Keim, für den sie [die Natur] am zärtlichsten sorgt«.[58]

Ein Bemühen um dieses »Speziesmerkmal« liegt dem ganzen Cartesianischen Denken zugrunde und belebt eine geistige Tradition (und nicht nur *eine*), die sich zum Teil daraus ableitet, sich jedoch nicht auf unseren Hang und Beruf zu freiem Denken beschränkt, vielmehr auch die Notwendigkeit einer freien und kreativen Produktion bekräftigt, sowie die Notwendigkeit, unsere Möglichkeiten voll zu realisieren, sich gegen Unterdrückung zu erheben, und die Kontrolle über die Institutionen des ökonomischen, politischen und gesellschaftlichen Lebens zu übernehmen.

Die Theorie, wonach der menschliche Geist anfänglich unstrukturiert und beliebig formbar ist, und wonach die menschliche Natur ganz und gar ein gesellschaftliches Produkt darstellt, wurde oft mit progressiven, ja sogar revolutionären gesellschaftlichen Vorstellungen in Verbindung gebracht, während Spekulationen über den Instinkt des Menschen oft einen konservativen und pessimistischen Beigeschmack hatten. Man kann leicht sehen, warum Reformer und Revolutionäre radikale Verfechter der Umwelttheorie werden; und es besteht kein Zweifel daran, daß die Auffassung von einer unveränderbaren menschlichen Natur zur Errichtung von Barrieren gegenüber jeglicher gesellschaftlicher Veränderung wie auch zur Verteidigung etablierter Privilegien dienen kann und auch tatsächlich gedient hat.

Bei näherer Betrachtung werden wir jedoch sehen, daß der Begriff eines »leeren Organismus«, eines Organismus, der beliebig formbar ist und noch keine Struktur besitzt, nicht nur falsch ist, sondern naturgemäß auch als Stütze für die reaktionärsten Gesellschaftsdoktrinen fungiert. Wenn der Mensch tatsächlich beliebig formbar ist und keine wesentliche psychologische Natur besitzt, warum sollte er dann nicht von denen kontrolliert und unterdrückt werden, die Autorität, spezielles Wissen, sowie ein unvergleichlich gutes ›Augenmaß‹ für das in Anspruch nehmen, was für die weniger Aufgeklärten angeblich am besten ist? Die empiristische Lehre läßt sich ohne weiteres in eine Ideologie für eine elitäre Partei umformen, die sich die Autorität anmaßt, die Massen in eine Gesellschaft zu führen, in der die »rote Bürokratie« am Ruder ist, vor der Bakunin so gewarnt hat – genauso leicht aber auch in eine Ideologie für die liberalen Technokraten oder die Verwaltungsmanager, die die wichtigsten Entscheidungen in den Institutionen der staatskapitalistischen Demokratie monopolisieren und, um einen treffenden Ausdruck Bakunins zu gebrauchen, die Leute mit ihrer eigenen Rute schlagen.

Das Prinzip, daß die menschliche Natur in ihren psychologischen Aspekten nichts weiter ist als ein Produkt der Geschichte und gegebener gesellschaftlicher Verhältnisse, dieses Prinzip öffnet einer jeden Anwendung von Gewalt sowie einer jeden Manipulation von seiten der Mächtigen Tür und Tor. Auch dies dürfte meines Erachtens ein Grund dafür sein, daß dieses Prinzip für intellektuelle Ideologen, welcher politischen Couleur auch immer, eine derartige Anziehungskraft besitzt. Ich habe an anderer Stelle[59] die auffallende Ähnlichkeit der von den autoritären Sozialisten und den Ideologen des Staatskapitalismus entwickelten Doktrinen erörtert, den Doktrinen derer also, die »eine säkularisierte Priesterkaste bilden, die für sich – unter Berufung auf ihre außerordentlichen Kenntnisse sowohl von der Natur des Menschen als von der Natur der Dinge überhaupt – die absolute spirituelle wie rechtliche Autorität in Anspruch nehmen« (Berlin (1972)), der »neuen Klasse«, der technologischen Intelligentzia, die da hofft, »das Reich der wissenschaftlichen Intelligenz, das aristokratischste, despotischste, arroganteste und elitärste aller Regime« herbeizuführen.[60] Die Doktrin des »leeren Organismus« zu akzeptieren, ist für sie am allernatürlichsten.

Kreativität setzt ein System von Regeln und Formen voraus, ein System, das zum Teil durch die für den Menschen wesentlichen Fähigkeiten determiniert wird. Ohne solche Beschränkungen gibt es nur willkürliches und zufälliges Verhalten, keine kreativen Akte. Ebenso leiten sich auch die Konstruktionen des Common Sense und der Wissenschaften aus Prinzipien ab, die auf der Struktur des menschlichen Geistes basieren. Es wäre dementsprechend also ein Irrtum, wenn man sich die menschliche Freiheit nur als ein Fehlen von Beschränkungen vorstellte. Bakunin bemerkte einmal, daß »die Gesetze unserer eigenen Natur ... die Grundlage unseres Seins sind« und »die tatsächliche Bedingung und Wirkursache unserer Freiheit« darstellen. Eine liberalistische Gesellschaftstheorie wird diese Gesetze zu bestimmen und auf ihnen einen Begriff der gesellschaftlichen Veränderung und deren unmittelbare und längerfristige Ziele zu begründen suchen. Wird die menschliche Natur tatsächlich durch Bakunins »Instinkt für die Revolte« bzw. durch das »Speziesmerkmal« regiert, auf welchem Marx seine Kritik der entfremdeten Arbeit aufbaute, dann muß es einen ständigen Kampf gegen autoritäre Gesellschaftsstrukturen geben, die dem Menschen über die durch die »Gesetze unserer eigenen Natur« festgelegten Beschränkungen hinaus noch weitere Beschränkungen auferlegen. Die Forderung nach diesem ständigen Kampf wird seit langem von authentischen revolutionären Intellektuellen und Aktivisten erhoben.

Mir scheint es vernünftig, von der folgenden Annahme auszugehen: Genau wie immanente Strukturen des Geistes der Entwicklung kognitiver Strukturen zugrunde liegen, genauso liefert ein »Speziesmerkmal« den Rahmen für die Entwicklung des moralischen Bewußtseins, der kulturellen Leistungen, ja sogar der Partizipation an einer freien und gerechten Gemeinschaft. Sicher, es ist ein großer intellektueller Sprung von Beobachtungen, die man am Anfang seiner moralischen Entwicklung macht, zu speziellen Schlußfolgerungen über die Gesetze unserer Natur und die Bedingungen für deren Erfüllung – etwa zu der Schlußfolgerung, daß die menschlichen Bedürfnisse und Fähigkeiten ihren umfassendsten Ausdruck in einer Gesellschaft freier und kreativer Werktätiger finden werden, die in einem System freier Zusammenschlüsse arbeiten, in dem »alle Fesseln der menschlichen Gesellschaft« durch »soziale Bindungen« ersetzt sind.[61] Es gibt eine wichtige geistige Tradition, die in dieser Hinsicht einige interessante Positionen aufzuweisen hat. Diese Tradition leitet sich von den empiristischen Ideen von Fortschritt und Aufklärung ab; noch tiefere Wurzeln dürfte sie freilich in den rationalistischen

Bemühungen um eine Theorie der menschlichen Freiheit besitzen. Die in dieser Tradition entwickelten Ideen mit wissenschaftlichen Methoden zu erforschen, zu vertiefen und, falls möglich, zu konkretisieren, dies ist eine fundamentale Aufgabe für eine jede liberalistische Gesellschaftstheorie. Ob weitere Untersuchungen zu Problemen führen werden, die man angehen kann, oder ob sie zu Rätseln führen, die uns lediglich verwirren, dies kann uns nur die Zukunft zeigen.
Gelingt dieses Unternehmen, so ist dadurch Bertrand Russells pessimistische Bemerkung widerlegt, wonach der Mensch durch seine eigenen »Leidenschaften und Instinkte« am Genuß der Güter der durch die menschliche Vernunft erreichbaren »wissenschaftlichen Kultur« gehindert wird (Russell (1924)), zumindest wenn wir »Leidenschaften und Instinkte« (in Anlehnung an gelegentliche Verwendungen dieser Termini durch Russell selbst) so verstehen, daß damit auch die »Instinkte« erfaßt sind, auf denen die Leistungen des kreativen Geistes wie auch der »Instinkt für die Revolte« gegen oktroyierte Autoritäten – ein in gewissem Maße allgemeines Merkmal des Menschen – beruhen. Ein Erfolg dieses Unternehmens könnte zeigen, daß sich mithilfe dieser Leidenschaften und Instinkte doch noch zum Abschluß bringen läßt, was Marx die »Vorgeschichte der menschlichen Gesellschaft« genannt hat. Nicht länger durch auf Konkurrenz angelegte, autoritäre Gesellschaftsstrukturen unterdrückt und verzerrt, könnten diese Leidenschaften und Instinkte eine neue wissenschaftliche Kultur einleiten, in der die »animalische Natur« transzendiert wird und die menschliche Natur sich wirklich zu ihrer vollen Blüte entfalten kann.

Zweiter Teil

IV Probleme und Rätsel

Ich möchte grob zwei Arten von Fragestellungen unterscheiden, die bei einer jeden Reflexion über Sprache und Geist auftauchen dürften: Fragen, die durch einigermaßen geklärte Ansätze und Begriffe erfaßbar zu sein scheinen – ich will sie »Probleme« nennen –, und Fragen, die für uns auch heute noch genauso undurchsichtig sind wie zu der Zeit, als sie zum erstenmal formuliert wurden – die »Rätsel«, wie ich sie im folgenden nennen werde. In dieser Unterscheidung spiegelt sich zum Teil eine subjektive Bewertung dessen wider, was mit Hilfe von vor nicht allzu langer Zeit entwickelten Ideen bisher erreicht werden konnte bzw. was mit ihnen erst noch erreicht werden könnte. Wo andere nur Rätsel, Inkohärenzen und Konfusionen sehen, scheinen mir die Dinge ziemlich klar und einfach zu sein – und umgekehrt.

Zu den Problemen gehören folgende Fragen: Welche kognitiven Strukturen werden speziell im Fall des Spracherwerbs von den Menschen auf der Grundlage ihrer Erfahrung ausgebildet? Worauf gründet sich der Erwerb solcher Strukturen und wie entwickeln sie sich? Ohne das Ergebnis dieser Untersuchung vorwegzunehmen, können wir sagen, daß Menschen von Natur aus mit einem System intellektueller Organisation ausgestattet sind, das wir als den »Anfangszustand« des Geistes bezeichnen können. Interaktion mit der Umwelt und Reifungsprozesse bewirken, daß der Geist eine Folge von Zuständen durchläuft, in denen kognitive Strukturen repräsentiert werden. Es liegt auf der Hand, daß im Falle der Sprache rasche und extensive Veränderungen in einer frühen Lebensperiode stattfinden und ein »stabiler Zustand« erreicht wird, der danach nur noch geringe Modifikationen erfährt. Wenn man von diesen Modifikationen absieht, läßt sich der stabile Zustand als »Endzustand« des Geistes bezeichnen, in dem die Sprachbeherrschung irgendwie repräsentiert ist. Über die Anfangs- und Endzustände können wir Hypothesen aufstellen und diese dann mit den üblichen wissenschaftlichen Methoden bestätigen, verwerfen oder präzisieren. Im Prinzip könnten dann noch die physischen Realisierungen der Anfangs- und Endzustände sowie die in den stattfindenden Zustandsveränderungen wirksamen Prozesse erforscht werden.

In diesen Bereichen wissen wir noch recht wenig; insofern werden hier zahlreiche Rätsel aufgegeben. Die jeweiligen Probleme entziehen sich jedoch nicht gänzlich unserem Zugriff; wir können weiterkommen, wenn wir den dabei auftauchenden Fragen nicht aus dem Weg gehen und sie manchmal auch mit einer Antwort versehen, wobei wir zumindest bis zu einem gewissen Grad das sichere Gefühl haben können, daß wir schon wissen, was wir tun.

Wenden wir uns andererseits solchen Fragen wie der Verursachung von Verhalten zu, so ist meiner Meinung nach keinerlei Fortschritt zu verzeichnen. Wie wir hier vorzugehen haben, scheint uns nach wie vor unklar zu sein; uns fehlen noch grundlegende Einsichten.

Grob gesprochen: Wo wir uns mit kognitiven Strukturen – sei es eines Zustandes, in dem Wissen und Überzeugung entwickelt sind, oder sei es des Anfangszustandes – befassen, stehen wir vor Problemen, aber nicht vor Rätseln. Wenn wir uns fragen, wie Menschen diese kognitiven Strukturen anwenden, wie und warum sie bestimmte Dinge auswählen und sich in bestimmter Weise verhalten, können wir zwar als Menschen, die über Intuition und Einsicht verfügen, eine Menge darüber sagen, aber nur sehr wenig vom Standpunkt des Wissenschaftlers aus. »Der kreative Aspekt des Sprachgebrauchs«, wie ich das an anderer Stelle genannt habe, bleibt für uns genauso ein Rätsel wie seinerzeit für die Cartesianer, die dieses Thema zum Teil im Zusammenhang mit dem Problem des »Fremdpsychischen« diskutierten. Diese Einschätzung unseres Erkenntnisstandes würde von einigen Autoren wohl zurückgewiesen werden. Ich habe jedoch nicht die Absicht, diesen Punkt hier weiter zu verfolgen, sondern möchte mich den Problemen zuwenden, die mir einer Untersuchung zugänglich zu sein scheinen.

Stellen wir uns einen Wissenschaftler S vor, unbelastet durch den ideologischen Ballast, der einen Teil unserer intellektuellen Tradition ausmacht, und daher in der Lage, Menschen als Organismen in der natürlichen Welt zu untersuchen. Wir wollen die von S angestellten Untersuchungen betrachten, die tentativen Schlußfolgerungen skizzieren, zu denen er dabei eventuell kommen könnte, und ihn dann mit einigen methodologischen und prinzipiellen Fragen konfrontieren, die von vielen Philosophen in der Diskussion über die Natur und die Ziele der Linguistik aufgeworfen worden sind.

S könnte mit der Beobachtung beginnen, daß Menschen bezüglich der sie umgebenden Objekte auf systematische Weise handeln und daß sie in ebenso systematischer Weise Ausdrücke verwenden und darauf reagieren. S könnte außerdem zu dem Schluß kommen, daß Menschen offenbar in einer ziemlich frühen Lebensperiode in der Entwicklung dieser Fähigkeiten stabile Zustände erreichen – Zustände, die später nur geringfügig modifiziert werden und die eine Basis für menschliches Handeln und Reagieren bilden. Ohne Idealisierung und Abstraktion lassen sich derartige Phänomene nicht erfassen; S sollte sich jedoch durch diese vertraute Kontingenz rationaler Forschung nicht abhalten lassen. Jetzt könnte S diese stabilen Zustände charakterisieren, indem er dem Organismus zwei kognitive Strukturen zuschreibt: (i) ein System von Annahmen und Erwartungen über Natur und Verhalten der Objekte, und (ii) ein Sprachsystem. Das erste System könnte er »Common Sense« nennen, das zweite System »Grammatik«. S könnte dann zu erklären versuchen, was Menschen tun – vielleicht in experimentell herbeigeführten Situationen –, und zwar auf der Grundlage dieser beiden postulierten Strukturen und weiterer Annahmen über die Fähigkeiten zur Verarbeitung von Informationsprozessen.

S könnte z. B. untersuchen, wie groß die Fähigkeit seiner Versuchspersonen ist, komplexe physikalische Objekte wiederzuerkennen, zu identifizieren und deren Verhalten unter den verschiedensten Umständen vorherzusagen. Er könnte in ihrer Fähigkeit, menschliche Gesichter und andere Objekte vergleichbarer Komplexität wiederzuerkennen, qualitative

Unterschiede feststellen. Aufgrund dieser Untersuchung könnte S seinen Versuchspersonen als ein Element ihres Common Sense eine abstrakte Theorie möglicher Gesichter sowie ein Projektionssystem zuschreiben, mit Hilfe dessen sie (wenn man von begrenztem Gedächtnis und ähnlichen Einwirkungen absieht) voraussagen können, wie ein Gesicht, das sie einige Male zu sehen bekommen haben, unter einer Reihe empirischer Bedingungen aussehen wird.

S könnte auch entdecken, daß seine Versuchspersonen auf die Ausdrücke (1)-(4) ganz unterschiedlich reagieren:

(1) John's friends appeared to their wives to hate one another
(2) John's friends appeared to Mary to hate one another
(3) John's friends appealed to their wives to hate one another
(4) John's friends appealed to Mary to hate one another

Gefragt, ob (1) und (2) stimmen, könnten die Versuchspersonen zurückfragen, ob die Frauen (bzw. Mary) glauben, daß jeder der Freunde die anderen Freunde haßt. Bei (3) dürften sie danach fragen, ob jeder Freund seine Frau dazu angehalten hat, die anderen Frauen zu hassen. (4) jedoch würden die Versuchspersonen einen ganz anderen Status zuteilen, obwohl sie, wenn es unbedingt sein muß, auch hierfür eine Interpretation finden könnten – vermutlich die, daß jeder Freund an Mary appelliert hat, die anderen Freunde zu hassen. In den Fällen (1)-(3) taucht dagegen kein derartiges »Interpretationsproblem« auf. S könnte nun zahlreiche experimentelle Techniken ersinnen, um diese Resultate zu erhärten und zu präzisieren. Mit Glück und Sorgfalt kommt er dann vielleicht zu der folgenden plausiblen Theorie: Die Grammatik, die seine Versuchspersonen als Teil ihres Endzustandes erworben haben, enthält ein System von Regeln, die (1)-(3), aber nicht (4) als wohlgeformt charakterisieren, die in (1) und (2) »John's friends« als Subjekt von »hate« auszeichnen, nicht aber in (3) (hier ist »their wives« Subjekt von »hate«); die in (3) für Johns Freunde und die Frauen eine 1 : 1-Entsprechung festlegt, usw.

S würde seine Schlußfolgerungen hierüber in einer von ihm

konstruierten theoretischen Sprache ausdrücken, zu der solche Begriffe wie »wohlgeformt«, »Subjekt« und andere mehr gehören; wiederum wären zahlreiche Idealisierungen unumgänglich. S würde folgendes entdecken: Wenn Ausdrücke in bestimmter Hinsicht zu komplex werden (etwa zu viele »Selbsteinbettungen« aufweisen; diese abstrakte Eigenschaft von Strukturen würde S aufdecken, wenn er korrekt vorginge), reagieren die Versuchspersonen in einer Weise, die nicht mit Hilfe der Grammatik allein vorhersagbar ist, obgleich ihre Reaktionen mit den durch die Grammatik vorhergesagten Reaktionen zusammenfallen, wenn man Zeit und Überlegungsspielraum unter konstruierten experimentellen Bedingungen berücksichtigt. Derartige Entdeckungen würden S dazu führen, zwischen der Grammatik und einem für die Sprache vielleicht nicht spezifischen System der Verarbeitung von Informationsprozessen zu unterscheiden und tatsächliches Verhalten durch die Interaktion dieser Systeme zu erklären.

Genauso könnte S herausfinden, daß die Grammatik mit anderen Glaubens- und Wissenssystemen interagiert und so festlegt, wie Sätze interpretiert werden. Er könnte zu dem Schluß kommen, daß die 1 : 1-Entsprechung zwischen Johns Freunden und den Frauen in (3) zum Teil auf die Grammatik zurückgeht und zum Teil das Resultat von Tatsachenwissen ist. Wenn »their wives« in (3) durch »their children« ersetzt wird, vervielfachen sich die möglichen Interpretationen; eine davon ist, daß jeder Freund seine Kinder dazu anhält, sich gegenseitig zu hassen (aber nicht die Kinder anderer Freunde). Zwischen Johns Freunden und einer Menge von Mengen von Kindern liegt hier weiterhin eine 1 : 1-Korrelation vor, aber nicht zwischen den Freunden und der Vereinigungsmenge dieser Mengen. Die 1 : 1-Korrelation zwischen Freunden und Frauen leitet sich teilweise von Tatsachenannahmen über die Monogamie her; dadurch werden auch solche Interpretationen von »one another« eliminiert, die möglich sind (und, wie ich glaube, bevorzugt werden), wenn »their wives« durch »their children« ersetzt wird.

Wenn S auf diese Weise vorgeht, könnte er eine allgemeine Theorie kognitiver Strukturen entwickeln, in der die Grammatik als spezifische Komponente erscheint. S würde zwar mit solchen Schlußfolgerungen mit Recht vorsichtig sein, aber wenn er rational ist, würde er sich durch Komplexität und Abstraktheit nicht weiter abhalten lassen.

Beispiele wie (1)-(4) würden zeigen, daß solche Begriffe wie »Analogie« und »Generalisierung« nicht viel zum Verständnis der kognitiven menschlichen Fähigkeiten beitragen, zumindest nicht im Bereich der Sprache. Obwohl (1) und (3) sehr ähnlich sind – sie unterscheiden sich minimal, nämlich nur in einem einzigen phonologischen Merkmal –, verstehen Sprecher dieser Sprache sie doch auf sehr verschiedene Weise und ignorieren dabei die offensichtlichen Analogien. Genauso kann (4) »in Analogie« zu (1), (2) oder (3) interpretiert werden; und eine solche Interpretation würde wohl auch angegeben werden, wenn auch nur irgendeine Deutung verlangt wird. Dennoch hat (4) einen völlig anderen Status als seine »Analoga«. Die offensichtlichen Generalisierungen werden von den von S untersuchten Sprechern nicht angewendet, um (4) in ihr grammatisches System einzugliedern. Aufgrund dieser typischen Beispiele würde S die Idee aufgeben, daß eine Erklärung der Sprache auf Begriffen der Analogie und Generalisierung basieren kann, wie oft diese auch in der intellektuellen Tradition der von ihm untersuchten Sprecher angewendet worden sein mögen. Wenn nun S des weiteren bemerkt, daß seine Versuchspersonen auf der konträren Überzeugung beharren, obwohl die dagegensprechenden Erfahrungsdaten[1] ganz leicht festzustellen sind, sucht er vielleicht nach ideologischen oder sozialen Faktoren, die schuld daran sind, daß seine Versuchspersonen anscheinend Erfolg versprechende Theorien verwerfen, dafür aber an Überzeugungen festhalten, die selbst mit den elementarsten Beobachtungen unvereinbar erscheinen.

S könnte die soziologischen Untersuchungen aber auch beiseite lassen und statt dessen die Hypothese überprüfen, wonach der Endzustand seiner Versuchspersonen eine generative

Grammatik enthält, die in andere kognitive Strukturen eingebettet ist und mit diesen interagiert. Er könnte die Grammatik als ein System von Regeln und Prinzipien ansehen, das jedem Ausdruck aus einer infiniten Menge von Ausdrücken eine semantische, phonetische und syntaktische Repräsentation zuschreibt, von denen jede für sich eine Repräsentation in einem universalen System ist. Natürlich müssen auch alternative Hypothesen in Betracht gezogen werden. Mit anderen Worten: S hat es mit einer empirischen Wissenschaft zu tun. Aber auch den oben skizzierten Ansatz vorausgesetzt, sind noch zahlreiche Modifikationen möglich. So wirft z. B. die Natur dieser Regeln und Repräsentationen mehrere Fragen auf. Diesen wird S dann nachgehen, wenn er die von ihm bezüglich des Endzustands aufgestellte Theorie zu präzisieren und weiterzuentwickeln versucht.

Die von S unternommene Analyse würde also auf zwei Abstraktionsebenen vor sich gehen. S würde sich mit Beziehungen zwischen bestimmten Stimuli und bestimmten Wahrnehmungseinheiten befassen – zum Beispiel mit der Beziehung zwischen dem Satz (1) und einer abstrakten Charakterisierung dieses Satzes, aufgrund derer S erklären könnte, wie seine Versuchspersonen mit (1) umgehen. Dann würde die Analyse auf einer noch abstrakteren Ebene fortgeführt: S würde das allgemeine System von Regeln (d. h. die Grammatik) betrachten, das (bzw. die) diese bestimmten Beziehungen determiniert. Diese Grammatik ist eine explanative Theorie. Sie geht über die vorliegenden Daten weit hinaus und könnte durch neue Untersuchungen leicht falsifiziert werden. S könnte dann zu dem Schluß kommen, daß jeder Sprecher den anderen Mitgliedern seiner Gruppe die »Kenntnis einer Sprache« zuschreibt, während er selbst ihnen eine Grammatik als Teil ihres Endzustandes zuschreibt (wiederum unter geeigneten Idealisierungen).

Bei seinen Versuchen, die kognitiven Strukturen der von ihm untersuchten Sprecher zu skizzieren, könnte S zu dem Schluß kommen, daß jeder dieser Sprecher über eine unbewußte Theorie der menschlichen Natur verfügt, über eine Theorie, mit der die wechselseitigen Zuschreibungen der »Kenntnis einer Sprache« übereinstimmen. Des weiteren könnte S auch die physische Repräsentation von Grammatiken untersuchen, sowie die von Theorien über die menschliche Natur, des Common Sense, der informationsverarbeitenden Prozesse, von anderen Systemen des Wissens und der faktischen Überzeugungen, und die von anderen kognitiven Strukturen, die Komponenten der erreichten stabilen Zustände zu sein scheinen. Er würde somit eine Wissenschaft der kognitiven Strukturen des Menschen und vielleicht auch eine solche der physischen Basis dieser Strukturen entwickeln. Dabei dürften seine Untersuchungen an manchen Stellen anders verlaufen als geplant. Mit zahllosen Problemen hätte er zu rechnen. Aber auch hier scheint es keinen Anlaß zu der Befürchtung zu geben, daß er es mit undurchdringbaren Rätseln zu tun bekäme.

Nehmen wir einmal an, unter den von S untersuchten Personen befänden sich zufällig auch einige Physiker. Aufgrund von Beobachtungen von deren Verhalten beim Erstellen von Prognosen, beim Durchführen von Experimenten etc. könnte S diesen noch eine weitere kognitive Struktur zuschreiben; nennen wir sie »Kenntnis der Physik«. S würde jetzt also *inter alia* drei kognitive Systeme postulieren: Grammatik, Common Sense und Kenntnis der Physik. Zwischen diesen drei Systemen könnte er gravierende Unterschiede ausmachen. Kenntnis der Physik ist bewußtes Wissen; der Physiker kann es erläutern, formulieren und anderen mitteilen. Die beiden anderen Systeme sind dagegen größtenteils unbewußt und entziehen sich introspektiven Beobachtungen. Außerdem unterscheidet sich die Kenntnis der Physik qualitativ von den beiden anderen kognitiven Strukturen in der Art, wie das Wissen erworben und entwickelt wird. Grammatik und Common Sense werden prinzipiell von jedem Menschen erworben – und zwar mühelos, schnell und auf einheitliche Weise, einfach durch das Leben in einer Gemeinschaft, in der die Minimalbedingungen der Interaktion, der Konfrontation mit sprachlichen Daten und der Fürsorge um den Nachwuchs erfüllt sind. Ausdrücklich beigebracht brauchen sie nicht zu werden; und sollte letzteres der Fall sein, so hat es nur unwesentliche Einwirkungen auf den erreichten Endzustand. In erster Annäherung kann man daher sagen, daß es zwischen den einzelnen Individuen bezüglich ihrer Fähigkeit zum Erwerb von Grammatik und Common Sense keine Unterschiede gibt (von offenkundigen Mängeln und Anomalien abgesehen). In einer bestimmten Gemeinschaft erwirbt jedes Individuum eine kognitive Struktur, die so reich, umfassend und essentiell dieselbe ist, wie die von den anderen Individuen erworbenen Systeme. Die Kenntnis der Physik wird dagegen selektiv und meist nur mit großen Mühen erworben, durch unendlich viel Arbeit, vermittels sorgfältiger Experimente, dank genialer Einfälle und im allgemeinen durch sorgfältige Unterweisungen. Diese Kenntnis wird nicht rasch und einheitlich als ein stabiler Zustand erreicht, sondern auf der Grundlage kontrollierter Experimente und explizit formulierter Testergebnisse, die die Basis für die folgenden theoretischen Konstruktionen darstellen, übermittelt und kontinuierlich modifiziert.

Aufgrund dieser Entdeckungen dürfte S erkennen, daß der Mensch irgendwie spezifisch zum Erwerb von Grammatik und Common Sense ausgestattet ist, genauso wie er die Anlage zum Gehen hat und nicht zum Fliegen. Auf einer noch höheren Abstraktionsebene seiner Untersuchungen würde S versuchen, diese spezifische Anlage zu charakterisieren. Er könnte sich wieder der postulierten Theorie der Gesichter zuwenden und fragen, wie diese Theorie, zusammen mit einer Charakterisierung möglicher Gesichter und einem Projektionssystem, im Organismus entsteht. Warum ist keine vergleichbare Theorie für bestimmte andere Objekte von vergleichbarer Komplexität Teil des Common Sense? Welche Annahmen über den Anfangszustand des Organismus und seine biologisch determinierten Reifungsprozesse könnten den Aufbau dieses Aspektes des Common Sense unter empirisch gegebenen Bedingungen von Zeit und Zugang zu den Daten erklären? Wenn S dieses Problem untersucht, könnte er zu der Hypothese kommen, daß Grundelemente der Theorie der menschlichen Gesichter im Anfangszustand als biologisch determinierte angeborene Eigenschaft repräsentiert sind. Aufgrund seines Wissens über die Evolution von Organismen wäre das für S keine befremdliche oder unerwartete Schlußfolgerung. Im übrigen ist zu beachten, daß biologisch determinierte Systeme nur auf einer bestimmten Stufe der Entwicklung oder nach einer entsprechenden Auslöseerfahrung in Funktion treten könnten. Daher könnte die Theorie der Gesichter (wie der Sprache) angeboren sein, obgleich sie erst auf einer bestimmten Entwicklungsstufe vollständig funktioniert.

Um diese und andere, damit verwandte Hypothesen zu überprüfen, könnte S versuchen, die Bedingungen der Konfrontation mit den Daten zu variieren und die daraus resultierenden Varianten von Systemen des Common Sense zu untersuchen. Insoweit konkomitante und systematische Variation vorliegt, würde S seine Postulate über die angeborene Struktur damit in Übereinstimmung bringen. So würde er auf die einzig rationale Weise eine Theorie des Erwerbs des Common Sense entwickeln: Er würde so genau wie möglich die vom Organismus erreichten Zustände charakterisieren – im Fall des Common Sense sind es stabile Zustände – und dann eine bestimmte Funktion spezifizieren, die, eine Charakterisierung der verfügbaren Daten vorausgesetzt, den erreichten stabilen Zustand als Wert ergibt. Die resultierende Theorie des Erwerbs des Common Sense könnte komplexe Annahmen über die Interaktion von Reifung und Erfahrung involvieren, mit regelhafter Abfolge von Zuständen, die auf bestimmte Weise determiniert werden (etwa nach der Theorie von Piaget). Wie komplex dieses Problem auch sein mag, es scheint keine besonderen Rätsel aufzugeben; wir können uns also ansehen, wie man es angehen würde.

S könnte verschiedene Ansätze sondieren, um zu einer Theorie des Erwerbs des Common Sense zu gelangen. Zwei davon seien hier angeführt. S könnte einen Schematismus postulieren, der dem Geist angeboren ist und der durch Erfahrung weiter ausgebaut wird. So könnte er folgern, daß das visuelle

System analysierende Mechanismen enthält, die Sinnesdaten durch Rekurs auf Form, Perspektive und Bewegung interpretieren und daß diese Mechanismen wirksam werden, wenn sie mit den geeigneten Erfahrungsdaten konfrontiert werden. Wir sehen also, wie Descartes und Cudworth behaupteten, eine gegebene Figur als (vielleicht verzerrte) regelmäßige geometrische Figur, weil der Geist von Anfang an dafür eingerichtet ist, solche Figuren als »Muster« für die Interpretation von Erfahrungsdaten zu produzieren. Auf ähnliche Weise könnte man das Wiedererkennen von Gesichtern und vieles mehr erklären.

Der zweite Ansatz bestünde darin, daß S den Geist als eine unbeschriebene Tafel annimmt; er wäre nur befähigt, Eindrücke zu registrieren und vergangene Eindrücke zu speichern, zwischen vorliegenden Eindrücken Assoziationen zu bilden, Eindrücke (vielleicht nach bestimmten angeborenen Maßstäben) zusammenzufügen, nach angeborenen oder konstruierten Maßstäben zu verallgemeinern, die Reaktionswahrscheinlichkeiten durch periphere Verstärkungsmechanismen zu modifizieren, die durch Rekurs auf den Stimulusraum definiert werden, usw. Wir wollen diese beiden ganz unterschiedlichen Ansätze ›R‹ bzw. ›E‹ nennen. Damit möchte ich andeuten, daß sich in ihnen bestimmte Grundgedanken des Rationalismus bzw. des Empirismus widerspiegeln. Den historischen Aspekt dieser Ansätze habe ich an anderer Stelle diskutiert, weiter unten werde ich auf ihn zurückkommen; für den Augenblick möchte ich nur nochmals meine Überzeugung ausdrücken, daß diese Formulierungen, so wie ich sie darstellte[2], ganz adäquat sind, und daß sie einen erhellenden Rahmen für die Erforschung der Probleme des Wissenserwerbs bereitstellen. S ist, wie eben erwähnt, nicht an eine strenge Version von R oder E gebunden. Er könnte einen komplexeren Ansatz entwickeln, der aufeinanderfolgende Stadien vorsieht, die auf dem Zusammenwirken von Reifung und Erfahrung basieren usw.

Für die Grammatik gilt ähnliches. S würde entdecken, daß es eine beträchtliche Varianz in erworbenen Grammatiken gibt, daß aber die einzelnen Individuen nicht spezifisch veranlagt sind, ein ganz bestimmtes System zu erwerben. Sie werden sich vielmehr alle mit derselben Leichtigkeit die Sprache der Gemeinschaft, in der sie leben, aneignen, wenn die Minimalbedingungen der Konfrontation mit den Daten und der Fürsorge erfüllt sind.[3] Um diesem Problem näherzukommen, könnte S eine weitere zulässige Idealisierung vornehmen. Er könnte von der beobachteten Varianz innerhalb gegebener Gemeinschaften abstrahieren und hypothetisch eine gleichförmige und homogene Sprachgemeinschaft ansetzen. Er würde versuchen, die geistige Eigenschaft P zu entdecken, aufgrund derer ein Kind die Grammatik der unter dieser Idealisierung gesprochenen Sprache erwerben kann. Wie bei jeder empirischen Hypothese, könnte auch hier die Legitimität der Idealisierung angezweifelt werden. In diesem Fall jedoch sollte S an der Idealisierung festhalten, um eine Erklärung der komplexen realen Situation durch Rekurs auf P und andere menschliche Fähigkeiten zu erreichen. Dadurch würde S keineswegs, wie manchmal behauptet wird, die Probleme der Dialektvarianten und des individuellen Stils ignorieren. Er würde an diese Fragen vielmehr mit einer auf die Idealisierung zugeschnittenen spezifischen Theorie herangehen. Wenn es tatsächlich eine solche Eigenschaft P gibt, und wenn sie, wie es den Anschein hat, ein fundamentaler Faktor des Spracherwerbs in den komplexen realen Situationen ist, dann wäre S jetzt in der Position, die komplexeren Probleme mit einiger Hoffnung auf Erfolg ernsthaft in Angriff zu nehmen.

Um die Eigenschaft P zu untersuchen, könnte S wiederum nach R verfahren. Er könnte einen allgemeinen Schematismus (nennen wir ihn »Universale Grammatik«) und ein Bewertungsverfahren formulieren und dann postulieren, daß beide zusammen P oder ein wesentliches Element von P konstituieren. Mit diesen Systemen in seinem Anfangszustand[4] entwickelt das Kind eine Grammatik, indem es unter Anwendung des Bewertungsverfahrens zwischen den Grammatiken auswählt, die der universalen Grammatik entsprechen. Wenn die Universale Grammatik hinreichend restriktiv ist, führt bereits eine geringe Menge von Erfahrungsdaten zur Auswahl einer Grammatik, die in Umfang und Komplexität über diese Daten hinausgeht; insbesondere einer Grammatik, die Repräsentationen von Sätzen liefert, die durch keinen irgendwie brauchbaren Begriff der »Analogie« bzw. »Generalisierung«[5] auf die zugänglichen Erfahrungsdaten bezogen sind. Ein anderes, sich an E orientierendes Verfahren bestünde darin, bestimmte analytische Prozeduren zu formulieren und diese dem Organismus als eine angeborene Eigenschaft zuzuschreiben, die durch Anwendung auf die Sinnesdaten eine Grammatik produziert. Wenn wir die Methoden der strukturalen Linguistik, die auf Segmentierung und Klassifikation basieren, als »Lerntheorie« interpretieren (was, soweit ich weiß, nicht den Intentionen der Urheber dieser Methoden entspricht), dann wäre es naheliegend, sie unter E einzuordnen; vermutlich handelt es sich bei diesen Methoden um die bisher komplexeste Version von E.

Wenn S nach R oder E oder nach einer Kombination dieser beiden Ansätze vorgeht, würde er jetzt versuchen, eine Theorie des Spracherwerbs aufzustellen. Auch hierbei würde er auf die einzig rationale Art und Weise vorzugehen haben: Er würde zuerst so genau wie möglich die erworbenen Zustände charakterisieren, bestimmte Hypothesen über das ›Erlernte‹ aufstellen und dann eine Funktion spezifizieren, die, eine bestimmte Charakterisierung der verfügbaren Daten vorausgesetzt, entsprechende Konstituenten des erreichten Endzustands als Wert ergibt. Diese Funktion würde seine Theorie des Spracherwerbs konstituieren.

Zur Konkretisierung der Diskussion wollen wir uns nochmals die Beispiele (1)-(4) ansehen. Angenommen, S ist von der Untersuchung der zwischen Reizen und bestimmten Wahrnehmungen bestehenden Beziehung übergegangen zur Untersuchung der Grammatik, die eine unendliche Klasse solcher Beziehungen determiniert, indem sie jedem Ausdruck eine Strukturbeschreibung zuordnet, insbesondere eine Repräsentation seiner phonetischen, semantischen und syntaktischen Eigenschaften. Für (1)-(4) soll die von S postulierte Grammatik eine uns bereits bekannte Transformationsgrammatik (von der in Kap. III beschriebenen Art) sein, die die Oberflächenstrukturen von (1')-(4') aus den Anfangs-P-Markern (»Tiefenstrukturen«) ableitet. (Details wollen wir hier vernachlässigen.)

(1') [s[NP X] [VP appeared [to their wives]
    [s[NP John's friends] [VP to hate one another]]]]
(2') Wie (1'), mit »Mary« anstelle von »their wives«
(3') [s[NP John's friends] [VP appealed [to their wives]
    [s[NP X] [VP to hate one another]]]]
(4') Wie (3'), mit »Mary« anstelle von »their wives«

X ist eine Variable für einen Anfangs-P-Marker (eine abstrakte *Proform*), die entweder in eine Ableitung eingesetzt wird, oder durch eine interpretative Regel im Skopus der kontrollierenden NP ersetzt wird. (1) bzw. (2)) wird durch die Regel der NP-Voranstellung aus (1') (bzw. (2')) abgeleitet, die das Matrix-Subjekt X durch die eingebettete NP »John's friends« ersetzt. Diese Operation soll eine »Spur« t hinterlassen, die (kraft Festsetzung) so interpretiert wird, daß sie kontrolliert wird von der NP, die aus dieser Position wegbewegt wurde. In (3) ordnet eine interpretative Regel X der Kontrolle der NP »their wives« unter. Der Anwendungsmodus dieser Regel ist eine Eigenschaft des Verbums »appeal«; vergleichen wir damit (5), wo sich »they« auf die Frauen bezieht und (6), wo es sich auf Johns Freunde bezieht:

(5) John's friends made an appeal to their wives that they (should) hate one another
(6) John's friends made a promise to their wives that they would hate one another

Nehmen wir jetzt an, daß »thematische Relationen« wie Agentiv, Instrumental usw. in einer allgemeinen Weise durch Rekurs auf Relationen zugeordnet werden, die in Anfangs-P-Markern und lexikalischen Eigenschaften ausgedrückt werden, und daß andere Aspekte der semantischen Repräsentation (Skopus, Anapher usw.) durch die Oberflächenstruktur determiniert werden.[6] Nehmen wir weiter an, daß es eine *reziproke Regel* gibt, die die Bedeutung von Strukturen der Form ... *NP* ... *one another* ... angibt, wenn sich die beiden beteiligten Phrasen aufeinander »anaphorisch beziehen«. Wenn wir »John's parents hate one another« mit »John's grandparents hate one another« vergleichen[7], zeigt sich, daß diese Regel nicht ganz problemlos ist. In (3) und (4) kann zwischen »John's friends« und »one another« keine anaphorische Relation bestehen, wohl aber zwischen »their wives« und »one another« und zwischen »Mary« und »one another«. (Im letzten Fall ergibt die reziproke Regel nur Unsinn, was den besonderen Status von (4) erklärt.) Die Anwendungsbedingung für diese anaphorische Relation ist ziemlich allgemein; man könnte verschiedene Formulierungen vorschlagen. Ich möchte sie die »Bedingung des spezifizierten Subjekts« (*specified-subject condition*; im folgenden BSS) nennen und so formulieren:

(7) In einer Struktur der Form [... X ... [Z–WYV] ...] kann keine Regel X und Y aufeinander beziehen, wenn Z das Subjekt von WYV ist und nicht von X kontrolliert wird.

Diese Bedingung und damit zusammenhängende Fragen werden in Chomsky (1971, 1973a) und in Kap. III, S. 124 ff. diskutiert. Die Bedingung verhindert eine anaphorische Relation in unerwünschten Fällen, wie sie oben diskutiert wurden; sie gilt aber auch in vielen anderen Fällen. Sehen wir uns die folgenden an:

(8) Mary appeared to John's friends to hate one another
(9) (a) John's friends appeared to me to hate us
    (b) John's friends appealed to me to kill us
    (c) I appeared to John's friends to hate us
    (d) I appealed to John's friends to kill us
(10) (a) John's friends saw pictures of one another (themselves)
    (b) John's friends saw Mary's pictures of one another (themselves)
(11) (a) who did you see pictures of?
    (b) who did you see Mary's pictures of?
(12) (a) I didn't see pictures of many of the children
    (b) I didn't see John's pictures of many of the children
(13) (a) Latin is a waste of time for us – to study

(b) Latin is a waste of time for us – for them to teach us
(c) it is a waste of time for us – to study Latin
(d) it is a waste of time for us – for them to teach us Latin

Für (8) gibt es keine Interpretation. »John's friends« kann wegen BSS nicht in anaphorischer Relation zu »one another« stehen, weil die durch die NP-Voranstellung hinterlassene Spur durch »Mary« kontrolliert wird; und die reziproke Regel kann dem Paar *Mary, one another* keine Interpretation zuordnen. (9a) und (9d) sind völlig grammatisch, aber (9b) und (9c) sind genauso seltsam wie »I hate us« und »I'll kill us«. Eine von Postal »unlike-person constraint« (UP) genannte Regel fordert, daß ein Paar (NP, Pronomen) eine disjunkte Referenz haben muß.[8] In den Fällen (9a) und (9d) ist die Bedingung UP nicht anwendbar, da sie durch BSS abgeblockt wird. Wenn in (9a-d) »us« durch »them« ersetzt wird und »them« anaphorisch interpretiert wird, werden die Sätze aus denselben Gründen ungrammatisch. In (10b), aber nicht in (10a), blockiert BSS die reziproke und die reflexive Regel (unter einer geeigneten Definition von »Subjekt«, die in Chomsky (1972b, 1973a) diskutiert wird); (10a) ist somit grammatisch, (10b) aber nicht. Dasselbe gilt für (11a, b). (12a) läßt sich so interpretieren, daß ich die Bilder von einigen (= not many) der Kinder sah; (12b) kann aber nicht analog interpretiert werden, daß ich Johns Bilder von einigen (not many) der Kinder sah. Der Grund dafür ist, daß die Regel, nach der *not . . . many* die Bedeutung *einige* erhält, von BSS blockiert wird. Wenn (12b) also überhaupt interpretiert werden kann, dann nur so, daß Johns Bilder von vielen der Kinder derart sind, daß ich sie nicht gesehen habe. (13a) ist eine Paraphrase von (13c); (13b) hingegen ist nicht wohlgeformt und erst recht nicht eine Paraphrase des wohlgeformten (13d). Auch hier erklärt BSS den Unterschied, wenn wir die abstrakte Phrasenstruktur so ansetzen, wie sie in (13) durch »–« angezeigt wird, eine Schlußfolgerung, die durch weitere Daten gestützt wird. Durch die allgemeine Bedingung BSS werden somit wiederum Analogien blockiert.

Jedes dieser Beispiele liefert zusätzliche Belege für die Schlußfolgerung, daß ein Vorgehen nach E, in dem Segmentierung, Klassifikation, Analogie und Generalisierung eine grundlegende Rolle spielen, prinzipiell verfehlt ist. Darüber hinaus scheinen zumindest in diesen Beispielen »semantische Erklärungen« an der Sache vorbeizugehen. So gibt es keine semantische Überlegung, die für (13b) die Interpretation (13d) ausschaltet, oder die verhindert, daß (8) die völlig vernünftige Interpretation »it appears to each of John's friends that Mary hates the other(s)« erhält, genau wie (2) die Interpretation »it appeared to Mary that each of John's friends hates the other(s)« hat. In solchen Fällen könnten wir den Begriff »Analogie« trivialisieren, wenn wir ihm eine Bedingung beilegen, die zu BSS äquivalent ist, aber das geht ganz klar an der Sache vorbei (siehe Anm. 5). BSS selbst könnte allerdings eine funktionale oder semantische Erklärung bekommen; das ist jedoch ein anderes Problem (siehe Chomsky (1973a) hierzu).

Solche Beispiele könnten S dazu führen, eine Grammatik zu postulieren, die Regeln enthält wie NP-Voranstellung, reziproke Interpretation, UP, eine Regel, die die Bedeutung von *not...many* angibt usw. Die Regeln würden durch solche Prinzipien wie BSS und die oben erwähnten Prinzipien zur Interpretation von Anfangs-P-Markern und Oberflächenstruktur regiert (vgl. Anm. 6 und Kap. III, S. 116-141). Wenn S glaubt, daß die Theorie des Spracherwerbs vom Typ E ist, wird er versuchen, Prozeduren der Assoziation, Gewohnheitsbildung, Induktion oder Analyse durch Segmentation und Klassifikation anzugeben, die diese Grammatik als »output« aufgrund einer Liste von Daten ergeben würden. Die Adäquatheit eines Systems von Prozeduren wird daran gemessen, wie diese Aufgabe erfüllt wird. Wie bereits erwähnt, zeigt eine Analyse der Eigenschaften der Grammatik, daß ein derartiger Ansatz nicht durchführbar ist, und daß eine Theorie vom Typ R viel mehr Erfolg verspricht.

Wenn S diesen Überlegungen folgt, könnte er fragen, welche Elemente der Grammatik Kandidaten für die Universale Grammatik – den Schematismus, der ein Element (die Eigenschaft P) des Anfangszustandes konstituiert – sein könnten. Die empirischen Bedingungen des Problems sind klar genug. Die Vielfalt der Sprachen legt eine obere Grenze fest für den Reichtum und den spezifischen Charakter der Eigenschaften, die S der Universalen Grammatik zuschreiben kann. Die Notwendigkeit, den Erwerb der Grammatik einer bestimmten Sprache zu erklären, gibt eine untere Grenze an. Zwischen diesen Grenzen liegt die Theorie des Spracherwerbs, die wir in Kap. I »LT(M,S)« genannt haben.

S könnte z. B. vorschlagen, daß BSS, einige Prinzipien zur Interpretation von Anfangs-P-Markern und Oberflächenstruktur (vgl. Anm. 6), die Bedingungen für zulässige grammatische Regeln usw. Elemente der Universalen Grammatik sind, während Regeln wie NP-Voranstellung spezifisch für das Englische sind bzw. Eigenschaften haben, die spezifisch für das Englische sind. So könnte er z. B. folgern, daß ein Kind die Regel der NP-Voranstellung oder einige ihrer Eigenschaften lernen muß, nicht aber BSS oder die allgemeinen Eigenschaften einer Grammatik. Es würde über diese Information als ein Element von P, eine Eigenschaft seines Anfangszustandes, verfügen. (Wie oben erwähnt, würde diese genetisch determinierte Eigenschaft aber erst auf einer bestimmten Entwicklungsstufe oder nach einer entsprechenden Auslöseerfahrung in Funktion treten.) So wird das Kind eine Grammatik auswählen, die diesen Bedingungen genügt und die die Regel der NP-Voranstellungen mit ihren besonderen Eigenschaften enthält. Für diese Regel sprechen genügend Daten, wie sich aus Kap. III und der dort angegebenen Literatur ersehen läßt.

Da diese Probleme viel Konfusion angerichtet haben, ist es vielleicht angebracht, zur Verdeutlichung des Wesentlichsten auf einen noch einfacheren Fall zurückzugreifen. Betrachten wir noch einmal das Prinzip der Strukturabhängigkeit von Regeln, das in Kap. I, S. 43 ff. diskutiert wurde. Aus den dort erklärten Gründen würde S natürlich zu dem Schluß kommen, daß das Kind aufgrund irgendeines Merkmals in seinem Anfangszustand die Hypothese 1 (Strukturunabhängigkeit) als

Erklärung der Fragebildung verwirft und statt dessen die abstraktere und komplexere Hypothese 2 (Strukturabhängigkeit) wählt – und zwar aufgrund von Daten, die mit beiden Hypothesen verträglich sind.[9] S könnte schließen, daß die Universale Grammatik eine Notationsmöglichkeit für Regeln vorsieht, die die Formulierung von strukturunabhängigen Regeln einfach nicht erlaubt, obwohl sie für einen anderen Organismus oder Apparat von Vorteil wären. Diese Schlußfolgerung würde einen Teil der von S aufgestellten Theorie des Spracherwerbs konstituieren. Das Beispiel stützt auch die noch allgemeinere Schlußfolgerung, daß eine Theorie des Spracherwerbs eher vom Typ R ist als vom Typ E.

Wenn wir das System der Universalen Grammatik, das wir als Element der angeborenen Eigenschaft P postuliert haben, hinreichend erweitern, dürfte es möglich sein, den Erwerb einer Grammatik auf der Basis des beschränkten zugänglichen Datenmaterials zu erklären. Das erscheint zumindest durchführbar (siehe jedoch Anm. 4).

Nehmen wir an, daß es S gelingt, eine tentative Theorie des Erwerbs von Common Sense und Sprache zu entwickeln. Wenn meine Vermutung stimmt, würden diese Theorien vom Typ R sein; d. h. sie würden fixierte und stark restriktive Schemata involvieren, die unter beschränkten Bedingungen der Konfrontation mit Daten funktionieren, diese Daten als Erfahrungsdaten interpretieren und Regelsysteme (Grammatik, Common Sense) auswählen, die von uns beim Handeln und Interagieren eingesetzt werden. Es ist nicht ausgeschlossen, daß die Schematismen für Grammatik und Common Sense nicht-triviale gemeinsame Elemente aufweisen; nach diesen würde S natürlich suchen.[10] Zu diesen beiden empirischen Theorien könnten »generalisierte Lernstrategien« gehören. Andererseits ist es wahrscheinlich, daß diese Schematismen auch Elemente haben, die nur ihnen zukommen; so könnte etwa der Common Sense spezielle Vorrichtungen besitzen, um Gesichter von anderen geometrischen Objekten zu unterscheiden. Es gibt keinen Grund, in der Eigenschaft P signifikante Analogien zu den Analysemechanismen zu erwarten, die Gesichter identifizieren oder Form, Perspektive und Bewegung bestimmten.[11] Es gibt keinen Grund zu der Annahme, daß das Prinzip der Strukturabhängigkeit oder BSS in der Theorie des Common Sense erscheinen. Auf einer hinreichend abstrakten Ebene könnte man Analogien finden; S könnte fragen, ob das System zur Identifizierung von Gesichtern eine abstrakte Repräsentation oder ein Modell und ein »Transformationssystem« der Projektion involviert. S würde als Wissenschaftler jedoch keine dogmatischen Überzeugungen über den Charakter der verschiedenen Lernsysteme und ihre Interaktion haben. Dies wäre viel eher ein empirisches Problem, dessen Lösung er zu finden hoffte.

Wenn es S gelingt, die angeborene Eigenschaften des Geistes, die den Erwerb von Grammatik und Common Sense möglich machen, zu charakterisieren, könnte er erklären, warum diese Systeme qualitativ so verschieden sind von der oben erwähnten dritten kognitiven Struktur, der Kenntnis der Physik. Er würde die geistigen Eigenschaften, die dem Erwerb von Sprache und Common Sense zugrunde liegen, als biologische Eigenschaften des Organismus ansehen; in dieser Hinsicht wären sie vergleichbar mit den Eigenschaften, die einen Vogel befähigen, sein Nest zu bauen oder ein charakteristisches Lied zu reproduzieren, oder mit den Eigenschaften, die für die Entwicklung bestimmter Körperorgane verantwortlich sind (vgl. Kp. I). Wir Menschen sind jedoch nicht in derselben Weise speziell zum Erwerb von Physikkenntnissen veranlagt.

Mitunter könnte S aber doch zu dem Schluß kommen, daß etwas Ähnliches auch für die Physik gilt. Der menschliche Geist ist ein biologisch vorgegebenes System mit gewissen Kräften und Grenzen. Wie Ch. S. Peirce (1957) behauptet: »Der menschliche Geist besitzt die natürliche Anlage, sich korrekte Theorien einer bestimmten Art auszudenken ... Wenn der Mensch nicht mit einem diesen Anforderungen genügenden Geist begabt wäre, hätte er keinerlei Wissen erwerben können.« Die Tatsache, daß »zulässige Hypothesen« diesem spezifischen biologischen System zugänglich sind, erklärt seine Fähigkeit, reiche und komplexe explanative Theorien zu konstruieren. Aber dieselben Eigenschaften des Geistes, die zulässige Hypothesen liefern, können andere erfolgreiche Theorien als für den Menschen unverständlich ausschließen. Vielleicht gehören bestimmte Theorien einfach nicht zu den zulässigen Hypothesen, die durch diejenigen spezifischen Eigenschaften des Geistes determiniert werden, die uns befähigen, »korrekte Theorien einer bestimmten Art auszudenken«, obgleich diese Theorien für eine anders organisierte Intelligenz zugänglich sein könnten. Es könnte aber auch sein, daß diese Theorien in einer Zugänglichkeitsanordnung zulässiger Hypothesen so weit am Ende liegen, daß sie unter tatsächlichen empirischen Bedingungen nicht konstruiert werden können, auch wenn sie für einen anders strukturierten Geist vielleicht mit Leichtigkeit zugänglich sind.

Wenn S den Menschen als einen Teil der natürlichen Welt ansieht, werden ihm derartige Spekulationen keineswegs abwegig oder unverständlich erscheinen; möglicherweise geht er weiter auf sie ein und versucht mit Hilfe wissenschaftlicher Untersuchungen zu spezifischen einschlägigen Schlußfolgerungen zu kommen. Dabei würde er feststellen können, daß der Geist des Menschen zwar ohne Zweifel seinen Erfordernissen angepaßt ist, daß es aber keinen Grund zu der Annahme gibt, daß die Entdeckung wissenschaftlicher Theorien in ganz bestimmten Bereichen zu den Erfordernissen gehört, denen durch die natürliche Selektion Rechnung getragen wird. Des weiteren könnte sich S an die Entwicklung einer Theorie der Probleme und Rätsel des menschlichen Organismus machen. Probleme würden in den Bereichen auftreten, wo zulässige (oder leicht zugängliche) Hypothesen nahezu korrekt sind, Rätsel woanders – relativ auf diesen Organismus. Um einen spezifischen Fall zu nehmen, sehen wir uns die Frage der Verursachung von Verhalten an, eine Frage, die in Kp. I kurz diskutiert wurde. Vielleicht spiegelt unsere Unfähigkeit, diese Fragen adäquat zu behandeln, lediglich eine temporäre Situation der Unwissenheit wider, einen Mangel, der im Prinzip mit einem weiteren Fortschritt der Wissenschaften überwun-

den werden kann. S könnte aber auch entdecken, daß diese optimistische Sicht nicht korrekt ist und daß der menschliche Geist seiner Natur nach unfähig ist, ein wissenschaftliches Verständnis für die Prozesse zu entwickeln, durch die er selbst in bestimmten Bereichen funktioniert. Kant ist der Ansicht, daß der »Schematismus unseres Verstandes, in Ansehung der Erscheinungen und ihrer bloßen Form, ... eine verborgene Kunst in den Tiefen der menschlichen Seele [ist], deren wahre Handgriffe wir der Natur schwerlich jemals abraten, und sie unverdeckt vor Augen legen werden.« (Kant, *Werke*, Bd. 3, S. 190.)
Vielleicht ist dies zumindest teilweise richtig. Es ist nichts Widersprüchliches in der Annahme, daß S aufgrund einer Untersuchung der inhärenten geistigen Fähigkeiten eines bestimmten biologischen Organismus (hier: des Menschen) einen wissenschaftlichen Beweis dafür findet, daß sich einige mögliche Wissenschaften, darunter vielleicht auch die Wissenschaft von der Verursachung des Verhaltens, dem menschlichen Fassungsvermögen entziehen, und daß er diesen Beweis finden kann, obwohl er doch selbst Mensch ist. Ich will auf dieser Schlußfolgerung nicht bestehen, sondern nur anmerken, daß sie nicht a priori auszuschließen ist.
Wenden wir uns wieder dem ergiebigeren Thema der Probleme zu, die keine Rätsel zu sein scheinen. Gehen wir davon aus, daß S jetzt zeigen kann, auf welcher Grundlage der fundamentale Unterschied zwischen Grammatik und Common Sense einerseits und Kenntnis der Physik andererseits beruht. Obwohl sich diese Kenntnis ebenfalls von spezifischen Eigenschaften des Geistes ableitet, spiegelt sie diese Eigenschaften nicht in der gleichen Weise wider wie Sprache und Common Sense. Von daher auch der große qualitative Unterschied in der relativen Zugänglichkeit.
Ich glaube nicht, daß S diesen qualitativen Unterschied zwischen Grammatik und Common Sense einerseits und Physik andererseits einfach durch eine Untersuchung der drei kognitiven Strukturen feststellen könnte, die er den Menschen innerhalb seiner umfassenden Theorie ihrer erworbenen intel-

lektuellen Organisation zugeschrieben hat. Wenn unsere bisherigen Annahmen annähernd richtig sind, dann ist die Grammatik der Sprache ein ziemlich kompliziertes System von Regeln und Prinzipien. Es gibt keine absolute Bedeutung des Begriffs »Einfachheit«, demzufolge die Grammatik »einfacher« ist als etwa die Atomphysik; und obwohl unser Common Sense nicht in vergleichbarer Weise erforscht worden ist, dürfte dasselbe auch für ihn gelten. Die qualitativen Unterschiede, die S in seiner Untersuchung der menschlichen Natur aufdeckt, spiegeln ohne Zweifel die Struktur des Geistes als kontingentes biologisches System wider. Dies dürfte der hier einzig und allein vernünftige Schluß sein.

Diese auf Peirce zurückgehende Sicht des Erwerbs von kognitiven Strukturen sollte zumindest dem Psychologen nicht fremd sein (vgl. Kap. I, S. 17 f.). Man könnte der Ansicht sein, daß die Lerntheorie zum großen Teil ein Artefakt untersucht hat – »unnatürliches« Lernen unter experimentellen Bedingungen, die so konstruiert wurden, daß sie außerhalb der angeborenen Fähigkeiten des Organismus liegen und die daher glatte Lernkurven und ähnliches ergeben, aber wahrscheinlich sehr wenig über die untersuchten Organismen aussagen.[12]

Wenn eine Lerntheorie mit hinreichender Genauigkeit formuliert wird, läßt sich die Frage stellen, ob sie prinzipiell eine Erklärung liefern kann für den Erwerb eines Zustandes intellektueller Organisation oder den Erwerb einer kognitiven Struktur, wie wir sie für den reifen Organismus postulieren können. Nehmen wir z. B. an, daß sich bei einer Lerntheorie die folgende Eigenschaft nachweisen läßt: Ein im übrigen unstrukturiertes System, das entsprechend den Mechanismen dieser Theorie modifiziert werden kann, nähert sich innerhalb der Grenzen genau demjenigen endlichen Zustandsautomaten an, der beim Übergang von einem Zustand zum anderen Ketten von links nach rechts produziert. Da bekannt ist, daß nicht einmal die Syntax extrem einfacher Systeme (z. B. des Aussagenkalküls), geschweige denn die Syntax der Sprache, durch einen solchen Automaten repräsentiert werden kann, läßt sich sofort folgern, daß die Lerntheorie als Theorie des Spracherwerbs inadäquat ist.[13] Daher muß eine Theorie, die eine Konvergenz auf nachweislich inadäquate Systeme hin prognostiziert, offensichtlich als eine Theorie des tatsächlichen Erwerbs von Systemen, die weitaus reicher sind, abgelehnt werden. In diesem Fall könnte S ganz klar zu dem Schluß kommen, daß allgemeine Lerntheorien der bekannten Art völlig unplausibel sind.

Wäre der Wissenschaftler S tatsächlich von unserer geistigen Tradition unabhängig, so hätte er die These, daß es eine »Lerntheorie« in irgendeinem interessanten Sinne gibt, wohl kaum auch nur in Betracht gezogen. Gehen wir von der Annahme aus, daß es eine allgemeine Lerntheorie gibt, die auf Ratten und Menschen gleichermaßen zutrifft, und daß sich Menschen von Ratten nur darin unterscheiden, daß sie ihre Mechanismen rascher, vollständiger und effektiver einsetzen und somit vermittels der in dieser Theorie postulierten Apparate zu komplexeren Zuständen gelangen. Daraus würden wir schließen, daß Menschen in der Fähigkeit, sich in einem Labyrinth zu orientieren, den Ratten genauso weit überlegen sein müssen, wie in der Fähigkeit zum Spracherwerb. Das ist aber ganz falsch. Solche Beobachtungen würden einen rationalen Wissenschaftler sogleich zu dem Schluß bringen, daß die menschliche Fähigkeit zum Spracherwerb ein spezifisches Vermögen oder ein bestimmtes kognitives System involviert, ein System, das verschieden ist von dem kognitiven System, das der Fähigkeit zugrundeliegt zu lernen, wie man sich in einem Labyrinth orientiert; eines, das für Ratten und, soviel wir wissen, auch für jeden anderen Organismus unerreichbar ist.[14] Wenn Sprache nämlich einfach durch eine »generalisierte Lernstrategie« erworben würde, die genauso in anderen Bereichen (z. B. Orientierung im Labyrinth) wirksam wird, könnten wir erwarten, daß andere in diesen Bereichen mit Menschen vergleichbare Organismen (die daher vermutlich in diesen Bereichen ähnliche Strategien anwenden) auch eine vergleichbare Fähigkeit zum Spracherwerb besitzen. (Siehe S. 27-30.)

Gegen die Hypothese, daß es eine allen Organismen gemeinsame und in jedem einzelnen Organismus bezüglich der jeweiligen kognitiven Bereiche indifferente Lerntheorie gibt, würde auch folgendes sprechen: Die Eigenschaften des Common Sense, die in der spezifischen menschlichen Fähigkeit (wenn es sie gibt) involviert sind, Gesichter von anderen geometrischen Figuren zu unterscheiden; die Eigenschaften der Universalen Grammatik; die Eigenschaften, in denen sich Grammatik und Common Sense von der Kenntnis der Physik unterscheiden. Diese Beobachtungen würden S zu der naheliegenden Schlußfolgerung führen, daß die intellektuelle Organisation eines erwachsenen Menschen ein komplexes, integriertes System darstellt, das kognitive Strukturen einschließt, die auf der Basis von recht spezifischen Anlagen des Anfangszustandes erworben werden. Der nichttriviale Inhalt der »Lerntheorie« würde sich durch eine Spezifizierung dieser ursprünglichen Anlagen und der Art ihrer Veränderung durch Entwicklung und Erfahrung ergeben. Die gleichförmig und schnell erreichten stabilen Zustände müßten besondere Einsichten über die Natur des Organismus vermitteln. Diese stabilen Zustände könnten ganz verschiedene physiologische Eigenschaften und Strukturen widerspiegeln. Es spricht wenig dafür, irgendwelche allgemeinen »Lerngesetze« anzunehmen, die den Erwerb dieser komplexen und spezifischen stabilen Zustände oder die Integration kognitiver Strukturen im voll entwickelten Geist erklären könnten.

Die Art, wie Probleme des Erwerbs von Wissen und Überzeugungen gemeinhin erforscht worden sind, würde einem Naturwissenschaftler reichlich pervers erscheinen. Der Charakterisierung dessen, »was gelernt wird«, wurde nur wenig Aufmerksamkeit geschenkt. Dafür sind gewisse *a priori* Annahmen darüber, wie Lernen vor sich geht, aufgestellt worden: Prinzipien der Assoziation, der Ausbildung von Gewohnheiten und ähnliches. Diese *a priori* Annahmen wurden in spekulativen und experimentellen Untersuchungen der Systeme, die durch diese Methoden erworben werden könnten, weiterverfolgt, wobei so gut wie keine Anstrengungen unternommen wurden, den Beweis dafür zu erbringen, daß die Systeme, die erworben werden können, auch die sind, die tatsächlich erworben werden. Der oben skizzierte Ansatz scheint mir viel naheliegender zu sein: Analyse der erworbenen Zustände; danach der Versuch, die Natur von Systemen zu bestimmen, die diese Zustände unter gegebenen Bedingungen (Zeit, Zugang zu Daten) erreichen können; Erforschung der physischen Basis dieser Leistungen, wie immer sie aussehen mag. Psychologen definieren mitunter ihren Forschungsgegenstand so, daß dadurch eine Betrachtung der erreichten Zustände geradezu ausgeschlossen wird. So wird z. B. gewöhnlich ein Unterschied gemacht zwischen der »Linguistik«, als einer Untersuchung der Grammatik, und der »Psychologie«, als einer Untersuchung von Verhalten und Lernen.[15] Für einen Wissenschaftler, der wie S vorgeht, wäre diese Unterscheidung sinnlos. Die Linguistik ist einfach der Teil der Psychologie, der sich mit einer spezifischen Klasse stabiler Zustände befaßt, nämlich den kognitiven Strukturen, die beim Sprechen und Verstehen angewendet werden. Wie diese kognitiven Strukturen erworben werden, ist Thema der Theorie des Spracherwerbs, während die Theorie des Verhaltens untersucht, wie sie funktionieren. Es ist völlig witzlos, eine Disziplin konstruieren zu wollen, die sich mit der Anwendung und dem Erwerb kognitiver Strukturen befaßt, eine Untersuchung der Struktur selbst aber ausschließt.

Genauso irreführend ist meiner Meinung nach die Tendenz, philosophische Spekulationen darüber anzustellen, wie Sprache und ihr Gebrauch gelehrt werden könnten. Sprache wird größtenteils überhaupt nicht wirklich gelehrt. Sie wird vielmehr durch bloße Konfrontation mit den Daten erlernt. Keinem Menschen sind das Prinzip der Strukturabhängigkeit von Regeln, BSS oder sprachspezifische Eigenschaften solcher Regeln wie der NP-Voranstellung beigebracht worden. Es gibt auch keinen Anhaltspunkt dafür, daß uns die Bedeutung von Wörtern beigebracht wird. Es mag stimmen, daß »der Nährboden für unser Reden über Bedeutungen darin bestand, daß jemandem beigebracht wurde, wie ein Ausdruck verwendet wird«¹⁶; dieser historische Kommentar begründet jedoch nicht die Annahme, daß Erklärungen der Bedeutung durch eine Theorie des Lehrens erschöpft oder auch nur weitergebracht werden. Eine Theorie darüber, wie ein System erlernt wird, darf nicht mit einer Theorie darüber, wie es gelehrt wird, identifiziert werden; wir können auch nicht annehmen, daß, was erlernt wurde, gelehrt worden sein muß.

Betrachten wir einen analogen Fall, der vielleicht nicht allzu weit hergeholt ist: Was passiert, wenn ich den Anlasser meines Autos betätige? Eine Zustandsveränderung findet statt. Die charakteristischen Eigenschaften des neu eingetretenen Zustandes könnten wir herausfinden, indem wir die Auspuffgase, die Motordrehzahl, die Bewegung des Autos, wenn ich aufs Gas trete, usw. prüfen. Eine sorgfältige Untersuchung der Interaktion zwischen mir und dem Auto, die zu diesem neuen Zustand geführt hat, würde nicht viel ergeben. Genauso würden bestimmte Interaktionen zwischen mir und meinem Kind dazu führen, daß das Kind Englisch lernt (also kann). Über diesen neuen Zustand können wir auf die oben bereits skizzierte Weise¹⁷ etwas herausbekommen. Nun dürfte jedoch eine sorgfältige Untersuchung der zwischen mir und meinem Kind stattfindenden Interaktionen, aufgrund deren das Kind diesen neuen Zustand schließlich erreicht, nur wenig darüber aussagen, was das Kind gelernt hat oder welche Art von Organismus es selbst ist.

J. L. Austin (1940) hat zweifellos recht mit der Feststellung, daß wir auf die Frage »Was bedeutet (das Wort) ›Ratte‹?« entweder direkt antworten oder den Fragenden dazu bringen könnten, sich eine Erfahrung oder Situation vorzustellen, in der das Wort verwendet werden würde oder nicht. Aus dieser Beobachtung können wir jedoch nicht, so wie Austin es tut, die Folgerung ziehen, daß uns diese Beschreibung alles angibt, was wir über die Bedeutung des Wortes vernünftigerweise wissen möchten. Austin geht anscheinend von der impliziten Annahme aus, daß wir nicht länger zu fragen brauchen, was gelernt wird, wenn wir beschrieben haben, wie wir etwas lehren würden. Damit wären wir, wenn wir Austin folgen, auf eine Beschreibung der Betätigung des Anlassers beschränkt, während das von ihm verworfene Modell der Sprache eher auf eine Erklärung des Zustandes des Systems abzielt, das durch diese Tätigkeiten ›in Bewegung gesetzt‹ wird.

Fragen wir uns schließlich, wie S die Resultate seiner Untersuchungen beschreiben könnte. Betrachten wir insbesondere die Frage, ob die kognitiven Strukturen, die S dem Organismus zuschreibt, eine bestimmte Art von Wissen oder Überzeugung konstituieren.

Wenden wir uns zuerst dem Fall des Common Sense zu. S schreibt seiner Versuchsperson (Vp) ein System von Regeln und Prinzipien zu, das sich auf die Organisation und das Verhalten von Gegenständen bezieht. S geht davon aus, daß sich seine Vp insofern von einem Stein oder einem Vogel unterscheidet, als diese kognitive Struktur ein Element von deren Endzustand ist. Da die Vp ein physischer Organismus ist, muß das ihr zugeschriebene System eine endliche Repräsentation besitzen. Wieviel wir auch über dieses System wissen mögen, es sind hier viele endliche Repräsentationen des Systems vorstellbar; aber S würde daraus nicht den Schluß ziehen, daß es unmöglich ist, zwischen diesen Repräsentationen eine empirisch fundierte Entscheidung zu treffen. Die empirischen Daten sind niemals erschöpft. Daten, die bisher keinerlei Bezug zu dieser Frage zu haben scheinen, können durch unvorhergesehene Entdeckungen relevant werden. S könnte ein allgemeines Organisationsprinzip aufstellen, das bestimmte endliche Repräsentationen ausschließt, andere wieder nicht; er könnte zeigen, daß der Erwerb von kognitiven Strukturen in diesem und in anderen Fällen durch die Annahme erklärt werden kann, daß dieses allgemeine Prinzip als angeborener Schematismus operiert. Damit wäre ein Beleg für eine endliche Repräsentation erbracht, die diesem Prinzip genügt, und zugleich ein Beleg gegen eine andere endliche Repräsentation, die dagegen verstößt. Dies ist eine der zahllosen Möglichkeiten, auf die S feststellen kann, welche der verschiedenen vorstellbaren endlichen Repräsentationen des kognitiven Systems plausible Kandidaten für eine Theorie des

Endzustandes seiner Vp sind. Auf der Basis einer postulierten Repräsentation eines kognitiven Systems und anderer Annahmen über die Verarbeitung von Informationsprozessen wird S zahlreiche Phänomene zu erklären suchen, so etwa warum seine Vp in zwei Darstellungen ein und dasselbe Gesicht wiedererkennt, in zwei anderen aber nicht. So wird S z.B. die Tatsache zu erklären suchen, daß seine Vp glaubt, dasselbe Gesicht zweimal zu sehen. Man könnte sich verschiedene direkte oder indirekte Testverfahren für solche Überzeugungen und Erwartungen vorstellen.

S könnte die postulierte kognitive Struktur als ein »System von Überzeugungen« ansehen. Die endliche Repräsentation, die als die Charakterisierung des der Vp zu unterstellenden Systems von Überzeugungen und der von diesen implizierten Überzeugungen postuliert wird, dürfte zweifelsohne unbewußt und der Introspektion unzugänglich sein. In vielen Fällen drückt die Vp Überzeugungen aus. Dieses Faktum wird S dadurch erklären, daß er zeigt, wie diese ausgedrückten Überzeugungen aus der endlichen Repräsentation folgen. Nehmen wir an, die Vp drückt Überzeugungen aus, die nicht daraus folgen oder sie weist Überzeugungen, die daraus folgen, zurück oder von ihr werden solche Überzeugungen, denen dieser Charakterisierung zufolge ein ganz bestimmter Status zugewiesen wird, weder akzeptiert, noch zurückgewiesen, oder sie verhält sich so, daß S ihr Überzeugungen zuschreiben muß, die mit der Charakterisierung inkonsistent sind. In solchen Fällen wird S versuchen, dieses Resultat so zu erklären, daß andere Systeme mit dem kognitiven System der Überzeugung interagieren; wenn das nicht gelingt, wird er die endliche Repräsentation revidieren müssen.[18]

Man könnte erwarten, daß bewußte kognitive Strukturen einen nicht-homogenen und vermutlich uninteressanten Teil der gesamten kognitiven Struktur bilden. Wenn das so ist, sollte man darüber nicht erstaunt sein. Es spricht auch nichts dagegen, daß S die der Vp zugeschriebene kognitive Struktur als System von Überzeugungen ansieht.

Wenden wir uns jetzt der Grammatik zu. Wenn S deutsch

spricht, wird er sagen, daß einige seiner Vp »Französisch gelernt« haben und jetzt »Französisch können«. In vielen Fällen können sie darüber hinaus ihr Wissen auch als ein Wissen, daß das-und-das der Fall ist, artikulieren. Auch hier ist die Menge solcher Fälle für sich allein kaum von großem Interesse. S wird versuchen, diese Fälle dadurch zu erklären, daß er zeigt, wie sie aus der (mit anderen kognitiven Strukturen interagierenden) Grammatik des Französischen folgen. Auf diese Weise wird er zahlreiche Merkmale (des Französischen) zu erklären suchen, Merkmale, die den oben erwähnten (vgl. (1)-(13)) analog sind. Die Probleme der Bestätigung und Auswahl von Theorien sind denen analog, die bei der Untersuchung des Common Sense auftreten.

Die Grammatik ist offensichtlich nicht selbst eine Theorie der Performanz (des Verhaltens). Es ist aber durchaus in Ordnung, wenn S vorschlägt, daß die Grammatik eine Komponente einer solchen Theorie ist, und wenn er an diesem Punkt eine Theorie der Interaktion von Strukturen konstruiert, die als eine Theorie der Performanz für seine Vp fungieren würde.[19] S könnte die der Vp zugeschriebene Grammatik als eine Repräsentation (oder ein Modell) von deren Sprachbeherrschung ansehen. S könnte auch sagen, daß eine Vp, die die Sprache beherrscht, auch die Grammatik beherrscht, und daß sie in ihrem Anfangszustand die Universale Grammatik beherrschte. Die Vp von S unterscheidet sich also von einem Sprecher des Deutschen, von einem Stein oder einem Vogel darin, daß sie die Grammatik des Französischen beherrscht (um bei der vorgeschlagenen Terminologie zu bleiben). Insofern sie in ihrem Anfangszustand die Universale Grammatik beherrschte, gleicht sie jedoch einem Sprecher des Deutschen und unterscheidet sich von einem Stein oder einem Vogel.

Nun könnte es jedoch sein, daß gegen diese Terminologie Einwände erhoben werden, woraufhin es S dann vorzieht, bestimmte Kunstausdrücke als technische Termini einzuführen. Etwa: Wenn ein Sprecher die Sprache L beherrscht, dann – so wollen wir in Anlehnung an den bereits geläufigen Terminus *kognitiv* im folgenden sagen – *kognisiert* er L. Des weiteren kognisiert er diejenigen sprachlichen Fakten, die er *beherrscht* bzw. *kennt* bzw. die zu seinem *Wissen* gehören, wobei diese Ausdrücke in einem durchweg unproblematischen Sinne zu verstehen sind. Zudem kognisiert S die Prinzipien und Regeln seiner internalisierten Grammatik, und zwar sowohl die, derer er sich bewußt werden kann, als auch die, die seinem Bewußtsein für immer verschlossen sind. Des weiteren kognisiert er die Prinzipien, die dem Erwerb einer Sprache zuallererst zugrunde liegen, d. h. die Prinzipien der Universalen Grammatik (die Korrektheit des oben skizzierten Ansatzes vorausgesetzt). Wer also Englisch kann, kognisiert gewisse Fakten, zum Beispiel, daß Junggesellen notwendigerweise unverheiratet sind, und daß die Kopula »is« im Singular stehenden Subjekten zugeordnet wird. Er kognisiert auch, daß bestimmte Regeln in einer gewissen Weise geordnet sind. S kognisiert zudem, daß Transformationen in einer zyklischen Anordnung angewandt werden und der BSS unterliegen, daß Anfangs-P-Marker und Oberflächenstrukturen in der oben beschriebenen Weise zur semantischen Interpretation beitragen und daß Transformationen strukturabhängig sind. Die letzteren Beispiele stellen einen Teil der »angeborenen Kognisation« dar (wiederum die Korrektheit der oben skizzierten Theorie vorausgesetzt).

Wenn wir uns entschließen, die Ausdrücke »wissen«, »beherrschen« und »kennen« bzw. »können« in einem engen Sinne zu verwenden und sie auf die Fälle eines *bewußten* Wissens etc. einzuschränken, dann werden, wie mir scheint, solche Ausdrücke wie »sprachliches Wissen«, »Sprachkenntnisse« und »Sprachbeherrschung« durch Rekurs auf das neue technische Vokabular zu explizieren sein.[20] Was wir »wissen«, »kennen« oder »beherrschen«, stellt nach diesem Sprachgebrauch einen ziemlich schlecht definierten und vielleicht recht konfusen und chaotischen Teil derjenigen kohärenten und signifikanten Systeme und Strukturen dar, die von uns kognisiert werden. Der für die Psychologie relevante Begriff ist jedenfalls »kognisieren« und nicht »wissen«.

Oder wir fassen den Entschluß, die Ausdrücke »wissen«,

»kennen« und »beherrschen« so zu erweitern, daß sie genau die Eigenschaften von »kognisieren« besitzen, so daß wir auf diesen neuen Ausdruck verzichten könnten. In diesem Fall können wir dann unser explizites Wissen von gewissen Fakten bzw. unsere entsprechenden expliziten Kenntnisse dadurch erklären, daß wir zeigen, wie diese Fälle mit dem System des »impliziten Wissens« zusammenhängen.[21]
Ich bezweifle, daß diese Frage durch eine Untersuchung des »normalen Sprachgebrauchs« beigelegt werden kann. Dieser scheint mir gerade an den wesentlichen Stellen vage und nicht genügend explizit zu sein. Auch die philosophische Tradition ist sich hier nicht einig. So sprach Leibniz z. B. von einem unbewußten Wissen, obwohl von ihm anscheinend jegliches Wissen als dem Bewußtsein zugänglich erachtet wurde. Hume beschrieb Instinkte als diejenigen Teile des »Wissens« eines Lebewesens, die es »von der ursprünglichen Hand der Natur empfängt«, im Gegensatz zu den »Teilen des Wissens«, die das Lebewesen erst durch Erfahrungen lernen muß.
Mir scheint, daß die Prinzipien, die unsere Glaubens- und Wissenssysteme determinieren, derart perfekt und untrennbar mit »unserem Wissen« (im gewöhnlichen Sinne verstanden) interagieren, daß sich nur schwer eine kohärente Theorie entwickeln ließe, die unser »wahres Wissen« isoliert. Es ist jedoch unklar, ob es hier um mehr als nur um eine terminologische Frage geht. S könnte daher den Entschluß fassen, auf die Ausdrücke »Wissen«, »Kenntnisse« etc., ja sogar auf »Sprachbeherrschung« und »sprachliches Wissen« (falls diese für problematisch erachtet werden) ganz zu verzichten, wobei er sich dessen wohl bewußt ist, daß die Berufung auf den normalen Sprachgebrauch für eine Rechtfertigung dieser Entscheidungen nur wenig hergibt. Er wird dann also nicht mehr von Lernen, Wissen und Kenntnissen reden, sondern von Erwerben, Kognisieren und Kompetenz.
Solange wir uns darüber klar sind, was wir tun, scheint mir jeder dieser beiden Ansätze völlig in Ordnung zu sein. »Stimmen wir erst einmal über die Wirklichkeit überein, ist ein Disput über Wörter unnötig« (Hume).

Wenden wir uns nun einigen von den Einwänden zu, die gegen den oben skizzierten Ansatz vorgebracht wurden. Ich kann an dieser Stelle keinen Überblick über die ganze Literatur geben, will jedoch ein paar Fälle erwähnen, die ich für typisch halte. Auf die von einigen Philosophen anscheinend für recht problematisch empfundene Frage, nämlich ob der Ausdruck »Wissen« etc. in diesen Ansätzen auch tatsächlich korrekt verwendet wird, will ich im folgenden nicht weiter eingehen.

R. Schwartz vertritt die These, daß »die Tatsache, daß wir die Kompetenz [einer Person] mit Hilfe eines formalen Systems generativer Regeln spezifizieren können, nicht selbst schon impliziert, daß [sie] ein *entsprechendes* System in sich repräsentiert hat«.[22] Diese Beobachtung ist sicher richtig. Keine nicht-triviale Theorie wird jemals durch die verfügbaren Daten »impliziert«. Aber Schwartz möchte anscheinend mehr als nur diesen Gemeinplatz behaupten. Er führt das folgende Beispiel an, um die seiner Meinung nach auftauchende »unsaubere Problemstellung« zu verdeutlichen. A sei ein bestimmter Apparat, der Kugeln mit »+« bezeichnet, wenn ihre Dichte größer ist als 1 und mit »−«, wenn sie kleiner ist als 1. Gegeben sei ein System von Gleichungen (= G), das Relationen zwischen Volumen, Dichte, Gewicht usw. enthält und das den Output von A beschreibt. Aber, so Schwartz, A »bräuchte nicht eine irgendwie wie G geartete Menge von Prinzipien anwenden«. Möglicherweise läßt A solche Größen wie Gewicht, Volumen etc. ganz unberücksichtigt; vielleicht ist A so gebaut, daß er statt dessen eine Flüssigkeit der Dichte 1 enthält und jeder untergehenden Kugel den Wert »+« und jeder schwimmenden den Wert »−« verleiht. »Wäre die These vernünftig, daß die Gleichungen G in diesem Apparat intern repräsentiert sind?« Diese Frage wird von Schwartz negativ beantwortet, obgleich »die Flüssigkeit im Apparat in einem gewissen Sinn ›für‹ die Gleichungen G ›stehen‹ könnte.«

Angenommen, S kommt durch Beobachtung von A zu dem Schluß, daß der »kognitive Zustand« von A Kalkulationen der in G ausgedrückten Art involviert. Eine genauere Untersuchung könnte S davon überzeugen, daß diese Schlußfolgerung falsch ist und daß ein ganz anderes Prinzip, nämlich das von Schwartz vorgeschlagene, zur Anwendung kommt. Es wäre nun natürlich nicht »vernünftig«, auf der These zu beharren, daß A »eine irgendwie wie G geartete Menge von Prinzipien anwendet«, da diese Folgerung widerlegt worden ist. Sobald S die tatsächlich angewendeten Prinzipien entdeckt hat, ist für ihn die Tatsache uninteressant, daß G auch weiterhin Input-Output-Relationen korrekt beschreibt. Hier gibt es keine »unsaubere Problemstellung«.

Wenn S sich einfach mit der Feststellung begnügt hätte, daß G Input-Output-Relationen beschreibt, dann hätte er natürlich keine weiteren Untersuchungen darüber angestellt, ob A tatsächlich Prinzipien wie G anwendet. Als Wissenschaftler hätte er aber sicher auch weiterhin ein Interesse daran gehabt herauszufinden, warum G eine zutreffende Beschreibung für A ist. Zu diesem Zweck könnte er die Arbeitshypothese aufstellen, daß A tatsächlich in Übereinstimmung mit G kalkuliert bzw. daß G in irgendeiner relevanten Form in die tatsächliche Performanz von A eingeht. Danach würde er nach Belegen für diese Hypothese suchen. Die Entdeckung, daß diese Hypothese falsch ist, wäre für ihn von Interesse. Wer es jedoch bei der Feststellung belassen würde, daß G Regularitäten im Verhalten von A korrekt beschreibt, würde eine derartige Untersuchung gar nicht erst lange anstellen. Hier scheint freilich kein prinzipielles Problem vorzuliegen.

Schwartz bemerkt, daß z. B. im Fall eines Radfahrers jede spezifische These über die Organisation des involvierten Systems von Gewohnheiten und Fertigkeiten »zweifelhaft erscheint; und solange ein solcher Zweifel besteht, muß die Behauptung vorsichtig interpretiert werden, daß die physikalischen Gesetze [die auf spezifische Weise intern repräsentiert sind] ein Modell der Fähigkeit [des Menschen], Rad zu fahren, beinhalten«. Auch diese Beobachtung ist korrekt. Da nichttriviale Theorien nicht durch Daten »impliziert« werden, muß man ihnen immer mit Vorsicht begegnen. Ich kann dieser Beobachtung überhaupt kein Interesse abgewinnen; noch sollte S sie im geringsten beachten. Er wußte bereits vorher, daß er es mit empirischen Untersuchungen zu tun hat. Schwartz scheint zu merken, daß es hier um mehr geht; er gibt aber keinen Hinweis darauf, was das sein könnte und bezieht sich auch auf keine Arbeit, für die diese Kritik überhaupt relevant erscheint.

Das obige Beispiel betrifft die von S aufgestellte Theorie über den Common Sense; Schwartz jedoch bezieht die Argumentation genauso auf die Theorie der Grammatik. Er bemerkt, daß »jede wahre Beschreibung von Regularitäten von oder innerhalb der Menge grammatischer Sätze tautologisch wahr sein wird für den Output der Kompetenz [des Sprechers]«. Wenn wir in der Sprache des betreffenden Sprechers eine spezifische Regularität auffinden, dann »könnte man von ihm sagen, daß er diese Regularität ›kennt‹, jedoch nur in dem Sinn, daß er gegen diese Regel verstoßende Ketten als ungrammatisch ansehen wird«. »Diese Regularitäten sind also Regularitäten dessen, was [der Sprecher] kennt (die Klasse der grammatischen Sätze) und nicht Regularitäten, die er kennt.« Insofern Schwartz einfach eine bestimmte Verwendungsweise für den Term »kennen« vorschlägt, ist es uninteressant, die Diskussion weiter zu verfolgen; ich möchte nur hervorheben, daß es eigenartig scheint, den Ausdruck »X kennt die Klasse der grammatischen Sätze« (und wie ich annehme auch »X hat Regeln gelernt, die diese Klasse spezifizieren«, d. h. »X hat eine Grammatik gelernt«) zu akzeptieren, nicht aber den Ausdruck »X kennt die Regeln seiner Grammatik«.

Um das terminologische Problem zu umgehen, ersetzen wir in der obigen Diskussion »kennen« durch »kognisieren«. Sollten wir dann sagen, daß der Sprecher die Regeln und Regularitäten nur in dem Sinn kognisiert, daß er dagegen verstoßende Ketten als ungrammatisch ansieht? Wohl nur, wenn unser Interesse derart gering ist, daß es uns völlig gleichgültig ist, ob eine bestimmte Theorie über den Sprecher auch wirklich richtig ist. Wenn sich S nur mit der Feststellung begnügen würde, daß eine bestimmte Theorie Regularitäten beschreibt, die für die Klasse der vom Sprecher kognisierten Sätze gelten, dann würde er nicht weitere Untersuchungen anstellen, um zwischen dieser Theorie und irgendeiner anderen Theorie zu entscheiden, die die Klasse der Sätze durch Rekurs auf ein anderes Regelsystem beschreibt. Nun lassen sich aber sicherlich andere Theorien entwerfen. Dazu wollen wir die oben skizzierte Theorie des Englischen betrachten. S könnte den Vorschlag machen, daß die reziproke Regel eine Transformationsregel ist, die »each« und »one« so umstellt, daß sich aus Anfangs-P-Markern der Form *each of NP . . . the other, one of NP . . . the other* »each other« und »one another« ergibt. Sein Kollege S' könnte dagegen vorschlagen, daß »each other« und »one another« von der Basis abgeleitet sind und durch eine semantische Regel interpretiert werden. Schließlich könnte S'' vorschlagen, daß die zugrunde liegenden Strukturen Konjunktionen sind.²³ Wenn S, S' und S'' sich mit der Beobachtung zufrieden geben, daß ihre Theorien bestimmte Regularitäten korrekt beschreiben, erübrigt sich jede weitere Untersuchung. Wenn sie jedoch, wie wohl jeder richtige Wissenschaftler, so verfahren, daß sie den Sprechern des Englischen in dieser Hinsicht verschiedene kognitive Strukturen zuschreiben, dann werden sie weiterhin auch noch nach anderen Daten suchen, um zwischen diesen Hypothesen eine Entscheidung herbeizuführen.

Diese Daten könnten ganz unterschiedlich sein. Man könnte sie z. B. aus anderen Sprachen entnehmen. Angenommen, die Postulierung einer Transformationsregel verletze ein bestimmtes Prinzip U, und angenommen, wir können, wenn wir U (welches anderweitig bestätigt sein soll) als Teil der Universalen Grammatik ansetzen, bestimmte Fakten in anderen Sprachen erklären, genauso wie bestimmte Fakten des Englischen durch BSS erklärt werden können. Dieses Faktum würde, unter der empirischen Annahme, daß der Spracherwerb bei allen Menschen gleichförmig stattfindet, gegen die Annahme von S sprechen, daß die Sprecher des Englischen tatsächlich eine kognitive Struktur anwenden, die eine transformationelle Umstellungs-Regel beinhaltet. Damit würden die konträren Theorien von S' und vielleicht auch S'' eine indirekte, aber wertvolle empirische Bestätigung erhalten. Zahlreiche weitere Typen von Daten sind denkbar.

S, S' und S'' haben jeden Grund, ihre Hypothesen als Arbeitshypothesen über den von ihren Vpn erworbenen stabilen Zustand anzusehen, und somit als Hypothesen, die sich weiter bestätigen oder widerlegen lassen. Sicherlich kann es in diesem Fall keinen generellen Einwand gegen die normalen »realistischen« Annahmen eines jeden Wissenschaftlers geben (obwohl man natürlich vorsichtig sein muß usw.).

Vielleicht hat Schwartz etwas anderes im Sinn. Vielleicht denkt er an einen Fall, in dem zwei Theorien mit allen prinzipiell erfaßbaren Daten kompatibel sind. Wenn dem so ist, sollte S diese Überlegung einfach außer acht lassen, wie es jeder Wissenschaftler in der Praxis tun würde. Der Ausdruck »alle prinzipiell erfaßbaren Daten« erfordert sicher eine Erklärung. Ich bezweifle, daß sich ihm auch nur irgendein Sinn verleihen läßt. Selbst wenn wir ihn für sinnvoll halten, folgt daraus nichts für das Vorgehen von S. In der realen Welt wird S das Datenmaterial niemals erschöpft haben; er kann mit Fleiß und Phantasie neue Daten beibringen, um zwischen empirisch unterscheidbaren Theorien zu wählen.

Angenommen, S verfügt letztlich über mehrere Theorien, die besten, die er ohne Prüfung der internen Struktur seiner Vp konstruieren kann. S wird dann leider behaupten, daß er aufgrund der ihm verfügbaren Daten nicht entscheiden kann, welche (wenn überhaupt eine) dieser Theorien die tatsächliche interne Struktur korrekt charakterisiert. In Schwartz' Beispiel mit der Kugel wird S z.B. nicht angeben können, welches die richtige Theorie ist: G oder eher der auf eine Flüssigkeit von der Dichte 1 rekurrierende Ansatz. Im Fall der Sprache ist es genauso wie im Falle der Kugeln: S wird keine Schwierigkeiten mit der Natur der von ihm vorgeschlagenen Theorien und ihrer Relation zu den Fakten haben; es wird ihn vielmehr stören, daß er (laut Voraussetzung) zwischen anscheinend plausiblen Theorien keine Entscheidung treffen kann. Immerhin scheint es in derartigen Fällen keinen Grund zu geben, das Standardverfahren eines jeden Wissenschaftlers, mitsamt

seinen konventionellen realistischen Annahmen, aufzugeben.
Schwartz bringt dann gewisse Einwände gegen die von S unternommene Untersuchung des Spracherwerbs. Er glaubt, daß »die psychologisch interessante Frage darin besteht, ob die Faktoren, die den Spracherwerb steuern, spezifisch für die Sprache sind, oder ob sie allgemeine Merkmale des Lernapparates sind«. Er vertritt die These, daß »das Kind viele Fertigkeiten und Kompetenzen entwickelt, Wissen über Relationen und Regularitäten in seiner Umgebung erwirbt, Spiele und komplexe soziale Verhaltensmuster lernt usw.; das Kind entwickelt diese Fähigkeiten auf genau dieselbe Weise wie es die Sprache lernt, nämlich ohne daß ihm etwas ›beigebracht‹ wird«, und auch für diese Fälle scheinen die üblichen Verhaltenstheorien inadäquat zu sein. Es wäre jedoch seiner Meinung nach »unplausibel, jeweils verschiedene angeborene Schemata anzusetzen«. Weiter hält er für möglich, daß es »keine *interessante* Version« der These gibt, daß Kinder »große ... Schwierigkeiten haben würden, eine Sprache von nicht vorhergesehener Form zu lernen«, weil Kinder komplexe Symbolsysteme erwerben können, die »nicht nach dem Muster der natürlichen Sprache gebildet sind«. Es wäre ihm zufolge »zirkulär« einfach zu behaupten, daß »jedes Symbolsystem, das gegen den Chomskyschen Kanon verstößt, eben keine Sprache und somit schlicht irrelevant ist«.
Diese Bemerkungen bilden eine Kritik an »Chomskys Theorie des Spracherwerbs«, nämlich an dem oben skizzierten Ansatz. Nehmen wir uns seine Argumente der Reihe nach vor. Es wäre sicher interessant zu wissen, ob die den Spracherwerb steuernden Faktoren spezifisch oder allgemein sind; es ist aber eigenartig, darauf zu bestehen, daß das »*die* psychologisch interessante Frage« ist. Nehmen wir einmal an, daß diese Frage durch elementare Beobachtungen, wie sie weiter oben angeführt wurden (vgl. S. 27 f. und 187 f.), in dem Sinn gelöst werden kann, daß die den Spracherwerb steuernden Faktoren spezifisch sind. Gibt es dann keine weiteren psychologisch interessanten Fragen mehr? Für jemanden, der dem traditio-

nellen Dogma verhaftet ist, mag das stimmen, aber für einen Wissenschaftler, der den detaillierten Charakter der beim Erwerb verschiedener kognitiver Strukturen involvierten Faktoren entdecken möchte, bleiben sicherlich noch viele Fragen offen.

In der von Schwartz kritisierten Arbeit wird wiederholt betont, daß es den üblichen Lerntheorien nicht gelingt, außerhalb der Sprache liegende kognitive Strukturen zu erklären. Wenn man bedenkt, daß andere Systeme gelernt werden, ohne daß sie ›beigebracht‹ werden, und daß sie komplexe Eigenschaften ohne individuelle Unterschiede aufweisen, dann würde man in jedem solchen Bereich nach der oben dargelegten Methode vorgehen: Man würde die Eigenheiten des erworbenen Systems, die Daten, aufgrund derer es erworben wurde und die Faktoren, die den Erwerb dieses Systems auf der Basis der zugänglichen Daten ermöglichen, bestimmen. Wenn also die Prinzipien der Strukturabhängigkeit, BSS usw. Eigenschaften des erworbenen Sprachsystems zu sein scheinen, werden wir dieses Faktum dadurch zu erklären versuchen, daß wir einen angeborenen Mechanismus postulieren, der diese Prinzipien auf der Basis der erreichbaren Daten bestimmen kann; aus Gründen, die bereits diskutiert wurden, scheint es plausibel, diese Prinzipien mit denjenigen zu vergleichen, die Natur und Funktion von Körperorganen determinieren. In anderen Bereichen finden wir ganz anders geartete Eigenschaften; wir werden in vergleichbarer Weise vorgehen und die zur Erklärung der Fakten erforderlichen angeborenen Strukturen postulieren. Schwartz glaubt, daß es »nicht plausibel« ist, unterschiedliche angeborene Schemata für unterschiedliche »Fertigkeiten und Kompetenzen« zu postulieren; da er aber keine Argumente bringt, können wir dieses Urteil außer acht lassen. Es hat nicht mehr Gewicht als die unbegründete Annahme, daß es Embryos erst lernen müssen, daß sie Augen haben, oder daß es der Mensch erst lernen muß, seinen Wahrnehmungsraum durch die in der Wort-Assoziation involvierten Mechanismen zu organisieren. Derartige dogmatische Behauptungen entbehren jeder Grundlage. Die gegen eine undifferenzierte Lerntheorie sprechenden Gründe werden von Schwartz an keiner Stelle behandelt; zudem bleiben die von ihm vorgetragenen Annahmen ohne jede Begründung – abgesehen von der Beobachtung, daß viele Fertigkeiten und Kompetenzen erlernt werden, ohne gelehrt worden zu sein, woraus man nur schließen kann, daß eine Theorie, die ein solches Lehren voraussetzt, falsch ist.

Schwartz' Vorwurf der »Zirkularität« beruht offensichtlich auf einem Irrtum. Wenn S vorschlägt, daß die Universale Grammatik bestimmte Eigenschaften besitzt, stellt er eine empirische Hypothese auf. Wir können sie durch eine Untersuchung der sprachlichen Fakten überprüfen. Im Prinzip können wir sie an der Frage überprüfen, ob ein Kind Sprache in Übereinstimmung mit den aufgestellten Prinzipien gebrauchen wird, auch wenn, wie in den oben diskutierten Fällen, keine Daten dafür vorliegen, daß diese Prinzipien gelten. So könnte S z.B. die Beobachtung machen, daß ein Kind nie den Fehler machen wird, für den Deklarativsatz (16) den Fragesatz (14) anstelle von (15) zu produzieren. S könnte daher postulieren, daß eine bestimmte Eigenschaft im Anfangszustand des Kindes die Strukturunabhängigkeits-Hypothese 1 aus Kp. I (S. 43) als nicht formulierbar ausschließt.

(14) is the man who tall is in the room?
(15) is the man who is tall in the room?
(16) the man who is tall is in the room

Des weiteren könnte S fragen, ob andere Phänomene dem aufgestellten Prinzip gehorchen, oder er könnte prinzipiell eine geeignete experimentelle Situation konstruieren, in der Beispiele wie (14) und (15) niemals vorkommen, und fragen, ob die Sprecher unverändert die Strukturabhängigkeits-Regel anwenden, die zwar (15), aber nicht (14) ergibt. Wenn das der Fall ist, hätte er einen Beleg für die empirische Hypothese, daß das Prinzip der Strukturabhängigkeit ein Teil der Universalen Grammatik ist, denn diese Annahme liefert eine Erklärung für die Fakten. Ähnliche Bemerkungen treffen auf die komplexeren Beispiele zu, die weiter oben diskutiert wurden. In der

Praxis muß aus Gründen der Zeit und Durchführbarkeit nach indirekteren Testverfahren gesucht werden; aber die Logik der Situation ist klar genug, und allein die Existenz von prinzipiell anwendbaren Tests genügt bereits, um den Vorwurf der Zirkularität zu entkräften.

Wir können mit gutem Grund davon ausgehen, daß künftige Untersuchungen die Schlußfolgerung bestätigen werden, daß Prinzipien der oben diskutierten Art einen Teil des angeborenen Mechanismus des Spracherwerbs konstituieren. So ist es sicher nicht plausibel zu unterstellen, daß in den fraglichen Fällen (z. B. (14) und (15)) jedes Kind genügend relevante Erfahrungen mit geeigneten Beispielen gemacht hat. Im Gegenteil, es ist oft ein schwieriges Problem, Beispiele zu entdecken, die für die betreffenden Hypothesen auch nur relevant sind (vgl. BSS). Wenn wir jedoch herausfinden, daß die Sprecher diesen Prinzipien folgen, müssen wir für dieses Faktum eine Erklärung suchen. Die einzige bisher vorgeschlagene Erklärung ist meines Wissens die oben vertretene These: Die Prinzipien gehören zur Universalen Grammatik, die ihrerseits ein Element des »Anfangszustandes« ist. Ob dieser Vorschlag richtig ist oder falsch, ändert nichts daran, daß das skizzierte Projekt ein ganz und gar empirisches Vorhaben ist. Daher trifft der Vorwurf der Zirkularität sicher nicht zu. Wenn er berechtigt wäre, hätte es keinen Sinn, spezielle Vorschläge, etwa daß BSS oder das Prinzip der Strukturabhängigkeit zur Universalen Grammatik gehören, zu überprüfen. Wären diese Vorschläge tautologisch, könnten sie gar nicht falsch sein.

Aus ähnlichen Gründen können wir leicht einsehen, warum es, entgegen der Behauptung von Schwartz, eine »interessante Version« der Hypothese geben könnte – und tatsächlich auch gibt –, daß Kinder beträchtliche Schwierigkeiten beim Erwerb von Sprachen haben, die postulierte Universalien verletzen. Das trifft zumindest dann zu, wenn wir unter einer »interessanten Version« der Hypothese eine Hypothese verstehen, die weitreichende empirische Konsequenzen und beträchtlichen Erklärungswert besitzt.

Es liegt auf der Hand, warum die Argumentation von

Schwartz in die Binsen geht. Zuerst einmal übersieht er die Tatsache, daß es Fälle gibt, in denen es von vornherein klar ist, daß wir es mit Sprache zu tun haben und nicht mit dem Herausfinden aus einem Labyrinth, mit Korbflechten, topographischer Orientierung, dem Wiedererkennen von Gesichtern oder Melodien, Kartenlesen usw. Wir können nicht willkürlich entscheiden, daß »Sprache« genau das ist, was bestimmten, von uns vorgeschlagenen Kriterien genügt. Wir können also nicht einfach festsetzen, daß Regeln strukturunabhängig sind und dann folgern, daß Beispiele wie (14) und (15) für »Sprache«, wie sie durch diese Festsetzung bestimmt wird, nicht relevant sind. Natürlich gibt es auch unklare Fälle; und es gibt das beständige Problem, zu entscheiden, ob eine Theorie aufgrund dagegensprechender Daten aufgegeben werden muß (siehe Anm. 18) oder ob die kognitiven Bereiche von Anfang an falsch bestimmt wurden. Hier handelt es sich aber kaum um Probleme, die für dieses Unternehmen spezifisch sind; sie stellen sich vielmehr in jeder rationalen Untersuchung.

Des weiteren wollen wir uns, ganz abgesehen von der Tatsache, daß es Fälle gibt, die von vornherein klar sind, vor Augen halten, daß S versucht, das vollständige System der kognitiven Strukturen seiner Sprecher darzustellen, ihr Wesen und ihre Interaktion zu bestimmen, wobei er auf jeder Stufe bestimmte Idealisierungen macht und empirische Hypothesen aufstellt, somit also Schlüsse zieht, die natürlich nicht durch die ihm zur Verfügung stehenden Daten »impliziert« werden. Wenn sich zeigt, daß andere Symbolsysteme »nicht nach dem Muster der natürlichen Sprachen gebildet sind«, wird S eben zu bestimmen versuchen, nach welchem Muster sie gebildet sind. Er wird ihr Wesen und die Basis für ihren Erwerb untersuchen und sich dabei genauso wenig von dogmatischen Annahmen über die »Einförmigkeit« des Lernens leiten lassen, wie in seiner Untersuchung der Sprache.

Schließlich wird S erwarten, daß nach verschiedenen Mustern gebildete Symbolsysteme auch verschiedene neurale Repräsentationen besitzen und daß die verschiedenen angeborenen

Faktoren, die zur Erklärung der Fakten postuliert wurden, ebenfalls unterschiedliche physische Repräsentationen aufweisen. Man weiß zwar bisher recht wenig darüber, aber es sprechen doch einige Daten dafür, daß wesentliche sprachliche Strukturen und Funktionen normalerweise in der linken Großhirnhälfte repräsentiert sind, wogegen einige andere »Symbolsysteme«, die für diese Diskussion zwar nicht relevant sind, von Schwartz aber (in Anlehnung an Goodman) dennoch angeführt werden, in erster Linie durch die rechte Großhirnhälfte kontrolliert werden – vielleicht in Zonen, die den Sprachzentren homolog sind (nichtsprachliche Laute; Sprachlaute, die nicht im Kontext von Sprache verwendet werden; Melodien usw.); vgl. dazu Kp. II, Anm. 8. Die Funktion der verschiedenen Zentren scheint sich auf unterschiedlichen Entwicklungsstufen herauszubilden (hier ist die neuere Forschung über das Wiedererkennen von Gesichtern aufschlußreich; siehe den Überblick von S. Carey). Ob diese tentativen Ansätze auch noch nach weiteren Untersuchungen haltbar sind oder nicht, ein Wissenschaftler, der sich mit Symbolsystemen, ihrem Wesen, ihrer Interaktion und ihrem Erwerb befaßt, sollte sie berücksichtigen. Schwartz scheint zu glauben, daß andere Symbolsysteme vom »Muster der natürlichen Sprache« nur zufällig abweichen – d. h. daß jeder angeborene Schematismus für den Spracherwerb einfach ein allgemeiner Schematismus für den Wissenserwerb ist. Für diese Behauptung bringt er aber kein Argument; er ignoriert einfach die vielen augenfälligen Probleme, die sich hier stellen und von denen einige oben angeführt wurden.

Die von Schwartz vorgebrachten kritischen Bemerkungen über die Theorie und die Relevanz von Daten sowie seine Einwände gegen das oben skizzierte Programm sind für einen großen Teil der neueren Diskussion typisch. Die Einwände entbehren jedoch jeder Grundlage, und die kritischen Bemerkungen gehen, soweit ich sehen kann, an den Problemstellungen vorbei, weil sie in vergleichbarer Form auf eine jede empirische Untersuchung zutreffen. Sie sind nur insofern einer detaillierteren Betrachtung wert, als sie uns einen gewissen Aufschluß über die empiristischen Annahmen vermitteln.

Wenn die Thesen von Schwartz etwas taugen würden, müßten sie auch auf die Untersuchung von Körperorganen zutreffen. Nehmen wir an, S habe eine Theorie T über die Strukturen und Funktionen des menschlichen Auges entwickelt und angeborene Faktoren F postuliert, die das Wachstum eines T erfüllenden Organs erklären sollen. Angenommen, S befasse sich jetzt mit der Leber. In Anlehnung an Schwartz könnte man nun behaupten, daß es »nicht plausibel« sei, für die Erklärung des Wachstums der Leber unterschiedliche angeborene Faktoren F' zu postulieren, die in Verbindung mit F und anderen Faktoren den genetischen Code konstituieren, durch den die Natur des betreffenden Organismus determiniert wird. Schließlich sind sowohl das Auge als auch die Leber Körperorgane; es wäre, so könnte man weiter argumentieren, zudem zirkulär zu behaupten, daß jedes Organ, welches T nicht erfüllt, eben kein Auge ist und »somit [für F] irrelevant« ist. Oder angenommen, S untersuche die Augen von Säugetieren und Insekten und postuliere zur Erklärung der gravierenden Unterschiede in den jeweils erlangten Endzuständen und in dem jeweiligen Entwicklungsmuster bestimmte genetische Mechanismen. Nach Schwartz hätte S bereits einen logischen Fehler begangen, da auch das Insektenauge ein Auge ist, und da die Behauptung zirkulär wäre, daß ein Organ, das der Theorie der Säugetieraugen nicht entspricht, eben kein Auge ist und folglich für die seiner Entwicklung zugrunde liegende Basis nicht relevant ist. Es ist klar, daß man all dies nicht ernst nehmen kann.

Es ist eine empirische Frage, ob Kartenlesen und Sprachgebrauch dieselben bzw. ähnliche Mechanismen (z. B. BSS, das Prinzip des Transformationszyklus etc.) involvieren und ob die involvierten kognitiven Strukturen auf der Basis derselben bzw. ähnlicher angeborener Faktoren entwickelt werden. Die Beobachtung, daß wir sowohl die Sprache als auch Landkarten als »Symbolsysteme« bezeichnen, trägt zur Erforschung ihrer Natur, ihrer Funktion und ihres Ursprungs nicht mehr bei als die Beobachtung, daß das Säugetierauge wie auch das Insektenauge jeweils als »Auge« bezeichnet werden oder daß sowohl das Auge als auch die Leber als »Organe« bezeichnet werden. Die Beobachtung, daß beide Symbolsysteme erlernt werden, ist genauso wenig informativ wie die Beobachtung, daß sich beide Organe entwickeln. Kein begriffliches Argument kann zeigen, daß ein Wissenschaftler verkehrt vorgeht, wenn er fundamental verschiedene kognitive oder physische Strukturen postuliert oder diese Unterschiede auf der Basis ganz bestimmter angeborener Faktoren zu erklären sucht. Hier müssen schon empirische Argumente vorgebracht werden. Bei Schwartz findet sich jedoch nichts dergleichen. Seine Diskussion geht daher an den wirklichen Problemen völlig vorbei.

Ähnliche Argumente werden in Atherton/Schwartz (1974) entwickelt. Ein Großteil ihrer Diskussion ist der Widerlegung solcher Positionen bezüglich der »Angeborenheits-Hypothese« gewidmet, die meines Wissens in der Literatur überhaupt nicht vertreten worden sind. Ganz zum Schluß weisen sie aber noch darauf hin, daß der Psychologe »die Existenz all der Fähigkeiten postulieren muß, die für die Sprachbeherrschung nachweislich notwendig sind.« Wer jedoch, so behaupten sie, »die These aufstellt, daß die für die natürliche Sprache verantwortlichen Merkmale in so hohem Maße Funktions-spezifisch sind, daß sie von den kognitiven Verhaltensweisen im allgemeinen abgetrennt werden können, der würde damit die These, wonach die natürliche Sprache angeboren und Artspezifisch ist, größtenteils ihres metaphysischen wie theoretischen und philosophischen Interesses berauben.« Von den bereits diskutierten Punkten abgesehen, ist diese Schlußbemerkung von Atherton/Schwartz die einzige Beobachtung, die für das Programm von S (bzw. für dessen bekannte Varianten in der früheren Diskussion) überhaupt relevant ist.

Ihre Formulierung weist jedoch einen entscheidenden logischen Fehler auf. Die Autoren gehen ohne jede Begründung einfach davon aus, daß die für die natürliche Sprache verantwortlichen Merkmale, wenn sie »in hohem Maß funktionsspezifisch« sind, »von den kognitiven Verhaltensweisen im allgemeinen abgetrennt werden können«. Diese Folgerung trifft nicht zu. Genausowenig impliziert die Annahme, daß das Auge in hohem Maße spezifische Mechanismen involviert, daß die »für [das Auge] verantwortlichen Merkmale« vom allgemeinen (physischen oder kognitiven) Funktionieren des Organismus abgetrennt werden können. Wenn man von empiristischen Vorurteilen ausgeht, ist diese Argumentation vielleicht verständlich. Diesen Annahmen zufolge ist das »kognitive Verhalten im allgemeinen« ein System, das resultiert aus den verschiedensten vorgeschlagenen Arten der Assoziation, Konditionierung, Gewohnheitsbildung, Generalisierung und der Induktion (wieder übergehe ich leere Formulierungen der empiristischen Theorie). Jedes hoch spezifische, auf der Basis von anderen Prinzipien entwickelte System wird daher »abgetrennt vom kognitiven Verhalten im allgemeinen«. Wenn wir das empiristische Vorurteil hinter uns lassen, werden wir verschiedene kognitive Bereiche untersuchen; wir werden versuchen, ihre Strukturen, ihre Interaktion und Funktion darzustellen und die für die entwickelten kognitiven Strukturen »verantwortlichen Merkmale« zu bestimmen. Wie im Fall der physischen Struktur eines Organismus, so impliziert auch im Fall seiner kognitiven Organisation die Entdeckung, daß sich eine kognitive Struktur auf der Basis von hoch spezifischen Merkmalen entwickelt, nichts über deren Beziehungen – wie eng diese auch sein mögen – zu anderen in den kognitiven Zustand des Organismus eingehenden Strukturen.

Was die metaphysischen, theoretischen oder philosophischen Gesichtspunkte des Problems betrifft, so will ich hierauf, da Atherton und Schwartz nicht deutlich machen, worauf sie damit eigentlich hinauswollen, gar nicht erst lange eingehen.

W. V. O. Quine (1972) bringt in seiner Diskussion methodologischer Probleme der Linguistik beinahe ähnliche Argumente vor. In der geläufigen Terminologie ausgedrückt: Grammatiken gelten dann als »schwach äquivalent«, wenn sie dieselbe Menge von Sätzen generieren, und als »stark äquivalent«, wenn sie auch dieselbe Menge von Strukturbeschreibungen generieren. Quine führt folgenden Fall an: Nehmen wir an, daß zwei Grammatiken bezüglich der Klasse von Sätzen »extensional äquivalent«, also schwach äquivalent, sind. Nehmen wir des weiteren an, daß »beide Systeme mit dem Verhalten ... aller Native Speaker des Englischen *übereinstimmen*«. Es ist klar, daß diese Systeme das Verhalten nicht in dem Sinne »leiten«, daß »der Sprecher die Regel kennt und sie auch formulieren kann« und daß dieses Wissen das Verhalten »verursacht« (»leiten impliziert Ursache und Wirkung«).[24] Nach Quine wäre aber die Annahme falsch, daß Englischsprechen in einem anderen Sinn, nämlich unbewußt, »regelgeleitet« sein könnte. In seiner Sicht ist es sinnlos zu sagen, daß »zwei extensional äquivalente [schwach äquivalente] Systeme grammatischer Regeln nicht gleichermaßen korrekt zu sein brauchen« und daß »die richtigen Regeln diejenigen Regeln sind, die die Native Speaker selbst irgendwie implizit internalisiert haben«. Er verwirft die Doktrin, nach der »den Native Speakern eine unbewußte Präferenz für ein bestimmtes Regelsystem gegenüber einem anderen, damit extensional äquivalenten und gleichfalls unbewußten Regelsystem zugeschrieben wird«. Quine akzeptiert den Begriff des

impliziten und unbewußten Befolgens einer Regel, wenn es sich dabei nur um eine Frage der Übereinstimmung handelt. In diesem Sinne befolgen Körper das Fallgesetz; in diesem Sinne befolgen Sprecher des Englischen eben genau die extensional äquivalenten grammatischen Systeme, die die Gesamtheit wohlgeformter englischer Sätze abgrenzen. Das sind annehmbar klare Dispositionen von Körpern und Sprechern des Englischen.

Was Quine in Frage stellt, ist mein »dazwischenliegender Begriff von unartikuliert beachteten Regeln«.
Dieselben Beobachtungen sind nach Quine auch für die Lehre von den sprachlichen Universalien relevant. »Angemessene Reflexion über Methode und Datenmaterial sollte dazu führen, viel von dem Gerede über sprachliche Universalien nichtig werden zu lassen«, da eine solche Reflexion zeigen wird, daß es zwar verschiedene, aber extensional äquivalente Grammatiken gibt; es dürfte ihm zufolge unmöglich sein, nicht-

äquivok zu bestimmen, wann beobachtbare Gleichförmigkeiten einfach ein Artefakt des Übersetzungsvorganges sind.
Quine ist der Ansicht, daß in den von ihm kritisierten Vorschlägen ein beträchtliches Maß an »Torheit« steckt, gegen die aber mit der Zeit durch »gewissenhafte Reflexion über Methode und Datenmaterial« vorgegangen werden kann. Er räumt ein, daß genauere Untersuchungen »uns davon überzeugen [könnten], daß tatsächlich ein nichtartikuliertes System grammatischer Regeln existiert, das irgendwie implizit – und zwar in einer Form, in der dies für ein extensional äquivalentes System nicht zutrifft – im Geist des Native Speakers vorhanden ist«. Er vermutet aber, daß für diese »rätselhafte Doktrin« noch keine ausreichende »Klärung der Kriterien« gegeben worden ist.
Nun kann man Quines »Plädoyer gegen die Verabsolutierung« und seinem Verlangen nach einer Klärung der Kriterien sicherlich zustimmen. In seinem Ansatz weist jedoch nichts darauf hin, daß es hier irgendein bisher unerkanntes Problem gibt oder daß irgendeine Torheit beseitigt werden muß. Insbesondere sehe ich kein Argument gegen das Vorgehen von S (das natürlich von früheren Ansätzen her vertraut ist) oder gegen irgendeinen in der einschlägigen Literatur diskutierten Ansatz.
Nehmen wir uns einen der wenigen einschlägigen konkreten Fälle vor, die Quine diskutiert: Das Problem der Entscheidung zwischen zwei extensional äquivalenten Grammatiken, von denen die eine dem Satz *ABC* die unmittelbaren Konstituenten *AB-C* zuordnet, die andere *A-BC*. Gibt es hier irgendein »Rätsel«? Ich glaube nicht, obwohl sicherlich Probleme vorliegen. Lösungsvorschläge für diese Probleme sind in den Arbeiten zur Generativen Grammatik von Anfang an bereitgestellt worden, und ich glaube, daß sie im Prinzip richtig sind, wenn sie auch in der Praxis manchmal nur schwer anwendbar sein dürften.
Angenommen, S steht vor diesem Problem und hält nicht viel von Quines »phantasielosem Vorschlag«: Frag doch den Native Speaker! Angenommen, S verfügt über Daten, die dafür

sprechen, daß Intonationsmuster durch grammatische Strukturen determiniert werden.[25] Die Daten können aus der fraglichen Sprache selbst oder aus anderen Sprachen stammen, die aus bereits diskutierten Gründen in Betracht kommen. Solche Daten könnten für die Entscheidung zwischen den beiden vorgeschlagenen Grammatiken relevant sein; so könnten wir entdecken, daß die für andere Fälle notwendigen Regeln die korrekte Intonation angeben, wenn wir *A-BC*, aber nicht *AB-C* als Konstituenten ansetzen. Oder wir nehmen an, daß S Grund hat, Transformationen als im folgenden Sinne strukturabhängig zu postulieren: Eine Transformation wirkt auf eine Kette, die in eine Folge von Ketten unterteilt ist, von denen jede entweder arbiträr oder eine Kette aus einer einzigen konstanten Kategorie ist. Nehmen wir an, daß spezifische Transformationen – etwa Koordination – die Konstituentenstruktur in diesem Sinn beachten. Diese durch alle möglichen Daten belegbaren Prinzipien könnten in diesem Fall zu einer Entscheidung zwischen den beiden Grammatiken führen (so könnten wir herausfinden, daß *A-BC* und *DE* wohlgeformt sind, wenn *ABC* und *ADE* wohlgeformt sind; wenn jedoch *ABC* und *FGC* wohlgeformt sind, dann gilt das nicht für *AB* und *FG-C*). Weitere Daten könnten durch Anwendung des Prinzips abgeleitet werden, daß Kontext-Merkmale lexikalischer Einheiten den Konstituenten inhärent sind oder aus semantischen Überlegungen unterschiedlichster Art gewonnen werden. Wenn eine reiche allgemeine Theorie der Universalen Grammatik gegeben ist, könnte S eine ganze Menge hier einschlägiger Daten beibringen. Die einschlägige Literatur liefert Beispiele genug.

Ist hier irgend etwas rätselhaft, abgesehen von den unausweichlichen Problemen der empirischen Ungewißheit? Ich glaube nicht. Zumindest weist Quine weder hier noch an anderer Stelle auf Derartiges hin.

Quines einziger Punkt reduziert sich auf die Beobachtung, daß es immer verschiedene Theorien geben wird, die mit allen verfügbaren Daten verträglich sind. Das ist wahr, wenn wir uns selbst, wie er manchmal ungerechtfertigt behauptet, auf die Betrachtung der schwachen Generierung von Sätzen beschränken; und es wird auch wahr bleiben, wenn wir umfangreiches weiteres Datenmaterial betrachten. Aber auch hier gilt, daß S bereits im voraus wußte, daß seine nicht-trivialen Theorien in Bezug auf Daten unterbestimmt sind. Quine hat keinen Grund dafür angeführt, daß sich S bei seiner Untersuchung der Sprache mit irgendeinem Problem konfrontiert sieht, das bei der Untersuchung des Common Sense oder bei einer beliebigen anderen wissenschaftlichen Untersuchung nicht auftaucht. Folglich sind seine kritischen Bemerkungen über Methode und sprachliche Universalien sowie sein genereller Vorwurf der »Torheit« völlig witzlos.

Quine erwähnt in diesem Zusammenhang sein Prinzip der »Übersetzungsunbestimmtheit« zwar nicht explizit; es spielt aber anscheinend in dieser Diskussion eine Rolle. Ich habe an anderer Stelle[26] die These vertreten, daß dieses Prinzip nicht mehr besagt, als daß empirische Theorien in bezug auf die Daten unterbestimmt sind. Quine (1969a) bringt ein Gegenargument vor. Er behauptet, daß »die Übersetzungsunbestimmtheit kein Spezialfall der Unterbestimmtheit empirischer Theorien ist. Erstere ist zwar zur letzteren parallel – aber es kommt noch was hinzu.« Sein Argument lautet folgendermaßen:

(17) Betrachten wir von diesem realistischen Standpunkt aus die Gesamtheit bekannter und unbekannter, beobachtbarer und nicht beobachtbarer, vergangener und zukünftiger empirischer Sätze. Die Übersetzungsunbestimmtheit widersteht nun aber gerade all diesen empirischen Sätzen. Das meine ich, wenn ich sage, daß da, wo die Übersetzungsunbestimmtheit wirksam wird, nicht wirklich nach der richtigen Entscheidung gefragt werden kann; selbst *innerhalb* der erkannten Unterbestimmtheit einer empirischen Theorie gibt es diese Möglichkeit nicht.

Die Bemerkungen (17) sind Quines ganze Antwort auf meine Frage: In welcher Hinsicht unterscheidet sich das Problem der Wahrheitsbestimmung in der Linguistik vom Problem der Wahrheitsbestimmung in der Physik?

Von Quines »realistischem Standpunkt« aus betrachtet, fungiert in der Physik die Theorie als »letzter Parameter«; d. h. »wir urteilen und bestätigen unsere Hypothesen, so gut wir können – innerhalb unserer ständig unterbestimmten und sich entwickelnden Theorie der natürlichen Welt«, die »uns selbst als natürliche Objekte« einschließt. Damit stimmt der Wissenschaftler S natürlich überein; er betreibt Linguistik genauso, wie er Physik betreibt. Auch er betrachtet die Menschen als »natürliche Objekte«. Quine wiederholt in (17) nur seine Überzeugung, daß die Unbestimmtheit der »Übersetzung« sich der gesamten Wahrheit über die Natur widersetzt (in Wirklichkeit geht es nach Quine jedoch um den Status aller Aussagen über die Sprache, die mehr als seiner »gewöhnlichen induktiven Unbestimmtheit« unterliegen, also einer jeden nicht-trivialen Untersuchung der Sprache). Die Bemerkung (17) ist falsch, wenn die Theorie der »Übersetzung« ein Teil der Theorie über die Natur ist, und wahr, wenn das nicht der Fall ist. Quines Behauptung (17) stellt aber ohne Zweifel klar, daß die Theorie der »Übersetzung« ein Teil der Theorie über die Natur und somit in bezug auf die Daten nicht mehr unterbestimmt ist, als dies auch für die Physik gilt. Und nur um diese Frage ging es schließlich.

Wenn Quine behauptet, daß man hier gar nicht nach einer richtigen Entscheidung fragen könne, dann wiederholt er einmal mehr eine unbewiesene These, die dadurch nicht überzeugender wird. Wenn uns die Unterbestimmtheit physikalischer Theorien in bezug auf die Daten nicht dazu führt, den »realistischen Standpunkt« gegenüber der physikalischen Theorie aufzugeben, dann ist auch die vergleichbare Unterbestimmtheit grammatischer Theorien kein Beleg für Quines These, daß es in diesem Bereich gar keine Frage nach der richtigen oder falschen Entscheidung gibt: Z. B. im Fall der Konstituentenanalyse des Satzes *ABC* die Regel der NP-Voranstellung, BSS, die in Kp. III diskutierten Prinzipien der semantischen Interpretation eines Wortes oder was auch immer. Weder hier noch anderswo hat Quine ein Argument für seine Behauptung vorgebracht, daß über seinen Begriff der »gewöhnlichen Induktion« (mit ihren Ungewißheiten) hinausgehende Feststellungen über die Sprache bestimmten methodologischen Einwänden ausgesetzt sind, die (im Prinzip) für eine nicht-triviale empirische Untersuchung nicht gelten. Seine »Unbestimmtheits«-Hypothese wird also nur durch den Gemeinplatz gestützt, daß empirische Theorien in bezug auf Daten unterbestimmt sind.

Aufgrund eines konsistenten Skeptizismus könnten wir jede empirische Behauptung über die natürliche Welt in Frage stellen. Angesichts der Unterbestimmtheit einer empirischen Theorie ließe sich stets die völlig witzlose Annahme vertreten, daß es zu jeder vorgeschlagenen nicht-trivialen empirischen Theorie alternative, mit allen verfügbaren Daten verträgliche Theorien gibt. Wenn wir, Quine folgend, dem Begriff »Gesamtheit der Daten« einen Sinn zugestehen wollen, läßt sich dasselbe über eine Theorie sagen, die mit der Gesamtheit der Daten verträglich ist. Entsprechend können wir im Fall der Aussagen der Theorie der Sprache, die nicht durch »gewöhnliche Induktion« abgeleitet sind, die ebenso witzlose Feststellung treffen, daß es auch hier Alternativen gibt, die mit den Daten verträglich sind.

Quine besteht auf »einem Wandel unserer vorherrschenden Einstellungen gegenüber *Bedeutung, Idee* und *Aussage*«. Wir müssen »die Überzeugung [aufgeben]..., wonach unsere Sätze Ideen ausdrücken, und zwar ganz bestimmte Ideen, auch wenn uns Verhaltenskriterien nie sagen können, welche«. Je nachdem, wie wir »Verhaltenskriterien« interpretieren, ist Quines Behauptung entweder unhaltbar, weil sie der Untersuchung von Sprache Bedingungen auferlegt, die in empirischen Untersuchungen generell nicht eingehalten werden können, oder sie ist korrekt, beweist aber dann nicht mehr, als daß die Theorie der Sprache und der Übersetzung im Prinzip mit der Physik auf einer Stufe steht. Betrachten wir zwei theoretische Aussagen der Sprachtheorie: Die Aussage P, die besagt, daß der Satz s »diese Ideen ausdrückt«, und P′, die besagt, daß s »jene Ideen ausdrückt«. Angenommen, wir interpretieren den Ausdruck »Verhaltenskriterium« in Quines Diktum so, daß er »mit Hilfe von Beobachtungsausdrücken formulierte notwendige und hinreichende Bedingungen« bedeutet. Dann können wir nicht erwarten, daß sich P und P' durch Verhaltenskriterien unterscheiden lassen. So verstanden, ist Quines Vorschlag jedoch unvernünftig, insofern theoretische Begriffe und Aussagen, die diese enthalten, kaum mit »Kriterien« in diesem Sinn versehen werden können; und es wäre völlig ungerechtfertigt, eine solche Bedingung diesem Zweig der empirischen Forschung allein aufzuerlegen. Angenommen, wir interpretieren den Ausdruck »Verhaltenskriterien« einfach so, daß er »relevante Daten« bedeutet. Dann besagt der Vorschlag, daß wir die Überzeugung, daß P sich empirisch von P' unterscheidet, dann aufgeben, wenn es für die Entscheidung zwischen ihnen keine relevanten Daten gibt. Mit diesem Vorschlag wird der Wissenschaftler aber ohne weiteres einverstanden sein. In dieser Hinsicht steht die Theorie der Sprache (speziell der Übersetzung) mit anderen Zweigen der empirischen Wissenschaft auf einer Stufe. Um zwischen P und P' zu entscheiden, werden wir nach relevanten Daten suchen, die indirekt sein könnten und die im allgemeinen ohne Beweiskraft sein werden, d. h. nicht logisch zwingend, wenn auch vielleicht zwingend. Wie sich zeigt, schwankt Quine zwischen diesen beiden Bedeutungen von »Verhaltenskriterien« (siehe unten S. 233 f. und Anm. 35). Welche Interpretation wir auch herausgreifen, die entsprechenden Schlußfolgerungen sind nicht überraschend und unterscheiden die Theorie der Sprache (oder Übersetzung) auch nicht prinzipiell von der Physik.

Man könnte der Ansicht sein, daß Begriffe wie »Bedeutung, Idee, Aussage« in der Linguistik keinen Platz haben. So könnte man die These vertreten, daß sich zu theoretischen Feststellungen, die diese Begriffe verwenden, niemals relevante Daten finden lassen oder daß es eine bessere Theorie gibt, die sie vollständig vermeidet, die relevanten Daten aber dennoch erklärt. Diese Art von Kritik, sei sie berechtigt oder nicht, beruht aber auf keinem neuen Begriff der »Unbestimmtheit«. Die Fragestellung taucht im Prinzip auch in anderen Bereichen der empirischen Forschung auf.

In eine ähnliche Richtung geht die Argumentation von Quine in Quine (1968). Er stellt ganz richtig fest, daß die Übersetzungsprobleme auch in unserer eigenen Sprache auftauchen: »Wenn es ein prinzipielles Problem bezüglich der Hypothese gibt, daß das fremde Wort *gavagai* unseren Begriff ›Kaninchen‹ übersetzt, dann entsteht dasselbe Problem auch bei der Frage, ob unsere Begriffe ›Kaninchen‹, ›Kaninchen-Teil‹, ›Anzahl‹ usw. wirklich jeweils auf Kaninchen, Kaninchen-Teile, Anzahl usw. und nicht auf irgendwelche anderen, trickreich dafür eingesetzten Denotata referieren.« Die Frage ist für Quine »sinnlos«, es sei denn »relativ zu einer Hintergrundssprache«. Quines Lösung des Dilemmas ist, daß »wir in der Praxis den Regreß der Hintergrundsprachen bei der Diskussion auftauchender Referenzprobleme dadurch beenden, daß wir uns mit unserer Muttersprache zufriedengeben und ihre Wörter so nehmen, wie sie sind«. Das bringt uns aber nicht weiter, weil jede von ihm aufgeworfene Frage auch bezüglich der »Muttersprache« und deren »Wörter so ... wie sie sind« gestellt werden kann. Tatsächlich lag, abgesehen von der Unterbestimmtheit einer Theorie in bezug auf die Daten, kein vorrangig interessantes Problem vor. Quine muß erst noch ein Problem aufzeigen, das sich für einen Naturwissenschaftler stellt, der dem von S eingeschlagenen Weg folgt; ein solcher Wissenschaftler betrachtet Menschen als »natürliche Objekte« und ihren Sprachgebrauch als Teil der Natur, der sich auf die bekannte Weise untersuchen läßt.

Im gleichen Aufsatz stellt Quine die These auf, daß »die Semantik so lange an einem verderblichen Mentalismus krankt, als wir davon ausgehen, daß die Semantik eines Sprechers irgendwie in seinem Geist determiniert ist – und zwar über das hinaus, was in seinen Dispositionen zu einem offenen Verhalten implizit enthalten sein könnte«. Liegt das Problem hier in der Bezugnahme auf den »Geist« oder in der Unterscheidung zwischen dem, was für determiniert gehalten wird, und dem, was in Dispositionen implizit ist? Angenommen, wir ersetzen in Quines Formulierung »Geist« durch »Gehirn«. Ist dann irgend etwas »verderblich«? Oder angenommen, wir reformulieren Quines These folgendermaßen: »Die Wissenschaft krankt so lange an einem verderblichen Physikalismus, als wir davon ausgehen, daß der Zustand (die Struktur) eines Gegenstands irgendwie in seiner physikalischen Konstitution (im Körper) determiniert ist – und zwar über das hinaus, was in seinen Dispositionen implizit enthalten sein könnte.« Ist diese These ernstzunehmen? Sicherlich nicht. Dann kann man aber auch die erste Formulierung nicht ernstnehmen – zumindest wenn man Quines Argumentation unterstellt.

Quines These der Übersetzungsunbestimmtheit und ihre zahlreichen Varianten (z. B. Quine (1972)) führen, soweit ich sehe, nur zu der unbewiesenen Behauptung, daß die Linguistik mit einem Problem konfrontiert wird, das über die bekannte Unterbestimmtheit nicht-trivialer Theorien durch die Daten weit hinausgeht. Ich glaube jedoch, daß Quine diese Position nicht nur nicht begründen konnte – auch mit ihrer Widerspruchsfreiheit steht es nicht zum besten. Sehen wir uns dazu die folgende Formulierung (Quine (1969b)) an:

Lernen durch Hinweis ist Lernen durch einfache Induktion; der Mechanismus dieses Lernens besteht in Konditionierung. Diese Methode ist jedoch einfach unfähig, uns in der Sprache recht weit zu bringen. Darum werden wir bezüglich der Übersetzung zu den von mir so genannten analytischen Hypothesen geführt. Die bislang unbekannten angeborenen Strukturen, die zum bloßen Eigenschaftsraum hinzukommen und zum Spracherwerb notwendig sind, sind speziell notwendig, um das Kind über die nach dem ostensiven oder induktiven Lernen sich auftuende große Kluft hinwegzubringen. Wenn Chomskys Antiempirismus oder Antibehaviorismus nur beinhaltet, daß Spracherwerb mit Konditionierung nicht hinreichend erklärt wird, dann deckt sich seine Auffassung mit meiner Doktrin der Übersetzungsunbestimmtheit.

Betrachten wir die in dieser Passage erwähnten »bislang unbekannten angeborenen Strukturen«. Da sie »bislang unbekannt sind«, sind sie voraussichtlich »erkennbar«, oder, um es adäquater auszudrücken: Hypothesen über diese angeborenen Strukturen haben genau den Status von Aussagen in der Naturwissenschaft; sie sind in Wirklichkeit nichts anderes als ein Teil der Biologie. Betrachten wir dann eine Menge von Hypothesen (H_1) über diese angeborenen Strukturen, die für den Spracherwerb notwendig sind, um das Kind über die Grenzen des ostensiven oder induktiven Lernens hinauszubringen. Eine Überprüfung dieser Hypothesen könnte den Wissenschaftler S dazu führen, eine neue Menge von Hypothesen (H_2) über die Klasse von Systemen abzuleiten, die von einem Organismus erworben werden können, der mit den durch H_1 charakterisierten angeborenen Strukturen ausgestattet ist. (S könnte diese H_2-Hypothesen präzisieren, indem er sich das verfügbare Datenmaterial ansieht; der Einfachheit halber wollen wir diese Überlegung jedoch beiseite lassen.) Auch die H_2-Hypothesen sind im Prinzip streng zur Naturwissenschaft zu rechnen und werfen keine neuen Fragen bezüglich der »Unbestimmtheit« auf.

Es ist klar, daß wir keine *a priori*-Annahmen über die H_1- und H_2-Hypothesen machen können; sie müssen mit den Methoden der Naturwissenschaft entdeckt, überprüft und präzisiert werden. Im besonderen ist sicherlich zu erwarten, daß H_2 für die Entscheidung zwischen alternativen Analysen der Phrasenstruktur (z. B. *A-BC* vs. *AB-C*) relevant ist, für das Prinzip BSS, für die Theorie der semantischen Interpretation der Oberflächenstruktur, für die Spurentheorie der Umstellungsregeln oder für Natur und Eigenschaften »benennbarer« Objekte (z. B. Kaninchen) und für vieles andere mehr.

Die H_2-Hypothesen drücken solche Eigenschaften der Sprache aus, die nicht mit Hilfe der »ostensiven oder induktiven« Methoden bestimmt werden können – und zwar weder durch das Kind noch durch den Linguisten. Halten wir uns aber Quines frühere Theorie vor Augen, so waren es genau die Hypothesen dieses Typs, die angeblich von der »Übersetzungsunbestimmtheit«[27] betroffen sein sollen, einem neuen Problem, das in den Naturwissenschaften nicht auftaucht. Vermutlich aus diesem Grund bemerkt Quine eigens, daß die eben diskutierte Theorie mit seiner »Theorie der Übersetzungsunbestimmtheit übereinstimmt«. Man erinnere sich jedoch, daß es »dort, wo die Übersetzungsunbestimmtheit rele-

vant wird, keinen Sinn hat zu fragen, welche Entscheidung richtig oder falsch ist«; auch »*innerhalb* der bekannten Unterbestimmtheit einer empirischen Theorie« läßt sich diese Frage nicht stellen. Es gibt also offensichtlich nichts, was die H_1- und H_2-Hypothesen wahr oder falsch machen könnte; sie können somit nicht in der gleichen Weise ausgewählt, bestätigt, verfeinert oder verworfen werden, wie dies für naturwissenschaftliche Hypothesen charakteristisch ist, obwohl sie doch, wie wir gesehen haben, völlig normale Hypothesen der Humanbiologie darstellen, Hypothesen also, die »bisher unbekannte« (daher erkennbare) angeborene biologische Strukturen sowie die von ihnen implizierten Beschränkungen des Erlernbaren betreffen. Kurz, Quine scheint auf die These festgelegt zu sein, daß es in diesem speziellen Teil der Biologie zu einem neuen grundsätzlichen Problem kommt, das nirgendwo sonst in den Naturwissenschaften auftaucht – und dies, obwohl er selbst früher behauptet hat, daß »unser ganzes Wissen über die Natur« gegenüber dieser seltsamen »Unbestimmtheit« immun sei. Es dürfte schwer sein, diese unterschiedlichen Behauptungen miteinander in Einklang zu bringen. Auf weitere offenkundige immanente Widersprüche in Quines Theorien werde ich gleich noch zurückkommen.
Wenden wir uns schließlich Quines Behauptung zu, daß Native Speaker des Englischen allen extensional äquivalenten Grammatiksystemen in genau dem gleichen Sinne folgen würden, in dem ein fallender Körper den Fallgesetzen folgt (siehe S. 210 f. oben).[28] Diese Analogie ist ganz besonders irreführend. Wenn man von einem Sprecher sagt, sein Sprachverhalten werde von den Regeln der englischen Grammatik bestimmt, so ist das etwas ganz anderes, als wenn man von jemandem, der von einem Gebäude herunterspringt, sagt, daß von den Fallgesetzen bestimmt werde, wann genau er auf dem Boden auftreffen wird.[29] Die Regeln der Grammatik sagen uns lediglich, daß ein (idealer) Hörer einen Satz in einer bestimmten Weise verstehen und analysieren wird – und das ist etwas ganz anderes. Aber selbst wenn wir diesen fundamentalen Unterschied beiseite lassen, so sollte Quine der Konsistenz seiner

Theorie wegen die obige Behauptung doch wie folgt umformulieren: Native Speaker des Englischen folgen allen extensional äquivalenten englischen Grammatiken (ganz gleich, ob wir eine schwache oder starke Äquivalenz oder einen stärkeren Begriff betrachten, der noch reichere empirische Bedingungen involviert) in genau dem gleichen Sinne, in dem ein fallender Körper den Fallgesetzen oder eben den Gesetzen irgendeines anderen (bezüglich einer gegebenen Klasse von Daten) extensional äquivalenten physikalischen Systems folgt. So formuliert, ist die Behauptung jedoch aus den bereits erörterten Gründen völlig uninteressant. Wenn ein Physiker annimmt, daß die von ihm postulierten Gesetze wahr sind, und wenn er mit Hilfe empirischer Daten eine Entscheidung zwischen alternativen Systemen herbeizuführen sucht, die (bislang) mit den bekannten Daten verträglich sind, dann kann man ihm diese »Torheit« ruhig lassen; dasselbe gilt aber auch für S, wenn dieser einen bestimmten Organismus als einen Teil der Natur untersucht.

Untersuchungen über die Sprache sind, falls sie in der für S skizzierten Weise durchgeführt werden, unter anderem deshalb von Interesse, weil sich mit ihrer Hilfe zeigen läßt, daß die Quineschen Begriffe des ›Übereinstimmens‹ und des ›Geleitetseins‹ für eine Untersuchung des menschlichen Verhaltens inadäquat sind. Unser Verhalten ist im allgemeinen nicht von Regeln ›geleitet‹ (im Quineschen Sinne dieses Ausdrucks), und wir brauchen auch durchaus nicht bei der Behauptung stehen zu bleiben, daß unser Verhalten einfach mit Regeln ›übereinstimmt‹ (wiederum im Sinne Quines). Vielmehr kann der Wissenschaftler ganz normal vorgehen und postulieren, daß seine Theorie der menschlichen Natur wirklich wahr ist, daß der Mensch tatsächlich die Merkmale, die mentale Organisation, die kognitiven Systeme besitzt, die der Wissenschaftler ihm in Anlehnung an die bestmögliche Theorie, die er sich ausdenken kann, zuschreibt. Nach dieser »realistischen« Standardannahme, eben der Annahme, die auch Quines Physiker macht, wird S also nach empirischen Daten suchen, die seine Theorien der menschlichen Natur und Kompetenz bestätigen oder widerlegen. Zwischen alternativen Theorien, die mit den bislang verfügbaren Daten verträglich sind, wird er eine Entscheidung herbeizuführen suchen. Schließlich wird sich S, so hoffen wir, auch die Frage stellen, ob sich seine Theorie nicht auch durch Untersuchungen des zentralen Nervensystems bestätigen läßt, wobei er sich wiederum durch die unvermeidbare empirische Unterbestimmtheit einer jeden Theorie nicht weiter stören läßt.

Gehen wir der methodologischen Diskussion Quines einen Schritt weiter nach und sehen wir uns dazu Quine (1972) an. In dieser Arbeit wendet sich Quine gegen meine, wie er es nennt, »nihilistische Einstellung gegenüber Dispositionen« bzw. meine »Zurückweisung von Dispositionen«. Diese kommt ihm anscheinend derart unverständlich vor, daß er die Bemerkung hinzufügt: »Man könnte fast glauben, daß hier etwas fehlt.« Nun – hier fehlt tatsächlich etwas; was, das ist sofort klar, wenn man sich die von ihm zum Teil zitierten Feststellungen nur etwas näher ansieht. Seine Annahme, ich würde »Dispositionen zurückweisen«, beruht auf meiner Kritik an seiner Definition von Sprache als einem »Komplex von vorliegenden Dispositionen zu verbalem Verhalten, in denen sich Sprecher derselben Sprache notgedrungen einander angeglichen haben« (Quine (1960), S. 27). Ich bemerkte dazu (Chomsky (1969a/dtsch. 1974)):

Ein Komplex von Dispositionen ist vermutlich eine Struktur, die als eine Menge von Wahrscheinlichkeiten für Äußerungen in bestimmten definierbaren »Umständen« *oder* »Situationen« repräsentiert werden kann. Man muß jedoch sehen, daß der Begriff »Wahrscheinlichkeit eines Satzes« ganz und gar nutzlos ist, *und zwar in jeder bekannten Interpretation dieses Begriffs*. Die Wahrscheinlichkeit, daß ich irgendeinen gegebenen englischen Satz äußere ... ist aus empirischen Gründen nicht von der Wahrscheinlichkeit zu unterscheiden, daß ich einen bestimmten japanischen Satz äußere. *Die Einführung des Begriffs »Wahrscheinlichkeit relativ zu einer Situation« ändert daran nichts, zumindest wenn wir »Situation« irgendwie objektiv charakterisieren wollen...*

In Quines Zitat dieser Bemerkungen sind die hier kursiv gedruckten Stellen ausgelassen. Quine stellt dann »seine Verwunderung darüber fest, wie rasch er [Chomsky] sich wieder von der wesentlichen Wendung ›in bestimmten definierbaren Umständen‹ abwendet« und bemerkt dann noch, daß verbale Dispositionen nur dann nicht leer sind, wenn sie mit Hilfe spezifischer Umstände definiert werden. Seine Verwunderung resultiert nun aber einfach daraus, daß er den letzten Satz des zitierten Abschnitts weggelassen hatte, in dem ich die Behauptung aufstellte, daß Quine auch mit einer Einführung von »Umständen« nicht geholfen sei.

Quine bemerkt des weiteren, daß er »hauptsächlich von verbalen Dispositionen in einer ganz spezifischen Art von Umständen gesprochen« habe, nämlich »einer Fragebogen-Umgebung, einer Situation, in der wir mit einem Satz konfrontiert werden und dann unsere Zustimmung, Ablehnung, Unentschiedenheit oder Verwunderung zum Ausdruck bringen sollen«. Aber dies macht, wie in Chomsky (1969a/dtsch. 1974) bereits bemerkt, die Sache nur noch schlimmer. Es dürfte klar sein, daß eine Sprache kein Komplex von Dispositionen zu bestimmten Reaktionen unter der von Quine betrachteten speziellen Menge von *Gedankenexperimenten* ist; zudem wurde diese so offenkundig falsche Behauptung in der von mir diskutierten Arbeit (nämlich Quine (1960)) auch gar nicht aufgestellt.

Da Quine auf eben diesem Punkt auch an anderer Stelle (Quine (1974/dtsch. 1976), S. 14 ff./S. 32 ff.) insistiert, ist hier vielleicht eine weitere Bemerkung angebracht. An der genannten Stelle versucht sich Quine einer »etwas seltsamen Kritik« zu entziehen, nämlich meiner Kritik an seiner Charakterisierung von Sprache als einem Komplex von Dispositionen zu verbalem Verhalten. Er zitiert dieselbe Bemerkung wie oben (Chomsky (1969a/dtsch. 1974a)) und läßt dabei wiederum den letzten Satz weg, in dem festgestellt wird, daß es nichts nütze, wenn wir den Begriff einer »Wahrscheinlichkeit relativ zu einer Situation« einführen. Quine fährt dann wie folgt fort:

Nun vergesse man nicht, daß Dispositionen ihre Bedingungen haben. Die Wahrscheinlichkeit, daß sich eine bestimmte Salzprobe zur Zeit t auflösen wird, ist diese oder jene, doch die Wahrscheinlichkeit, daß sie sich auflösen wird, wenn sie in Wasser gebracht wird, ist hoch. Chomsky ging es vielleicht um eine speziellere Schwierigkeit: die Auffindung von Bedingungen für die Aktualisierung sprachlicher Dispositionen. Das ist ein wichtiges Problem, und glücklicherweise hat es eine einfache Lösung – sie spielte in dem Buch, über das sich Chomsky äußert, sogar eine wichtige Rolle. Es ist das Verfahren von Frage und Zustimmung, auf das ich in § 12 zu sprechen komme.

In § 12 wird das Frage-Zustimmungs-Verfahren von Quine (1960) weiterentwickelt. In diesem Paragraphen diskutiert Quine das »stetige Geschäft des ostensiven Lernens«, was er das »Lernen, Feststellungen zu treffen« nennt. Es geht ihm um das »Erlernen, sich zustimmend zu äußern«, z. B. darum, wie es ein Kind lernt, ›Ja‹ zu sagen, wenn es eine rote Farbe sieht und das Wort ›rot‹ hört.

Nun ist jedoch dieses Verfahren für die von mir aufgeworfenen Fragen leider völlig irrelevant – und zwar auch dann, wenn wir annehmen, daß es beim Spracherwerb tatsächlich die von Quine angegebene Rolle besitzt. Eine Sprache ist laut Quine ein »Komplex von vorliegenden Dispositionen zu verbalem Verhalten«. Wenn wir annehmen, daß ein Komplex von Dispositionen als eine Menge von Wahrscheinlichkeiten von Äußerungen in gewissen angebbaren Umständen repräsentiert werden kann – eine Annahme, die von Quine offensichtlich akzeptiert wird –, dann stehen wir vor einer Reihe von Problemen, auf die ich bereits hingewiesen habe. Wie man auch immer Äußerungen auf einer empirischen Basis Wahrscheinlichkeiten relativ zu einer Situation zuweisen mag, mit einem solchen Ansatz läßt sich Quines Charakterisierung der Sprache als ein Komplex von Dispositionen zu verbalem Verhalten nicht retten. Ich bemerkte bereits, daß »unsere gesamte ›Disposition zu verbaler Reaktion‹ unter beliebigen Stimulusbedingungen nicht das gleiche ist wie unsere ›Dispositionen‹, unter den besonderen Bedingungen des von Quine skizzierten Gedankenexperiments ›zustimmend oder ablehnend auf einen Satz zu reagieren‹«. Quines Behauptung, daß das Problem einer »Bestimmung der Bedingungen für die

Auslösung verbaler Dispositionen« durch sein Frage-und-Zustimmungs-Verfahren gelöst werde, kann nur bedeuten, daß er diese wesentliche Unterscheidung eben gar nicht macht. Nimmt man seinen Vorschlag wörtlich, müssen wir schließen, daß eine Sprache ein Komplex von Dispositionen ist, unter den Bedingungen des Frage-und-Zustimmungs-Verfahrens zustimmend oder ablehnend zu reagieren. Aber dies ist offensichtlich nicht der Fall. Wie sich seine Behauptung, die Probleme einer Charakterisierung der Äußerungswahrscheinlichkeit in Situationen und somit einer Rettung seiner Definition von »Sprache« als einem Komplex von Reaktionsdispositionen (eben hierum geht es) ließen sich mit Hilfe seines Frage-und-Zustimmungs-Verfahrens »mit Leichtigkeit« lösen, wie sich diese Behauptung anders interpretieren läßt, sehe ich nicht.

Daß Quine mit so zahlreichen fundamentalen Problemen, die seinen Vorschlägen im Wege stehen, nicht fertig wird, dürfte vermutlich auf die von ihm ständig gemachte Annahme zurückzuführen sein, daß »das Kind den größten Teil der Sprache dadurch lernt, daß es den Erwachsenen zuhört und diese nachahmt« (Quine (1974)). Wenn nun aber ein Kind den größten Teil der Sprache durch Hören und Nachahmen lernt, und wenn – wie Quine an anderer Stelle betont – das Erlernen einer Sprache im Erlernen von Sätzen besteht, dann muß das Kind den größten Teil seiner Sätze ebenfalls durch Hören und Nachahmen erlernen. Dies ist nun aber so offenkundig falsch, daß man sich nur fragen kann, was Quine hier wohl gemeint haben mag, insbesondere wo er doch selbst an anderer Stelle korrekt bemerkt, daß eine Sprache ein durch eine generative Grammatik charakterisiertes infinites System darstellt, des weiteren, daß Konditionierung, Induktion und Hinweisdefinitionen für das Erlernen einer Sprache nicht ausreichen. Das Problem, wie diese Äußerungen zu interpretieren sind, ist analog zu den in Anmerkung 30 erwähnten Problemen.

Was Quine meint, läuft vielleicht nur auf die Binsenweisheit hinaus, daß Sprecher (Erwachsene) das Kind mit den jeweiligen Daten für das Erlernen einer Sprache versehen. Nach dieser Interpretation lernt das Kind freilich die gesamte (und nicht nur den größten Teil der) Sprache dadurch, daß es die Erwachsenen (oder andere Sprecher) reden hört. So verstanden, verliert Quines Bemerkung natürlich jegliche Relevanz für die Diskussion, in der diese Bemerkung schließlich gemacht wurde.

Mein in Chomsky (1969a/dtsch. 1974a) vorgelegter Kommentar trifft ohne jede Einschränkung auch auf Quines Formulierungen neueren Datums zu. Ich traf dort auch die offenkundige Feststellung: »Wenn daher eine Sprache einen Komplex von Dispositionen, unter einer normalen Menge von Umständen bestimmte Reaktionen zu zeigen, darstellt, dann wäre sie nicht nur endlich (es sei denn, sie würde alle Sprachen umfassen), sondern auch äußerst klein«, und zwar aus den dort erklärten Gründen. Ich wies zudem darauf hin, daß Quine die zahlreichen Probleme, die dann auftauchen, wenn man seine Ausführungen ernst nimmt, nur dadurch umgehen kann, daß er nicht mehr von der »Totalität der Sprechdispositionen« ausgeht, sondern von den »Dispositionen, auf einen Satz hin zustimmend oder ablehnend zu reagieren«, von einer Menge von Dispositionen also, die seiner Behauptung zufolge das gesamte für den Linguisten im Prinzip verfügbare Datenmaterial ausmacht. Nun steckt in meinen Bemerkungen keine »Zurückweisung von Dispositionen«, sondern nur eine Zurückweisung von falschen oder leeren Feststellungen über Dispositionen, zum Beispiel der Feststellung, eine Sprache sei nichts anderes als ein Komplex von vorliegenden Dispositionen zu verbalem Verhalten. Quines Antwort (1969a) geht auf kein einziges der aufgeworfenen Probleme ein. Seine Antwort besagt lediglich, daß Dispositionen zu einem zustimmenden oder ablehnenden Verhalten innerhalb der Totalität der Sprechdispositionen liegen (wahr, aber irrelevant) und daß der Rekurs auf diese Teilmenge die Probleme nicht umgehe, sondern sie eben gerade löse (sicherlich falsch); des weiteren bemerkt er, daß das Problem einer empirisch fundierten Unterscheidung zwischen dem Englischen und dem Japanischen für seine Experimente bezüglich der Dispositionen zu zustimmendem oder ablehnendem Verhalten nicht von Bedeutung sei (wahr, aber irrelevant). Es dürfte klar sein, daß sich diese Bemerkungen, sofern sie überhaupt zutreffend sind, auf keinen der in meinen Ausführungen erhobenen Einwände beziehen.[30]

In Chomsky (1969a/dtsch. 1974a) wies ich darauf hin, daß in Quines früheren Arbeiten der Begriff »Disposition« abweichend verwendet wird, insofern nämlich, als Quine dort vorschlägt, daß Synonymie »grob gesprochen, in annähernder Gleichheit der Situationen, durch die zwei Formen hervorgerufen werden, und in annähernder Gleichheit der Wirkung auf den Hörer besteht« (Quine (1953)). Dieser Vorschlag ist unhaltbar. Man vergleiche die Äußerungen »Paß auf, du fällst gleich die Treppe hinunter!« und »Paß auf, du fällst gleich die Reihe von Stufen hinunter, die hinter- und übereinander so angeordnet sind, daß sie das Hinauf- oder Hinuntersteigen von einer Ebene zur anderen ermöglichen!«. Man sehe sich einmal die Situationen an, die diese beiden synonymen Äußerungen evozieren, sowie deren Wirkungen auf die jeweiligen Hörer. Quine ist aber nicht der einzige, der derartige irreführende Formulierungen gebraucht. W. Alston (1963) schlägt vor, daß eine Feststellung von der Form »›x‹ *bedeutet* ›y‹ ... insofern gerechtfertigt ist, als dann, wenn bei einer großen Anzahl von Sätzen ›x‹ für ›y‹ eingesetzt wird und umgekehrt, die Dispositionen der Mitglieder der betreffenden Sprachgemeinschaft bezüglich der Verwendung von Sätzen für den Vollzug sprachlicher Handlungen bei dem aus der Ersetzung resultierenden Satz in etwa dieselben sind wie bei dem ursprünglichen Satz«. Auch hier zeigen das eben zitierte Beispiel und zahllose weitere sofort, daß diese Feststellung weit daneben geht. Es ist durchaus in Ordnung, wenn versucht wird, zwischen Feststellungen über Bedeutung, Sprechakte etc. und solchen über unser Verhalten bestimmte Beziehungen herzustellen; aber diese Versuche dürfen nicht auf Kosten der faktischen Richtigkeit gehen. Um sich mit diesen Problemen wirklich auseinandersetzen zu können, muß man meines Erachtens genau wie der oben erwähnte Wissenschaftler S vorgehen und auf den abstrakten Begriff der unserem Sprachgebrauch zugrunde liegenden Kompetenz rekurrieren. In der Theorie der Kompetenz läßt sich ein Begriff der Synonymie vielleicht sinnvoll verwenden; eine direkt auf Dispositionen zurückgreifende Analyse scheint mir jedoch, soweit ich sehe, völlig hoffnungslos zu sein.

Auch hier möchte ich betonen, daß mit diesen Bemerkungen keine »Zurückweisung von Dispositionen« impliziert werden soll. Im Gegenteil, ich möchte sogar die These vertreten, daß wir den Begriff »Disposition zu gewissen Reaktionen« ernst nehmen sollten, woraus der Schluß zu ziehen wäre, daß – und davon bin ich felsenfest überzeugt – die von Quine vorgeschlagenen Formulierungen durchwegs verkehrt sind.

Meine Bemerkungen (Chomsky (1969a/dtsch. 1974a)) über Versuche, den Begriff »Sprache« mit Hilfe von Reaktionsdispositionen und der Wahrscheinlichkeit von Äußerungen in definierbaren Umständen zu definieren, werden auch in Suppes (1973) diskutiert. Er bringt den Einwand, diese Bemerkungen seien geschrieben worden, ohne daß der Autor mit »der tatsächlichen Verwendung von Wahrscheinlichkeitsbegriffen in den Naturwissenschaften vertraut« sei. Als Begründung wird von ihm angeführt, daß wir selbst dann, wenn wir das »einfachste probabilistische Phänomen«, das Werfen einer Münze, betrachten, es eventuell mit Wahrscheinlichkeiten zu tun haben, die nahe bei 0 liegen, woraus jedoch »in keinem Sinne folgt, daß der Begriff der Wahrscheinlichkeit auf das Werfen einer Münze nicht sinnvoll angewandt werden kann«. Ebenso »lassen sich zahlreiche probabilistische Prognosen über verbales Verhalten machen, von solchen trivialen Prognosen darüber, ob ein bestimmter Sprecher einen englischen oder einen japanischen Satz äußern wird, bis hin zu detaillierten Prognosen über grammatikalische oder semantische Strukturen«. »Daß wir nicht in der Lage sind, einen ganz konkreten Diskursverlauf zu prognostizieren, widerlegt [also] eine Definition von Sprache als einem ›Komplex von Dispositionen zu

verbalem Verhalten‹ genauso wenig, wie die Quantenmechanik dadurch widerlegt wird, daß wir nicht in der Lage sind, den Verlauf eines ganz bestimmten freien Elektrons für eine kurze Zeitspanne zu prognostizieren...«
Diese Bemerkungen gehen völlig an der Sache vorbei. Suppes hat überhaupt nicht verstanden, worum es in der Diskussion, auf die er sich bezieht, wirklich geht. Es stimmt, daß wir, falls wir bereits über eine Grammatik verfügen, »recht komplizierte Anwendungen der Wahrscheinlichkeitstheorie« entwickeln können, wobei wir uns nicht durch die Tatsache stören zu lassen brauchen, daß die betreffenden »Untersuchungsobjekte Wahrscheinlichkeiten besitzen, die entweder äußerst klein sind oder direkt mit 0 zusammenfallen«. Wenn uns eine Grammatik mit einer Charakterisierung des Englischen und Japanischen versieht, dann können wir in der Tat Prognosen darüber aufstellen, ob ein bestimmter Sprecher einen Satz des so charakterisierten Englischen oder Japanischen äußern wird. Ebenso zutreffend ist aber die Feststellung, daß dann, wenn eine Charakterisierung der Sprache durch ein generatives System (oder eine entsprechende Approximation) fehlt, wir nur recht wenig mit empirischen Beobachtungen bezüglich der Wahrscheinlichkeit von Äußerungen (sei's in empirisch definierbaren Umständen oder in einem Korpus von Äußerungen) anfangen können. Insbesondere können wir keine sinnvollen Prognosen darüber aufstellen, ob die nächste Äußerung ein Satz des Englischen oder irgendeiner anderen Sprache sein wird.
Die Analogie zur Quantenmechanik ist völlig falsch. Von Physikern wird die Theorie der Quantenmechanik nicht als ein empirisch beobachteter Komplex von Dispositionen von Elektronen, sich mal hierhin, mal dorthin zu bewegen, charakterisiert. Sie entwickeln vielmehr eine Theorie solcher Bewegungen und bringen diese Theorie mit experimentellen Beobachtungen in Verbindung – und das ist etwas ganz anderes.
Wenn eine Sprache als ein »Komplex von Dispositionen zu verbalem Verhalten« definiert wird, die lediglich mit Hilfe von

Reaktionswahrscheinlichkeiten bezüglich gegebener Situationen und ohne jeden Bezug auf eine postulierte Theorie der Kompetenz bestimmt werden, dann werden wir mit der ganzen Reihe der von mir bereits erwähnten Probleme konfrontiert. Wird hingegen dieser »Komplex von Dispositionen« mit Hilfe einer postulierten Theorie der Kompetenz ausgedrückt, dann liegt bezüglich aller hier einschlägigen Probleme eine petitio principii vor.

In demselben Zusammenhang wendet sich Suppes gegen die »imperialistischen Ambitionen ... die zahlreiche Linguisten auf eine Theorie der Kompetenz« im Gegensatz zu einer Theorie der Performanz »zu besitzen scheinen«. Beide lassen sich ihm zufolge »unabhängig voneinander entwickeln«. Er erklärt nicht näher, was er unter den sogenannten »imperialistischen Ambitionen« versteht; vermutlich hat er jedoch die Behauptung vor Augen, daß sich eine Untersuchung der Performanz – d. h. der Verwendung von Sprache – nur insoweit entwickeln läßt, als wir bereits über ein gewisses Verständnis des dabei verwendeten Sprachsystems verfügen. Nun dürfte diese Behauptung aber kaum »imperialistisch« sein. Wir haben es bei ihr vielmehr fast mit so etwas wie einer Binsenweisheit zu tun. Wenn wir also über die Sprache nur wissen, daß sie aus Wörtern besteht, können wir untersuchen, wie diese Wörter verwendet werden, und wir können probabilistische Modelle für Wortfolgen konstruieren. Wissen wir hingegen bereits etwas über die »grammatikalische oder semantische Struktur«, dann können wir, wie Suppes vorschlägt, an die Konstruktion probabilistischer Modelle herangehen, die uns detaillierte Prognosen über diese postulierten Strukturen liefern. Die von Suppes diskutierte probabilistische Grammatik macht von einer auf syntaktischen und semantischen Voraussetzungen beruhenden Klassifikation von Fragen Gebrauch; sie setzt also eine partielle Theorie der Kompetenz, die uns mit einer solchen Klassifikation versieht, bereits voraus. Seine eigenen Beispiele verdeutlichen somit, daß die Theorie des Sprachgebrauchs sinnvoll nur in Verbindung mit der Theorie der Kompetenz entwickelt werden kann. Darüber hinaus war von keinerlei »imperialistischen Ambitionen« die Rede.

Was nun die Behauptung von Suppes angeht, daß keine dieser beiden Theorien der anderen »voranzugehen braucht«, so gibt es, falls er unter »vorangehen« »zeitlich vorangehen« versteht, dagegen natürlich nichts einzuwenden. In der Linguistik geht es um das System der Sprache und um die Verwendung dieses Systems. Der Linguist kümmert sich also um die erworbene Kompetenz und um die diese Kompetenz inkorporierenden und von ihr Gebrauch machenden Modelle der Performanz. An welchen Stellen dieses komplexen Systems es zu neuen Erkenntnissen kommen wird, läßt sich unmöglich durch a priori Bedingungen ausmachen. Ich sehe hier jedoch überhaupt kein Problem. (Vgl. Anm. 19.) Suppes pflichtet mit Recht dem Quineschen »Plädoyer gegen den Absolutismus« bei; von der Natur der von ihm diskutierten Untersuchungen scheint er jedoch nicht so ganz die richtigen Vorstellungen zu besitzen.

Da Quine vielleicht als der führende Kritiker des oben für den Wissenschaftler S vorgeschlagenen Projekts anzusehen ist, mag es nützlich sein, sich seine Bemerkungen über die Linguistik noch etwas weiter anzusehen. So wie ich Quine verstehe, müssen wir bei ihm zwei verschiedene und m. E. inkonsistente Ansätze auseinanderhalten. Der erste ist der von Quine (1960). Nach diesem Ansatz ist eine Theorie wie auch eine Sprache[31] »ein Geflecht von Sätzen, die in verschiedener Weise miteinander und mit nicht-verbalen Stimuli durch Konditionierungsmechanismen assoziiert sind«. Des weiteren gibt Quine drei Mechanismen an, durch die »Sätze erlernt werden können«: Assoziation von Sätzen mit Sätzen, Assoziation von Sätzen mit Stimuli, und die »analogische Synthese«, ein Begriff, der unklar belassen wird, mit Ausnahme eines einzigen Beispiels, einem Fall einer Substitution eines Wortes für ein ähnliches in einem gegebenen Kontext.[32] In der Arbeit von (1960) wird bei ihm eine Sprache definiert als »ein Komplex von vorliegenden Dispositionen zu verbalem Verhalten, in denen sich Sprecher derselben Sprache notgedrungen einander

angeglichen haben«, eine Formulierung, die, wie bereits bemerkt, entweder leer oder falsch ist, je nachdem, wie »Situationen« eingeführt werden.
Der Erwerb von Wissen involviert zudem einen »Eigenschaftsraum« mit bestimmten Dimensionen und einem experimentell zu bestimmenden Distanzmaßstab.

Bevölkert wird der Eigenschaftsraum ausdrücklich von Stimulationen . . . ohne eine vorherige Auferlegung von Dimensionen. Alle irrelevanten Merkmale verschwinden im Prinzip im Verlauf der experimentellen Bestimmung der Eigenschaftsräume von selbst . . . [welche] . . . durch Verhaltenstests bei der differentiellen Konditionierung und der Extinktion [der] Reaktionen herausgefunden und nachgezeichnet werden können.

»Wie viele Dimensionen jemands Eigenschaftsraum letztlich besitzt, ließe sich, wenn man wollte, erst dann entscheiden, wenn alle einfachen numerischen Distanzvergleiche durch die differentiellen Konditionierungs- und Extinktionstests vorliegen«, durch »Betrachtungen der saubersten Anpassung« im Sinne von Goodman (1951).[33]
Sehen wir uns dagegen die Vorschläge Quines in den späten sechziger Jahren an (1969a; 1969b). Dort stellt er fest, daß die Methode der Konditionierung »notorisch unfähig ist, uns in der Sprache recht weit zu bringen«; er glaubt jetzt, daß seine »Theorie der Übersetzungsunbestimmtheit« mit der Theorie, wonach »Konditionierung für die Erklärung des Spracherwerbs unzureichend« ist, »übereinstimmt«. Er betont, daß sich die Sprache des Menschen »von den vormenschlichen Kommunikationssystemen hauptsächlich durch die generative Grammatik unterscheidet« und spricht von den »bislang unbekannten angeborenen Strukturen, die zum bloßen Eigenschaftsraum hinzukommen und zum Spracherwerb notwendig sind, . . . um das Kind über die nach dem ostensiven oder induktiven Lernen sich auftuende große Kluft hinwegzubringen«. Des weiteren heißt er »jeglichen angeborenen Mechanismus der Sprachbefähigung, wie elaboriert dieser auch immer sein mag«, sofern er nur verständlich und plausibel gemacht werden könne, »explizit willkommen«. Folgte Quine, wie er

selbst mehrfach vermerkte, in seiner Arbeit von (1960) noch dem Skinnerschen Schema, so definiert er in seinen späteren Arbeiten den »Behaviorismus« nur noch als die Auffassung, daß alle »Kriterien« letztlich mit Hilfe von Beobachtungstermini formuliert werden müßten und alle Hypothesen »schließlich mit Hilfe von äußeren Beobachtungen zu deuten« seien – so daß »Behaviorismus« jetzt lediglich eine andere Bezeichnung für eine schwache Form des Verifikationismus ist.

Ich sehe keine Möglichkeit, Quines spätere Auffassung mit seiner früheren in Einklang zu bringen. Wenn Konditionierung nicht hinreicht, um den Spracherwerb zu erklären (1969), dann ist die Sprache auch kein Gewebe von durch konditionierte Reaktionen miteinander verknüpften Sätzen und Stimuli (1960), und Sätze werden nicht durch die drei in der Arbeit von (1960) erwähnten Mechanismen »erlernt«. Wenn die generative Grammatik das wesentliche definierende Merkmal der menschlichen Sprache ist, dann kann die frühere Theorie auch aus diesem Grund ad acta gelegt werden: Eine generative Grammatik kann weder als ein Gewebe von durch Konditionierung miteinander verknüpften Sätzen und Stimuli noch als ein Komplex von Reaktionsdispositionen beschrieben werden. Wenn angeborene Mechanismen von beliebiger Komplexität zulässig sind, sofern sich die entsprechenden Hypothesen letztlich mit Hilfe von äußeren Beobachtungen deuten lassen, dann gibt es jedenfalls keinen Grund, solchen Dimensionsstrukturen wie z. B. einem »Eigenschaftsraum« irgendeine besondere Funktion zuzuweisen. Dasselbe gilt für Strukturen, die durch differentielle Konditionierungs- und Extinktionstestes (im Unterschied etwa zu Erinnerungs- und Wiedererkennungstests) determiniert werden.[34]

Quines spätere Ansichten scheinen mir eine nahezu völlige Aufgabe des Behaviorismus und all seiner Fallen zu beinhalten – eine meines Erachtens positive Entwicklung. Ich sage deshalb nur »nahezu völlige Aufgabe«, weil in der neueren Fassung der Begriff »konditionierte Reaktion« immer noch eine Rolle spielt, und zwar eine solche, die mir äußerst dubios zu sein scheint (vgl.

unten). Interessanter scheint mir jedoch zu sein, daß Quines Ansichten in seinen späteren Arbeiten nicht in die Klasse von System E fallen (vgl. S. 174 f., oben), obwohl dies für die frühere Fassung, insoweit diese klar ist, gilt. Wenn wir also nichts gegen angeborene Mechanismen haben, wie elaboriert diese auch immer sein mögen, so sind wir nicht auf Verfahren der Art E festgelegt; wir können uns vielmehr auch reicheren und, wie ich glaube, adäquateren Theorien zuwenden.

Quines Diskussion dieses wichtigen Problems verwischt die zentralen Fragestellungen. Quine (1969b) vertritt die Ansicht, daß ich unter »Rationalismus« lediglich das Prinzip verstehe, wonach die angeborenen Strukturen reich genug sein müssen, um den Spracherwerb erklären zu können, aber nicht wiederum so reich sein dürften, daß sie mit dem Datenmaterial unverträglich werden. Er erklärt dann, daß er mit dieser »unbezweifelbaren Feststellung über die Sprache« durchaus übereinstimme. Des weiteren bemerkt er, daß »angeborene Neigungen und Dispositionen der Eckstein des Behaviorismus sind« und daß über die »Einbettung von Stimuli in Eigenschaftsräume« hinaus »zweifellos viel zusätzliche Struktur notwendig ist, um den Spracherwerb zu erklären«. Sein »Empirismus« oder »Behaviorismus« steht offensichtlich einer jeden Theorie dieser angeborenen Ausstattungen positiv gegenüber, solange sich entsprechende Hypothesen »letztlich mit Hilfe von äußeren Beobachtungen deuten lassen«.[35] Sein »Behaviorismus« oder »externalisierter Empirismus« kann somit mit meiner »rationalistischen« Alternative gewiß in Einklang gebracht werden.

Nun habe ich jedoch an keiner Stelle die Ansicht vertreten, daß der »Rationalismus« in der von Quine vorgeschlagenen Form zu verstehen sei. Ich betonte vielmehr, daß es zwischen zwei allgemeinen Ansätzen R und E (vgl. oben S. 174 f.) zu unterscheiden gilt; von beiden werden angeborene Mechanismen postuliert – nur eben solche von ganz unterschiedlicher Art, wie von mir ausführlich dargelegt wurde. Offensichtlich sollten R und E (bzw. eine jede rationale Untersuchung) mit der von Quine zitierten »unbezweifelbaren Feststellung über die Sprache« übereinstimmen. Des weiteren vertrat ich die Ansicht, daß diese Forderung von keinem Ansatz von der Art E erfüllt werden kann, insbesondere nicht von dem Quineschen Ansatz von (1960), der, wie ich in Chomsky (1965/dtsch. 1969; 1969a) zeigte, unter E subsumiert werden kann – sofern er nicht völlig leer ist. Quines Antwort, daß auch der Behaviorismus angeborene Mechanismen postuliert, ist für alle Fragen, um die es in der betreffenden Diskussion geht, schlicht irrelevant.

Sehen wir uns nun die Funktionen an, die der Konditionierung in Quines Vorschlägen neueren Datums immer noch zugewiesen werden. Es sind hier im wesentlichen zwei Funktionen zu unterscheiden:

(18) Ein Eigenschaftsraum wird durch Konditionierungsexperimente determiniert (1969a).
(19) »Konditionierte Reaktionen spielen beim Spracherwerb auch weiterhin eine Schlüsselrolle. Sie stellen den ersten Schritt zu einem jeden Lexikon dar; vermittels Konditionierung lernen wir nämlich Beobachtungsterme (oder besser gesagt, einfache Beobachtungssätze) durch Hinweis. Ein Lernen durch Hinweis ist ein Lernen durch einfache Induktion, und der Mechanismus eines solchen Lernens ist die Konditionierung«, die »einfach unfähig ist, uns in der Sprache recht weit zu bringen« (1969b).

Was nun (18) angeht, so ist zu bezweifeln, daß sich ein »Eigenschaftsraum« ohne einen Bezug auf andere angeborene kognitive Strukturen auch nur irgendwie sinnvoll bestimmen läßt. Es lassen sich Konditionierungsexperimente entwerfen, die zeigen, daß wir zur Assoziation geometrischer Objekte aufgrund ihrer Form, ihrer Umgebung, ihrer Position im Gesichtsfeld und, soweit ich weiß, auch aufgrund ihres zeitlichen Auftretens imstande sind. Vermutlich lassen sich auch Experimente entwerfen, die zeigen, daß wir von einer Präsentation eines Gesichtes auf eine andere generalisieren können, auch wenn diese nicht im Goodmanschen Sinne (vgl. (1951)) zueinander »passen« – z. B. ein linkes und ein rechtes Profil – oder daß wir mit Hilfe von Dimensionen generalisieren, die durch einen Begriff des Zueinanderpassens (von Gesichtern) im Sinne Goodmans bestimmt werden. Des weiteren gibt es, entgegen der Behauptung Quines (vgl. Anm. 33), keine Rechtfertigung für die Annahme, daß Goodmans Methoden, welche Relevanz sie sonst auch immer haben mögen, bezüglich der Untersuchung eines Eigenschaftsraums eine privilegierte Stellung einnehmen.

Nun könnte es durchaus sein, daß ein Wissenschaftler bei seiner Untersuchung der menschlichen kognitiven Strukturen einen abstrakten Eigenschaftsraum als Teil des vollständig integrierten Systems konstruiert; ich sehe aber deshalb noch keinen Grund für die Annahme, daß ein solcher Eigenschaftsraum fundamentaler ist als andere Komponenten des Systems, oder daß er sich auch ohne Bezug auf andere Systeme bestimmen läßt, oder daß eine vernünftige Hypothese über einen Eigenschaftsraum weniger von den »Unbestimmtheiten« theoretischer Überlegungen betroffen ist als andere Komponenten der angeborenen kognitiven Struktur, oder daß sich Experimente, die für die Bestimmung der Dimensionalität relevant sind, auch ohne Rekurs auf die allgemeine Theorie der angeborenen kognitiven Struktur auswählen lassen. Somit scheinen mir sowohl die Festlegung auf eine bestimmte Klasse von Experimenten (Konditionierungs- und Extinktionsexperimente) als auch die Festlegung auf einen ohne Rekurs auf andere Systeme bestimmbaren Eigenschaftsraum, dem ein privilegierter Status zugeschrieben wird, in höchstem Maße fragwürdig zu sein.

Wenden wir uns jetzt (19) zu. Zunächst einmal sehe ich keine Möglichkeit, wie sich der Behauptung, daß der Mechanismus eines Lernens durch einfache Induktion in einem Konditionierungsmechanismus bestehe, irgendein Sinn verleihen läßt. Aber es gibt noch ernstere Probleme. Erinnern wir uns daran, daß der Theorie von (1960) zufolge induktive Verfahren zu »echte Hypothesen« führen, für die, im Gegensatz zu den analytischen Hypothesen, die »normale induktive« Ungewißheit charakteristisch ist. Analytische Hypothesen hingegen »gehen über all das hinaus, was in der Disposition eines

Native Speakers zu einem bestimmten Sprachverhalten implizit enthalten ist«. Bei der Verwendung solcher analytischer Hypothesen – etwa wenn wir den Vorschlag machen, daß sie einen Teil einer generativen Grammatik bilden – »schreiben wir unsere eigenen sprachlichen Analogien in einer nicht verifizierbaren Weise dem Native Speaker selbst zu«. (Man erinnere sich hier daran, daß die gesamte Syntax, sowie der größte Teil der Semantik, aus analytischen Hypothesen besteht; 1960, S. 68 ff.) Nicht verifizierbar ist diese Zuschreibung aufgrund der angeblichen Probleme der Übersetzungsunbestimmtheit.

Wie bereits bemerkt, scheint Quine jetzt implizit diese ganze Theorie bzw. Teile von ihr aufgegeben zu haben. Diejenigen Mechanismen (Konditionierungsmechanismen nämlich), die das Erlernen von Beobachtungsausdrücken erklären sollen, scheinen aber auch jetzt noch qualitativ anders zu sein als die Mechanismen, die bei anderen Aspekten des Spracherwerbs involviert sind. Ich sehe jedoch nicht, weshalb es in dieser Hinsicht überhaupt irgendeinen fundamentalen Unterschied geben sollte. Lassen wir einmal Quines Bemerkungen über die »Unbestimmtheit« beiseite und sehen uns den Begriff an, der der »elementarste« sein dürfte, den wir überhaupt haben, nämlich den Begriff »materieller Gegenstand«. Dieser Begriff dürfte in den elementarsten Prozessen eines Lernens durch Hinweis, Induktion oder Konditionierung eine Rolle spielen. Dennoch scheint der Begriff »materieller Gegenstand« sehr komplex zu sein. Zumindest scheint in ihm irgendein Begriff der raumzeitlichen Kontiguität enthalten zu sein. Eine Viehherde sehen wir nicht als einen Gegenstand an, sondern als eine Ansammlung von Einzeldingen – obwohl der Begriff eines nicht-homogenen Gegenstands, wie Quine, Goodman und andere klarmachen konnten, nicht logisch inkohärent zu sein brauchte. Ein Flugzeugflügel ist ein Gegenstand, seine linke Hälfte, obgleich nicht weniger kontinuierlich verlaufend, dagegen nicht. Es dürfte klar sein, daß hier eine Gestalteigenschaft oder ein Funktionsbegriff eine Rolle spielt. Aber auch nicht-homogene Entitäten können unter gewissen Bedingungen als ein einziger Gegenstand angesehen werden: Man denke etwa an einen Holzzaun, bei dem ein paar Pfähle fehlen, oder an ein Mobile von Calder. Letzteres ist ein »Ding«, eine Ansammlung einzelner Blätter dagegen nicht. Der Grund dafür ist offensichtlich der, daß das Mobile durch einen Willensakt eines Menschen geschaffen worden war. Ist dies korrekt, so spielen unsere Annahmen über den menschlichen Willen, über Handlungen und Intentionen bei der Bestimmung selbst der einfachsten und elementarsten Begriffe eine wesentliche Rolle. Ob derartige Faktoren während der ersten Stufen unserer Entwicklung eine Rolle spielen, weiß ich nicht; es dürfte klar sein, daß es sich um ein empirisches Problem handelt und dogmatische Annahmen daher fehl am Platz sind. Kann sein, daß bei Lernprozessen ein Schematismus von beträchtlicher Komplexität und Abstraktheit eingreift, ein Schematismus, der als sehr »elementar« angesehen werden könnte – ganz gleich, welcher Sinn auch immer dem Ausdruck »elementar« in diesem Zusammenhang verliehen werden mag (nicht allzu viel, wie ich meine). Damit sind wir wieder bei der bereits erwähnten Ansicht von Peirce angelangt. Ich bin der Meinung, daß sogar Quines neuere Theorie empirische Behauptungen einer äußerst dubiosen Art enthält. (Vgl. auch Kp. II, S. 56 ff.)

Ich bin auf diese Probleme deshalb so ausführlich eingegangen, weil ich glaube, daß das Problem einer Wahl zwischen Systemen mit den allgemeinen Merkmalen von R und E bzw. einer irgendwie kombinierten Theorie ein sehr signifikantes Problem darstellt. Ich habe an anderer Stelle (z. B. in Chomsky (1965/dtsch. 1969)) gezeigt, daß diese beiden Ansätze die Leitideen der rationalistischen und der empiristischen Spekulationen ausdrücken. Quine zufolge steht hier nur wenig auf dem Spiel; aus den eben erklärten Gründen bin ich jedoch der Ansicht, daß er unrecht hat.

Andere haben eine ähnliche Auffassung vertreten. So ist z. B. J. Cohen der Meinung, daß die von mir gegen E vorgebrachten Argumente nur zeigen, daß »Techniken der einfachen Aufzählung« für den Spracherwerb (oder für die Konstruktion wissenschaftlicher Theorien etc.) inadäquat sind, daß diese Argumente jedoch keine Relevanz für »die Techniken der eliminierenden Induktion« hätten. Letztere seien »für wissenschaftliche Entdeckungen« und »vielleicht auch für den Spracherwerb adäquat«. Wir brauchten somit gar nicht »für die relativ extravagante Annahme angeborener sprachlicher Universalien zu plädieren«.[36]

Das Problematische an Cohens Vorschlag ist, daß es gar keine »Techniken der eliminierenden Induktion« in irgendeinem relevanten Sinne gibt. Damit eine »eliminierende Induktion« funktionieren könnte, brauchten wir irgendeine Spezifizierung der Klasse der im Peirceschen Sinne zulässigen Hypothesen oder zumindest eine gewisse (vielleicht auch nur partielle) Ordnung der Zulässigkeit. Die Theorie der Universalen Grammatik, so wie sie hier und in der zitierten Literatur skizziert wird, stellt eine mögliche derartige Spezifizierung dar. Sie ist zudem vom Typ R. Diejenigen Systeme jedoch, die zum Typ E, so wie ich ihn skizzierte, gehören, liefern keine Spezifizierung der zulässigen Hypothesen, keine Spezifizierung, mit Hilfe derer wir auf eine Erklärung der einschlägigen Fakten hoffen dürften.[37] Wenn die Methode der »eliminierenden Induktion« durch einen Anfangsschematismus ergänzt wird, der die Klasse der »menschlich möglichen Grammatiken« begrenzt, so fällt sie in den von R abgedeckten Bereich; wird sie nicht so ergänzt, ist sie leer. Wird sie jedoch in dieser Weise ergänzt, so drückt sie die »Annahme angeborener sprachlicher Universalien« aus, eine Annahme, die nicht nur nicht »extravagant«, sondern, soweit ich weiß, einfach unvermeidbar ist.

Cohen bringt eine ganze Reihe von Argumenten gegen die Annahme angeborener Universalien vor. Er verweist auf Analogien zwischen Spracherwerb und wissenschaftlichen Entdeckungen und kommt dann zu dem Schluß, daß dann, wenn die Annahme angeborener sprachlicher Universalien für den Spracherwerb erforderlich sei, irgendeine analoge Annahme auch für wissenschaftliche Entdeckungen erforderlich sei. Zur Begründung dieses Schlusses beruft sich Cohen auf die Einheit

unserer Vernunft. Die Konklusion dieses Schlusses betrachtet er mehr oder weniger als eine *reductio ad absurdum*. Um wissenschaftliche Entdeckungen zu erklären, genüge es, so behauptet er, die »allgemeine Befähigung zur eliminierenden Induktion« zu postulieren. Warum also nicht auch annehmen, daß eben diese Befähigung auch für den Spracherwerb genügt?
Cohens Argumentation ist jedoch aus Gründen, die bereits diskutiert worden sind, defizient. Unser Wissenschafter S wirft eben ein feineres Netz aus, als es Cohen tut; S wird also die zwischen Spracherwerb und wissenschaftlichen Entdeckungen bestehenden Analogien, aber auch die von uns bereits diskutierten fundamentalen qualitativen Unterschiede bemerken. Er wird daher, so behauptete ich, ein System angeborener sprachlicher Universalien postulieren. Bei der weiteren Darstellung des vollständigen kognitiven Systems der von ihm untersuchten Personen wird S aber auch versuchen, Prinzipien zu entwickeln, die unsere wissenschaftlichen Entdeckungen erklären können. In der Erkenntnis, daß eine »allgemeine Befähigung zur eliminierenden Induktion« völlig inhaltsleer ist und nirgendwo hinführt, es sei denn, es gibt eine Spezifizierung einer Klasse zulässiger Hypothesen oder eine gewisse Ordnung der Zulässigkeit, wird S also den Versuch machen, diese Spezifizierung zu bestimmen. Aus den bereits vermerkten Gründen dürfte nun eine solche Spezifizierung für den Fall der wissenschaftlichen Entdeckungen ganz anders ausfallen als für das System der sprachlichen Universalien, das die zulässigen Grammatiken charakterisiert. Würde es sich beide Male um ein und dasselbe System handeln, so wären die fundamentalen Unterschiede zwischen Spracherwerb und Common Sense auf der einen Seite und dem Wissen der Physik auf der anderen völlig unerklärlich. Es ist durchaus möglich, daß S eine Theorie vom Typ R, einschließlich angeborener Universalien, postuliert, um unsere Fähigkeit zu wissenschaftlicher Erkenntnis zu erklären. Mir selbst ist jedenfalls keine kohärente Alternative bekannt.
Im Grunde sind Cohens Argumente schon allein aufgrund

ihrer Vagheit unbrauchbar. Der wesentliche Gehalt einer Lerntheorie wird weitgehend durch die Spezifizierung zulässiger Hypothesen bestimmt, falls mein Vorschlag korrekt ist. Da wir über die Basis wissenschaftlicher Entdeckungen nichts wissen, sind wir hier auf Spekulationen angewiesen. Insofern jedoch »die Einheit unserer Vernunft« irgendeine Rolle spielt, würde sie uns doch erwarten lassen, daß auch in diesem Bereich der wesentliche Gehalt einer jeden adäquaten Theorie, wie Peirce behauptete, durch eine Charakterisierung zulässiger Hypothesen gegeben sein wird. Durch eine bloße Berufung auf den leeren Begriff »eliminierende Induktion« ist sicherlich nichts gewonnen. Daß dieser Vorschlag leer ist, können wir sofort sehen, wenn wir uns nur die einfachste Frage stellen: Wie könnten wir im Fall des Spracherwerbs oder der wissenschaftlichen Entdeckungen ohne Rekurs auf Beschränkungen für zulässige Hypothesen einen Computer im Prinzip so programmieren, daß er die »eliminierende Induktion« ausführt? Cohens Diskussion der »eliminierenden Induktion« gibt uns in diesem Punkt implizit recht. Als ein methodisches Element wird nämlich bei ihm »eine Vorstellung davon, was als eine Hypothese zählen soll«, *inter alia* bereits vorausgesetzt (S. 51).

Des weiteren argumentiert Cohen wie folgt. Er vertritt die Ansicht, daß »die Postulierung einer angeborenen Fähigkeit zum Vollzug von *x*, womit erklärt werden soll, wie es dazu kommt, daß Kinder die Tätigkeit *x* vollziehen können – vermutlich ohne erst aus Erfahrungen lernen zu müssen«, daß ein solches Postulat eine »tautologische Pseudobehauptung« darstelle und daß es zur Vermeidung dieser »Trivialität« notwendig sei, »Konsequenzen« zu entdecken, die »auch unabhängig von den Fakten des Spracherwerbs, die sie zu erklären vorgibt, überprüfbar sind – z. B. gewisse Konsequenzen für die Gehirnphysiologie oder die Behandlung von Sprachstörungen« (sonst müßten wir eben die Hypothese, daß es sprachspezifische Mechanismen gibt, aufgeben). »Da jedoch die Chomsky-Theorie keine [derartigen] unabhängig überprüfbaren Konsequenzen besitzt, scheint der theoretische Fortschritt in der

Erklärung des Spracherwerbs nicht, wie Chomsky vorschlägt, in der Entwicklung immer reicherer Theorien der angeborenen Universalien zu liegen, sondern in der Entwicklung immer weniger spezifischer Theorien der angeborenen Anlagen, mit deren Hilfe sich solche anscheinend tatsächlich existierenden sprachlichen Universalien erklären lassen.«
Die Bedeutsamkeit einer Suche nach Konsequenzen der Sprachtheorie über die »Fakten des Spracherwerbs« hinaus dürfte von niemandem bezweifelt werden. Wie steht es aber mit dem Argument Cohens, welches auf der Annahme beruht, daß die Postulierung einer angeborenen Fähigkeit zum Vollzug von x, womit erklärt werden soll, wie es kommt, daß Kinder die Tätigkeit x vollziehen können, eine tautologische Pseudobehauptung darstellt? Ist Cohens Annahme richtig? Angenommen, der Wissenschaftler S postuliert die Strukturabhängigkeits-Eigenschaft von Regeln (SAR) oder das Prinzip BSS als ein Element der Universalen Grammatik. Er postuliert also, daß Kinder diese Prinzipien nicht erlernen, sondern daß sie ein sprachliches System konstruieren, das diese Prinzipien befolgt. S postuliert somit eine »angeborene Fähigkeit zur Befolgung dieser Prinzipien«, um damit zu erklären, wie es dazu kommt, daß Kinder diese Prinzipien befolgen, »ohne erst aus Erfahrungen lernen zu müssen«. Nach Cohens Annahme ist die Hypothese von S eine tautologische Pseudobehauptung und kann daher nicht falsifiziert werden. In Wirklichkeit kann diese Hypothese jedoch nur allzu leicht falsifiziert werden, etwa durch weitere Untersuchungen, die zeigen, daß SAR oder BSS an irgendeiner Stelle unserer Sprache oder in irgendeiner anderen Sprache verletzt werden. Hypothesen über die Universale Grammatik – und daher, der oben nahegelegten Interpretation zufolge, auch Hypothesen über unsere angeborene Kompetenz – wurden wiederholt aus eben solchen Gründen revidiert. Somit erweist sich Cohens Grundannahme als falsch, und damit bricht seine Argumentation zusammen.[38]
Nun stellen die bisher vorgeschlagenen Theorien der Universalen Grammatik zwar keine tautologischen Pseudobehaup-

tungen dar, wie Cohen fälschlicherweise behauptet; sie sind aber immer noch nicht reich und restriktiv genug, um den Spracherwerb erklären zu können. Sie liefern keine hinreichend enge Beschränkung der Klasse der zulässigen Hypothesen. Entgegen der Behauptung Cohens scheint es also, als sollte der theoretische Fortschritt in der Erklärung des Spracherwerbs in der Entwicklung reicherer Theorien der angeborenen Universalien zu erwarten sein, zumindest solange kein einigermaßen plausibler alternativer Ansatz vorgeschlagen wird. Cohens eigener Vorschlag, wonach wir immer weniger spezifischere Theorien der angeborenen Anlagen, die auch die sprachlichen Universalien subsumieren, zu entwickeln haben, drückt nur wiederum die konventionelle Annahme aus, daß die Sprachfähigkeit keine speziellen Eigenschaften besitzt, daß es lediglich eine generalisierte Wissenserwerbsfähigkeit gibt. Wie andere Vertreter dieser Position auch, liefert Cohen jedoch kein plausibles Argument. Er stellt sich den offenkundigen Problemen gar nicht, die sich bei einer Verteidigung dieser Position ergeben.

Nach Daten aus irgendeinem anderen Bereich (etwa der Neurophysiologie) zu suchen, wäre nur dann notwendig – und nicht nur einfach erstrebenswert –, wenn wir bereits adäquate Theorien[39] konstruiert hätten, die ohne derartiges weiteres Datenmaterial nicht unterschieden werden könnten. Nun ist diese Bemerkung in der Tat »trivial«; für den nicht-tautologischen Charakter der unter Rekurs auf einen postulierten Schematismus der Universalen Grammatik formulierten explanativen Hypothesen ist diese Bemerkung jedoch schlicht irrelevant.

Wenn Experimente mit Menschen möglich wären, könnte S die für die Theorien der Universalen Grammatik relevanten Daten auch in zahlreichen anderen Formen erhalten. So könnte er etwa seine Annahme, daß SAR und BSS einen Teil der Universalen Grammatik bilden, dadurch testen, daß er Kinder mit erfundenen Systemen konfrontiert, die die vorgeschlagenen Bedingungen verletzen, und sich dann ansieht, wie bzw. ob sie diese Systeme erwerben können. Wenn ein Erwerb solcher Systeme möglich, vom Erwerb einer natürlichen Sprache aber qualitativ verschieden ist – etwa wenn er die Eigenschaften wissenschaftlicher Entdeckungen aufweist –, dann wird S dies als eine Bestätigung für seine Theorie ansehen, wonach SAR und BSS Teil der Sprachfähigkeit sind, die selbst wiederum nur eine von mehreren Fähigkeiten des Geistes darstellt. Daß solche experimentellen Verfahren prinzipiell möglich sind, diese Tatsache verdeutlicht wiederum den nicht-tautologischen Charakter der fraglichen explanativen Theorien.

In diesem Zusammenhang stellt Cohen die Behauptung auf, daß dann, wenn eine Sprache der Marsbewohner eine bestimmte Theorie der Universalen Grammatik verletzte, aber dennoch von Menschen erlernt werden könnte, daß dann dieses Resultat zeigen würde, daß die Universale Grammatik keineswegs die menschlichen Sprachfähigkeiten widerspiegelt. Daher, so schließt er daraus, müssen wir, falls wir die Annahme akzeptieren, daß es angeborene sprachliche Universalien gibt, »nicht nur die Erde, sondern das gesamte Universum nach intelligiblen exotischen Sprachen durchforschen«. Somit ist das Projekt undurchführbar.[40]

Diese Argumentation ist aus zwei Gründen defizient. Sie beruht, erstens, auf einem fundamentalen Mißverständnis der Natur wissenschaftlicher Forschung. Zweitens, ihre Formulierung ist wiederum zu unpräzise, als daß sie für die hier angeschnittenen Probleme auch nur irgendwie relevant sein könnte. Sehen wir uns den erstgenannten Grund etwas näher an. Man kann sogleich sehen, daß es zwischen einer »Mars-Sprache« und irgendeiner erfundenen Sprache keinen Unterschied gibt. Wir brauchen nicht »das gesamte Universum« zu »durchforschen«, um mögliche Gegenbeispiele gegen eine bestimmte vorgeschlagene Theorie zu entdecken, Beispiele, mit denen bestimmte Versuchspersonen dann in Lerntests konfrontiert werden. Wir können vielmehr solche Gegenbeispiele frei erfinden. Eine bestimmte Theorie der Universalen Grammatik vorausgesetzt, die uns mit einem System angeborener sprachlicher Universalien versieht, können wir sofort Sprachen konstruieren, die die postulierten Prinzipien verletzen. Wir können dann auf die eine oder andere Art und Weise zu bestimmen suchen, ob diese konstruierten Sprachen dem Menschen genauso zugänglich sind wie die natürlichen Sprachen. Wir können diese Suche nach falsifizierenden Daten unendlich lange und in den verschiedensten Formen fortsetzen. Wenn dies das ursprüngliche Projekt undurchführbar machen sollte, wie Cohen behauptet (wobei wir jetzt seinen irrelevanten Rekurs auf eine Durchforschung des »gesamten Universums« beiseite lassen wollen), dann ist auch jede empirische Untersuchung aus genau denselben Gründen undurchführbar. Auch in diesem Punkt unterstreicht Cohens Diskussion der »Mars-Sprachen« nur, was ohnehin schon offensichtlich ist: Eine jede nicht-triviale empirische Theorie ist durch die Daten unterbestimmt.

Des weiteren ist Cohens Diskussion bezüglich der Frage der »Erlernbarkeit« an wesentlichen Stellen unpräzise. Angenommen, wir verfügen über eine Theorie UG der Universalen Grammatik. Angenommen, wir hätten zudem ein System L (ein Mars- oder ein erfundenes System, wobei dieser Unterschied ohne Bedeutung ist), das die in UG postulierten angeborenen sprachlichen Universalien verletzt. Angenommen, wir entdecken nun, daß L durch den Menschen in genau derselben Weise erlernbar ist wie die bekannten menschlichen Sprachen, d. h. unter vergleichbaren zeitlichen und datenmäßigen Bedingungen, mit vergleichbarem Erfolg etc.; dann verwerfen wir UG, genau wie wir sie auch dann verwerfen würden, wenn wir auf Daten aus den bekannten menschlichen Sprachen stoßen würden, die den Annahmen von UG widersprechen. Angenommen jedoch, wir finden, daß L nur in dem Sinne »erlernbar« ist, wie auch die Physik erlernbar ist. Diese Entdeckung widerlegt UG nicht, genausowenig wie UG durch die Beobachtung widerlegt wird, daß Universitätsstudenten den Aufbau der theoretischen Physik lernen können, einer Theorie, die zweifellos die Prinzipien der UG verletzt. Offensichtlich besitzt der Geist außer der Sprachfähigkeit auch noch weitere Fähigkeiten; und die Tatsache, daß die

Physik (oder eine Mars-Sprache) erlernbar ist, beweist für die Sprachfähigkeit so gut wie nichts.
Schließlich stellt Cohen noch die Behauptung auf, daß sich der Spracherwerb auch mit Hilfe einfacherer Ansätze erklären läßt. Einige Möglichkeiten werden von ihm selbst skizziert. Leider wird dabei aber nicht einmal ansatzweise auch nur auf die elementarsten, in der einschlägigen Literatur diskutierten Eigenschaften der Sprache eingegangen, z. B. auf die Eigenschaft der Strukturabhängigkeit. Diese Vorschläge können in ihrer vorliegenden Form daher nicht ernst genommen werden. Was die weitere Möglichkeit angeht, wonach die Fähigkeit zur Verwendung von Transformationen lediglich einen Spezialfall »irgendeiner generischen Fertigkeit« darstellt, so ist dieser Vorschlag solange völlig leer, als die fragliche »generische Fertigkeit« nicht weiter spezifiziert wird. Aus den bereits erwähnten Gründen ist dieser Vorschlag zudem nicht besonders plausibel.
Cohens Diskussion ist eine der besten und detailliertesten, die ich finden konnte. Ich bin jedoch der Meinung, daß er keine einzige seiner Schlußfolgerungen überzeugend begründen konnte.[41] Cohen betont, daß dann, wenn der von ihm kritisierte Ansatz sich als vernünftig herausstellen sollte und die spezifischen Konsequenzen dieses Ansatzes sich wirklich bestätigen würden, daß dann »der *de jure*-Ansatz zu einer Semantik natürlicher Sprachen erheblich an Gewicht gewinnen würde«, wobei er »*de jure*-Ansatz« in einem von ihm selbst entwickelten und dann zurückgewiesenen Sinne versteht. Da nun aber die von ihm gegen den allgemeinen Ansatz vorgebrachten Argumente nicht ziehen und da sich dieser Ansatz zumindest in einem gewissen Umfang bestätigen läßt, folgt daraus, daß, falls Cohens Argumentation in dieser Hinsicht korrekt ist, »der *de jure*-Ansatz zu einer Semantik natürlicher Sprachen«, ganz entgegen Cohens eigenen Intentionen, »erheblich an Gewicht« gewinnt.
Daß sich Cohen den einzig und allein interessanten Fragen gar nicht stellt, zeigt sich noch deutlicher in seiner detaillierteren Diskussion des Problems in Cohen (1970). Auch hier vertritt

er die These, daß sich mit Hilfe eines brauchbaren Begriffs der eliminierenden Induktion die Argumente erledigen lassen, wonach ein System des Spracherwerbs, wie u. a. in Chomsky (1965/dtsch. 1969) behauptet wurde, vom Typ R sein sollte. Des weiteren ist er der Ansicht, daß eine »allgemeine Lernstrategie« imstande sein sollte, die ihr zugewiesenen Aufgaben zu erfüllen. Die von Cohen vorgeschlagene Induktionsmethode setzt folgende Dinge voraus: »Zuallererst eine gewisse Menge materialähnlicher universeller Hypothesen, wobei materiale Ähnlichkeit über einem bestimmten Themenbereich definiert ist ... und zweitens, eine Menge natürlicher Variablen ... die für solche Hypothesen induktiv relevant sind.« (Des weiteren setzt sie irgendeine Methode zur Modifizierung von Hypothesen voraus, zudem eine Methode für den Übergang zu höher geordneten Hypothesen und eine Methode zur Idealisierung und Zurückweisung bestimmter Daten; diese Methoden bleiben bei Cohen jedoch unspezifiziert.) Nun ging es jedoch – und hierin liegt die Crux seiner Argumentation – bei dem wirklich relevanten Problem um die Natur und den Ursprung der Ausgangsmenge der universellen Hypothesen und der »natürlichen Variablen«, und eben über dieses Problem hat Cohen so gut wie nichts zu sagen.[42] In Chomsky (1965/dtsch. 1969) und an anderer Stelle wurde gezeigt, daß die Eingrenzung dieser Hypothesen durch Rekurs auf Prinzipien vom Typ R und nicht auf solche vom Typ E zu erfolgen hat; zahlreiche spezifische Vorschläge wurden an genannter Stelle vorgebracht. Cohens Ansatz ist nun so vage und inexplizit, daß wir nicht sagen können, ob er unter R oder unter E fällt. Nicht einmal einzelne relevante Merkmale dieser Ansätze lassen sich bei Cohen ausmachen. Er legt lediglich fest, daß seine »allgemeine Lernstrategie« auf einer unspezifizierten Ausgangsmenge von Hypothesen beruht, einer (nicht weiter spezifizierten) Technik der Hypothesenmodifikation, einer Anfangsbeschränkung auf »relativ wenige Begriffe« (die ebenfalls nicht weiter spezifiziert werden), usw.

Gegen »einen induktiven Spracherwerbs-Apparat«, der »Hypothesen formuliert und testet« und dabei »zu Generalisierungen tendiert, die Hypothesen über Beziehungen zwischen [den relevanten] Variablen formulieren, die sozusagen die elementareren und bereits etablierten Hypothesen subsumieren und erklären«, gegen einen solchen »Spracherwerbs-Apparat« ist nichts einzuwenden. Keine der hier zur Debatte stehenden Fragen wird jedoch durch diese Bemerkungen geklärt; dasselbe gilt für Cohens Hinweis auf »die Kontinuität der induktiven Methodologie, angefangen von elementaren Generalisierungen erster Ordnung über Korrelations-Generalisierungen zweiter Ordnung bis hin zu theoretischen Generalisierungen dritter Ordnung«, dasselbe für die Annahme eines »Apparates, der über die von ihm anfänglich bemerkten Daten jeweils so kühn generalisiert wie er nur kann ...«. Entgegen den Behauptungen Cohens »scheint die vorgelegte Theorie des induktiven Begründens« nichts zur Klärung beizutragen, und zwar aus dem einfachen Grund, weil die vorgelegte Theorie in allen wesentlichen Punkten viel zu unklar ist, als daß sich mit ihr auch nur irgend etwas anfangen ließe.

Cohen ist der Ansicht, daß »in der Syntax die Anzahl relevanter Variablen bei weitem geringer, die Möglichkeiten ihres Vorkommens weitaus begrenzter, und die Testbarkeit der Hypothesen erheblich größer ist als in den meisten Bereichen der Naturwissenschaften«. Dies ist, so behauptete er, auch der Grund dafür, weshalb Kinder weniger Zeit benötigen, um eine ganze Sprache zu erlernen, als wir Zeit brauchen, um gewisse Probleme der Naturwissenschaft zu lösen. Ich möchte bezweifeln, daß Cohen diese These auch dann noch aufrechterhalten würde, wenn er tatsächlich versuchen würde, die Prinzipien, die die Sprache und ihren Gebrauch regieren, wirklich zu formulieren. Er vertritt auch die Ansicht: »Je abstrakter die Begriffe sind, auf die man sich in [der Sprachtheorie] beruft, desto plausibler ist die Annahme, daß diese Begriffe, falls sie überhaupt angeboren sind, gewisse allgemeine Fähigkeiten repräsentieren, die unendlich viele Anwendungsmöglichkeiten besitzen.« Er bringt für diese These jedoch kein glaubwürdiges Argument vor[43], von solchen Behauptungen wie der folgenden einmal abgesehen: »Es ist sicherlich alles andere als offensichtlich . . ., daß sich die Strukturabhängigkeit etwa einer Interrogativ-Transformation von der Strukturabhängigkeit eines bestimmten Sprungs bei dem unter dem Namen ›Himmel und Hölle‹ bekannten Kinderspiel wesentlich unterscheidet.« Nun dürfte es aber wirklich offensichtlich sein, daß sich die beiden »wesentlich unterscheiden«; nicht einmal der Begriff »abstrakte Phrasen-Struktur« kommt in dem Kinderspiel vor, so daß der Begriff »Strukturabhängigkeit« in diesem Fall keine nicht-triviale Anwendung besitzt.

Cohen stellt des weiteren fest, daß »wir – in der psychologischen Literatur – erst noch auf einen Bericht stoßen müssen, in dem der Nachweis erbracht wird, daß es tatsächlich einen Sprecher des Englischen gibt, für den sich adäquat sowohl belegen läßt, daß er irgendein derartiges syntaktisches Merkmal kennt, als auch, daß er noch auf keinerlei Erfahrungen mit diesem Merkmal zurückgreifen kann«. Nun stimmt dies zwar; die Gründe dafür sind aber völlig uninteressant. Niemand hat bisher das gesamte sprachliche Datenmaterial, mit dem ein Sprecher irgendwann konfrontiert worden war, katalogisiert. Wir wissen daher nicht mit Sicherheit, ob einem bestimmten Sprecher, der etwa das Prinzip der Strukturabhängigkeit befolgt, nicht explizit beigebracht worden ist, daß er (15) und nicht (14) (s. S. 204) zu produzieren hat – obwohl natürlich die Annahme, daß in einem jeden einzelnen Fall relevante Daten oder Instruktionen eingesetzt worden sind, jenseits aller Glaubwürdigkeit liegt. Auch dieses Problem ist jedoch ganz klar ein empirisches Problem, und wenn sich jemand der mühseligen Aufgabe unterziehen möchte, den Nachweis dafür zu erbringen, daß Sprecher das Prinzip auch ohne die Instruktion befolgen, daß (14) und ähnliche Fälle inkorrekt sind, dann dürfte er durchaus wissen, wie er vorzugehen hat.

Kurz, Cohens Annahme, daß er »die Relevanz der induktiven Logik für eine adäquate Theorie der Sprache« gezeigt oder eine Reihe von Argumenten gegen Lerntheorien von der Form R bzw. eine Reihe von Argumenten für allgemeine Lernstrategien vorgelegt habe, ist völlig unbegründet. Er ist einfach all den Fragen aus dem Weg gegangen, um die es in der einschlägigen Diskussion geht. Die Argumente, die für eine Entscheidung zwischen einem Ansatz vom Typ R und einem solchen vom Typ E relevant sind, und die Argumente, die für die Theorie sprechen, daß die Universale Grammatik angeborene sprachliche Universalien der in extenso diskutierten Art spezifiziert, all diese Argumente werden in seiner Diskussion erst gar nicht berührt. Gewiß, wir können den »Empirismus« als einen Ansatz definieren, der Theorien aller möglichen vorstellbaren Typen umfaßt, insbesondere Theorien vom Typ R und E. Dieser terminologische Vorschlag ist jedoch uninteressant. Es gilt auch weiterhin, daß die im Rahmen des Empirismus diskutierten inhaltlichen Theorien von der Form E sind, des weiteren, daß sie aus den in der Literatur und in der obigen Diskussion in extenso erörterten Gründen schlicht inadäquat sind. Cohens explizite Herabsetzung des Humeschen Ansatzes läuft, nebenbei bemerkt, auf nichts anderes hinaus als auf eine Entscheidung für ein paar leere Thesen über ziemlich konkrete (wenngleich auch falsche) Vorschläge.

Cohen zufolge besteht das »echte Problem« nicht in einer Entscheidung zwischen »Humeschem Empirismus einerseits und Rationalismus andererseits« (d. h. zwischen R und E im oben charakterisierten Sinne), es gehe vielmehr um »den Bereich und die Natur allgemeiner Lernstrategien im Unterschied zu spezifischen derartigen Strategien«. Wenn aber letzteres das »echte Problem« ist, so können wir nur schließen, daß das echte Problem bisher überhaupt noch nicht sinnvoll formuliert worden ist. Es sind bisher keine »allgemeinen Lernstrategien« formuliert worden, die mit den Problemen, die bei einer Erklärung des menschlichen Wissenserwerbs in solchen Bereichen wie dem Spracherwerb auftauchen, auch nur in einer entfernten Beziehung stehen, wenngleich einige wenige »spezifische Lernstrategien« vorgelegt worden sind, die eine gewisse Plausibilität und eine gewisse empirische Absicherung zu besitzen scheinen. Aus den bereits erwähnten Gründen scheint es zweifelhaft zu sein, ob es allgemeine Lernstrategien von großer Signifikanz überhaupt gibt, obwohl man an diese Frage natürlich auch weiterhin ganz unvoreingenommen herangehen sollte. Cohens Behauptung, wonach es bei dem »echten Problem« um den Bereich und die Natur allgemeiner Lernstrategien gehe, spiegelt erneut die in unserer empiristischen Tradition enthaltenen dogmatischen Ansichten über die Struktur der kognitiven Fähigkeiten des Menschen wider. Ich sehe in Cohens Diskussion nichts, was dafür sprechen könnte, daß diese traditionelle Doktrin irgendwie zwingend oder plausibel wäre.

Auch J. R. Searle vertrat die These, daß es bei der von mir als eine Art »rationale Rekonstruktion« gewisser traditioneller und moderner Auffassungen vorgenommenen R-E-Opposition um keine großen Dinge geht (Searle (1972/dtsch. 1974)). Mit Bezug auf eine von mir zitierte Passage von Leibniz bemerkt er, daß dann, wenn dies (wie ich meine) das »korrekte Modell« für angeborene Strukturen darstellt, »sich zumindest ein Teil des Disputs zwischen Chomsky und den empiristischen Lerntheoretikern auflösen [wird] wie der Nebel in der Morgensonne. Eine Vielzahl der glühendsten Anhänger empiristischer und behavioristischer Lerntheorien ist zu dem Zugeständnis bereit, daß das Kind in dem Sinne über angeborene Lernkapazitäten verfügt, daß es angeborene Anlagen, Neigungen und natürliche Kräfte besitzt«.

Aufgrund der vorangegangenen Diskussion sollte klar sein, daß auch Searle den zentralen Kern verfehlt hat. Als ich zwei konkurrierende Ansätze vortrug, stellte ich explizit fest, daß jeder von ihnen angeborene Dispositionen, Neigungen und natürliche Kräfte postuliert. Der Unterschied zwischen den beiden Ansätzen besteht darin, daß beide unter diesen Dispositionen etc. etwas anderes verstehen. Im Fall von E sind die Dispositionen die von mir skizzierten Mechanismen der Datenverarbeitung, die zu so etwas ähnlichem wie Quines »echten Hypothesen« führen; im Fall von R spezifizieren die »Dispositionen« etc. die Form der resultierenden Wissens- und Glaubenssysteme – grob gesagt, sie hängen mit »analytischen Hypothesen« (etwa im Sinne Quines) zusammen.

Das Grundproblem scheint mir in den Passagen, die ich aus

Leibniz zitierte, ziemlich klar zu sein. Wie A. Gewirth in seiner Antwort auf Searle betonte, »macht Leibniz zwei Unterscheidungen, wo die Empiristen nur eine machten« (Gewirth (1973)). Leibniz unterscheidet nämlich »Kräfte«, die »passiv, unbestimmt und entfernt« sind, von »Dispositionen«, die »aktiv, bestimmt und naheliegend« sind.

Kräfte als solche erfordern die Stimulation durch äußere Objekte; nur so werden sie aktiviert und erhalten ihren Wahrnehmungs- und Ideengehalt. Sie besitzen also nicht schon von sich aus einen spezifischen Gehalt. Dispositionen dagegen besitzen bereits einen bestimmten Gehalt, den der Geist, die entsprechenden äußeren Bedingungen vorausgesetzt, selber aktivieren kann. Beides, sowohl Kräfte als auch Dispositionen, kann man »Fähigkeiten« nennen; es handelt sich dann aber um Fähigkeiten völlig verschiedener Art ... Daß Ideen als Dispositionen angeboren sind, heißt diesem [Leibnizschen] Modell zufolge also, daß der Geist schon von sich aus einen ganz bestimmten Gehalt besitzt, den er selbst aktivieren und wahrnehmen kann; daß Ideen hingegen lediglich als Kräfte angeboren sind, würde bedeuten, daß der Geist nur über diffuse Mechanismen verfügt, deren Gehalt sich ausschließlich aus der Wirkung äußerer Stimuli ableitet. Wie nun Leibniz wiederholt betont, liefert das letztere Modell – im Gegensatz zum ersteren – keine Erklärung dafür, wie der Geist diejenigen Arten von notwendigen und universellen Wahrheiten erreichen kann, die wir in der Logik, in der Mathematik und in anderen Disziplinen finden. Eine vergleichbare[44] Art von Notwendigkeit und Universalität wird von Chomsky den Grundregeln der Grammatik zugeschrieben ... Entgegen den Behauptungen Quines und Searles ist die Theorie von Leibniz nicht nur mit empiristischen und behavioristischen Lerntheorien unverträglich, sie zeigt vielmehr auch, wie der Geist selbst die ausschließliche Quelle seiner sprachlichen Kompetenz sein kann, für die äußere Stimuli lediglich Auslöser zur Aktivierung dessen sind, was in der Struktur des Geistes selbst bereits dispositionell enthalten ist. Im Gegensatz zur behavioristischen Theorie liefert die Leibnizsche Theorie daher eine Erklärung für die Notwendigkeit und Universalität der sprachlichen Regeln zur Bildung und Interpretation von Sätzen ...

Gewirths Bemerkungen treffen genau den Kern des Problems. Das »wesentliche Problem« ist nicht, ob es angeborene Fähigkeiten oder eine angeborene Struktur gibt oder nicht. Keine rationale Person leugnet deren Existenz, noch war dies überhaupt strittig. Das wesentliche Problem ist: Ist diese Struktur

vom Typ E oder vom Typ R? Ist sie vom Typ der »Kräfte« oder von dem der »Dispositionen«? Ist sie ein »passives« System zunehmender Datenverarbeitung, der Gewohnheitsbildung und der Induktion, oder ist sie ein »aktives« System, das die »Quelle der sprachlichen Kompetenz« wie auch die von anderen Wissens- und Glaubenssystemen darstellt?[45]
Eine ähnliche Unterscheidung findet sich an den von mir zitierten Stellen (Chomsky (1966/dtsch. 1971)) auch bei Descartes. Er versteht unter der »kognitiven Kraft« eine Fähigkeit, die nicht rein passiv ist und die, »wenn sie entweder in der Phantasie neue Ideen formt oder wenn sie sich den bereits geformten zuwendet, mit Recht *Geist* genannt wird«, eine Fähigkeit, die in einer Weise zur Wirkung kommt, die nicht völlig der Kontrolle der Sinne, der Einbildungskraft oder des Erinnerungsvermögens unterliegt. Es gibt im Menschen, so behauptet er, eine »passive Wahrnehmungsfähigkeit« und eine »aktive Fähigkeit zur Bildung und Hervorbringung von ... Ideen«.[46]
Searle ist der Ansicht, daß sowohl meine »historische Behauptung, nach der [meine] Auffassungen über die Sprache von den Rationalisten des 17. Jahrhunderts, insbesondere Descartes, präfiguriert waren« als auch meine »theoretische Behauptung, nach der eine empirische Lerntheorie den Spracherwerb nicht erklären kann«, »stubiler« zu sein hätten als ich annehme. Die theoretische Behauptung ist subtiler, weil auch empiristische Lerntheoretiker angeborene Dispositionen akzeptieren; insbesondere zitiert er die bereits diskutierte Arbeit von Quine (1969a). Ich hoffe, daß es jetzt klar sein dürfte, warum Searles Argumentation bezüglich meiner theoretischen Behauptung einfach an der Sache vorbeigeht.
Was nun die historische Behauptung angeht, so bringt Searle zwei Gründe für seinen Schluß vor. Erstens, von Descartes wurde nicht behauptet, daß »die Syntax natürlicher Sprachen ... angeboren« ist, er »scheint ganz im Gegenteil angenommen zu haben, daß Sprache willkürlich ist«. Zweitens, Descartes »läßt ... die Möglichkeit *unbewußten* Wissens nicht

zu, ein Begriff, der für Chomskys System von zentraler Bedeutung ist«.
Searle hat meine historische Bemerkung falsch verstanden. Ich habe an keiner Stelle die Vermutung geäußert, daß Descartes' Auffassung über die Sprache meine eigenen auch nur in irgendeinem der von Searle erwähnten Aspekte »präfiguriert« haben.[47] Ich begann vielmehr meine Diskussion von Descartes mit der Bemerkung, daß »Descartes selbst der Sprache nur geringe Aufmerksamkeit« widmete. Ich wollte nicht mehr sagen, als daß Descartes' Untersuchung des »kreativen Aspekts des Sprachgebrauchs« derzeitig geläufige Ideen (denen auch Searle zustimmt) »präfigurieren« und daß gewisse Cartesianische Ideen in den darauffolgenden Sprachuntersuchungen anderer Autoren weiterentwickelt wurden. Des weiteren liefert die Cartesianische »Psychologie« ihren Beitrag zu einer kohärenten Theorie, die man der von mir bereits diskutierten Literatur entnehmen kann.
Was nun den zweiten Einwand angeht, so muß ich zugeben, daß der Begriff »unbewußte Kognisation« für mein System wesentlich ist (ich bin auch bereit, den Ausdruck »unbewußtes Wissen« in diesem Sinne zu verwenden; siehe oben S. 192-197); ich bin mir aber nicht sicher, ob nicht auch Descartes diesen Begriff akzeptieren könnte. Ich erinnere mich nur daran, daß er in dieser Frage nicht Stellung bezieht. Descartes scheint zwar darauf zu insistieren, daß unser Wissen dem Bewußtsein zugänglich ist, aber in dieser völlig anderen Frage habe ich wiederholt erklärt, daß ich der Meinung bin, daß wir hier von der klassischen Tradition abweichen müssen. Searles Einwände gegen meine »historische Behauptung« haben daher überhaupt kein Gewicht.
Gegen diese historischen Behauptungen wurden auch noch von anderen Autoren Einwände vorgebracht (vgl. Anm. 2). Ich möchte nur noch einen letzten Beispielfall, nämlich Barnes (1972), diskutieren, weil dieser Fragen aufwirft, die mit der obigen Diskussion zusammenhängen. Leider geht Barnes mit Literaturangaben ziemlich sorglos um. So behauptet er zum Beispiel, daß »Chomsky zu wiederholten Malen empha-

tisch betont, daß seine Version der Hypothese der Angeborenheit den Cartesianischen Rationalismus bekräftigt und den Empirismus von Locke über Bord wirft«. Als Beleg für diese Behauptung zitiert er Abschnitte aus Chomsky (1965/dtsch. 1969) und (1966/dtsch. 1971). Meine Bemerkungen über Descartes und Leibniz dürften, soweit ich weiß, einschränkend genug formuliert sein (Barnes zitiert kein Gegenbeispiel, noch haben dies meines Wissens andere getan). In den von Barnes aus meinen angeführten Arbeiten zitierten Stellen findet sich jedoch nirgendwo eine Diskussion des »Empirismus von Locke«. In Chomsky (1966/dtsch. 1971) wird Locke überhaupt nicht erwähnt, in Chomsky (1965/dtsch. 1969) lediglich zweimal. Das eine Mal wird behauptet, daß Locke die Theorie der angeborenen Ideen in der von Descartes vorgelegten Form nicht widerlegt hat, das andere Mal, daß Lockes Bemerkungen über den Ursprung der Ideen in gewissen Punkten der Cudworthschen Auffassung gleichen. Den »Empirismus von Locke« habe ich an keiner Stelle auch nur diskutiert – geschweige denn »über Bord geworfen«.

Als einzigen weiteren Beleg für seine Behauptung, daß ich zu wiederholten Malen emphatisch den Rationalismus von Descartes und Leibniz unterstützt hätte, führt Barnes meine Feststellung (in Chomsky (1968a)) an, daß »die gegenwärtigen Forschungen für eine Theorie psychologischer *a priori*-Prinzipien sprechen, die eine auffallende Ähnlichkeit zu der klassischen Lehre von den angeborenen Ideen besitzt«. Barnes unterläßt es jedoch, dieses Zitat durch den Hinweis zu ergänzen, daß ich bei meiner Diskussion dieser Feststellung explizit darauf aufmerksam gemacht habe, daß meine Schlußfolgerungen mir nur mit gewissen spezifischen Aspekten dieser Lehre »übereinzustimmen« scheinen, nämlich mit Descartes' Theorie der Wahrnehmung regulärer Figuren und mit den Leibnizschen Bemerkungen über angeborene und unbewußte Prinzipien, Ideen und in Form von Neigungen, angeborenen Wahrheiten usw. Und diese Behauptung ist, die von mir vorgenommenen Einschränkungen vorausgesetzt, meines Wissens genau genug. Barnes verweist in diesem Zusammenhang auch auf

Chomsky (1969c/dtsch. 1974), S. 59/S. 277, wo die einzige Bemerkung von auch nur marginaler Relevanz wie folgt lautet: Es ist, »wie ich glaube, vertretbar, daß bestimmte wohl begründete Folgerungen hinsichtlich der Natur der Sprache traditionelle philosophische Fragen berühren . . . Insbesondere glaube ich, daß diese Folgerungen für das Problem relevant sind, wie man Erkenntnis erlangt und wie das Wesen menschlicher Erkenntnis durch bestimmte generelle Eigenschaften des Geistes bestimmt wird«. Auch hierin kann ich keine emphatische Verteidigung der mir von ihm unterstellten Art sehen.

Barnes behauptet zudem, daß meine Verwendung von Termini »ungeregelt« sei; so unterschreibt er z. B. den Schluß, meine Theorie sei »wesentlich und irreparabel vage«. Als Beispiele für meine »ungeregelte« Verwendung von Termini führt er die folgenden Stellen an: Chomsky (1965/dtsch. 1969), S. 25/S. 41, wo, wie Barnes behauptet, »die ›angeborene *Grammatik*‹ als eine ›angeborene *Prädisposition* für das Erlernen einer Sprache‹ charakterisiert wird«; und Chomsky (1969c/dtsch. 1974), S. 88/S. 308 f., wo, so Barnes, die »›angeborene *Grammatik*‹ als ein ›angeborener Schematismus‹ expliziert wird«. Diese Zitate kommen bei mir jedoch überhaupt nicht vor. An der ersten von Barnes angegebenen Stelle behaupte ich vielmehr, daß eine »angeborene linguistische Theorie . . . die Grundlage der Spracherlernung bildet«, und daß wir den Terminus »Sprachtheorie« mit systematischer Mehrdeutigkeit benutzen können, »indem er sowohl für die angeborene Prädisposition des Kindes, eine Sprache zu erlernen, steht, wie auch für den linguistischen Zugang zur Beschreibung dieses Gegenstandes«. Die linguistische Theorie spezifiziert »die Form der Grammatik einer möglichen menschlichen Sprache«, aber nicht einfach eine »Grammatik«, und schon gar nicht eine »angeborene Grammatik«. An der zweiten von Barnes ›zitierten‹ Stelle behaupte ich, daß »das Kind . . . einen angeborenen Schematismus verwendet, der die Auswahl von Grammatiken . . . beschränkt«. Ferner »gibt es keinen Grund gegen die Annahme, daß das Kind mit perfekten Kenntnissen einer Universalen Grammatik geboren wird, d. h. mit einem festen Schematismus, den es auf die schon beschriebene Art beim Spracherwerb anwendet«. Der Ausdruck »angeborene Grammatik« kommt bei mir an keiner Stelle vor.

Man beachte, daß die »Universale Grammatik« nicht in der Menge der durch die linguistische Theorie verfügbar gemachten Grammatiken enthalten ist (vgl. Chomsky (1965/dtsch. 1969), Kp. 1 und an anderen Stellen). Sie ist vielmehr ein Schematismus, der die Form und die Art von Grammatiken und die Prinzipien determiniert, mit deren Hilfe Grammatiken operieren. Barnes' Literaturhinweise legen die Vermutung nahe, daß er sich über diesen Punkt nicht ganz klar ist. Wird seine falsche Interpretation jedoch korrigiert, spricht nichts mehr – soweit ich dies beurteilen kann – für eine »ungeregelte Verwendung« von Termini; keinerlei Vagheit oder Konfusion resultiert aus der These, daß ein angeborener Schematismus der erwähnten Art eine angeborene Prädisposition für die Erlernung einer Sprache eines bestimmten Typs determiniert.

Barnes behauptet, ich würde »gelegentlich« den Ausdruck »angeboren« allzu voreilig und undifferenziert verwenden, indem ich »Prinzipien und sogar Grammatiken« als »angeboren« bezeichnete. Nun habe ich jedoch den Ausdruck »angeborene Grammatik« nie verwendet (außer in dem eben erwähnten völlig angemessenen Sinne von »angeborene Universale Grammatik«); und meine Verwendung von »angeborene Prinzipien« und »Universale Grammatik« im Sinne eines angeborenen Schematismus wird, soweit ich sehe, von der von Barnes in seiner Diskussion der »undifferenzierten Theorie der Angeborenheit« entwickelten Kritik überhaupt nicht betroffen.

Barnes vermerkt des weiteren drei angebliche »Hauptunterschiede zwischen Chomsky und seinen klassischen Vorfahren«. Der erste Unterschied besteht darin, daß weder »Leibniz noch irgendein anderer klassischer Vertreter der Lehre der Angeborenheit« ein »besonderes Interesse daran hatte, die Prinzipien der Grammatik als angeboren zu erklären«. Was nun Leibniz angeht, so ist diese Bemerkung schon einfach deshalb irrelevant, weil ich ihn nur im Hinblick auf andere Aspekte der von mir besprochenen allgemeinen Menge von Lehrmeinungen zitiert habe. Wenn es aber zutrifft, daß Cordemoy, Arnauld und die anderen von mir diskutierten Autoren »klassische Vertreter der Theorie der Angeborenheit« sind, dann spricht meines Erachtens einiges für die Annahme, daß sie gewisse Prinzipien, die wir als Prinzipien der Grammatik ansehen würden, als angeboren betrachtet haben – obgleich ich auch diese Auffassung nur unter einer ganz bestimmten Perspektive dargelegt hatte, die mir dem Thema angemessen zu sein schien. Barnes fügt hinzu, daß es mir im Gegensatz zu meinen »klassischen Vorfahren« nicht um »die Fundierung der Wissenschaften, der Religion und der Moral« gehe. Auch dies stimmt nicht. Mir liegt sehr viel an einer Fundierung zumindest der Wissenschaften und der Moral, obschon ich bedaure, daß ich in diesen Fragen so wenig Interessantes zu sagen habe.[48]

Der zweite der angeblichen »Hauptunterschiede« besteht darin, daß von Leibniz Argumente vorgebracht werden, die sich von den meinigen stark unterscheiden. Insoweit an dieser Beobachtung etwas Wahres ist, ist sie irrelevant. Ich zitierte Leibniz, wo es für meine Interessen relevant war; und ich führte auch eine Reihe von Argumenten an, die sich zwar von den Leibnizschen unterscheiden, die aber doch zur klassischen rationalistischen Tradition zu rechnen sind, über die ich unter der Rubrik »Cartesianische Linguistik«, so wie diese in Chomsky (1966/dtsch. 1971), Anm. 3 definiert wurde, einen Überblick zu geben suchte.

Barnes' dritter »Unterschied« läuft darauf hinaus, daß die »klassischen Vertreter der Theorie der Angeborenheit« eine Eigenschaft P dann als »dem Geist von x angeboren ansehen, wenn x eine angeborene Disposition besitzt zu wissen, daß P«, während meiner Auffassung zufolge gilt, daß »P dem Geist von x angeboren ist, wenn x eine angeborene Disposition für φ besitzt, und wenn ›eine Disposition zu φ besitzen‹ soviel wie *wissen, daß P* bedeutet bzw. impliziert.« Barnes erklärt nicht, weshalb ich auf die letztere Auffassung festgelegt bin und die erstere zurückweise. Ganz gleich jedoch, welche vernünftige Interpretation von »Disposition« man wählt und für welche nicht-triviale Einsetzung für φ man sich entscheidet (d. h. sofern man für φ nicht so etwas wie »Erlernen einer Sprache« einsetzt, wobei in der Formulierung von Barnes der Ausdruck »impliziert« noch entsprechend zu modifizieren wäre), ich sehe überhaupt keinen Grund, auch nur eine dieser beiden Formulierungen ernst zu nehmen. Barnes fühlt sich anscheinend genötigt, dem Begriff »dem Geist von x angeboren« eine quasi-operationalistische Charakterisierung zu geben; ich sehe jedoch nicht, weshalb ein solcher Ansatz in diesem Bereich erfolgreicher sein sollte, als er es in anderen Bereichen der wissenschaftlichen Forschung ist. Des weiteren wird von Barnes' Formulierung nicht das ganze Spektrum der von den »klassischen Vertretern« diskutierten Fälle erfaßt. Insbesondere trifft sie nicht auf Cudworths Theorie der Wahrnehmung zu. Aber selbst wenn hier etwas dran sein sollte, so sehe ich keinerlei Relevanz für irgendeine der von mir diskutierten oder vorgeschlagenen Thesen. Ich habe wiederholt auf weitaus auffallendere und schwerwiegendere Abweichungen von den »klassischen Vertretern der Angeborenheits-Hypothese« in meiner vorgelegten Rekonstruktion hingewiesen.

Barnes wirft dann die Frage auf, »ob die Existenz dieser angeborenen Mechanismen nicht erfordert, daß den potentiellen Spracherwerbern ein angeborenes *Wissen* zugeschrieben wird«. Ich habe bereits erklärt, weshalb ich seine Bedenken in dieser Hinsicht für unbegründet halte. Es kommt bei ihm jedoch zu weiteren Mißverständnissen, die vielleicht ein klärendes Wort verdienen. Die Behauptung, daß ein bestimmtes Prinzip (etwa das Prinzip der zyklischen Regelanordnung oder SAR oder BSS) angeboren ist, interpretiert Barnes so, als würde damit behauptet, daß »das Kind eine *angeborene Disposition* besitzt, so zu sprechen, wie es das Prinzip erfordert«. Aus der Tatsache, daß ein Organismus eine angeborene Disposition besitzt, sich in Übereinstimmung mit einer bestimmten Regel oder einem bestimmten Prinzip zu verhalten, können wir nun aber, so behauptet Barnes, nicht schließen, daß dieser Organismus von der Regel bzw. dem Prinzip *weiß*. Es ist nach ihm falsch, »Einheiten des Wissens oder des Glaubens mit Dispositionen« zu identifizieren. Unsere »Dispositionen«, so betont er, sind weder »Dispositionen zu gewissen ziemlich elementaren Typen des Verhaltens« noch »Dispositionen, einer bestimmten Proposition zuzustimmen« – die einzigen beiden Fälle, in denen man, so Barnes, Wissens- oder Glaubenseinheiten vernünftigerweise mit Dispositionen identifizieren kann.

Die Defizienz von Barnes Diskussion dieses Problems geht auf die fehlende Unterscheidung zwischen Kompetenz und Performanz zurück. Ein Prinzip der von ihm erwähnten Art (etwa die zyklische Anwendung von Regeln), verstanden als Teil der Universalen Grammatik, ist keine Disposition, so zu sprechen, wie es das Prinzip erfordert, sondern eine »Disposition« (falls auf diesem Terminus bestanden wird), eine gewisse Kompetenz zu erwerben (d. h. eine gewisse kognitive Struktur, eine Grammatik, die Beherrschung einer Sprache). Haben wir diese kognitive Struktur erst einmal erworben, sind wir vielleicht auch in der Disposition, auf eine gewisse Art und Weise zu reden, obschon, wie ich bereits angedeutet habe, sich über dieses Problem derzeit nur recht wenig Konkretes sagen läßt.

Nun ist die folgende Beobachtung von Barnes absolut richtig: Wenn ein Vogel die Disposition hat, in Übereinstimmung mit den Gesetzen der Aerodynamik zu fliegen, dann brauchen wir ihm deshalb noch nicht die Kenntnis dieser Gesetze zuzuschreiben – und zwar aus den folgenden Gründen nicht: (i) Wir verfügen über eine Erklärung (bzw. sind der Ansicht, daß wir eine solche Erklärung konstruieren können) für sein Verhalten in Form von Reflexstrukturen und dergleichen; und (ii) spielt die strukturelle Organisation, die wir einem Vogel somit zuschreiben, keine Rolle, wenn es darum geht, seine Kenntnis irgendwelcher besonderer Dinge zu erklären. Im Fall »linguistischer Dispositionen« trifft jedoch weder (i) noch (ii) zu.

Wir können die Universale Grammatik als eine »Disposition« für den Erwerb einer gewissen Kompetenz, aber nicht als eine Disposition zu einem bestimmten konkreten Verhalten ansehen. Die Universale Grammatik ist zudem, wie ich gezeigt habe, mit dem entwickelten System sprachlichen Wissens aufs engste verwoben. Auf der Basis des Systems der Universalen Grammatik erwirbt der Organismus sein gesamtes sprachliches Wissen sowie auch seine Kenntnis der einzelnen sprachlichen Fakten. Mit Hilfe der Existenz dieses angeborenen Systems können wir ein solches Wissen erklären. Barnes stellt die Frage: »Was ist also an den angeborenen *sprachlichen* Dispositionen Besonderes daran, was ihren Status zum Rang eines Wissens erhebt?« Haben wir erst einmal erkannt, daß es bei sprachlichen Dispositionen um Dispositionen für den Erwerb eines Wissenssystems geht (um die Beherrschung einer Sprache, die unserer Kenntnis einzelner sprachlicher Fakten zugrunde liegt), scheint die Antwort evident zu sein, obwohl, wie ich bereits bemerkte, der normale Gebrauch von »wissen« unpräzise ist und eine gewisse Vagheit besitzt, aufgrund derer wir in der gesamten Diskussion das Wort »wissen« vielleicht durch den technischen Terminus »kognisieren« ersetzen sollten. Soweit ich sehe, hängt jedoch von dieser terminologischen Frage nicht allzu viel ab.

Barnes hat völlig recht, wenn er feststellt, daß meine »Dispositionen« unter keine der beiden von ihm vorgeschlagenen Kategorien fallen. Dies verdeutlicht aber nur nochmals die Inadäquatheit einer solchen Analyse von Dispositionen, einer Analyse, die nicht zwischen Kompetenz und Performanz unterscheidet, die die intellektuelle Komponente in nicht-trivialen Fällen eines »Wissens, wie man etwas macht« ignoriert (vgl. Chomsky (1975a)), die sich selbst auf den inadäquaten Rahmen der Begriffe des ›Übereinstimmens‹ und des ›Geleitetseins‹ beschränkt und die noch weitere Mängel der bereits diskutierten Art aufweist. Wenn wir uns »Dispositionen« ansehen, die nicht unter den von Barnes gesteckten eingeschränkten Rahmen zu subsumieren sind, zum Beispiel die »Disposition« für den Erwerb sprachlichen Wissens, dann dürften sich sehr wohl Gründe dafür vorbringen lassen, auch von Elementen dieser Dispositionen als von »Wissens- und Glaubenseinheiten« zu sprechen (wobei dieser Unterschied, aus uns bereits geläufigen Gründen, im Fall der Sprache irrelevant ist).

Als ich die These aufgestellt hatte, daß R und E zwei fundamental verschiedene Methoden zur Lösung der Probleme des Wissenserwerbs (und daher auch der Probleme des Ursprungs und der Natur unseres Wissens) darstellen, habe ich stets betont, daß dies für mich eine empirische Frage ist, d. h. es geht hier um das Problem zu bestimmen, was die wirklich spezifischen Eigenschaften des menschlichen Geistes sind, insbesondere aber, was die spezifischen Eigenschaften derjenigen Entität sind, die man »Sprachfähigkeit« nennen könnte. Nun wurde von einer Reihe von Autoren behauptet, daß ich dadurch, daß ich dieses Problem als eine empirische Hypothese formulierte, jedwedes »philosophische Interesse« eliminiert und den ganzen Problembereich von den von mir in Form einer rationalen Rekonstruktion diskutierten klassischen Traditionen abgetrennt hätte. Was das »philosophische Interesse« angeht, so will ich hierzu nicht Stellung nehmen. Mir ist dieser Ausdruck zu vage; zudem sind mir die Auffassungen derer, die sich selbst als »Philosophen« bezeichnen, viel zu unterschiedlich. Was ich in diesem Zusammenhang behauptet habe ist, daß die von mir untersuchten empirischen Hypothesen Relevanz besitzen für das, was von seiten der Philosophen gesagt wurde – sei es in der Vergangenheit (z. B. Hume) oder in der Gegenwart (z. B. Quine, der sicherlich eine jede scharfe Trennung von »philosophischen« und »wissenschaftlichen« Fragestellungen zurückweisen würde).

Doch wie steht es mit der interessanteren Frage, ob ich dadurch, daß ich die ganze Problematik als eine empirische Hypothese formulierte, nicht vielleicht doch die Diskussion bis zur Unkenntlichkeit von der traditionellen Auseinandersetzung abgetrennt habe? Ich kann hier nur äußerst knapp dazu Stellung nehmen, bin aber der Meinung, daß diese Kritik völlig danebengeht. Es ist falsch, wenn man Descartes, die

Neo-Cartesianer, Hume und andere so interpretiert, als würde von ihnen bereits irgendwie eine erst uns geläufige Unterscheidung zwischen »wissenschaftlichen« und »philosophischen« Problemstellungen akzeptiert oder als würden sie eine Unterscheidung zwischen »notwendig« und »kontingent« in der Weise treffen, wie dies in der derzeitigen Diskussion weitgehend üblich ist.

Zu Hume.[49] Er verstand unter der »Moralphilosophie« die »Wissenschaft von der menschlichen Natur« (S. 5/S. 3). Es ging ihm darum, »die geheimen Triebfedern und Prinzipien [zu] entdecken, durch welche die Vorgänge im menschlichen Geiste ausgelöst werden«. Er verglich diese Aufgabe mit der eines »Philosophen«, der »durch einen besonders glücklichen Gedankengang ... die Gesetze und Kräfte bestimmt hat, durch welche der Umlauf der Planeten beherrscht und gelenkt wird« (S. 14/S. 14). Er wollte sich der Aufgabe einer »sorgfältigen Prüfung der Kräfte und Fähigkeiten der menschlichen Natur« unterziehen und »die verschiedenen Vorgänge im Geiste ... erkennen«, eine Aufgabe, die »sich ... zu einem nicht unbedeutenden Teil der Wissenschaft« »gestaltet« (S. 13/S. 11). »Es läßt sich nicht bezweifeln«, so betonte er, »daß der Geist mit einer Mehrzahl von Kräften und Fähigkeiten begabt ist, daß diese Kräfte voneinander verschieden sind und daß, was wirklich für die unmittelbare Auffassung verschieden ist, auch durch Überlegung unterschieden werden kann; folglich also, daß es in allen Behauptungen auf diesem Gebiet ein Wahr und ein Falsch gibt, und zwar ein Wahr und Falsch, das nicht jenseits des Bereichs des menschlichen Verstandes liegt« (S. 13-14/S. 12). Bezüglich dieser empirischen Problemstellungen stellt Hume interessante und gehaltvolle Behauptungen auf – zum Beispiel, daß die »schöpferische Kraft des Geistes auf weiter nichts hinauskommt, als auf die Fähigkeit der Verbindung, Umstellung, Vermehrung oder Verminderung des Stoffes, den uns Sinne und Erfahrung liefern« (S. 19/S. 19) und daß es »nur drei Prinzipien der Vorstellungsverknüpfung« gibt, »nämlich *Ähnlichkeit, Berührung* in Zeit oder Raum, und *Ursache* und *Wirkung*« (S. 24/S.

25). »Alle Schlüsse aus der Erfahrung«, auf der nahezu unser gesamtes Wissen beruht, beinhalten, daß »ein bestimmter Schritt getan wird: ein Fortgang im Denken« auf der Grundlage von Gewohnheit und Übung, ein »Prinzip der menschlichen Natur« (S. 41-43/S. 43-45). All diese geistigen Vorgänge sind »eine Gattung natürlicher Instinkte«, eine »instinktive oder mechanische Neigung«; sie sind somit »das notwendige Ergebnis, wenn der Geist in [die entsprechenden Umstände] gerät«
(S. 46-47/S. 59).

Hume war seinem eigenen Selbstverständnis zufolge stets an der Beziehung zwischen Wissen und Erfahrung sowie an den empirischen Prinzipien interessiert, die diese Beziehung determinieren. Er stellt fest: »Obgleich indes die Tiere einen großen Teil ihres Wissens durch Beobachtung lernen, so besteht doch ein anderer großer Teil, den sie ursprünglich aus der Hand der Natur empfangen ... Dies bezeichnen wir als *Instinkt*«.[50] Genauso ist »unsere Vernunfttätigkeit auf Grund von Erfahrung, die wir mit den Tieren gemein haben und von der die ganze Lebensführung abhängt, nichts als eine Art von Instinkt oder mechanischer Kraft ..., die, uns selbst unbekannt, in uns wirkt«; sie wird »in ihrer hauptsächlichen Wirksamkeit nicht von solchen Beziehungen oder Vergleichungen von Vorstellungen geleitet ..., die den eigentlichen Gegenstand unserer vernünftigen Fähigkeiten ausmachen« (S. 108/S. 126 f.). Vermittels dieser Instinkte ist die Erfahrung »die Grundlage der moralisch-gewissen Denkakte, welche den größten Teil des menschlichen Wissens bilden und die Quelle alles menschlichen Handelns und Verhaltens sind«
(S. 162/D. 192).

Wir treffen bei Hume allenthalben auf substantielle Vorschläge, die Fragen betreffen, die wir heute sicherlich als »naturwissenschaftlich« ansehen (genau wie er selbst, so scheint mir). Er diskutiert die Fundierung unseres Wissens (einschließlich des unbewußten, ja sogar des angeborenen Wissens) durch die Instinkte, eine Frage, die sicherlich empirischer Natur ist, wie er selbst richtig gesehen hat.

Genauso hätte wohl auch Descartes die Frage nicht beantworten können, ob er ein »Naturwissenschaftler« oder ein »Philosoph« in dem Sinne ist, in dem diese Ausdrücke von vielen zeitgenössischen Autoren verwendet werden, die die Philosophie auf eine bestimmte Art von Begriffsanalyse einschränken. Er war sicherlich beides. Dies zeigt sich unter anderem daran, wie er an die Problematik der angeborenen Ideen und des Geistes heranging. Als Wissenschaftler glaubte er, einen Großteil des menschlichen Verhaltens wie auch alle sonstigen Dinge mit Hilfe mechanischer Prinzipien erklären zu können. Er sah sich jedoch genötigt, eine zweite Substanz zu postulieren, deren Essenz Beobachtungen erklären sollte, die den Menschen (sich selbst wie auch andere) betreffen. Völlig unzutreffend ist die häufig gehörte Behauptung, wonach seine Lehre der angeborenen Ideen lediglich zur Begründung »notwendiger Wahrheiten« dienen soll, so wie dieser Begriff in der zeitgenössischen Diskussion verstanden wird. Im Rahmen einer Theorie der angeborenen Ideen wurde von Descartes zum Beispiel eine eigene Wahrnehmungstheorie entwickelt; es dürfte aber offensichtlich sein, daß sowohl seine Wahrnehmungstheorie als auch die Cudworthsche Theorie der »angeborenen kognoszitiven Kraft«, mitsamt ihren Gestalteigenschaften und ihrer damit zusammenhängenden Struktur, weit über den Bereich notwendiger Wahrheiten (so wie diese derzeit verstanden werden) hinausgehen – obwohl sich dieses Problem für Descartes selbst natürlich ganz anders darstellte, glaubte er doch, den Beweis für die Existenz eines Gottes erbracht zu haben, der uns nicht zu täuschen beabsichtigt, weshalb er auch der Meinung war, daß er die Notwendigkeit aller Naturgesetze habe zeigen können. Es dürfte klar sein, daß Descartes' Begriff der »Notwendigkeit« von unserem eigenen, zumindest was die vorausgesetzte Extension angeht, ganz verschieden ist.
Völlig falsch wäre die Behauptung, daß die Tradition in ihren Zielen »paradigmatisch philosophisch« gewesen sei[51], zumindest, wenn »paradigmatisch philosophisch« als ein Gegensatz zu »wissenschaftlich« angesehen wird. Es scheint mir daher

durchaus angemessen zu sein, wenn man, wie ich dies getan habe, die rationalen Rekonstruktionen R und E als adäquate Formulierungen gewisser Leitideen der rationalistischen und empiristischen Spekulation über »die Wissenschaft von der menschlichen Natur«, über den Wissenserwerb, über die Elemente unseres Wissens, die wir »ursprünglich aus der Hand der Natur« empfingen usw., betrachtet. Ich habe wiederholt betont, daß R und E in der von mir diskutierten Form von einigen zentralen Ideen der Tradition abweichen (z. B. was den Glauben betrifft, der Geist selbst sei unserer Introspektion zugänglich); zudem kommt es zwischen diesen Leitideen selbst in den Werken ein und derselben Person oft zu komplexen Verflechtungen, und wir sind keineswegs gezwungen, uns strikt nur auf eine einzige dieser beiden Alternativen festzulegen (vgl. Chomsky (1965/dtsch. 1969), (1966/dtsch. 1971)). Ich bin jedoch der Ansicht, daß wir durch eine Präzisierung dieser alternativen Konzeptionen und durch ihre weitere Klärung im Lichte empirischer Untersuchungen einer Lösung von Problemen der Natur und des Erwerbs kognitiver Strukturen näherkommen können, von Problemen, zu deren vernünftiger Formulierung wir jetzt vielleicht imstande sein dürften. Zugleich dürfte uns aber auch klar werden, weshalb derartige Bemühungen bisher so oft danebengegangen sind.

Anmerkungen

Erster Teil

Kapitel I *Kognitive Fähigkeiten*

1 Aristoteles, *Analytica Posteriora*, II. 19.
2 Cudworth (1838), S. 75. Die folgenden Zitate in diesem Abschnitt stammen, sofern nicht anders gekennzeichnet, durchwegs aus derselben Quelle, insbesonders S. 65, 51, 49, 87, 122-23.
3 Leibniz, *Metaphysische Abhandlungen*. Für eine ähnliche Auffassung s. Cudworth (1838), S. 64. Für Zitate und weitergehende Diskussion s. Chomsky (1966), § 4.
4 Cudworth, *True Intellectual System of the Universe*, zitiert nach Lovejoy (1908).
5 Lovejoy (1908).
6 Henry More, »Antidote Against Atheism«, zitiert nach Lovejoy (1908).
7 Gregory (1970). Gregory vermutet ferner, daß die Grammatik der Sprache »ihre Wurzeln in den Regeln des Gehirns für die Anordnung von Netzhautmustern in Termen von Objekten hat«, d. h. »in einer Übernahme-Operation, durch die der Mensch von« der Entwicklung des visuellen Systems bei höheren Lebewesen »profitieren konnte«. Dies scheint mir jedoch fraglich zu sein. Die Struktur, der Gebrauch und der Erwerb von Sprache scheint spezielle Eigenschaften zu involvieren, die sich, soweit wir wissen, nirgendwo sonst finden. Die Sprache basiert auf Eigenschaften der dominanten Großhirnhälfte, auf Eigenschaften also, die selbst sehr speziell sein könnten. Es scheint in den relevanten Aspekten keinen Bezug zur Struktur der visuellen Kortex zu geben, obwohl wir hierüber derart wenig wissen, daß wir darüber nur spekulieren können. Es ist nicht klar, weshalb man erwarten sollte, eine evolutionäre Erklärung von der Art zu finden, wie Gregory nahelegt. Für weiteres Material zu diesen Fragen s. die Kapitel von R. W. Sperry, A. M. Liberman, H.-L. Teuber und B. Milner in Schmitt/Worden (1974).
8 Diese, in den letzten Jahren durch B. F. Skinner popularisierte Auffassung hat nichts mit Wissenschaft bzw. irgendeiner rationalen Forschung zu tun. Ihre Popularität ist durch außerwissenschaftliche Gründe zu erklären. Für eine weitere Diskussion s. meine Arbeit »Psychology and Ideology«, erneut abgedruckt in Chomsky (1973b);

ebenso Chomsky (1973c); und die Diskussion des Liberalismus und Empirismus in Bracken (1972), (1973a).
9 Antoine Arnauld (1964), S. 36. Zur Relevanz einer Betrachtung von »Sprache als einem mit anderen biologischen Phänomenen vergleichbaren biologischen Phänomen« und zu einigen Implikationen für die Erkenntnistheorie, die Sprachphilosophie und die Philosophie des Geistes, s. Moravcsik (1975b).
10 Vgl. z. B. die unter Anm. 8 aufgeführte Literatur. Ich komme auf diese Frage in Kp. III zurück.
11 Angemessenheit darf nicht mit Kontrollierbarkeit verwechselt werden; auch können die hier erwähnten Eigenschaften des Sprachgebrauchs (was ich an anderer Stelle »den kreativen Aspekt des Sprachgebrauchs« genannt habe) nicht mit der rekursiven Eigenschaft von Grammatiken identifiziert werden. Daß diese sehr verschiedenen Begriffe nicht auseinander gehalten wurden, führte zu zahlreichen Verwirrungen. Für eine Diskussion des kreativen Aspekts des Sprachgebrauchs in der rationalistischen Theorie s. Chomsky (1966/dtsch. 1971) und (1972a).
12 Unter LT verstehe ich hier das System der LT(O,B)-s, mit festem O und beliebigem Bereich B. In der vorgeschlagenen Terminologie bildet jede LT(O,B) eine kognitive Struktur. Die interagierenden LT(O,B)-s für gegebenes O bilden einen kognitiven Zustand.
13 Die weitere Frage, ob sich irgend etwas über M_2 (CS, Stimulusbedingungen) sagen läßt, will ich daher gar nicht erst lange stellen. M_2 (CS, Stimulusbedingungen) wäre ein über kognitive Zustände gehender Mechanismus, den man eine »allgemeine Verhaltenstheorie« nennen könnte.
14 S. Eimas et al. (1971) und die unter Anm. 7 angeführte Literatur.
15 Als *kognitive Fähigkeit* wählen wir also die Menge solcher Bereiche, ganz gleich, wie dieser Komplex des weiteren strukturiert sein mag.
16 Man betrachte das Argument von Bourbaki, wonach es »eine empirische Tatsache darstellt, daß sich der größte Teil der mathematisch relevanten Begriffe mit Hilfe einiger *weniger* Grundstrukturen wie z. B. Gruppen oder topologischen Räumen erfolgreich analysieren läßt. Diese Tatsache wird als eine Entdeckung über unser Denken angesehen . . .« (Kreisl, 1974).
17 Anthony Kenny, »The Origin of the Soul«, in Kenny et al. (1973).
18 Man stelle sich irgendeine hypothetische Form von Aphasie vor, bei der die Sprachkenntnis unvermindert erhalten geblieben ist, aber alle Performanz involvierenden Systeme, d. h. alle Systeme, die die Sprachkenntnis in Gebrauch nehmen, zerstört sind. Für eine

Diskussion dieses Problems. s. Stich (1972) und Chomsky/Katz (1974).
19 Somit könnte meine Verwendung des Ausdrucks »kognitive Fähigkeit« auf S. 31 irreführend sein; ich konnte jedoch keinen Ausdruck finden, der den Leser mit einer geringeren Wahrscheinlichkeit irreführen würde.
20 Ich habe an anderer Stelle erörtert, weshalb ich die moderne Kritik von »Descartes' Mythos« durch Ryle und andere einfach für verfehlt halte. Vgl. Chomsky (1966/dtsch. 1971); (1972a); (1975a).
21 Zu diesem Thema s. Kp. IV. Ebenso Chomsky (1972a), S. 90 ff.; (1971).
22 Um Mißverständnisse zu vermeiden: Ich stelle hier nicht die absurde These auf, daß die Wissenschaften sich mit gewöhnlichen und alltäglichen Dingen beschäftigen und nicht nach vielleicht recht ausgefallenen Daten suchen sollten, die die Klärung tieferliegender Prinzipien betreffen. Genau wie in der Physik wäre dieses Programm auch bei einer Untersuchung der Sprache von vornherein zum Scheitern verurteilt. Eine grobe Erfassung vertrauter Phänomene läßt sich durch recht unterschiedliche Theorien erreichen; eine Unterscheidung zwischen ihnen macht im allgemeinen die Suche nach ungewöhnlichen Daten notwendig. Um ein Beispiel zu bringen: Die einzelnen Idioms einer natürlichen Sprache sind (per definitionem) anomal; dennoch erwies sich die Fähigkeit der verschiedenen linguistischen Theorien, mit dem Charakter und den Eigentümlichkeiten dieser Idioms fertig zu werden, oft als relevant für eine empirische Unterscheidung zwischen diesen Theorien.
23 Man beachte, daß die Begriffe »fair« und »adäquat«, als biologische Eigenschaften von Menschen verstanden, erst noch zu präzisieren sind; es stellt jedoch kein großes Problem dar, der Verwendung dieser Begriffe bestimmte vernünftige Grenzen zu setzen.

Kapitel II *Der Gegenstand der Linguistik*

1 Das Problem, genau welche Arten von Kenntnissen in der Sprachkenntnis involviert sind, wirft einige interessante Fragen auf. S. Kp. IV, S. 192-197 und die dort angegebene Literatur.
2 Einen kritischen Überblick über die verfügbaren Daten liefert die Arbeit von Fodor/Bever/Garrett (1974). Für eine Diskussion der möglichen Relevanz solcher Daten für die lexikalische Dekomposition s. auch Fodor/Fodor/Garrett (im Erscheinen).

Hier ist nicht der Ort, sich mit diesen Fragen im Detail auseinanderzusetzen. Es muß jedoch gesagt werden, daß einige der sich auf hier diskutierte Probleme beziehenden Argumentationen der erstgenannten Arbeit überhaupt nicht zwingend sind. So wird von den Autoren z. B. ein Ansatz zu einer LT(M,S) erörtert, der festlegt, daß die erworbene Grammatik (mindestens) zwei Bedingungen erfüllen muß: Übereinstimmung mit der UG und Übereinstimmung mit einer aus phonetisch repräsentierten Sätzen bestehenden Datenbasis. Sie behaupten, daß (i) die Bedingung nicht hinreichend ist und daß (ii) eine entsprechende Erweiterung der Datenbasis (wodurch die Bedingung hinreichend würde) durch eine »Paradoxie« verhindert wird. Nun mag es zwar sein, daß die Behauptung (i) wahr ist, sie folgt aber nur aus stillschweigend vorausgesetzten Annahmen über den Bereich zulässiger Grammatiken; es dürfte nicht schwierig sein, für die UG Beschränkungen zu formulieren, die hinreichen, um die zitierten angeblichen Gegenbeispiele auszuschließen; sie ergeben zudem kein allgemeines Argument, aus dem (i) folgt. Was (ii) angeht, so gibt es zwar ein Problem, aber keine Paradoxie. Zudem taucht genau das gleiche Problem auch bei einer jeden anderen Theorie des Spracherwerbs auf. Abgesehen von der sicherlich korrekten Beobachtung, daß die von ihnen diskutierte Theorie in ihrer vorliegenden Form bei weitem zu schwach ist, halte ich die Kritik der oben genannten Autoren daher nicht für überzeugend.

3 Vgl. z. B. Braine (1974). Braine stellt die Behauptung auf, daß Theorien über die abstrakte phonologische Repräsentation »Annahmen über das menschliche Erinnerungs- und Lernvermögen« notwendig machen, »die so gut wie sicher falsch sind«; er sieht es als »evident« an, daß diese Annahmen einer jeden Theorie des Wissenserwerbs eine »außerordentliche Last« auferlegen. Nun dürfte jedoch das Einzige, was in dieser Hinsicht sicher ist, eben in der Erkenntnis bestehen, daß wir über das menschliche Erinnerungs- und Lernvermögen nur wenige Dinge wissen, die für unser Problem auch nur entfernt relevant sind. Es dürfte wohl klar sein, daß man aus dem Fehlen einer Theorie des Erinnerungs- und Lernvermögens keine Schlußfolgerungen ziehen kann. Was nun die einer Theorie des Wissenserwerbs auferlegte »außerordentliche Last« angeht, so läßt sich, solange signifikante psychologische oder neurologische Daten fehlen, über die Repräsentation und den Erwerb kognitiver Strukturen einfach nichts sagen (abgesehen von den bereits vorgelegten abstrakten explanativen Theorien und einigen anregenden experimentellen Untersuchungen der bei Fodor/Bever/Garrett (1974) diskutierten Art). Braines angebliche Ge-

wißheit in Dingen, über die wir noch nichts wissen, spiegelt wiederum jenen Dogmatismus wider, der sich in der Vergangenheit einer Weiterentwicklung der psychologischen Theorie als so hinderlich erwiesen hat.

4 Für einige interessante Daten, die hier relevant sind, vgl. Kramer/Koff/Luria (1972). Zudem ist die von einem Individuum in einer realen Sprachgemeinschaft erworbene Sprachkenntnis bei weitem komplexer als unter der hier diskutierten Idealisierung. In Wirklichkeit gehören zur Sprachkenntnis auch zahlreiche Sprachstile und möglicherweise ein ganzer Bereich interagierender Grammatiken. Diese Komplexität der Realität muß untersucht werden; es scheint dabei vernünftig anzunehmen, daß bei einer solchen Untersuchung von den unter der Idealisierung erzielten Resultaten wesentlicher Gebrauch gemacht werden wird. Es dürfte daher evident sein, daß die Komplexität der Realität keinen Grund darstellt, an der Legitimität der Idealisierung zu zweifeln.

5 Solche Taxonomien sind trotz ihrer Beschränkungen von beträchtlichem Interesse. Siehe z. B. Austin (1962/dtsch. 1972), Vendler (1967), Fraser (1974), Searle (1975).

6 Zu einigen ähnlichen Vorstellungen in der vergleichenden Ethologie s. Chomsky (1972a), S. 95 ff.; Kp. III dieses Bandes, S. 148 f.

7 Antoine Le Grand, *An Entire Body of Philosophy, According to the Principles of the Famous Renate Des Cartes*, zitiert in Watson (1968).

8 S. die unter Anm. 7 von Kp. I aufgeführte Literatur. Ebenso Wood et al. (1972), wo berichtet wird, daß »in der linken Großhirnhälfte andere neurale Prozesse ablaufen, wenn sprachliche Parameter analysiert werden, als wenn nichtsprachliche Parameter desselben akustischen Signals analysiert werden«. S. auch die in Wood (1973) des weiteren angeführten Arbeiten. Mehr über diese Probleme bei Lenneberg (1967/dtsch. 1972), Millikan/Darley (1967) und Whitaker (1971).

9 Vgl. Kp. IV, Anm. 14. Siehe auch den Bericht über von E. H. Lenneberg durchgeführte Experimente, in denen normale Versuchspersonen mit Techniken trainiert wurden, die bislang bei Schimpansen verwendet worden waren; hierzu Ettlinger et al. (1975). Vgl. Fodor/Bever/Garrett (1974), S. 440-462 für einen Überblick über diesen ganzen Problemkreis.

10 Wobei wir annehmen wollen, daß sich Quines suggestive Metapher (»Two Dogmas of Empiricism«) zu einer echten Theorie entwickeln läßt. Seine eigenen Bemühungen in dieser Richtung scheinen mir mehr Probleme aufzuwerfen als sie lösen. Siehe Kp. IV und die dort angegebene Literatur.

11 Siehe Putnam (1962), (1975). Ebenso Kripke (1972). Für eine kritische Analyse einiger dieser Begriffe siehe Dummett (1973), Kp. 5, Anhang. Ebenso Katz (1975). Für eine Kritik des Begriffs »semantische Repräsentation« unter anderen Gesichtspunkten siehe Fodor/Fodor/Garrett (im Erscheinen) und Harman (1973).
12 Katz (1972) und die dort zitierten früheren Arbeiten.
13 D. h. unter Idealisierungen, die mir für eine ernsthafte Untersuchung von Problemen der realen Welt legitim, wenn nicht gar wesentlich, zu sein scheinen.
14 Selbst wenn der semantische Gehalt einer Lexikoneinheit durch die Grammatik nicht völlig spezifiziert wird, so könnte es trotzdem gewisse analytische Verknüpfungen geben. So wurde z. B. der plausible Vorschlag gemacht, daß solche abstrakten lexikalischen Eigenschaften wie »Ursache«, »Werden«, »Handlung« und »Ziel« aus einer universellen Menge semantischer Marker ausgewählt werden, die für die semantische Repräsentation im Lexikon bereitstehen. Wenn dem so ist, dann könnte selbst dann, wenn solche Wörter wie z. B. »überreden« und »beabsichtigen« durch die Grammatik keine vollständige Charakterisierung ohne den Bezug auf andere kognitive Strukturen erhielten, immer noch gelten, daß die Verknüpfung zwischen »Ich überrede ihn zu gehen« und »Er beabsichtigt zu gehen« (mit den entsprechenden zeitlichen Modifikationen) analytisch ist, und zwar infolge der Substruktur der lexikalischen Merkmale und deren allgemeiner Eigenschaften.
Man könnte die bei der semantischen Beschreibung verwendeten lexikalischen Eigenschaften mit den »einfacheren Termen« von Leibniz vergleichen, durch die andere Terme definiert werden können. Zu diesem Punkt vgl. Ishiguro (1972), S. 44 ff.
15 Vgl. Chomsky (1965/dtsch. 1969), Kp. 1. Ein Bewertungsverfahren für das, was ich eine LT(M,S) genannt habe, ist, wie an der angegebenen Stelle bemerkt wurde, dann erforderlich, wenn die Verträglichkeitsbedingungen nicht ausreichen, um die Klasse der betrachteten Grammatiken so einzuschränken, daß eine einzige (Klasse) als die erworbene ausgezeichnet wird. Lassen sich weitere Selektionsmechanismen für Grammatiken formulieren, so stellt ein Bewertungsverfahren einen wesentlichen Teil der LT(M,S) dar oder nicht – wiederum je nachdem, wie groß die Variabilität innerhalb der Klasse von Grammatiken ist, die andere Bedingungen in dieser Theorie erfüllen. Von einigen Autoren wurde die These vertreten, daß hier noch mehr auf dem Spiel stehe; ich kann hier jedoch keine weiteren Probleme entdecken.

16 Eine derartige Auffassung wird von Ishiguro (1972), S. 65 ff., Leibniz zugeschrieben. Sie vertritt die These, daß in der Theorie von Leibniz »die Identifizierung von Objekten und das Verstehen von Erfüllungs-Bedingungen für Prädikate bereits eine große Anzahl von Annahmen über Naturgesetze involviert . . .«.
17 Zu diesem Thema s. Kripke (1972).
18 Vgl. Dummett (1973), S. 76: »um einen Eigennamen zu verstehen, müssen wir wissen, als der Name welcher Art bzw. Kategorie von Objekten er zu verwenden ist.« Vgl. Kripke (1972), Anm. 58, für eine Kommentierung eines ähnlichen Begriffs von Geach.
19 Beispiele von Kripke (1972), S. 268 ff. Wie Kripke bemerkt, ist »das Problem der sogenannten wesentlichen Eigenschaften äquivalent mit . . . dem Problem der trans-world-identity [d. h. dem Problem, unter welchen Bedingungen Objekte aus verschiedenen Welten identisch sind; Anm. d. Übers.]« und betrifft somit auch das Problem der Anwendbarkeit der Modell-theoretischen Semantik auf die Untersuchung der Semantik natürlicher Sprachen. Kripke zufolge ist die Idee, »daß eine Eigenschaft als für ein Objekt wesentlich oder zufällig angesehen werden kann«, keine Erfindung von Philosophen, sondern eine Idee, die auch für jeden Laien einen »intuitiven Gehalt« besitzt. Nun haben zwar seine Beispiele und deren Diskussion durch ihn sicherlich ein gewisses intuitives Gewicht; weniger klar ist aber schon, ob sie auch tatsächlich für das Problem von Eigenschaften relevant sind, die unabhängig davon, wie ein Gegenstand beschrieben bzw. kategorisiert wird, für diesen Gegenstand wesentlich sind. Mir scheint jedenfalls, daß sie nicht ausreichen, um die Plausibilität dieser Idee hinreichend zu begründen.
20 Zu diesem Thema s. Quine (1969c), S. 343.
21 S. die unter Anm. 11 aufgeführte Literatur.
22 Ich folge hier der Darstellung in Moravcsik (1975a).
23 Kripke führt hier Substanz, Ursprung und Funktion an (»ein Tisch sein« – vgl. die aristotelische Charakterisierung des »Wesens eines Hauses« mit Hilfe von »Zielen oder Zwecken«, im Gegensatz zu der in einer materiellen Sprache formulierten Beschreibung durch einen Physiker; *De Anima* 403^b). Vgl. Anm. 14.
24 Moravcsik vertritt die Ansicht, daß dies die korrektive Generalisierung des aristotelischen Begriffs »x ist die *aitia* (Ursache) von y« darstellt.
25 Vgl. Miller (1974). Miller kontrastiert einige empiristische Spekulationen Quines über das Erlernen von Farbausdrücken durch Konditionierung mit der tatsächlichen »Begriffsentwicklung«, die ganz anders

zu verlaufen scheint, keine Konditionierung auf irgendeiner »primitiven Stufe« involviert, sondern vielmehr die Abstraktion des Farbbereichs, die Verwendung eines angeborenen Systems von »Zentralfarben«, sowie die Lokalisierung anderer Farben relativ zu diesen Zentralfarben im sprachlich determinierten System. Miller zufolge gibt es zwei »Entwicklungslinien«: »Bei der einen geht es darum, daß wir lernen, das entsprechende Attribut zu abstrahieren und Farbwahrnehmungen in einem inneren Bezugssystem zu verankern; bei der anderen geht es darum, herauszufinden, welche Wörter für dieses Bezugssystem relevant sind, und zu lernen, welche Lokalisierung in diesem System mit welchem Ausdruck verknüpft ist.« Millers Analyse scheint mit dem hier diskutierten allgemeinen Ansatz völlig verträglich zu sein.

26 Die Annahme, daß kognitive Strukturen ›gelehrt und gelernt‹ werden müssen, ist derart weitverbreitet, daß sich Zitate erübrigen dürften. Um nur das neueste mir bekanntgewordene Beispiel zu erwähnen: D. D. Weiss (1975) ist der Ansicht, daß »wir so konstituiert sind, daß wir [die komplexen Fähigkeiten und Leistungen, die das gesamte Gebäude unserer Zivilisation ausmachen] durch *Vererbung* weitergeben können, aber eben nur mit Hilfe von *Kommunikation* – durch Unterweisung und Training«. Für einige weitere Beispiele für ein Lehren von Sprache s. Anm. 38 und 39 unten, sowie Kp. IV, S. 191 f.

27 Searle (1972/dtsch. 1974). Obwohl ich mit einigen Schlußfolgerungen Searles, wie unten vermerkt, nicht einverstanden bin, scheint mir seine Darstellung im wesentlichen doch korrekt und zwingend zu sein, zahlreiche seiner kritischen Bemerkungen eingeschlossen. D. M. Armstrong (1971) meint, daß die Theorie, wonach uns der Begriff der Kommunikation »*den* Schlüssel zu einer Analyse des Begriffs der sprachlichen Bedeutung« liefert, bis auf Locke zurückverfolgt werden kann.

28 Vgl. z. B. Chomsky (1957), Kp. 9; Chomsky (1975b).

29 Vgl. die Angaben von Anm. 28. Ebenso Miller/Chomsky (1963); Chomsky (1965/dtsch. 1969), Kp. 1,4; sowie zahlreiche weitere Literatur. Ich bin mir sicher, daß dieselbe Beobachtung auch für die gilt, die »wesentliche Eigenschaften« der Sprache in deren strukturellen Merkmalen suchten. So ist z. B. A. M. Liberman (1974) der Meinung, »daß das distinktive Merkmal der Sprache nicht die Bedeutung, das Denken, die Kommunikation und auch nicht die Vokalisierung ist, sondern, etwas spezifischer, eine grammatische Umkodierung, die die sprachliche Information so umformt, daß sie zu den unterschiedlichen, ursprünglich nicht-sprachlichen Komponenten des Systems

paßt«. Zweifelsohne würde er jedoch zugeben, daß es zwischen Struktur und Funktion enge Verknüpfungen gibt. Wie könnte dies nicht wahr sein? Wer hat dies je bezweifelt?

30 Chomsky (1966); ebenso Chomsky (1964), Kp. 1.
31 Für ein mögliches Beispiel vgl. Kp. I, Anm. 7.
32 Moravcsik (1975a) ist der Ansicht, daß »für Aristoteles funktionale Unterschiede letztlich nicht fundamental sind; man muß erst noch zeigen, daß sie von konstitutiven oder strukturellen Unterschieden abhängen«. Des weiteren ist er der Meinung, daß das aristotelische Prinzip, wonach Funktionalerklärungen in diesem Sinne abgeleitet sind, »wesentliche Konsequenzen für die Erklärungen« in den Sozialwissenschaften hat. »Letztlich müssen sprachliche Dispositionen durch Rekurs auf die Struktur des Geistes bzw. des Gehirns erklärt werden. In der Biologie ist dies bereits klar. Niemand würde den Versuch unternehmen, die verschiedenen Details der Anatomie des Menschen durch Rekurs auf ihren Anpassungs- bzw. ihren Überlebens-Wert zu erklären ...« Dies scheint mir völlig korrekt zu sein.
33 Stampe (1968). Stampe bringt ein allgemeines Argument gegen »die Suche nach der Natur von Bedeutungen« vor. Er vertritt die These, daß man dann, wenn man Bedeutungen für Entitäten einer bestimmten Art hält, auf die Ansicht festgelegt ist, daß in dem Satz »Die Bedeutung von x ist unklar« der Ausdruck »die Bedeutung von x« ein referentieller Ausdruck ist, so daß der Satz soviel bedeutet wie: »Dasjenige y, welches die Bedeutung von x ist, ist unklar«. Er behauptet, daß diese Schlußfolgerung zu absurden Konsequenzen führt; es gibt keine Entität y, welche unklar ist. Dieses Argument ist jedoch nicht sehr überzeugend. Es könnte sein, daß jemand den Ausdruck »die Quelle unseres Lichtes« für einen referentiellen Ausdruck hält – aber eben nicht in dem Satz »Die Quelle unseres Lichts ist unklar« (die Sonne ist nicht unklar). Ebenso könnte man behaupten, daß es ein y gibt, so daß y die Anzahl der Planeten ist, und dennoch bestreiten, daß »die Anzahl der Planeten« in dem Satz »Die Anzahl der Planeten ist unbekannt« ein referentieller Ausdruck ist (9 ist nicht unbekannt). Man könnte behaupten, daß solche Ausdrücke wie »die Anzahl der Planeten« in keinem Kontext referentielle Ausdrücke sind. Für einige interessante einschlägige Beobachtungen hierzu siehe Higgins (1973), Kp. 5. Es wäre übereilt, wenn man es aus diesen Gründen für inkohärent erklären würde, die Existenz von Zahlen zu postulieren. Wenn von Philosophen die Existenz von Bedeutungen postuliert wurde, so deshalb, weil sie mithilfe dieser Bedeutungen eine erfolgreiche explanative Theorie konstruieren zu können glaubten. Diese

Annahme, mag sie nun wahr sein oder nicht, scheint den von Stampe entwickelten Argumenten gegenüber immun zu sein.

34 Ob es hier die vermeintliche »Zirkularität« tatsächlich gibt, ist eine andere Frage. Searles Kritik ist in Wirklichkeit gegen die semantische Theorie von Katz gerichtet, obwohl er diesen kaum erwähnt. Katz hat jedoch gezeigt, daß es eine derartige »Zirkularität« nicht gibt; s. Katz (1972, 1975). Von Searle wird nicht dargelegt, aus welchen Gründen er die Argumentation von Katz für verfehlt hält. Siehe neuerdings die Kritik von Katz an Searle und seinen Versuch, eine Theorie der Sprechakte in eine »semantische Theorie« der von ihm entwickelten Art einzubauen; Katz (im Erscheinen).

35 Diese Erwartung stellte sich nur zum Teil als richtig heraus. Zwanzig Jahre nach seiner Fertigstellung sind jetzt Teile dieses Manuskripts im Druck; Chomsky (1955-1956).

36 Man beachte, daß in all diesen Fällen vom »Äußernden« die Annahme gemacht wird, daß kein Hörer gegenwärtig ist. Armstrong (1971) stellt fest, daß eine auf den Kommunikationsbegriff rekurrierende Analyse des Bedeutungsbegriffs nicht vorauszusetzen braucht, daß der Sprecher definitiv glaubt, daß ein Hörer da ist (oder sich darum auch nur kümmert), daß der Sprecher aber »ganz klar auch nicht glauben darf, daß definitiv kein Hörer da ist«, wie es in diesen und unzähligen anderen Situationen der Fall ist. Hat Armstrong recht, dann ist die von ihm skizzierte Analyse des Bedeutungsbegriffs durch den Kommunikationsbegriff schon allein aus diesem Grund unmöglich.

37 Diese Frage wird von Schiffer (1972), S. 76 ff. aufgegriffen. Er betrachtet den Fall, wo jemand etwas niederschreibt, ohne auch nur an einen möglichen Hörer zu denken. Schiffer ist der Ansicht, daß es für solche Beispiele »wesentlich« ist, daß der »Äußernde« die Intention hat, »*sich selbst* verschiedene Argumente, Erklärungen etc. *zu liefern.*« »In allen Fällen, in denen (a) wir behaupten würden, daß S mit dem Äußern von x meinte, daß p, und in denen (b) S offensichtlich keine hörergerichtete Intention hat, ist« also »die Äußerung x von S Teil einer Tätigkeit, die darauf gerichtet ist, bei S selbst eine kognitive Reaktion hervorzurufen...«. Des weiteren behauptet Schiffer, daß »wir den vorliegenden Fall eben aufgrund seiner auffallenden Ähnlichkeit mit dem Standardfall als einen Fall von *Sprecher-Bedeutung* klassifizieren.« Nun besteht jedoch im Standardfall die »kognitive Reaktion« beim Hörer darin, daß er eine bestimmte Annahme über die Annahmen des Sprechers macht. Wenn wir also den vorliegenden Fall an den Standardfall anzugleichen haben, wie Schiffer vorschlägt, dann müßten wir den Ausdruck »Mit dem Äußern von x meinte S, daß

p« so verstehen, daß S x mit der Intention äußerte, sich selbst glauben zu machen, daß er glaubt, daß p. Dies ist sicher völlig abwegig. Zudem braucht S auch in absolut normalen Fällen überhaupt nicht an eine eigene mögliche spätere Verwendung dessen, was er gerade schreibt, zu denken (und er braucht es auch dann nicht, wenn er etwas sagt oder seine Gedanken ausdrückt). All dies scheint uns überhaupt nicht weiterzubringen.

38 Für eine Diskussion gewisser Begriffe, die in Wittgensteins späteren Arbeiten entwickelt wurden (in denen Strawson eine der Quellen der Theorie der Kommunikations-Intention sieht), siehe Chomsky (1964), S. 24 und (1969b/dtsch. 1974), S. 275 ff. Die letztere Diskussion enthält einige explizite und implizite Modifikationen, die von mehreren Kritikern, die dieser Darstellung von Wittgensteins allgemeinen Vorstellungen Ungenauigkeit vorwerfen, offensichtlich übergangen worden sind. Meine Diskussion scheint mir, sowohl was die Formulierungen wie auch die Behandlung der aufgeworfenen speziellen Fragen betrifft, durchaus völlig zutreffend zu sein. Siehe hierzu auch Moravcsik (1967), S. 227-229. (Diese Arbeit enthält auch einige relevante Bemerkungen zur Sprechakttheorie.)

39 Strawson übernimmt ohne jeden Kommentar die oben erwähnte allgemeine Annahme, daß die Sprache nicht nur erlernt, sondern auch beigebracht werden muß. Er schreibt in Strawson (1970/dtsch. 1974a), daß es »eine Tatsache« sei, daß Menschen ein solches System nicht beherrschen könnten, ohne als Kinder der Konditionierung oder Abrichtung durch erwachsene Mitglieder der Gemeinschaft ausgesetzt zu sein.« Er nimmt an, daß die »ganze Prozedur der Abrichtung« durch eine Ausrichtung an den Zielen und Zwecken einer Verwendung von Sprache geleitet wird. Für die Lernenden geht es ihm zufolge darum, »vokal so auf Situationen zu reagieren, daß sie belohnt werden oder Strafe vermeiden, und es geht nicht darum, *ihre Annahmen auszudrücken.*« Ich sehe keinen Grund, diese empirischen Behauptungen für wahr zu halten.

40 In Wirklichkeit werden zwar einige weitere Argumente vorgebracht; diese sind aber nicht überzeugend. So stellt Strawson die Frage, warum jemand, falls er von den Prämissen des Theoretikers der Semantik ausgeht, »seine eigenen Regeln befolgen sollte oder überhaupt irgendwelche Regeln. Warum sollte er nicht jede Annahme, die er mag, so ausdrücken, wie es ihm zufällig paßt, wenn er zufällig den Drang dazu verspürt, sie zum Ausdruck zu bringen?« Angenommen, so argumentiert Strawson dann weiter, der Theoretiker der Semantik erwidert darauf, daß der Betreffende »den Wunsch haben« könnte,

»seine Annahmen zu *registrieren*, so daß er sich später darauf beziehen kann. Strawson daraufhin: »Diese Antwort kann unser Theoretiker nicht geben, weil sie den Begriff der Kommunikationsintention ins Spiel bringt, wenn auch in abgeschwächter Form: die frühere Person kommuniziert mit ihrem späteren Ich.« Nun geht jedoch diese ganze Diskussion am Thema vorbei. Zwei Fragen sind zu unterscheiden: (i) Was ist die Natur der »Bedeutungs-bestimmenden Regeln«? (ii) Warum folgt jemand den Regeln, die er (irgendwie) erworben hat? Begreiflicherweise enthält die Antwort auf (ii) einen Bezug auf die Kommunikationsintention; aber daraus folgt nicht, daß die »Kommunikationsintention« auf irgendeine Weise in die Erklärung der Bedeutung bzw. in die Erklärung der Form, in der die Bedeutung durch Regeln bestimmt ist, eingeht (Frage (i)). Des weiteren würde es für den Theoretiker der Semantik genügen, auf (ii) mit der Behauptung zu reagieren, daß es schlicht ein Naturgesetz ist, daß wir im allgemeinen den Regeln folgen, die wir erlernt haben. Diese Antwort ist zwar uninteressant, deshalb aber nicht schon falsch.

41 Grice (1968). Dies ist der einzige Artikel von Grice, den Strawson im einzelnen zitiert. Diese Arbeit ist es vermutlich auch (bzw. zumindest ein Teil davon), an die Strawson denkt, wenn er von Grices Werk sagt, es begründe die These, daß sich eine Theorie der Kommunikationsintention entwickeln läßt, »die gegen Einwände gefeit ist und die den Begriff der sprachlichen Bedeutung nicht voraussetzt.«

42 Für eine ähnlich lautende Kritik der Griceschen Theorie siehe Ziff (1967).

Kapitel III *Einige allgemeine Merkmale der Sprache*

1 Siehe Chomsky (1972b), Kp. 3; ebenso mehrere Kapitel in Parret (1974). Ein Großteil dessen, was ich hier beschreibe, rekapituliert bzw. ist ein Resultat von Ideen, die ich in Chomsky (1973a) dargelegt habe. Für eine Kritik der letzteren Arbeit siehe Postal (1974a). Lightfoot (im Erscheinen) bringt ein, wie ich glaube, korrektes Argument dafür vor, daß Postals Kritik – ganz abgesehen davon, ob sie zutrifft oder nicht – einfach am Kern der Sache vorbeigeht. Die Debatte ist jedoch noch offen, und ich würde hier gern mehr zu ihr sagen. Aber dies ist nicht der richtige Ort dazu.

2 Meines Erachtens jedoch in weniger Punkten, als allgemein angenommen wird. Es lassen sich mehrere Positionen unterscheiden. Deren

Proponenten unterscheiden sich jedoch nicht nur bezüglich einiger inhaltlicher Probleme, sondern auch bezüglich der Frage, um welche Probleme es überhaupt geht. Sehen wir uns die drei folgenden Positionen an: Die »Standardtheorie« (ST), die »erweiterte Standardtheorie« (EST) und die »generative Semantik« (GS). Proponenten der GS halten im allgemeinen den Unterschied zwischen ST-EST und GS für fundamental und enorm wichtig. Viele Proponenten der ST und EST, darunter auch ich, vertraten dagegen die These, daß das zentrale theoretische Problem jenes sei, welches die ST von EST-GS unterscheidet (nämlich das Problem, welche Rolle die Oberflächenstrukturen in der semantischen Interpretation spielen), und daß sich die GS von der EST primär dadurch unterscheidet, daß in der GS einige der durch EST den Grammatiken auferlegten Beschränkungen gelockert werden. Ein Teil der Konfusion der derzeitigen Debatte resultiert vielleicht aus ganz unterschiedlichen Vorstellungen darüber, um welche Probleme es eigentlich geht. Für eine weitere Diskussion siehe die in Anm. 1 aufgeführte Literatur.

3 Siehe zu diesem Punkt Aronoff (im Erscheinen).
4 Vgl. Chomsky (1965/dtsch. 1969) und für eine Zusammenfassung Chomsky (1972a), Kp. 5. Die Regeln, die lexikalische Einheiten einfügen, sind insofern »Transformationen« im technischen Sinne, als sie globale Eigenschaften der P-Marker berücksichtigen, auf die sie angewandt werden. Diese lexikalischen Transformationen haben jedoch ganz bestimmte Eigenschaften, die bei den Operationen der Transformations-Komponente der Grammatik nicht vorkommen.
5 Zu den Regeln und Prinzipien, die syntaktischen Strukturen phonetische Repräsentationen zuweisen und zu den in ihnen vorkommenden phonologischen Elementen siehe Chomsky/Halle (1968), Bresnan (1973b) und zahlreiche andere Quellen.
6 Vgl. Aronoff (im Erscheinen). Zur Struktur der Kategorial-Komponente siehe Chomsky (1972b), Kp. 1, sowie weitere Arbeiten von Dougherty, Bresnan, Jackendoff, Selkirk, Milner, Vergnaud, Halitsky, Siegel u. a.
7 Im wesentlichen die Theorie, die in Katz/Postal (1964) und Chomsky (1965/dtsch. 1969) skizziert ist. Vgl. Katz (1972) für eine neuere Fassung.
8 Meine eigene Fassung der Standardtheorie war dadurch gekennzeichnet, daß ich einige Bedeutungsaspekte als durch die Oberflächenstruktur bestimmt ansah. Als Chomsky (1965) erschien, war ich bereits davon überzeugt, daß dies in einem signifikanten Maße zutrifft – überzeugt hat mich zum Teil die Arbeit von Jackendoff.

9 Zu diesem Punkt vgl. Jackendoff (1972), Chomsky (1972a), (1972b) und zahlreiche andere Quellen.
10 Für eine weitere Diskussion dieser Frage siehe Chomsky (1969c/dtsch. 1974).
11 Zu Gründen für die Annahme, daß unbestimmte Artikel solchen Fragen zugrunde liegen, siehe Chomsky (1964), Postal (1965). Man beachte, daß die vorliegende Diskussion insofern irreführend ist, als in ihr die Tatsache übersehen wird, daß die fraglichen P-Marker abstrakte Strukturen sind, die letztlich in Sätze abgebildet werden, und nicht selbst Sätze sind.
12 An dieser Stelle wie in der folgenden Diskussion vernachlässige ich Unterscheidungen zwischen »who« und »whom«. Dasselbe gilt auch für andere Fragen der Morphologie.
13 Eine Transformation kann auch nur auf eine Teileinheit einer zyklischen Kategorie angewandt werden. Williams (1974) schlägt vor, daß Transformationen mit (in diesem Sinne) kleineren Bereichen gegenüber denen mit größeren Bereichen vorher zur Anwendung kommen, und generalisiert somit den Begriff der zyklischen Anwendung. Wenn diese Theorie korrekt ist, liegt die Signifikanz der hier als »zyklische Kategorien« bezeichneten Kategorien in ihrer Rolle bei der Determinierung von Bedingungen für die Anwendungen von Regeln.
14 Ross (1967) stellt die Hypothese auf, daß Regeln für rechtsgerichtete Umstellungen in diesem Sinne »gebunden« sind. Ich werde in Anlehnung an Ross davon ausgehen, daß dies korrekt ist. Ein scheinbares Gegenbeispiel in der Navajo-Sprache findet sich bei Kaufman (1975). Ihre Analyse, bei der es um die Umstellung eines enklitischen Elements auf eine von ihr angesetzte COMP-Position geht, legt die Vermutung nahe, daß das Prinzip von Ross und die hier diskutierte allgemeinere Subjazienz-Bedingung irgendwie modifiziert werden müssen. Hier kann man sich mehrere Möglichkeiten einfallen lassen; ich möchte jedoch der weiteren Forschung nicht vorgreifen und lasse daher diese Frage einfach offen.
15 Diese Analyse leitet sich von Rosenbaum (1967) ab. Ich folge hier einer Neufassung dieser Analyse durch Bresnan (1972).
16 In Anlehnung an Bresnan (1972) nehmen wir an, daß es zugrunde liegende Strukturen zu (i) »it is certain (probable) that John will win«, zu (ii) »Y is certain [John to win]«, aber nicht zu (iii) »Y is probable [John to win]« gibt. Aus ganz allgemeinen Gründen kann die Regel der NP-Voranstellung nicht auf die Beispiele (i) angewandt werden.
17 Ich verzichte auf ein verdeutlichendes Beispiel, da sich hier komplexe-

re Probleme ergeben, auf die ich an dieser Stelle nicht eingehen möchte.

18 Derartige Beispiele wurden zuerst in Baker (1970) diskutiert, wenngleich im Rahmen eines etwas anderen Systems.

19 Für eine mögliche Erklärung siehe Chomsky (1973a). Für andere derartige Erklärungen siehe die dort angegebene Literatur.

20 Zu diesem Punkt siehe Emonds (im Erscheinen), Bresnan (1972), Chomsky (1973a) und Vergnaud (1974).

21 Wir könnten fragen, warum (13'') nicht direkt aus (13) abgeleitet werden kann, da in diesem Fall keine Verletzung der Subjazienz-Bedingungen vorliegen würde. Es gibt dafür jedoch gute Gründe, die auf anderen Transformationsbedingungen beruhen. Vgl. Chomsky (1973a); sowie die nachfolgende Diskussion der Bedingung des spezifizierten Subjekts, welche garantiert, daß die Operation stets auf dem (in einem entsprechenden Sinne verstandenen) »kleinsten Bereich« ausgeführt wird.

22 Zu diesem Punkt siehe Erteschik (1973).

23 Angenommen, wir ersetzen in (16) »believe« durch »consider« und »claim« durch »question«; dann können wir »John considered the question who Tom saw« ableiten. Vgl. Chomsky (1973a). Wir gehen hier nicht auf »Echo-Fragen« ein wie z. B. »John believed that Mary said that Tom saw *who*?« oder »John believed the claim that Tom saw *who*?«.

24 Angenommen, wir ersetzen in (16) »believe« durch »claim«. Dann erhielten wir anstelle von (16') den Satz »who did John make the claim that Tom saw?«. Dieser Satz wird von vielen Sprechern für weitaus akzeptabler als (16') angesehen. Eine plausible Erklärung dafür ist, daß »make the claim« durch eine Regel der Idiombildung als ein komplexes Verb re-analysiert wird, wobei diesem Ausdruck im wesentlichen dieselbe Bedeutung wie »claim« zugewiesen wird, so daß – nach erfolgter Re-Analyse – die Subjazienz-Bedingung nicht durch die Anwendung der *wh*-Umstellung verletzt wird. Andererseits ist eine derartige Re-Analyse im Fall von »believe the claim« nicht möglich.

25 Vgl. Ross (1967). Für eine Diskussion siehe Chomsky (1973a). In der letzteren Arbeit wurde angenommen, daß das Subjazienz-Prinzip nur auf Extraktionsregeln anwendbar ist, aber nicht auf Regeln angewandt werden kann, die Elemente in tieferliegende eingebettete zyklische Kategorien einführen, auf Tilgungsregeln oder interpretative Regeln. Ein Problem für die vorgeschlagene Erklärung für gewisse ›island-constraints‹ besteht darin, daß diese ›constraints‹ – zumindest in

einigen Fällen – auch für Regeln zu gelten scheinen, die man als Tilgungs- oder interpretative Regeln ansehen könnte. Siehe zu diesem Punkt die Diskussion der ›komparativen Tilgung‹ in Chomsky (1973a), Vergnaud (1974) und Bresnan (1975). Ebenso Postal (1974b), M. Liberman (1974), Liberman/Prince (im Erscheinen). Meine eigene Meinung in diesem Punkt ist, daß die in Chomsky (1973a) und an dieser Stelle vorgelegte Erklärung sich als ein Spezialfall eines allgemeineren Prinzips herausstellen wird. Zum Subjazienz-Prinzip siehe auch Akmajian (1975).

26 Vgl. Chomsky (1973a). Vgl. auch Literatur von Anm. 1.

27 Wie bereits in Chomsky (1973a) vermerkt, verletzen pronominale Anaphern diese Prinzipien. In der angeführten Arbeit wurde angenommen, daß sich aus dieser Verletzung ein Problem ergibt; weitere Überlegungen zeigen jedoch, daß dem nicht so ist. Pronominale Anaphern gehören zu einem völlig anderen Regelsystem, das völlig andere Bedingungen involviert, die in der Theorie der Transformationen überhaupt nicht formulierbar sind, und nicht einmal auf die Satzgrammatik beschränkt sind. Es gibt jedoch eine ganz natürliche Analyse von Regeln, die diese in mehrere Kategorien einteilt, und zwar je nachdem, welche Position sie innerhalb des Systems der linguistischen Regeln einnehmen und welche Bedingungen für sie gelten. Für einige Bemerkungen zu diesem Punkt siehe unten S. 127 f.

28 Zu erklären bleibt noch, welche Bedeutung diese Wendung genau hat, wie sie in Schlußfolgerungen funktioniert etc. Dies wirft ein interessantes Problem für die deskriptive Semantik auf, dem ich an dieser Stelle aber nicht weiter nachgehen will.

29 Zu diesem Punkt siehe Jackendoff (1972), Chomsky (1972b) und die dort aufgeführte Literatur.

30 Man erinnere sich, daß wir davon ausgehen, daß Sätze als COMP S_{red} zu analysieren sind; vgl. S. 109 oben. Um die Darstellung zu erleichtern, habe ich die Wurzeltransformation der Subjekt-Hilfszeitwort-Inversion von der Betrachtung ausgeschlossen.

31 Es gibt meines Erachtens eine unabhängige Motivation für die Annahme, daß die allgemeinen Anaphern-Prinzipien auf die logischen Formen und nicht auf die Oberflächenstrukturen direkt anzuwenden sind. Ich will dieser interessanten Frage aber an dieser Stelle nicht weiter nachgehen.

32 Vgl. Chomsky (1973a). Ebenso Kp. IV S. 179 (7).

33 In (29) wird die Regel nicht nur durch die Bedingung des spezifizierten Subjekts blockiert, sondern (unabhängig davon) auch durch die sogenannte ›tensed-sentence‹-Bedingung von Chomsky (1973a).

34 Ich nehme hier einen abstrakten Begriff von »Subjekt« an, demzufolge »Bill« das Subjekt der eingebetteten Sätze von (29) - (30) ist und ebenso das Subjekt der NP »Bill's hatred of each other« in (31). Vgl. Chomsky (1972b), Kp. 1,3.

35 Ein Spezialfall einer gebundenen Anapher ist die Reflexivierung, wie überzeugend von Helke (1970) gezeigt werden konnte. Für eine Theorie der Anapher von der Art, wie sie hier nur unpräzise diskutiert wird, vgl. Lasnik (1974) und Reinhart (1974). Für eine allgemeine Diskussion damit verknüpfter Probleme siehe Fauconnier (1974) und Wasow (1972), Wasow (im Erscheinen) und weitere in diesen Arbeiten aufgeführte Literatur, insbesondere Dougherty (1969).

36 Vgl. Keenan/Comrie (1973) für eine Diskussion des allgemeinen Begriffs des »Vorrangs« von grammatischen Relationen und der Rolle des »Vorrangs« bei der Bestimmung des Bereichs syntaktischer Regeln. In noch unveröffentlichten Arbeiten wurde von Ross ein damit verwandter Begriff des »Primats« (primacy) diskutiert.

37 Vgl. Fiengo (1974), wo sich auch eine detailliertere Diskussion anderer hier berührter Themen findet.

38 Zum allgemeinen Begriff »Anapher« siehe die Literatur, die unter Anm. 35 aufgeführt ist.

39 Um uns gleich gegen irrelevante Einwände abzusichern: Es gibt keine ›clause-mate‹-Bedingung für die Regel, die reziproke Ausdrücke auf die entsprechenden Antezedens-Ausdrücke bezieht. Vgl. Chomsky (1973a). Die angebliche Existenz einer Regel, die eingebettete Subjekte auf die Objektposition im Matrixsatz anhebt, ist daher hier irrelevant. Vgl. Literatur von Anm. 1.

40 Vgl. Chomsky (1965/dtsch. 1969), Kp. 1, und die dort zitierte Literatur.

41 Emonds vertritt die These, daß hier eine andere Regel der NP-Voranstellung involviert ist (vgl. Emonds [im Erscheinen]); er weist darauf hin, daß es hier Unterschiede in dem Bereich der Regel gibt. So ist die NP-Voranstellung auf die NP »the lecture yesterday« anwendbar, was »yersterday's lecture« ergibt, aber nicht auf den Satz »he lectured yersterday«, was »yesterday was lectured by him« ergäbe. Ich glaube, daß sich diese Diskrepanzen in vielen, wenn nicht gar allen Fällen auf andere Faktoren zurückführen lassen. So wird, wie oben bemerkt, die Subjekt-Prädikat- Relation auf den Oberflächenstrukturen von Sätzen (aber nicht auf NPs) definiert; zudem ließe sich plausibel behaupten, daß »was lectured (by NP)« kein mögliches Prädikat von »yesterday« ist, wodurch sich die Ungrammatikalität erklären ließe. Zur Frage, ob die Abweichung des fraglichen Satzes »semantischen« oder »syntakti-

schen« Ursprungs ist, vgl. S. 116 oben und die dort aufgeführte Literatur. Man beachte, daß wir das POSS-Element in (50iii) nicht erklärt haben; zu diesem Punkt siehe Siegel (1974).

42 Ich gehe hier nur auf den einfachsten Fall ein. Für eine allgemeinere Diskussion siehe Fiengo (1974).

43 Es gibt zahlreiche ähnliche Beispiele, in denen die NP-Voranstellung auf Strukturen anzuwenden ist, die durch Idiom-Bildungs-Regeln re-analysiert werden, die Phrasen der Kategorie V (Verb) zuordnen: Z. B. »the argument was taken exception to«, »John was taken advantage of« etc. Natürlich sind diese Phrasen von unterschiedlicher Akzeptabilität. Siehe auch Anm. 24.

In gewöhnlichen Passivkonstruktionen wie z. B. (55) nimmt die Regel der NP-Voranstellung keine Rücksicht auf die grammatikalische Relation zwischen dem Verb und der darauffolgenden NP, zumindest dann nicht, wenn wir den Ausdruck »grammatikalische Relation« in etwa in seinem traditionellen Sinne verwenden. So stellt die Regel in (55) z. B. das direkte Objekt um, in solchen Fällen aber wie »John was told to leave« oder »John was promised that he would get the job« wird das indirekte Objekt vorangestellt (vgl. »John was told a story«, »a story was told to John«; »our promise to John ...« und nicht »our promise of John ...«; vergleiche auch »John was told about the accident« oder einfach »John was told«). Es kommt somit nicht überraschend, daß z. B. in (57) die Regel der NP-Voranstellung auf eine NP angewandt wird, die zu dem vorangehenden Verb in überhaupt keiner grammatischen Beziehung steht. Für eine Diskussion dieser Frage vgl. Chomsky (1973a) und die Literatur von Anm. 1 oben.

Ein Teil der Diskussion dieses Problems in der neuesten Literatur ist insofern irreführend, als dort nicht klar gemacht wird, daß man sich allgemein darüber einig ist, daß die fragliche Regel nicht auf direkte Objekte beschränkt ist, wobei der Begriff »direktes Objekt« im üblichen Sinne verstanden wird.

44 Als Beispiele fallen mir hier die (möglichen) Regeln ein, die Kausativa zu den entsprechenden intransitiven Verben in Beziehung setzen (z. B. »X broke the glass«, »the glass broke«; »X melted the wax«, »the wax melted«; vgl. hierzu Fiengo (1974)) und die sogenannte Regel der ›tough-movement‹, die »John was easy to please« und »X was easy to please John« zueinander in Beziehung setzt. (In Lasnik/Fiengo (1974) wird die These vertreten, daß die Regel der ›tough-movement‹ in Wirklichkeit das eingebettete Objekt tilgt und nicht umstellt; ihre Argumente sind jedoch nur für eine Analyse

innerhalb der Standardtheorie tauglich; vgl. Jackendoff [im Erscheinen].)
45 Vgl. Aronoff (im Erscheinen). Ein weiteres signifikantes Phänomen, das eine Passivregel im Englischen, aber nicht in zahlreichen anderen Sprachen – z. B. in den Sprachen des hier diskutierten Typs – motiviert, ist die Anwendung der NP-Voranstellung auf »idiomatische Wendungen«, wie in »tabs were kept on them« (für eine Diskussion von Fällen, wo dies möglich bzw. unmöglich ist, siehe Fiengo (1974)), und auf NPs, die normalerweise nicht in vergleichbaren Subjektpositionen vorkommen, z. B. »a man was found to do the job«.
46 Diese, für eine Analyse von Passivkonstruktionen sicherlich wesentliche Tatsache wird ausführlich diskutiert in der frühesten Arbeit zur generativen Transformationsgrammatik; vgl. Chomsky (1955). Siehe neuerdings Fiengo (1974).
47 Vgl. Chomsky (1972b), Kp. III. Vgl. auch Katz (1972) und die dort angegebene Literatur zur Diskussion thematischer Relationen im Rahmen der Standardtheorie. Zu diesem Thema im allgemeinen siehe Jackendoff (1969), (1972), (1974a).
48 Vgl. die Diskussion der indirekten Fragen bei Chomsky (1973a); ebenso Jackendoff (1975). Bei den Arbeiten im Rahmen der erweiterten Standardtheorie, derzufolge Relativsätze durch Anhebung einer eingebetteten NP auf die Antezedensposition abgeleitet werden (vgl. Vergnaud (1974)), mußte davon ausgegangen werden, daß einige grammatische Relationen, die in die Bestimmung thematischer Relationen eingehen, nicht in der Tiefenstruktur, sondern an der Stelle definiert werden, wo erstmals lexikalische Einheiten in der relevanten Position des Zyklus vorkommen. Diese und einige andere Probleme, bei denen es um die zyklische Bestimmung thematischer Relationen geht, lassen sich mit Hilfe der Spurentheorie überwinden.
49 Siehe meine Bemerkungen in Parret (1974). Gelegentlich wird in der einschlägigen Literatur bemerkt, daß Theorien, die keine globalen Regeln verwenden, zur Erfassung solcher Phänomene wie dem der Übereinstimmung statt dessen gewisse syntaktische Merkmale verwenden; des weiteren wird angenommen, daß der Gebrauch von »arbiträren syntaktischen Merkmalen« zu einer unerwünschten Erweiterung der deskriptiven Ausdrucksfähigkeit führt, die vielleicht sogar die der globalen Regeln übertrifft. Welche Relevanz diese Beobachtungen haben könnten, ist unklar, da von niemandem der Gebrauch »arbiträrer syntaktischer Merkmale« vorgeschlagen worden ist; es wurden nur solche Merkmale vorgeschlagen, die eng begrenzt und durchwegs wohlmotiviert sind.

50 Siehe Wexler/Culicover/Hamburger (1974) und die dort erfaßte Literatur.
51 Zum Beispiel in Piagets Theorie der Entwicklungsstufen. Der empirische Status von Piagets Theorien ist umstritten. Für unterschiedliche Beurteilungen siehe Bergling (1974) und Bryant (1974).
52 Zu Lorenz' Ansichten in diesem Punkt siehe Chomsky (1972a), S. 95. Für eine Diskussion ähnlicher Schlußfolgerungen bei Monod siehe Chomsky (1971/dtsch. 1973).
53 Stent (1975). Sein Argument ist der in Kp. I, S. 36, geäußerten Vermutung nicht unähnlich, wonach die Untersuchung von M_{CS} vielleicht gar nicht von der wissenschaftsbildenden Fähigkeit abgedeckt wird.
54 Hierzu Chomsky (1969/dtsch. 1969) und Chomsky (1973b), Kp. 7.
55 Für einige Bemerkungen zu diesen Relationen siehe Chomsky (1972a). Für eine Diskussion von Gödels Ansichten über die Begrenzungen mechanistischer Erklärungen in der Biologie vgl. Wang (1974), S. 324 ff. Bemerkenswert ist, daß seine diesbezüglichen Spekulationen, so wie sie von Wang wiedergegeben werden, nicht aus seinen mathematischen Arbeiten resultieren, auf die sich andere Autoren zur Begründung ähnlicher Schlußfolgerungen mitunter bezogen haben.
56 Zum Zusammenbruch der liberalen Doktrin im 19. Jh. vgl. Polanyi (1957) und Rocker (1938). Für eine umfassendere Diskussion meiner eigenen diesbezüglichen Ansichten vgl. Chomsky (1969d/dtsch. 1969), Kp. 1; Chomsky (1973b), Kp. 8,9.
57 Hierzu siehe Macpherson (1962).
58 Kant, *Beantwortung der Frage: Was ist Aufklärung?*: »Wenn denn die Natur ... den Keim ... ausgewickelt hat: so wirkt dieser allmählich zurück auf die Sinnesart des Volks (wodurch dieses *der Freiheit zu handeln* nach und nach fähiger wird).«
59 Vgl. die unter Anm. 56 und an anderer Stelle angegebene Literatur.
60 Bakunin, *Die Internationale und Karl Marx*.
Für eine weitere Diskussion derartiger Ansichten und ihrer unterschiedlichen Formen, sowie zur Realisierung einiger dieser prophetischen Erkenntnisse siehe Chomsky (1973b), (1973c).
61 Die Ausdrücke stammen von Humboldt. Vgl. Chomsky (1973b), Kp. 9.

Kapitel IV *Probleme und Rätsel*

1 Um es genauer zu sagen: Diese Begriffe werden von ihren Verfechtern meist viel zu unklar formuliert, als daß sich dagegensprechende Daten finden ließen; gegenüber solchen Beispielen wie (1)-(4) wiederholen diese Autoren einfach ihre Hypothese, daß eine ihren Vorstellungen entsprechende Theorie entwickelt werden kann. Eine derartige »Hypothese« darf nicht mit explanativen Hypothesen, wie sie S zur Erklärung bestimmter Fakten vorschlagen könnte, verwechselt werden; »Ausdruck eines Wunsches« wäre hier treffender als »Hypothese«. Einstweilen auf ein Urteil zu verzichten, wenn sich Daten augenscheinlich schwer einordnen lassen, ist eine vernünftige, ja sogar notwendige Haltung in einer rational betriebenen Forschung; es gibt jedoch einen Punkt, an dem diese Haltung irrational wird, besonders dann, wenn alternative und adäquatere Theorien zur Verfügung stehen. Mir scheint, daß dieser Punkt im vorliegenden Fall schon lange erreicht wurde.

2 Das möchte ich besonders hervorheben. In vielen Artikeln werden mir Ansichten unterstellt, die ich nicht vertrete, niemals geäußert und wiederholt zurückgewiesen habe. Neuere Beispiele hierzu werden in Chomsky (1974) und Katz (1975) diskutiert; siehe auch Chomsky (1975a).

3 Fürsorge und Training sollten auseinandergehalten werden. So sind bestimmte Arten menschlicher Interaktion ohne Zweifel für das Operieren angeborener Mechanismen notwendig; daraus folgt aber nicht, daß diese Interaktion Lehren und Training beinhaltet oder daß sie den Charakter der erworbenen Systeme determiniert. Dies und damit zusammenhängende Probleme sowie die hier als R und E bezeichneten Alternativen werden in Chomsky (1965/dtsch.1969), Kap. I, § 8 diskutiert.

4 Auch hier sind komplexere Versionen möglich. S könnte zu dem Schluß kommen, daß P verschiedene Entwicklungsstadien durchläuft, daß dafür vielleicht Erfahrungen notwendig sind oder vielleicht sogar, daß verschiedenartige Erfahrungsdaten die erreichten Entwicklungsstufen beeinflussen. Ich will diese ganz realistischen Möglichkeiten beiseite lassen und Lernen hier als »Ein-Stufen-Prozeß« betrachten. Diese Idealisierung ist, verglichen mit den früher aufgestellten Idealisierungen, verzerrend und illegitim – auf die aufgeworfenen Fragen könnte es keinerlei Antwort geben. Ich glaube, wir können sie jedoch auf der gegenwärtigen Stufe unseres Verständnisses als Ausgangsbasis für unsere Untersuchung beibehalten. Vgl. Kap. III, S. 143-147.

Peters (1972a) vertritt die Ansicht, daß diese Idealisierung nicht illegitim ist. Er hält in seiner Diskussion jedoch zwei Begriffe von »Input-Daten« für einen »Spracherwerbs-Apparat« nicht auseinander. Er nimmt an, daß diese Daten durch eine vorangegangene Analyse strukturiert und organisiert worden sind – daher betrifft sein »Projektionsproblem« den Augenblick des Erwerbs der Grammatik, wobei alle vorangehenden Hypothesen und Stufen den Input-Daten einverleibt sind. In dieser Formulierung ist die Idealisierung nicht illegitim. In dem von ihm diskutierten Werk werden jedoch die Input-Daten als unstrukturierte Menge verstanden (aus Gründen, die ich hier nicht erläutern möchte). Die Idealisierung ist also illegitim, wie von denen, die sie vorgeschlagen haben, und von denen, die sie kritisiert haben, bemerkt wurde.

5 Die Lerntheorie, die diese Begriffe als fundamental ansieht, können wir natürlich dadurch trivialisieren, daß wir »Analogie« und »Generalisierung« mit Hilfe des postulierten Schematismus und der Bewertungsprozedur definieren. Ich möchte diese alternative Theorie hier aber nicht so erledigen, sondern als eine Theorie ansehen, die diese Begriffe in einer nicht-trivialen Weise spezifiziert, z. B. durch Rekurs auf Ähnlichkeit entsprechend bestimmten vorausgesetzten Größen oder durch Ersetzung in einer gegebenen Substitutionsklasse. Hier liegen viele interessante Probleme, die weiter zu verfolgen sich lohnen würde, die aber die Diskussion zu weitab führen würden.

6 Vgl. Jackendoff (1969), (1972) und Chomsky (1972b). Jackendoff (1972) enthält eine besonders interessante Diskussion, wie ›Kontrolle‹ durch thematische Relationen determiniert wird. Ein modifizierter Ansatz unter Rekurs auf die Spurentheorie der Umstellungsregeln findet sich in Kap. III.

7 Erinnern wir uns an die Wirkung, die die Ersetzung von »their wives« durch »their children« hervorgerufen hat. Vgl. Dougherty (1968), (1970), (1971), (1974) und Fiengo/Lasnik (1973) zur Diskussion von Syntax und Semantik dieser Konstruktionen.

8 Zur Funktionsweise dieser Regel, die zuerst von Postal aufgestellt wurde, siehe Chomsky (1973a). Es spielt hier keine Rolle, ob wir die Regel so interpretieren, daß sie eine disjunktive Referenz erfordert, oder so, daß wir ihr eine Präferenz verleihen. Die Eigenschaft der disjunkten Referenz ist tatsächlich allgemeiner, wie in Chomsky (1973a) angemerkt wurde.

9 Diese Schlußfolgerung wurde von Beloff (1973, S. 185) aus folgenden Gründen zurückgewiesen: »Ohne Zweifel könnte man sich Dutzende von bizarren Regeln ausdenken, von denen feststeht, daß sie in keiner

bekannten Sprache aufzufinden sind, genauso, wie man sich Dutzende von bizarren Bräuchen ausdenken könnte, die in keiner bekannten Gesellschaft zu finden sind. Sind wir deshalb gezwungen, angeborene Universalien zu postulieren?« Beloff beantwortet diese Frage negativ und schließt, daß aus dem Fehlen solcher »bizarrer Regeln« eigentlich nur die Strukturunabhängigkeits-Hypothese 1 aus Kp. I in natürlichen Sprachen folgt. Eine Analyse seines Argumentes deckt, wie sich unten zeigen wird, zahlreiche Irrtümer auf, die für einen großen Teil der Diskussion typisch sind. Zuerst einmal ist die Schlußfolgerung, daß wir nicht »gezwungen« sind, angeborene Universalien zu postulieren, zwar wahr, aber irrelevant; Daten zwingen uns niemals zu einer spezifischen nicht-trivialen explanativen Theorie. Die Frage ist, ob uns eine rationale Untersuchung dazu führt (nicht zwingt), angeborene Universalien zur Erklärung der fraglichen Fakten zu postulieren. Betrachten wir zweitens die Annahme, daß Hypothese 1 im Vergleich zur Strukturabhängigkeits-Hypothese 2 »bizarr« sein soll. Aufgrund welcher Kriterien? Sicherlich nicht wegen irgendwelcher allgemeinen Einfachheits- oder Natürlichkeitsüberlegungen. Nach derartigen Überlegungen müßte man sich, wie in Kp. I erwähnt, für die Strukturunabhängigkeits-Hypothese 1 entscheiden. Die Behauptung, daß diese Regel für Menschen »bizarr« ist, stellt nur eine Wiederholung der Beobachtung dar, daß Menschen strukturabhängige Regeln auswählen. An diesem Punkt setzt eine rationale Untersuchung ein, die herausfinden will, welche Eigenschaften des Organismus oder seiner Erfahrung bestimmte Beobachtungen erklären. Dasselbe würde für den Fall der »bizarren« Bräuche gelten. Im Gegensatz zu Beloffs Behauptung, muß das systematische Fehlen von »bizarren« Bräuchen oder Regeln immer erklärt werden. Manchmal mögen unwesentliche Eigenschaften des Organismus genügen, um das Phänomen zu erklären; dann wäre es unwichtig und keiner weiteren Betrachtung wert. Das fragliche Beispiel kann nicht auf diese Weise vernachlässigt werden. Zu sagen, daß Regeln oder Bräuche »bizarr« sind, läuft darauf hinaus, die einzig interessante Frage zu unterdrükken. Eine Erklärung muß erbracht werden, wenn nicht durch Rekurs auf angeborene Universalien, dann auf andere Weise. Ich sollte hinzufügen, daß Beloffs Behandlung dieser Fragen eine der besten ihrer Art ist, die ich kenne.
10 Greenfield/Nelson/Saltzman (1972) gehen dieser Möglichkeit nach.
11 Es gibt wahrscheinlich Elemente von P, die sich auf die Identifikation von distinktiven Merkmalen, auf Rhythmus- und Intonationsmerkmale usw. beziehen. Vermutlich sind sie in ihrer Funktion analog zu

Analyse-Mechanismen anderer Wahrnehmungs- und Lernsysteme.

12 Es liegt keineswegs auf der Hand, daß die Resultate von Konditionierungs-Experimenten mit Menschen wirklich die aufgestellten Thesen beweisen. W. Brewer (im Erscheinen) kommt in einer umfassenden Analyse der betreffenden Literatur zu der Ansicht, daß das nicht der Fall ist. Wo das Experimental-Paradigma eine Untersuchung der Frage zuläßt, scheinen die Konditionierungsprozesse generell auf nicht mehr als einen komplizierten Apparat hinauszulaufen, der der betreffenden Versuchsperson Informationen liefert, die sie bewußt zur Reaktion auf die Instruktionen einsetzt – das erklärt, warum eine einfache Instruktion zur »Löschung« ausreicht. Zu ganz ähnlichen Auffassungen, die auf Experimenten zur Überprüfung dieser Frage basieren, kommt Estes (1972).

13 Ein Beweis dieser Art wird von Suppes (1969) für seine Theorie der Stimulus-Stichprobe geliefert. Suppes sieht dieses Resultat als Beleg für seine Theorie an. Diese kuriose Schlußfolgerung kann vielleicht auf ein ernsthaftes Mißverständnis bezüglich der Problemstellungen, um die es in der Lerntheorie überhaupt geht, zurückgeführt werden. Vgl. dazu Pylyshyn (1973).

14 Wir können den Unterschied zwischen Ratten und Menschen nicht einfach den jeweils vorhandenen sensorischen Fähigkeiten zuschreiben. Ratten besitzen nämlich Sinnesmodalitäten, die prinzipiell für die Sprache verwendet werden könnten. Neuere Versuche, Affen bestimmte Symbolsysteme beizubringen, könnten in die unterscheidenden Anlagen von Affen und Menschen im Hinblick auf die Sprachfähigkeit Einblick geben. In einer aufschlußreichen Studie (Glass/Gazzaniga/Premack (1973)) wird gezeigt, daß globale Aphasie mit Beschädigung der linken Großhirnhälfte und stark eingeschränkter Sprachfähigkeit mit denselben Methoden angegangen werden kann, die in den Experimenten mit Affen angewendet werden. Weitere Untersuchungen in dieser Richtung dürften zur Bestimmung derjenigen spezifischen Eigenschaften neuraler Strukturen (z. B. Lateralität) beitragen, die vermutlich die qualitativen Unterschiede der Fähigkeit zum Erwerb kognitiver Strukturen bei Menschen und anderen Organismen erklären. Es ist vielleicht interessant, daß das einzige bekannte Beispiel für Lateralität, die nicht beim Menschen vorkommt, die Kontrolle des Gesanges bei einer bestimmten Spezies von Singvögeln ist (Nottebohm (1970)).

15 Für eine ungewöhnlich scharfsinnige Darstellung, die dennoch dieselbe irreführende Formulierung zu beinhalten scheint, siehe Reber (1973).

16 Alston (1973). Alston scheint zumindest diesen Teil des von ihm diskutierten Argumentes für die »Gebrauchs-Analyse« zu akzeptieren.
17 Die Analogie sollte hier jedoch nicht zu weit getrieben werden. Welche Relation zwischen der Betätigung des Gashebels und der Bewegung des Autos besteht, läßt sich mit Hilfe bekannter physikalischer Gesetze erklären; und man kann kaum daran zweifeln, daß der Erwerb der Sprachbeherrschung möglicherweise zu dem Bereich der Naturwissenschaft gehört, in dem wir uns bereits auskennen. Ob dasselbe für den Sprachgebrauch gilt, ist eine offene Frage.
18 Schließlich: Es läßt sich nie so einfach feststellen, wann eine Theorie wegen offensichtlich dagegensprechender Daten aufgegeben werden muß. S könnte seiner Vp verschiedene Systeme von Annahmen zuschreiben, die zu inkonsistenten Annahmen führen können. Die dabei entstehenden Probleme möchte ich hier nicht erörtern.
19 Wiederum sollten vertraute und unausweichliche Kontingenzen empirischer Untersuchungen beachtet werden. Es gibt keine Garantie dafür, daß die beste Theorie, die sich aufgrund von Daten wie (1)-(13) konstruieren läßt, richtig sein wird; wenn man ein größeres Datenmaterial (in diesem Fall Daten der Performanz) heranzieht, könnten sich die echt explanativen Prinzipien als falsch und die entdeckten Generalisierungen als unwesentlich herausstellen. Daher könnte eine Untersuchung der Theorie der Performanz zu verschiedenen Theorien der Kompetenz führen. Hier entstehen keine prinzipiellen Probleme, obwohl in der Diskussion darüber manchmal das Gegenteil behauptet wurde. Weiter unten komme ich auf Beispiele zurück. Eine genaue und detaillierte Behandlung dieser Probleme findet sich in Pylyshyn (1973).
20 Zu der Möglichkeit einer Explikation mithilfe eines »Wissens, wie man etwas macht«, siehe Chomsky (1975a).
21 Zu einem Argument für diese Entscheidung vgl. Graves/Katz et al. (1973).
22 Schwartz (1969). Siehe auch Goodman (1969) für einige ähnliche Bemerkungen sowie meinen Kommentar in Chomsky (1975a). Vergleiche die korrekte, aber völlig irrelevante Beobachtung von Schwartz mit der Bemerkung von Beloff, daß die Daten uns nicht zu einer bestimmten Schlußfolgerung »zwingen« (s. Anm. 9).
23 Zur Erörterung dieser Fragen siehe die Literaturverweise in Anm. 7. Ein weiteres Beispiel findet sich in Jackendoff (1974b).
24 Quine scheint anzunehmen, daß irgendwelche existierenden Grammatiksysteme z. B. dänische Sprecher des Englischen, die Englisch aus

diesen Regeln gelernt haben, »leiten« könnten. Quines Behauptung, daß tatsächliche existierende Grammatiken »in einigen Punkten ... wirklich mangelhaft sind«, ist jedoch eine immense Untertreibung. Außerdem gibt es keinen Grund für die Annahme, daß ein Sprecher eine Grammatik bewußt als eine ›Anleitung‹ (im Quineschen Sinne) zu einem bestimmten Verhalten erwerben könnte. Die Menschen lernen eine Sprache vielmehr aus didaktisch aufgebauten Grammatiken unter Anwendung ihrer unbewußten Universalen Grammatik (und, soviel wir wissen, dürfte dies im Prinzip einfach unausweichlich sein). So braucht z. B. kein Sprecher des Dänischen erst aus Büchern zu lernen, daß (14) nicht die zu (16) gehörige Frageform ist oder daß englische Sätze wie (1)-(13) die durch BSS determinierten Eigenschaften besitzen. Und auch wenn den Sprechern die zu diesen Resultaten führenden Prinzipien bewußt gemacht würden, so besteht doch kaum ein Zweifel daran, daß diese Prinzipien in der Realität nicht zu einer bewußten Verhaltensanleitung verwendet würden.

25 Siehe hierzu Chomsky/Halle/Lukoff (1956); Chomsky/Halle (1968); Bresnan (1973b).
26 Chomsky (1964/1969a/dtsch. 1974). Siehe Anm. 30.
27 Erinnern wir uns nochmals an den Bereich von Quines »Übersetzungsmodell«; dieses Modell ist so zu verstehen, daß es das Problem des Verstehens eines anderen Sprechers derselben Sprache einschließt, das Problem des Erlernens einer ersten Sprache sowie die Untersuchung einer neuen Sprache durch den Linguisten.
28 Zu einem ähnlichen Vorschlag vgl. Hiz (1973).
29 Auch im letzteren Fall sind uns bestimmte Idealisierungen geläufig. Wenn z. B. jemand aufspringt, um die von dem Gebäude herunterstürzende Person noch vor ihrem Aufprall auf den Boden zu fassen zu bekommen, so ist dies etwas ganz anderes, als wenn sich ein Physiker darum kümmert, ob die Fallgesetze stimmen. Es ist ein Akt, den die Physik, soweit wir wissen, weder voraussagen noch erklären kann. Nach Schwartz müßten wir daher schließen, daß die Physik leer ist, da eine jede Tatsache, die ihre Prinzipien verletzt, außerhalb des Bereichs ihrer Prognosen fällt (in Anlehnung an die oben diskutierten Schwartzschen Bemerkungen über die Sprache ausgedrückt).
30 Quines Antworten auf andere von mir in demselben Artikel aufgeworfenen kritischen Fragen umgehen die jeweilige Problematik einfach bzw. stellen sie falsch dar. So wies ich darauf hin, daß seine Charakterisierung der Sprache und des Spracherwerbs, wenn man sie wörtlich nimmt, mit von ihm selbst akzeptierten Binsenwahrheiten (z. B. daß eine Sprache ein unendliches System ist) in Konflikt gerät.

In seiner Antwort wiederholt nun Quine lediglich, was ich bereits explizit gesagt hatte, nämlich, daß er diese Binsenwahrheiten selbstverständlich akzeptiere. Auf meine Kritik, daß die von ihm entwickelte Position mit der von ihm akzeptierten Tatsache inkonsistent sei, geht er überhaupt nicht ein. Er behauptet zudem fälschlicherweise, daß ich ihm die Theorie zuschreiben würde, daß beim »Erlernen von Sätzen« »Sätze nur als unstrukturierte Ganzheiten« betroffen sind; in Wirklichkeit wurden jedoch in meiner Diskussion alle Verfahren berücksichtigt, die von ihm für den Spracherwerb vorgeschlagen wurden, einschließlich des Verfahrens, das er in seiner Antwort erwähnt. Ich will mir hier nicht die Mühe machen, unsere Diskussion Punkt für Punkt auseinander zu nehmen; ein genauer Vergleich seiner Antwort mit meinen kritischen Bemerkungen und um Klärung bemühten Fragen wird jedoch meines Erachtens zeigen, daß er die Problematik durchgehend mißverstanden und meine Äußerungen verdreht wiedergegeben hat. Soweit ich sehe, bleiben die von mir formulierten Probleme von Quine (1960) auch weiterhin bestehen.

31 In Chomsky (1969a/dtsch. 1974a) stellte ich die tentative Behauptung auf, daß Quine in derartigen Kontexten »Theorie« und »Sprache« austauschbar zu verwenden scheint. In seiner Antwort (Quine (1969a), S. 310) macht er nun explizit, daß dem tatsächlich so ist. So behauptet er z. B., daß eine »Sprache oder eine Theorie ein Gewebe bzw. ›Geflecht von Sätzen [ist], die in verschiedener Weise miteinander und mit nicht-verbalen Stimuli durch Konditionierungsmechanismen assoziiert sind.‹« Ganz abgesehen von den bei der Analyse der Sprache involvierten Problemen – es ist völlig unmöglich, eine Theorie so zu charakterisieren.

32 Wenn eine Sprache ein Gewebe von assoziierten Sätzen und Stimuli ist, und wenn die Einsetzung von »Hand« anstelle von »Fuß« in dem Kontext »mein(e) – tut weh« infolge einer »analogischen Synthese« eine Art des »Erlernens von Sätzen« darstellt (Beispiel von Quine), dann muß dieser Fall einer analogischen Synthese eine Art von »Assoziation« beinhalten. Diese Schlußfolgerung macht jedoch den Begriff »Assoziation« völlig leer.

33 Diese Bemerkungen sind Quines Erwiderung auf meine Frage, welche Art von Eigenschaftsraum Quine wohl im Auge hatte. Ich bemerkte, daß seine Beispiele nahelegen, daß er sich auf gewisse Dimensionen mit einfachen physikalischen Korrelaten beschränkt, obwohl er bereit zu sein schien, in eben diesem Rahmen auch eine starke Fassung der Theorie der angeborenen Ideen zu akzeptieren. Oder, falls diese Beispiele nicht repräsentativ sein sollten: wir sind auch weiterhin ohne

jede Vorstellung davon, was die Basis unseres Wissenserwerbs ist, da man sich ja einen Eigenschaftsraum mit derart abstrakten Dimensionen vorstellen könnte, daß z. B. der Begriff »Satz der englischen Sprache« aufgrund eines einzigen Beispiels durch »Generalisierung« »erlernt« werden könnte. Der Bezug auf Goodman (1951) ist zwar nur indirekt, aber, wie ich glaube, doch intendiert.

34 Selbst wenn es einen kohärenten Begriff des »Eigenschaftsraumes« im intendierten Sinne gibt. Ich werde auf diese Frage gleich noch zurückkommen.

35 Ein paar Zeilen später führt er die viel engere Bedingung ein, wonach »die Rede von Ideen nur dann nicht unbefriedigend ist, wenn sie *mithilfe von Dispositionen zu einem beobachtbaren Verhalten paraphrasiert werden kann*« (Hervorhebung von mir). Diese Bedingung scheint mir – sowohl in der Psychologie als auch in allen anderen Wissenschaftszweigen – völlig unvernünftig zu sein. An anderer Stelle betont Quine, daß sich »der Hypothese, daß die Subjekt-Prädikat-Konstruktion ein sprachliches Universale ist, nur dann ein echter Sinn verleihen läßt, wenn wir für die Verwendung der Ausdrücke ›Subjekt‹ und ›Prädikat‹ ein unzweideutiges Verhaltenskriterium besitzen« (Quine (1972)). Auch dies ist eine völlig unvernünftige Forderung für einen theoretischen Begriff wie »Subjekt« oder »Prädikat«. Um der »Hypothese einen echten Sinn« zu verleihen, würde es sicher genügen, wenn die Bedingung von Quine (1969b) erfüllt wird.

36 Zu diesen und den folgenden Zitaten s. Cohen (1966), S. 47-56.

37 In Chomsky (1965/dtsch. 1969) vertrat ich die Ansicht, daß E, so wie es dort skizziert worden war, solche Ansätze umfaßt wie Humes Lerntheorie, Quine (1960), die meisten »Verhaltenstheorien«, sofern diese überhaupt klar formuliert werden konnten, und die Theorien der strukturalen Linguistik (von einigen Elementen der distinktiven Merkmaltheorie abgesehen), insofern man diese als Lerntheorien interpretieren kann.

38 Dieselbe falsche Behauptung wurde, wie man sich erinnern wird, auch von Schwartz aufgestellt. Ähnliche Argumente werden recht häufig vorgebracht. Man beachte z. B. die folgende Bemerkung eines anonymen Rezensenten in der *Times Literary Supplement* vom 12. Oktober 1973: »Welche Gründe haben wir für die Annahme, daß von Sprechern Regeln für die Chomskyschen Tiefenstrukturen entwickelt werden? Von den Transformationalisten wurden derartige Gründe zweifellos nicht vorgebracht. Und sie scheinen auch gar nicht nach welchen zu suchen; wenn es darum geht, daß sie ihre Grammatiken rechtfertigen sollen, berufen sie sich in der Regel auf die logischen

Kriterien der Einfachheit und der Allgemeinheit.« (Ich nehme an, daß der Rezensent mit »Tiefenstrukturen« so etwas wie »Grammatiken« meint.) Die »Transformationalisten« konnten zeigen, daß von Sprechern spezifische Systeme grammatikalischer Regeln entwickelt werden; davon ausgehend suchten sie dann unzählige Merkmale der Form und der Interpretation von Äußerungen zu erklären. Sie legten also durchaus konkrete Gründe für (oft auch gegen) spezifische Hypothesen über die von den Sprechern entwickelten Regeln vor. Nun ist der Rezensent jedoch der Meinung, dies seien keine echten Gründe; irgendwas fehle noch. Angenommen, ein Wissenschaftler käme bei der Untersuchung eines Apparates zu dem Schluß, daß dessen Struktur so-und-so sei, wobei er sich in Übereinstimmung mit den bislang über das Verhalten des Apparates angesammelten Daten auf die Kriterien der Einfachheit und der Allgemeinheit beruft. Nach den Standards des Rezensenten hat dann der Wissenschaftler, ganz gleich, wie viel Daten er vorlegen mag, immer noch keine Gründe für seine Hypothesen über die Struktur des Apparates vorgebracht; irgend etwas fehlt immer noch. Wie bei Cohen, Quine und Schwartz spiegelt sich meines Erachtens auch hierin eine erstaunliche Abneigung dagegen wider, sich mit dem Menschen entsprechend den Standards und Methoden der Wissenschaften als einem Teil der Natur auseinanderzusetzen. Bemerkenswert ist, daß der betreffende Autor in all diesen Fällen der Meinung ist, er würde einen wissenschaftlichen Ansatz zu einer Untersuchung des menschlichen Verhaltens verteidigen.

39 D. h. Theorien, die zwischen die oberen und unteren Grenzen fallen, die von den oben diskutierten empirischen Erfordernissen auferlegt werden; diejenigen nämlich, die der von Quine zitierten »unbezweifelbare(n) Feststellung über die Sprache« genügen. Vgl. oben S. 235 f.

40 Falls das von Cohen kritisierte Projekt nur insofern undurchführbar wäre, als man »das gesamte Universum« nach relevanten Daten zu »durchforschen« hätte, so wäre damit gezeigt, daß die Postulierung sprachlicher Universalien entgegen Cohens früherer Behauptung keine »tautologische Pseudobehauptung« darstellen würde, da es dieser Annahme zufolge relevante Daten nicht einmal im Prinzip gäbe.

41 Cohen behauptet, daß meine historischen Anspielungen auf Descartes und Leibniz insofern unzutreffend seien, als von diesen beiden Autoren bestritten worden sei, daß sich die linguistische Kompetenz mithilfe angeborener Ideen erklären lasse. Ohne mich auf diese Kritik einlassen zu können, muß ich doch Cohens Kritik schon deshalb zurückweisen, weil ich an keiner Stelle Descartes und Leibniz die

Ansichten zugeschrieben habe, die Cohen zufolge von eben diesen zurückgewiesen wurden. (Im übrigen habe ich tatsächlich auf dieses Element in den Überzeugungen von Leibniz und anderen hingewiesen; vgl. Chomsky (1966/dtsch. 1971), S. 93/S. 83.) Bei der Diskussion von derartigen Ideen bezog ich mich auf andere Autoren, einschließlich der mehr oder weniger orthodoxen Vertreter der Cartesianischen Lehre. Die Hinweise auf Descartes und Leibniz waren für andere Teile meiner Diskussion relevant; und im Gegensatz zu den durch keinerlei Begründungen oder Zitate gestützten Behauptungen Cohens waren diese Hinweise auch durchaus zutreffend.

42 Genauer gesagt, er macht hierzu zwar einige Vorschläge, die aber, soweit wir wissen, hoffnungslos inadäquat sind; vgl. seinen Vorschlag, daß sich die »Vielzahl von Begriffen«, die bei »Generalisierungen über die Oberflächenstruktur« involviert sind, dadurch auf »zwei Grundbegriffe (›Satz‹ und ›Nominal‹) zurückführen lassen, daß man einen Ableitungsmodus annimmt, der dem in den Kategorialgrammatiken verwendeten ähnlich ist.« Für einige Bemerkungen zu Vorschlägen in derselben Richtung siehe Chomsky (1969a/dtsch. 1974b).

43 Er bringt ein Argument vor, das auf »darwinistischen Konzeptionen der Evolution« beruht, und bemerkt, daß solche Erklärungen »ziemlich spekulativ« seien. Letzteres ist eine Untertreibung. Entgegen den Behauptungen Cohens legt nichts von dem, was wir über die Mechanismen der Evolution wissen, die Vermutung nahe, daß »die Aufgabe, die Angeborenheit gewisser spezifischer syntaktischer Prinzipien durch Rekurs auf eine darwinistisch konzipierte Evolution zu erklären, im Prinzip erheblich schwieriger ist als die einer Erklärung der Angeborenheit gewisser allgemeinerer Fähigkeiten.« Cohens Argumentation ist der folgenden analog: Wir lernen deshalb laufen (und nicht etwa fliegen), weil die Aufgabe, die Angeborenheit gewisser spezifischer Fortbewegungsarten durch Rekurs auf eine darwinistisch konzipierte Evolution zu erklären, im Prinzip schwieriger ist als die einer Erklärung der Angeborenheit gewisser allgemeinerer Fähigkeiten. Wer solchen Spekulationen weiter nachgehen will, sehe sich Cohens Behauptung an, daß Entdeckungen in der Wissenschaft von denselben Mechanismen gesteuert werden wie der Spracherwerb. Nun hatte jedoch, wie bereits bemerkt, eine Fähigkeit zur Entdeckung der Prinzipien der Quantentheorie während der letzten Jahrhunderte oder Jahrtausende so gut wie keinen Selektionswert, während die Fähigkeit zur Entdeckung der Sprache der betreffenden Sprachgemeinschaft ganz offensichtlich einen solchen Selektionswert hat. Auch wenn man daher derartigen Spekulationen irgendein Gewicht beilegt (was ich

nicht tue), so dürften sie doch kaum Cohens Schlußfolgerungen stützen.
44 Man beachte, daß »vergleichbar« nicht mit »identisch« synonym ist.
45 Searle hat zwar eine Erwiderung auf Gewirth (Searle (1973)), ich halte aber Gewirths Bemerkungen doch weiterhin für zutreffend.
46 *Meditationes*, 1:191. Ähnliche Ideen finden sich auch bei anderen, und zwar vor und nach Descartes. Vgl. Chomsky (1966/dtsch. 1971). Vgl. auch Kp. 1, S. 13-15.
47 Etwas Derartiges wurde hingegen von anderen Autoren behauptet. Vendler etwa ist der Ansicht, daß »Descartes eine ›generative Grammatik‹ und Semantik vor Augen hatte ... die mit der generativen Struktur des Denkens übereinstimmt«, wenngleich er nicht merkte, »daß die natürliche Sprache diesem Ideal recht nahe kam« (1972, S. 181). Vendler beruft sich für diese Schlußfolgerungen auf Bemerkungen von Descartes über eine erfundene Sprache, die die »wahre Philosophie« voraussetze und in der sich unendlich viele Wörter (und Gedanken) aufzählen ließen. In Chomsky (1966/dtsch. 1971) erwähnte ich ähnliche Diskussionen durch Galilei und die Grammatiker der Schule von Port-Royal, ohne daraus jedoch den gleichen Schluß wie Vendler zu ziehen, ein Schluß, der mir etwas fraglich zu sein scheint.
48 Vgl. die obige Diskussion der »Fundierung der Wissenschaften« und die dort angeführte Literatur; ebenso Chomsky (1970) und weiteres Material, das in (1973b) erneut abgedruckt ist. Vgl. auch Kp. I und III.
49 Alle folgenden Zitate stammen aus Humes *Untersuchung über den menschlichen Verstand*.
50 Vergleiche Herbert von Cherburys Diskussion der »natürlichen Instinkte« sowie seine Behauptung, daß das System der Allgemeinbegriffe »derjenige Teil unseres Wissens [sei], mit dem wir bereits im Urplan der Natur ausgestattet wurden.« Für eine Diskussion in einem ähnlichen Kontext siehe Chomsky (1966/dtsch. 1971). Die Behauptung, daß der »begrenzte Empirismus« Humes »angeborenes Wissen zurückweist« (Barnes (1972)), ist, nebenbei bemerkt, zu stark.
51 Vgl. Cooper (1972), Chomsky/Katz (1975).

Bibliographie

Akmajian, Adrian. 1975. »More Evidence for an NP Cycle.« *Linguistic Inquiry* 6: 115-30.

Alston, William P. 1963. »Meaning and Use.« *Philosophical Quarterly* 13: 107-24.

Anderson, Stephen R./Paul Kiparsky (Hrsg.), 1973. *A Festschrift for Morris Halle.* New York: Holt, Rinehart & Winston.

Armstrong, D. M. 1971. »Meaning and Communication.« *Philosophical Review* 80: 427-47.

Arnauld, Antoine. 1964. *The Art of Thinking: Port-Royal Logic.* Übers. von J. Dickoff/P. James. Indianapolis: Bobbs-Merrill Co.

Aronoff, Mark H. im Erscheinen. *Word-Structure.* Cambridge, Mass.: MIT Press.

Atherton, Margaret/Robert Schwartz. 1974. »Linguistic Innateness and Its Evidence.« *Journal of Philosophy* 71: 155-68.

Austin, John L. 1940. »The Meaning of a Word.« In Urmson/Warnock, 1961; dtsch. in Austin, 1975.

–. 1962. *How to Do Things with Words.* London: Oxford University Press; dtsch.: *Zur Theorie der Sprechakte* (Bearbeitung von E. v. Savigny). 1972. Stuttgart: Reclam.

–. 1975. *Wort und Bedeutung.* München: List. (Übersetzung von: Urmson/Warnock, 1961).

Baker, C. Leroy. 1970. »Notes on the Description of English Questions: The Role of an Abstract Question Morpheme.« *Foundations of Language* 6: 197-209.

Barnes, Jonathan. 1972. »Mr. Locke's Darling Notion.« *Philosophical Quarterly* 22: 193-214.

Beloff, John. 1973. *Psychological Sciences: A Review of Modern Psychology.* New York: Harper & Row.

Bergling, Kurt. 1974. *The Development of Hypothetico-deductive Thinking in Children.* IEA Monograph Studies no. 3. Stockholm: Almqvist & Wiksell International.

Berlin, Isaiah. 1972. »The Bent Twig.« *Foreign Affairs* 51: 11-30.

Bower, T. G. R. 1972. »Object Perception in Infants.« *Perception* 1: 15-30.

Bracken, Harry M. 1972. »Chomsky's Cartesianism.« *Language Sciences,* October, S. 11-18.

–. 1973a. »Minds and Learning: The Chomskian Revolution.« *Metaphilosophy* 4: 229-45.

–. 1973b. »Essence, Accident and Race.« *Hermathena*, Nr. 116, S. 88-95.
–. 1974. *Berkeley*. London: MacMillan & Co.
Braine, Martin D. S. 1974. »On What Might Constitute Learnable Phonology.« *Language* 50: 270-99.
Bresnan, Joan W. 1970. »On Complementizers: Towards a Syntactic Theory of Complement Types.« *Foundations of Language* 6: 297-321.
–. 1972. »The Theory of Complementation in English.« Dissertation, MIT.
–. 1973a. »Syntax of the Comparative Clause Construction in English.« *Linguistic Inquiry* 4: 275-344.
–. 1973b. »Sentence Stress and Syntactic Transformations.« In Hintikka/Moravcsik/Suppes, 1973.
–. 1975. »Comparative Deletion and Constraints on Transformations.« *Linguistic Analysis* 1: 25-74.
Brewer, William F. Forthcoming. »There Is No Convincing Evidence for Operant or Classical Conditioning in Adult Humans.« In Weimer/Palermo (im Erscheinen).
Bruner, J. S./Barbara Koslowski. 1972. »Visually Preadapted Constituents of Manipulatory Action.« *Perception* 1: 3-14.
Bryant, Peter. 1974. *Perception and Understanding in Young Children*. New York: Basic Books.
Chomsky, Noam. 1955-56. »Logical Structure of Linguistic Theory.« Mimeographed. New York: Plenum Publishing Corp., 1975.
–. 1957. *Syntactic Structures*. The Hague: Mouton & Co.
–. 1964. *Current Issues in Linguistic Theory*. The Hague: Mouton & Co.
–. 1965. *Aspects of the Theory of Syntax*. Cambridge, Mass.: MIT Press; dtsch. *Aspekte der Syntax-Theorie*. 1969. Frankfurt/M: Suhrkamp.
–. 1966. *Cartesian Linguistics*. New York: Harper & Row; dtsch. *Cartesianische Linguistik*. 1971. Tübingen: Niemeyer.
–. 1968a. »Recent Contributions to the Theory of Innate Ideas.« In Cohen/Wartofsky, 1968.
–. 1968b. *Language and Mind*. New York: Hartcourt Brace Jovanovich. Erweiterte Fassung, 1972a; dtsch. *Sprache und Geist*. 1970. Frankfurt/M: Suhrkamp.
–. 1969a. »Quine's Empirical Assumptions.« In Davidson/Hintikka, 1969. Auszug aus »Some Empirical Assumptions in Modern Philosophy of Language« (1969b). In Morgenbesser/Suppes/White, 1969; letztere Arbeit dtsch. in Grewendorf/Meggle, 1974.
–. 1969c. »Linguistics and Philosophy.« In Hook, 1969. Erneut abgedruckt in Chomsky, 1972a; dtsch. in Grewendorf/Meggle, 1974.
–. 1969d. *American Power and the New Mandarins*. New York: Panthe-

on Books; dtsch. *Amerika und die neuen Mandarine.* 1969. Frankfurt/M: Suhrkamp.
–. 1970. »Language and Freedom.« Abraxas 1. Erneut abgedruckt in Chomsky, 1973b.
–. 1971. *Problems of Knowledge and Freedom.* New York: Pantheon Books; dtsch. *Über Erkenntnis und Freiheit.* 1973. Frankfurt/M.: Suhrkamp.
–. 1972a. *Language and Mind.* Erweiterte Fassung. New York: Hartcourt Brace Jovanovich.
–. 1972b. *Studies on Semantics in Generative Grammar.* The Hague: Mouton & Co.
–. 1973a. »Conditions on Transformations.« In Anderson/Kiparsky, 1973.
–. 1973b. *For Reasons of State.* New York: Pantheon Books.
–. 1973c. »Science and Ideology.« *Jawarharlal Nehru Memorial Lectures: 1967-72,* Nehru Memorial Fund, New Delhi. Bombay: Bharatiya Vidya Bhavan.
–. 1974. »Dialogue with Noam Chomsky.« In Parret, 1974.
–. 1975a. »Knowledge of Language.« In Gunderson/Maxwell, 1975.
–. 1975b. »Questions of Form and Interpretation.« *Linguistic Analysis* 1: 75-109.
–/Morris Halle. 1968. *Sound Pattern of English.* New York: Harper & Row.
–/Morris Halle/Fred Lukoff. 1956. »On Accent and Juncture in English.« In Halle/Lunt/MacLean, 1956.
–/J. J. Katz. 1974. »What the Linguist Is Talking About.« *Journal of Philosophy,* 71: 347-67.
–. 1975. »On Innateness: A Reply to Cooper.« *Philosophical Review* 84: 70-87.
Cohen, L. Jonathan, 1966². *The Diversity of Meaning.* London: Methuen & Co.
–. 1970. »Some Applications of Inductive Logic to the Theory of Language.« *American Philosophical Quarterly,* 7: 299-310.
Cohen, Robert S./Marx Wartofsky, Hrsg. 1968. *Boston Studies in the Philosophy of Science,* Bd. 3. Dordrecht: Reidel Publishing Co.
Cooper, David E. 1972. »Innateness: Old and New.« *Philosophical Review* 81: 465-83.
Cudworth, Ralph. 1838. *Treatise Concerning Eternal and Immutable Morality.* New York: Andover.
Davidson, Donald/Jaakko Hintikka, Hrsg. 1969. *Words and Objections: Essays on the Work of W. V. Quine.* Dordrecht: Reidel Publishing Co.

Dolgoff, Sam. 1972. *Bakunin on Anarchy*. New York: Alfred A. Knopf.

Dougherty, Ray C. 1968. »A Transformational Grammar of Coordinate Conjoined Structures.« Dissertation, MIT.

–. 1969. » An Interpretive Theory of Pronominal Reference.« *Foundations of Language* 5: 488-519.

–. 1970. »A Grammar of Coordinate Conjunction, I.« *Language* 46: 850-98.

–. 1971. »A Grammar of Coordinate Conjunction II.» *Language* 47: 298-399.

–. 1974. »The Syntax and Semantics of *Each Other* Constructions.« *Foundations of Language* 12: 1-48.

Dummett, Michael. 1973. *Frege: Philosophy of Language*. London: Duckworth & Co.

Eimas, Peter D./Einar R. Siqueland/Peter Jusczyk/James Vigorito, 1971. »Speech Perception in Infants.« *Science* 171: 303-306.

Emonds, Joseph E. (im Erscheinen). *Root and Structure-Preserving Transformations*.

Erteschik, Nomi. 1973. »On the Nature of Island Constraints.« Dissertation, MIT.

Estes, William K. 1972. »Reinforcement in Human Behavior.« *American Scientist* 60: 723-29.

Ettlinger, G./H.-L. Teuber/B. Milner. 1975. »Report: The Seventeenth International Symposium of Neuropsychology.« *Neuropsychologia* 13: 125-34.

Fauconnier, Gilles R. 1974. *Coréférence: Syntaxe ou Semantique*. Paris: Editions du Seuil.

Fiengo, Robert W. 1974. »Semantic Conditions on Surface Structure.« Dissertation, MIT.

–/Howard Lasnik. 1973. »The Logical Structure of Reciprocal Sentences in English.« *Foundations of Language* 9: 447-69.

Fodor, Jerry A./Thomas G. Bever/Merrill F. Garrett. 1974. *The Psychology of Language*. New York: McGraw-Hill Book Co.

Fodor, J. A./J. D. Fodor/M. F. Garrett (im Erscheinen). »The Psychological·Unreality of Semantic Representations.« *Linguistic Inquiry*.

Fraser, Bruce. 1974. »An Analysis of Vernacular Performative Verbs.« In Shuy/Bailey, 1974.

Fromm, Erich. 1961. *Marx's Concept of Man*. New York: Ungar Publishing Co.

Gewirth, Alan. 1973. »The Sleeping Chess Player.« *New York Review of Books*, February 22.

Glass, Andrea Velletri/Michael S. Gazzaniga/David Premack. 1973. »Ar-

tificial Language Training in Global Aphasics.« *Neuropsychologia* 11: 95-104.
Goodman, Nelson. 1951. *The Structure of Appearance*. Cambridge, Mass.: Harvard University Press.
–. 1969. »The Emperor's New Ideas.« In Hook, 1969.
Gramsci, Antonio. 1957. *The Modern Prince & Other Writings*. Übers. von Louis Marks. New York: International Publishers.
Graves, Christina/Jerrold J. Katz/et al. 1973. »Tacit Knowledge.« *Journal of Philosophy* 70: 318-30.
Greenfield, Patricia M./Karen Nelson/Elliot Saltzman. 1972. »The Development of Rulebound Strategies for Manipulating Seriated Cups: A Parallel Between Action and Grammar.« *Cognitive Psychology* 3: 291-310.
Gregory, Richard. 1970. »The Grammar of Vision.« *The Listener*, 19. Februar.
Grewendorf, Günther/Meggle, Georg. Hrsg. 1974. *Linguistik und Philosophie*. Frankfurt/M.: Athenäum.
Grice, H. P. 1968. »Utterer's Meaning, Sentence-Meaning, and Word-Meaning.« *Foundations of Language* 4: 225-42.
–. 1969. »Utterer's Meaning and Intentions.« *Philosophical Review* 78: 147-77.
Gunderson, Keith/Grover Maxwell, Hrsg. 1975. *Minnesota Studies in Philosophy of Science*, Bd. 6. Minneapolis: University of Minnesota Press.
Haldane, Elizabeth S./G. R. T. Ross, Übers. 1955. *The Philosophical Works of Descartes*, Bd. 1. New York: Dover Publications.
Halitsky, David. 1974. »The Syntactic Relatedness of S Extraposition and NP Postposition in English.« Mimeographie, New York University.
Halle, Morris/Horace Lunt/Hugh MacLean, Hrsg. 1956. *For Roman Jakobson*. The Hague: Mouton & Co.
Harman, Gilbert. 1973. »Against Universal Semantic Representation.« Unveröffentl. Ms., Princeton University.
–/Donald Davidson, Hrsg. 1972. *Semantics of Natural Language*. New York: Humanities Press.
Helke, Michael. 1970. »The Grammar of English Reflexives.« Dissertation, MIT.
Higgins, F. Roger. 1973. »The Pseudo-cleft Construction in English.« Dissertation, MIT.
Hintikka, Jaakko/J. M. E. Moravcsik/Patrick Suppes, Hrsg. 1973. *Approaches to Natural Language*. Dordrecht: Reidel Publishing Co.

Hiz, Henry. 1973. »On the Rules of Consequence for a Natural Language.« *The Monist* 57: 312-27.

Hook, Sidney, Hrsg. 1969. *Language and Philosophy*. New York: New York University Press.

Hubel, D. H./T. N. Wiesel. 1962. »Receptive Fields, Binocular Interaction and Functional Architecture in the Cat's Visual Cortex.« *Journal of Physiology* 160: 106-54.

Hume, David. 1902. *An Enquiry Concerning Human Understanding*. In *Enquiries Concerning the Human Understanding and Concerning the Principles of Morals*. Hrsg. L. A. Selby-Bigge. 2. Auflage New York: Oxford University Press; dtsch. *Eine Untersuchung über den menschlichen Verstand*. (Hrsg. von R. Richter), Philosophische Bibliothek, 35. 1964. Hamburg: Meiner.

Ishiguro, Hidé. 1972. *Leibniz's Philosophy of Logic and Language*. London: Duckworth & Co.

Jackendoff, Ray S. 1969. »Some Rules of Semantic Interpretation in English.« Dissertation, MIT.

–. 1972. *Semantic Interpretation in Generative Grammar*. Cambridge, Mass.: MIT Press.

–. 1974a. »Introduction to the X convention.« Indiana University Linguistics Club, Bloomington, October 1974.

–. 1974b. »A Deep Structure Projection Rule.« *Linguistic Inquiry* 5: 481-506.

–. (im Erscheinen). »Eventually, an Argument for the Trace Theory of Movement Rules.« *Linguistic Inquiry*.

John, E. Roy. 1972. »Switchboard Versus Statistical Theories of Learning and Memory.« *Science* 177: 850-64.

Kaisse, Ellen/Jorge Hankamer, Hrsg. 1974. *Papers* from the Fifth Annual Meeting, Northeastern Linguistic Society, Harvard University, November.

Kant, Immanuel. 1968. *Werke in zehn Bänden*. Hrsg. v. W. Weischedel, Darmstadt: Wissenschaftliche Buchgesellschaft.

Kasher, Asa. 1976. *Language in Focus: Foundations, Methods, and Systems*. Dordrecht: Reidel.

Katz, Jerrold J. 1972. *Semantic Theory*. New York: Harper & Row.

–. 1975. »Logic and Language.« An Examination of Recent Criticisms of Intentionalism.« In Gunderson/Maxwell, 1975.

–. Im Erscheinen. *Propositional Structure: A Study of the Contribution of Sentence Meaning to Speech Acts*.

–/Paul M. Postal. 1964. *An Integrated Theory of Linguistic Description*. Cambridge, Mass.: MIT Press.

Kaufman, Ellen S. 1975. »Navajo Embedded Questions and Unbounded Movement.« Dissertation, MIT.

Keenan, Edward L./Bernard Comrie. 1973. »Noun Phrase Accessibility and Universal Grammar.« Mimeographie: Cambridge University.

Kenny, A. J. P. 1973. »The origin of the soul.« In Kenny et al., 1973.

–/H. C. Longuet-Higgins/J. R. Lucas/C. H. Waddington, 1973. *The Development of Mind: The Gifford Lectures 1972-73*. Edinburgh: Edinburgh University Press.

Keyser, S. Jay. 1975. Review of Steiner, 1974. *The New Review* 2: 63-66.

Kramer, P. E./E. Koff/Z. Luria. 1972. »The Development of Competence in an Exceptional Language Structure in Older Children and Young Adults.« *Child Development* 43: 121-30.

Kreisel, Georg. 1974. »Review of H. Wang. ›Logic, Computation and Philosophy.‹« *Journal of Symbolic Logic* 39: 358-59.

Kripke, Saul. 1972. »Naming and Necessity.« In Harman/Davidson 1972.

Lasnik, Howard. 1974. »Remark on Coreference.« Mimeographie: University of Connecticut.

–/Robert W. Fiengo. 1974. »Complement Object Deletion.« *Linguistic Inquiry* 5: 535-72.

Leibniz, G. W. von. 1958. *Metaphysische Abhandlungen*. Hrsg. von H. Herring. Philosophische Bibliothek, 260. Hamburg: Meiner.

Lenneberg, Eric H. 1967. *Biological Foundations of Language*. New York: John Wiley & Sons; dtsch. *Biologische Grundlagen der Sprache*. 1972. Frankfurt/M: Suhrkamp.

Liberman, A. M. 1974. »The Specialization of the Language Hemisphere.« In Schmitt/Worden, 1974.

Liberman, Mark. 1974. »On Conditioning the Rule of Subject-Auxiliary Inversion.« In Kaisse/Hankamer, 1974.

–/Alan S. Prince. Im Erscheinen. »The Interpretation of Scope.«

Lightfoot, David. 1975. »The Theoretical Implications of Subject Raising« (Rezension von Postal, 1974a). *Foundations of Language* 13: 115-43.

Lovejoy, Arthur O. 1908. »Kant and the English Platonists.« *Essays Philosophical and Psychological, in Honor of William James*. Philosophical and psychological Departments, Columbia University. New York: Longmans, Green & Co.

Luce, R. Duncan/Robert R. Bush/Eugene Galanter, Hrsg. 1963. *Handbook of Mathematical Psychology*, Bd. 2. New York: John Wiley & Sons.

Macpherson, C. B. 1962. *The Political Theory of Possessive Individualism*. London: Oxford University Press.

Malson, Lucien. 1972. *Wolf Children and the Problem of Human Nature.* New York: Monthly Review Press. Übersetzung von *Les Enfants sauvages.* Paris: Union Générale d'Editions, 1964.

Marx, Karl/Friedrich Engels. 1960 ff. *Werke.* Hrsg. vom Institut für Marxismus-Leninismus. Berlin-Ost.

McKeon, Richard P., Hrsg. 1941. *The Basic Works of Aristotle.* New York: Random House.

Miller, George A. 1974. »The Colors of Philosophy and Psychology.« Paper for Conference of Philosophy and Psychology, MIT, October 1974.

–/Noam Chomsky. 1963. »Finitary Models of Language Users.« In Luce/Bush/Galanter, 1963.

Millikan, C. H./F. L. Darley, Hrsg. 1967. *Brain Mechanisms Underlying Speech and Language.* New York: Grune & Stratton.

Milner, Brenda. 1974. »Hemispheric Specialization: Scope and Limits.« In Schmitt/Worden, 1974.

Milner, Jean-Claude. 1973. *Arguments linguistiques.* Paris: Maison Mame.

Moravcsik, Julius M. E. 1967. »Linguistic Theory and the Philosophy of Language.« *Foundations of Language* 3: 209-33.

–. 1975a. »Aitia as Generative Factor in Aristotle's Philosophy.« *Dialogue.*

–. 1975b. »Natural Languages and Formal Languages: A Tenable Dualism.« Vorgelegt auf dem Stanford Philosophy of Language Workshop, Februar 1975.

Morgenbesser, Sidney/Patrick Suppes/M. White, Hrsg. 1969. *Philosophy, Science, and Method: Essays in Honor of Ernest Nagel.* New York: St. Martin's Press.

Munn, Norman L. 1971. *The Evolution of the Human Mind.* Boston: Houghton Mifflin Co.

Nottebohm, F. 1970. »Ontogeny of Bird Song: Different Strategies in Vocal Development Are Reflected in Learning Stages, Critical Periods, and Neural Lateralization.« *Science* 167: 950-56.

Parret, Herman, Hrsg. 1974. *Discussing Language.* The Hague: Mouton & Co.

Peirce, Charles Sanders. 1957. »The Logic of Abduction.« In Vincent Tomas, Hrsg., *Peirce's Essays in the Philosophy of Science.* New York: Liberal Arts Press.

Peters, Stanley. 1972a. »The Projection Problem: How Is a Grammar to Be Selected?« In Peters, 1972b.

–, Hrsg. 1972b. *Goals of Linguistic Theory.* Englewood Cliffs, N. J.: Prentice-Hall.

Polanyi, Karl. 1957. *The Great Transformation: The Political and Economic Origins of Our Time*. Boston: Beacon Press.

Postal, Paul M. 1965. »Developments in the Theory of Transformational Grammar.« Mimeographie, MIT. Übersetzt unter dem Titel »Nový vývoj teorie transformační gramatiky.« *Slovo a Slovesnost*, Československá Academie Věd, Bd. 26. 1965.

–. 1971. *Cross-Over Phenomena*. New York: Holt, Rinehart & Winston.

–. 1974a. *On Raising: One Rule of English Grammar and its Theoretical Implications*. Cambridge, Mass.: MIT Press.

–. 1974b. »On Certain Ambiguities.« *Linguistic Inquiry* 5: 367-424.

Putnam, Hilary. 1962. »It Ain't Necessarily So.« *Journal of Philosophy* 59: 658-71.

–. 1975. »The Meaning of ›Meaning.‹« In Gunderson/Maxwell, 1975.

Pylyshyn, Zenon W. 1973. »The Role of Competence Theories in Cognitive Psychology.« *Journal of Psycholinguistic Research* 2: 21-50.

Quine, W. V. O. 1953. *From a Logical Point of View*. Cambridge, Mass.: Harvard University Press.

–. 1960. *Word and Object*. Cambridge, Mass.: MIT Press.

–. 1968. »The Inscrutability of Reference.« *Journal of Philosophy* 65: 185-212.

–. 1969a. »Reply to Chomsky.« In Davidson/Hintikka, 1969.

–. 1969b. »Linguistics and Philosophy.« In Hook, 1969.

–. 1969c. »Response to David Kaplan.« In Davidson/Hintikka, 1969.

–. 1972. »Methodological Reflections on Current Linguistic Theory.« In Harman/Davidson, 1972.

–. 1974. *The Roots of Reference*. La Salle, Ill.: Open Court Publishing Co dtsch. *Die Wurzeln der Referenz*, 1976. Frankfurt/M: Suhrkamp.

Reber, Arthur S. 1973. »On Psycho-linguistic Paradigms.« *Journal of Psycholinguistic Research* 2: 289-320.

Reinhart, Tanya. 1974. »Syntax and Coreference.« In Kaisse/Hankamer, Hrsg., 1974.

Rocker, Rudolph. 1938. *Anarchosyndicalism*. London: Secker & Warburg.

Rosenbaum, Peter. 1967. »Grammar of English Predicate Complement Constructions.« Dissertation, MIT.

Ross, John R. 1967. »Constraints on Variables.« Dissertation, MIT.

–. 1971. »Primacy.« Mimeographie, Language Research Foundation und MIT.

–. 1972. »Primacy and the Order of Constituents.« Mimeographie, MIT.

Russell, Bertrand. 1924. *Icarus, or the Future of Science*. London: Kegan Paul.

–. 1948. *Human Knowledge. Its Scope and Limits.* New York: Simon & Schuster.

Schiffer, Stephen R. 1972. *Meaning.* London: Oxford University Press.

Schmitt, Francis O./Frederic G. Worden, Hrsg. 1974. *The Neurosciences: Third Study Volume.* Cambridge, Mass.: MIT Press.

Schwartz, Robert. 1969. »On Knowing a Grammar.« In Hook, 1969.

Searle, John. 1969. *Speech Acts.* London: Cambridge University Press; dtsch. *Sprechakte.* 1971. Frankfurt/M: Suhrkamp.

–. 1972. »Chomsky's Revolution in Linguistics.« *New York Review of Books,* 29. Juni; dtsch. in Grewendorf/Meggle, 1974.

–. 1973. »Reply to Gewirth.« *New York Review of Books,* February 22.

–. 1975. »A Classification of Illocutionary Acts.« In Gunderson und Maxwell, 1975.

–. Im Erscheinen. »Indirect Speech Acts.«

Selkirk, Elizabeth. 1972. »The Phrase Phonology of English and French.« Dissertation, MIT.

–. 1974. »French Liaison and the X Notation.« *Linguistic Inquiry* 5: 573-90.

Shuy, Roger W./Charles-James Bailey, Hrsg. 1974. *Towards Tomorrow's Linguistics.* Washington, D. C.: Georgetown University Press.

Siegel, Dorothy. 1974. »Topics in English Morphology.« Dissertation, MIT.

Sperry, R. W. 1974. »Laterial Specialization in the Surgically Separated Hemispheres.« In Schmitt/Worden, 1974.

Stampe, Dennis W. 1968. »Toward a Grammar of Meaning.« *Philosophical Review* 77: 137-74.

Steiner, George. 1974. *After Babel: Aspects of Language and Translation.* London: Oxford University Press.

Stent, Gunther S. 1975. »Limits to the Scientific Understanding of Man.« *Science* 187: 1052-57.

Stich, Stephen P. 1972. »Grammar, Psychology, and Indeterminacy.« *Journal of Philosophy* 69: 799-818.

Strawson, P. F. 1970. *Meaning and Truth.* Inaugural Lecture, University of Oxford, November 5, 1969. London: Oxford University Press; dtsch. in Strawson, P. F. *Logik und Linguistik.* 1974. München: List.

Strawson, P. F. 1972. »Grammar and Philosophy.« In Harman/Davidson, 1972; dtsch. in: Grewendorf/Meggle, 1974; ebenso in: Strawson (dtsch.), 1974.

Suppes, Patrick. 1969. »Stimulus-Response Theory of Finite Automata.« *Journal of Mathematical Psychology* 6: 327-55.

–. 1973. »Semantics of Natural Languages.« In Hintikka/Moravcsik/Suppes, 1973.
Teuber, Hans-Lukas. 1974. »Why Two Brains?« In Schmitt/Worden, 1974.
Urmson, J. O./G. J. Warnock, Hrsg. 1967. *J. L. Austin: Philosophical Papers*. London: Oxford University Press; dtsch. Austin, J. L. 1975.
Vendler, Zeno. 1967. *Linguistics in Philosophy*. Ithaca, N. Y.: Cornell University Press.
–. 1972. *Res Cogitans*. Ithaca: Cornell University Press.
Vergnaud, Jean-Roger. 1974. »French Relative Clauses.« Dissertation, MIT.
Wang, Hao. 1974. *From Mathematics to Philosophy*. London: Routledge & Kegan Paul.
Wasow, Thomas. 1972. »Anaphoric Relations in English.« Dissertation, MIT.
–. Im Erscheinen. *Anaphora in Generative Grammar*.
Watson, Richard A. 1968. »Cartesian Studies.« Mimeographie, Washington University.
Weimer, W. B./D. S. Palermo, Hrsg. Im Erscheinen. *Cognition and Symbolic Processes*.
Weiss, Donald D. 1975. »Professor Malcolm on Animal Intelligence.« *Philosophical Review* 74: 88-95.
Wexler, K./P. Culicover/H. Hamburger. 1974. *Learning-theoretic Foundations of Linguistic Universals*. Social Sciences Working Paper Nr. 60, University of California, Irvine, Juli 1974.
Whitaker, Harry A. 1971. *On the Representation of Language in the Human Mind*. Edmonton, Canada: Linguistic Research, Inc.
Williams, Edwin S. 1974. »Rule Ordering in Syntax.« Dissertation, MIT.
Wittgenstein, Ludwig. 1967. *Philosophische Untersuchungen*. Frankfurt/M: Suhrkamp.
Wood, C. C. 1973. »Levels of Processing in Speech Perception: Neurophysiological and Information-Processing Analyses.« Dissertation, Yale University, 1973; Haskins Laboratories, Status Report on Speech Research, SR-35/36.
–/William R. Goff/Ruth S. Day. 1971. »Auditory Evoked Potentials During Speech Perception.« *Science* 173: 1248-50.
Wood, Ellen M. 1972. *Mind and Politics*. Berkeley: University of California Press.
Yolton, John W. 1956. *John Locke and the Way of Ideas*. London: Oxford University Press.
Ziff, Paul. 1967. »On H. P. Grice's Account of Meaning.« *Analysis* 28.

Namenregister

Akmajian, Adrian, 284 Anm. 25
Alston, William P., 228, 293 Anm. 16
Aristoteles, 13-14, 20, 60, 67, 269 Anm. 1, 275 Anm. 23, 277 Anm. 32
Armstrong, D. M., 276 Anm. 27, 278 Anm. 36
Arnauld, Antoine, 259, 270 Anm. 2
Aronoff, Mark H., 281 Anm. 36, 287 Anm. 45
Atherton, Margaret, 209-210
Austin, John L., 76, 191, 273 Anm. 5

Baker, C. Leroy, 283 Anm. 18
Bakunin, M. A., 160-161, 288 Anm. 60
Barnes, Jonathan, 256-262, 299 Anm. 50
Beloff, John, 290-291 Anm. 9, 293 Anm. 22
Bergling, Kurt, 288 Anm. 51
Berkeley, George, 17
Berlin, Isaiah, 160
Bever, Thomas, 271 Anm. 2,3, 293 Anm. 9
Bourbaki, Nicolas, 270 Anm. 16
Bower, T. G. R., 16-17
Bracken, Harry, M., 154, 157, 270 Anm. 8
Braine, Martin D., 272 Anm. 3
Bresnan, Joan W., 110, 281 Anm. 5,6, 282 Anm. 15,16, 283 Anm. 20, 284 Anm. 25, 294 Anm. 25
Brewer, William F., 292 Anm. 12
Bruner, J. S., 17
Bryant, Peter, 288 Anm. 51

Calder, Alexander, 239
Carey, Susan, 207
Cartesianische Lehre 14, 53, 157-159, 166, 255-256, 259, 264, 298 Anm. 41, siehe auch Descartes
Chomsky, Noam, 72, 202, 219, 223-224, 242, 248, 253, 254, 255-258, 269-270 Anm. 8, 270 Anm. 11, 271 Anm. 20,21, 273 Anm. 6, 274 Anm. 15, 276 Anm. 28,29, 277 Anm. 30, 278 Anm. 35, 279 Anm. 38, 280 Anm. 1, 281 Anm. 4,5,6,7, 282 Anm. 9,10,11, 283 Anm. 19,20,21,23,25,26,29,32, 284 Anm. 34,39,40, 286 Anm. 43, 288 Anm. 52,54,55,56,60,61, 289 Anm. 2,3, 290 Anm. 6,8, 293 Anm. 20,22, 294 Anm. 25,26, 296 Anm. 36,37,38, 298 Anm. 41,42, 299 Anm. 47,48,50,51; Aspekte der Syntax-Theorie (1965, dtsch. 1969) 34, 42, 106, 236, 239, 248, 256, 257-258, 267, 281 Anm. 8; Cartesianische Linguistik (1966, dtsch. 1971) 152, 254-255, 256, 259, 267; »Conditions on Transformations« (1973a) 106, 117, 119, 179, 181, 184, 283 Anm. 25,27,33; For Reasons of State (1973b) 158; »Knowledge of Language« (1975a) 34, 262;

»Linguistics and Philosophy«
(1969c) 256-257; »Quine's Empirical Assumptions« (1969a)
223-225, 227-228, 236, 295
Anm. 31; Über Erkenntnis und
Freiheit (1971, dtsch. 1973) 77,
179, 181; »Recent Contributions to the Theory of Innate
Ideas« (1968a) 256; Studies on
Semantics in Generative Grammar (1972b) 181
Cohen, Jonathan, 239-252, 296
Anm. 36, 297 Anm. 38,40,41,
298-299 Anm. 43
Comrie, 285 Anm. 36
Cooper, David E., 299 Anm. 51
Cordemoy, Géraud de, 259
Cudworth, Ralph, 14-15, 175,
256, 260, 266, 269 Anm. 2,3

Darley, 273 Anm. 8
Darwin, Charles, 149, 298 Anm.
43
Descartes, René, 14, 153, 175,
255, 256, 266, 271 Anm. 30,
297-298 Anm. 41, 299 Anm.
46,47; Siehe auch Cartesianische Lehre
Dougherty, Ray C., 281 Anm. 1,
285 Anm. 35, 290 Anm. 7
Dummett, Michael, 274 Anm. 11,
275 Anm. 18

Eimas, Peter D., 16, 270 Anm. 14
Emonds, Joseph E., 105-106, 283
Anm. 20, 285 Anm. 41
Erteschik, Nomi, 283 Anm. 22
Estes, William K., 292 Anm. 12

Fauconnier, Gilles R., 285 Anm.
35

Fiengo, Robert, 131, 285 Anm.
37, 286 Anm. 44, 287 Anm.
44,45,46, 290 Anm. 7
Fodor, Jerry A., 271 Anm. 2, 272
Anm. 3, 273 Anm. 9, 274 Anm.
11
Fraser, Bruce, 273 Anm. 5
Frege, Gottlob 56, 77

Galilei, Galileo, 299 Anm. 47
Garrett, Merrill, F., 271-272
Anm. 2,3, 293 Anm. 9, 294
Anm. 11
Gazzaniga, 292 Anm. 14
Geach, 275 Anm. 18
Gewirth, Alan, 253, 299 Anm. 45
Glass, Andrea Velletri, 292 Anm.
14
Gödel, Robert, 288 Anm. 55
Goldsmith, John, 139-140
Goodman, Nelson, 207, 233,
236-237, 238, 296 Anm. 33
Gramsci, Antonio, 155
Graves, Christina, 293 Anm. 21
Greenfield, Patricia M., 291 Anm.
10
Gregory, Richard, 17, 269 Anm.
7
Grice, H. Paul, 76, 80-81, 85-87,
92-95, 280 Anm. 41,42

Halle, Morris, 294 Anm. 25
Halitsky, David, 281 Anm. 6
Harman, Gilbert, 274 Anm. 11
Helke, Michael, 285 Anm. 35
Herbert, Edward, Lord Cherbury, 299 Anm. 50
Herder, Johann Gottfried von,
152
Hiz, Henry, 294 Anm. 28
Hubel, D. H., 17

Humboldt, Wilhelm von, 151, 158
Hume, David, 21, 23, 91, 153, 196, 251, 263, 264-265, 296 Anm. 37, 299 Anm. 49,50

Ishiguro, Hidé, 274 Anm. 14, 275 Anm. 16
Itard, Jean, 155

Jackendorff, Ray S., 281 Anm. 6,8, 282 Anm. 9, 284 Anm. 29, 287 Anm. 44,47, 290 Anm. 6, 293 Anm. 23
John, E. Roy, 17

Kant, Immanuel, 16, 153, 158, 186, 288 Anm. 58
Katz, Jerrold J., 56, 274 Anm. 11,12, 278 Anm. 34, 281 Anm. 7, 287 Anm. 47, 289 Anm. 2, 293 Anm. 20, 299 Anm. 51
Kaufman, Ellen S., 282 Anm. 14
Keenan, Edward L., 285 Anm. 36
Kemp, Norman, 186
Kenny, Anthony J. P., 33
Keyser, S. Jay, 42
Koff, 273 Anm. 4
Koslowski, Barbara, 17
Kramer, P. E., 273 Anm. 4
Kreisel, Georg, 270 Anm. 16
Kripke, Saul, 63-64, 66-67, 274 Anm. 11, 275 Anm. 17-19,23

Lasnik, Howard, 122, 285 Anm. 35, 286 Anm. 44, 290 Anm. 7
Le Grand, Antoine, 53, 273 Anm. 7
Leibniz, G. W. von, 14, 196, 252, 253, 256, 259, 269 Anm. 3, 274 Anm. 14, 275 Anm. 16, 297-298 Anm. 41

Lenneberg, Eric H., 273 Anm. 8,9
Liberman, A. M., 269 Anm. 7, 276 Anm. 29, 284 Anm. 25
Locke, John, 154, 256, 276 Anm. 27
Lorenz, Konrad, 149, 288 Anm. 52
Lovejoy, Arthur O., 269 Anm. 6
Lukoff, 294 Anm. 25
Luria, 273 Anm. 4

Macpherson, C. B., 288 Anm. 57
Malson, Lucien, 155
Marx, Karl, 151, 155-156, 158, 161-162
Miller, George A., 275 Anm. 25,29
Millikan, C. H., 273 Anm. 8
Milner, Jean-Claude, 269 Anm. 7, 281 Anm. 6
Monod, 288 Anm. 52
Moravcsik, Julius M. E., 60, 270 Anm. 9, 275 Anm. 22,24, 277 Anm. 32, 279 Anm. 38
More, Henry, 269 Anm. 4-6
Munn, Normal L., 29

Nelson, 291 Anm. 10
Nottebohm, F., 292 Anm. 14

Parrett, Herman, 287 Anm. 49
Peirce, Charles Sanders, 184, 187, 239, 240
Peters, Stanley, 290 Anm. 4
Piaget, Jean, 174, 288 Anm. 51
Plato 13-14
Polanyi, Karl, 288 Anm. 56
Postal, Paul M, 121, 280 Anm. 1, 281 Anm. 7, 282 Anm. 11, 284 Anm. 25, 290 Anm. 8
Premack, 292 Anm. 14

Putnam, Hilary, 55, 274 Anm. 11
Pylyshyn, Zenon W., 292 Anm. 13, 293 Anm. 14

Quine, W. V. O., 210-228, 232-239, 253, 254-255, 263, 273 Anm. 10, 275 Anm. 20,25, 293-294 Anm. 24, 294-295 Anm. 27,30,31,32,33, 296 Anm. 35,37, 297 Anm. 38,39

Reber, Arthur S., 292 Anm. 15
Reinhart, Tanya, 285 Anm. 35
Rocker, Rudolph, 288 Anm. 56
Rosenbaum, Peter, 282 Anm. 15
Ross, John, R., 114, 282, Anm. 14, 283 Anm. 25
Rousseau, Jean-Jacques, 158
Russell, Bertrand, 13, 16, 162
Ryle, 271 Anm. 20

Saltzman, 291 Anm. 10
Schiffer, Stephen R., 278 Anm. 37
Schmitt, Francis O., 269 Anm. 7
Schwartz, Robert, 197, 198, 201-203, 205, 207, 208, 209, 293 Anm. 29, 296-297 Anm. 38
Searle, John, 69, 71-82, 87, 91-92, 95, 252, 253, 276 Anm. 27, 278 Anm. 34, 299 Anm. 45
Selkirk, Elizabeth, 281 Anm. 6
Siegel, Dorothy, 281 Anm. 6, 286 Anm. 41
Skinner, B. F., 234, 269 Anm. 8
Sperry, R. W., 269 Anm. 7
Stampe, Dennis W., 277-278 Anm. 33

Stent, Gunther S., 149, 150, 288 Anm. 53
Stich, Stephen P., 271 Anm. 18
Strawson, P. F., 76, 81-85, 87-91, 95-96, 98-99, 279-280 Anm. 38,39,40,41
Suppes, Patrick, 231-233, 292 Anm. 13

Teuber, H.-L., 269 Anm. 7
Tomas, Vincent, 184

Vendler, Zeno, 273 Anm. 5, 299 Anm. 47
Vergnaud, Jean-Roger, 281 Anm. 6, 283 Anm. 20, 284 Anm. 25, 287 Anm. 48

Wang, Hao, 288 Anm. 55
Wasow, Thomas, 121, 122, 285 Anm. 35
Watson, Richard A., 273 Anm. 7
Weiss, Donald D., 276 Anm. 26
Whitaker, Harry A., 273 Anm. 8
Wiesel, T. N., 17
Wood, C. C., 273 Anm. 8
Williams, Edwin S. 282 Anm. 13
Wittgenstein, Ludwig 59-60, 76, 279 Anm. 38
Wood, Ellen, 158
Worden, 269 Anm. 7

Yolton, John W., 154

Ziff, Paul, 280 Anm. 42